经济效益审计
Performance Auditing

（第四版）

王学龙　主编

东北财经大学出版社　大连
Dongbei University of Finance & Economics Press

图书在版编目（CIP）数据

经济效益审计 / 王学龙主编. —4版. —大连：东北财经大学出版社，2024.1（2024.12重印）

（高等教育审计精品教材）

ISBN 978-7-5654-5105-8

Ⅰ．经… Ⅱ．王… Ⅲ．效益审计-高等学校-教材 Ⅳ．F239.42

中国国家版本馆CIP数据核字（2024）第008250号

东北财经大学出版社出版

（大连市黑石礁尖山街217号 邮政编码 116025）

网 址：http：//www.dufep.cn

读者信箱：dufep@dufe.edu.cn

大连图腾彩色印刷有限公司印刷 东北财经大学出版社发行

幅面尺寸：185mm×260mm 字数：426千字 印张：18.25 插页：1

2024年1月第4版 2024年12月第2次印刷

责任编辑：王 莹 责任校对：刘贤恩

封面设计：张智波 版式设计：原 皓

定价：49.00元

第四版前言

习近平总书记在党的二十大报告中强调指出，"我们提出并贯彻新发展理念，着力推进高质量发展，推动构建新发展格局，实施供给侧结构性改革，制定一系列具有全局性意义的区域重大战略，我国经济实力实现历史性跃升"。到二〇三五年，"基本实现国家治理体系和治理能力现代化，全过程人民民主制度更加健全，基本建成法治国家、法治政府、法治社会"。同时，要"健全现代预算制度，优化税制结构，完善财政转移支付体系。深化金融体制改革，建设现代中央银行制度，加强和完善现代金融监管，强化金融稳定保障体系，依法将各类金融活动全部纳入监管，守住不发生系统性风险底线"。"转变政府职能，优化政府职责体系和组织结构，推进机构、职能、权限、程序、责任法定化，提高行政效率和公信力。深化事业单位改革。深化行政执法体制改革，全面推进严格规范公正文明执法，加大关系群众切身利益的重点领域执法力度，完善行政执法程序，健全行政裁量基准。强化行政执法监督机制和能力建设，严格落实行政执法责任制和责任追究制度"。

近年来，我国审计工作以习近平新时代中国特色社会主义思想为指导，深入学习贯彻党的二十大精神，全面推进中国式现代化对审计工作提出的新要求新任务，立足经济监督定位，聚焦财政财务收支真实合法效益审计主责主业，深入开展研究型审计，发挥审计在国家治理体系和治理能力现代化中的独特作用。此外，根据《中华人民共和国预算法》及其实施条例、《国务院关于进一步深化预算管理制度改革的意见》等有关规定，财政部于2023年10月发布了《预算评审管理暂行办法》，明确要求各级财政部门对部门预算项目资金需求、支出标准等开展评审活动，为预算编制、预算绩效管理等提供技术支撑。

面对新时代、新理念和新思想以及国家政策法规调整的叠加影响，经济效益审计理论与实务势必受到一定的影响，因此，修订教材中陈旧的法规制度、增加最新经济效益审计内容和方法，无论对审计专业教学抑或职业后续教育都具有十分重要的意义。

此次修订的《经济效益审计》教材突出了以下几方面的特点：

1. 全面体现党的二十大精神和课程思政建设思路。本教材以习近平新时代中国特色社会主义思想为引领，以推动经济高质量发展为宗旨，以国家治理理论为基础，全面体现新发展理念，把专业教育与思想政治教育有机结合，真正落实课程思政建设。

2. 全面体现增值型审计新发展理念。本教材贯彻现代审计新发展理念，以"审计可产生经济效益和社会效益假设"为前提，系统阐述了经济效益审计基本理论、基本方法、标准和实务。

3. 全面修订专业知识内容。首先，依据最新法规制度，完善了经济效益审计程序之后续审计的内容；其次，结合高质量发展的新要求，进一步优化了企业绩效评价指标体系；再次，根据《"十四五"国家审计工作发展规划》的要求，补充了财政支出绩效审计的具体规定及内容；最后，根据2021年中国内部审计协会修订的《第2205号内部审计具体准则——经济责任审计》，修改并重述了企业内部经济责任审计的程序和内容。

4.增强教材的实用性。本教材立足于审计学应用型专业人才培养的需要，除设置例题、案例、复习思考题、业务练习题以外，还配备了较多的教学资源，如教学大纲与授课计划、电子课件、教案等，以供教学使用，也可为审计实务工作提供一定的参考。

本教材由兰州财经大学会计学院王学龙教授担任主编，负责设计全书框架和对全书进行修改总纂，并编写第一、二、三、八、十二章和第十章第四节内容；孟志华副教授编写第四、五、六、十一章内容；李洁副教授编写第九章、第十章第一至三节内容；林熠蓉老师编写第七章内容。本教材在编写过程中参考了经济效益审计相关教材和论著，在此致以衷心的感谢。

本教材是为满足审计学专业、会计学专业本科生教学需要而编写的，也可作为内部审计人员专业技术资格考试参考用书。同时，本教材还适用于广大经济管理人员、国家审计机关、民间审计组织和内部审计机构以及其他经济监督部门人员学习与参考。

由于编者水平和时间有限，书中疏漏和不当之处在所难免，恳请同行和读者批评指正，以便今后改进和提高。

编　者

2023年12月

第一版前言

审计是社会经济组织结构中一项重要的制度安排。经济越发展,审计越重要。20世纪60年代初期《审计理论结构》一书的问世,使得审计学的独立学科地位逐渐得以确立。审计学学科体系由审计学基础、财政财务审计、经济效益审计、审计抽样、国际审计和电算系统审计等六部分内容构成。其中,财政财务审计属于传统审计,而经济效益审计属于现代审计。

作为现代审计的经济效益审计,其产生和发展的客观基础是评价受托管理责任的需要。早在第二次世界大战后,西方国家的企业内部就已经有了评价企业经济效益的需求,于是企业内部经营与管理审计就产生了。随着西方国家政治民主化和法治化进程的不断推进,一种全新的政府审计类型——绩效审计便应运而生。进入21世纪以后,随着《企业风险管理框架》(2004)的出台和《萨班斯-奥克斯利法案》(2002)的颁布实施,经济效益审计在西方国家获得新的发展机遇,成为企业内部风险管理和公司治理的重要手段。

在我国,自《审计署2003年至2007年审计工作发展规划》规定将"积极开展效益审计,促进提高财政资金的管理水平和使用效益"作为国家审计的主要任务以来,"全面推进效益审计,促进转变经济增长方式,提高财政资金使用效益和资源利用效率、效果,建设资源节约型和环境友好型社会"成为我国国家审计发展的"路线图"。

经济效益审计是一种综合性、多层次性审计,既包括合规性审计,又包括效益性审计;既有微观效益审计,又有宏观和中观效益审计。与传统的财务审计相比,经济效益审计具有特定的目标、方法、准则和评价标准。作为审计学专业人才培养重要科目之一的经济效益审计,应当实现不断创新和优化。在我国,经济效益审计教材本来就少,加之现有的教材出版时滞,内容与体例结构已难以适应现代审计发展的需要,变革教材内容、创新人才培养模式,已是高校审计学专业人才培养的必然要求。

本教材由相互关联、相互印证的四个部分组成:第一部分为经济效益审计理论,主要介绍了经济效益审计的基本概念、基本原理、基本方法和评价标准等内容;第二部分为企业管理审计,着重介绍了管理审计、内部控制审计和风险管理审计等内容;第三部分为经营性项目审计,重点介绍了经营审计、资源利用效益审计和企业投资项目效益审计等内容;第四部分为政府绩效审计,主要介绍了宏观经济效益审计、公共投资项目绩效审计和任期经济责任审计等内容。

本教材具有以下几个特点:(1)突出重点,兼顾一般。全书以效益审计基本理论为基础,以内部审计开展的经济效益审计为主导,综合阐述了效益审计理论、方法和程序,同时对国家审计开展的绩效审计作了概括性介绍。（2）内容新颖，体例规范。在内容方面，本教材在参阅和借鉴已有论著的基础上，将新发布的内部审计具体准则——经济性审计准则、效率性审计准则和效果性审计准则等准则以及《内部审计实务指南——企业内部经济责任审计指南》的内容合理引入，同时将最新颁发的《党政主要领导干部和国有企业领导人员经济责任审计规定》融入教材内容中，大大增强了本教材的实用性和科学性。在体例方面，本教材理论部分力求全面、系统、新颖，以便更好地指导实务；实务部分尽量简明扼要，通俗易懂，以利于应用。（3）理论联系实际，可操作性强。全书附有大量练习与案例，可帮助、引导读者进行正确思考，给读者提供一个由感性认识到理性分析的平台，使其达到事半功倍的学习效果。业务练习题答案及案例分析思路可通过东北财经大学出版社网站（http：//www.dufep.cn）免费获得。

本教材由王学龙教授主编。王学龙教授负责设计全书框架和对全书进行修改总纂，并编写第一、二、三、十二章和第八章的第一至四节；孟志华老师编写第四、五、六、十一章；李洁老师编写第九、十章；林熠蓉老师编写第七章、第八章第五节。

本教材在编写中参考了经济效益审计相关教材和论著，并且得到兰州商学院会计学院领导的大力支持与帮助，在此一并致以衷心的感谢。

本教材是为满足会计学专业（含注册会计师方向）和审计学专业教学需要而编写的，也可作为审计专业技术资格考试参考用书，以及国家审计、内部审计和注册会计师后续教育培训用书，同时也适合广大经济管理人员以及其他经济监督部门人员使用。

由于水平和时间有限，书中不当之处在所难免，恳请同行和读者批评指正，以便今后改进和提高。

编　者

2011年12月

目 录

第一篇 经济效益审计理论

第二篇 企业管理审计

第三篇　经营性项目审计

第四篇　政府绩效审计

第一篇

经济效益审计理论

第一章 绪 论

学习目标

通过本章教学，使学生了解和掌握经济效益审计的基本理论、基本原理和基本方法，努力做到既具有较强的理论性、科学性和系统性，又有较强的实用性；能够明确经济效益审计工作的重要性，在实际工作中懂得评价企事业以及行政单位经济效益的思路和程序，以及如何实现从财政财务审计向经济效益审计、内部控制评价的延伸等。

第一节 经济效益审计的产生与发展

审计是为确保受托责任有效履行的一种社会控制机制。从审计的起源到 20 世纪 40 年代，严格意义上并没有财务审计与经济效益审计之分。如《周礼·天官·宰夫》所记载的"凡失财用物辟名者，以官刑昭冢宰而诛之；其足用长财善物者，赏之"，明显属于"综合性审计"结果的处理；古罗马审查公共投资的会计账目时亦因发现浪费而处理了一批官员，古希腊甚至已经有了专门的离任责任审计，这都不是单纯的财务审计所能概括的。可见，早期的审计实际上是一种涵盖财务审计与经济效益审计的综合审计。对财政、财务收支的正确性、真实性、合法性和合规性进行审查评价，称为财务审计；经济效益审计主要审查财政、财务收支及其相关经济业务活动的效益性，评价效益的优劣，促进改进管理，提高经济效益。

一、经济效益审计产生的客观基础

受托责任是审计产生的客观基础。按照受托责任观点，经济效益审计之所以加强，审计鉴证职能之所以扩大，是因为随着社会政治经济的发展和民主意识的增强，作为受托责任关系中一方的出资人的委托意识加强了，从而使管理人的受托意识也加强了。尽管不同学者对受托责任的分类有不同观点[1]，但在受托责任的演变上，观点几乎是统一的：正是由于受托责任内涵的扩大，审计才分化为财务审计与经济效益审计。

（1）受托财务责任与财务审计，即要求受托人尽最大善良管理人的责任，诚实经营，保护受托资财的安全完整，同时要求其行动符合法律、道德、技术和社会的要求。

（2）受托管理责任与经济效益审计，即要求受托人不仅应合法经营，而且应有效经营、公平经营，也就是说，受托人要按照经济性、效率性、效果性甚至公平性和环保性来使用和管理受托资源。

可见，受托责任是财务审计和经济效益审计产生的客观基础。财务审计审核的是受托

---

① 库珀和伊尻雄治将受托责任分为货币受托责任、业务受托责任和财产受托责任；詹姆斯·卡特将其分为程序性受托责任和结果性受托责任；罗西塔·切将其分为主要受托责任和次要受托责任；王光远将其分为受托财务责任和受托管理责任等。

财务责任，而经济效益审计评价的则是受托管理责任。

二、国外经济效益审计的产生与发展

20世纪30年代的经济危机催生了从1939年开始的一系列会计规范，现代意义上的财务报表审计也随之产生。财务报表审计的产生意味着传统的综合性审计的解体，经济效益审计也应运而生。现代审计的序幕就此拉开。现代审计是财务审计与经济效益审计并存、共同发展的时期。

国外虽然不称经济效益审计，但实际上是存在经济效益审计的。经济效益审计在国外产生与发展的轨迹是：先是内部审计，再是政府审计，最后才是社会审计。

（一）企业内部经营审计的产生与发展

经济效益审计的产生和内部审计密切相关，内部审计的产生对经济效益审计的发展起到了巨大的推动作用。第一次世界大战以后，世界经济得到迅速发展，企业规模不断扩大，跨国公司纷纷崛起，市场和贸易趋向国际化。在这种情况下，企业相继建立了内部审计机构，企业最高管理层把内部审计看成一种加强内部监督和管理的重要手段，从而使审计从防护性职能发展到建设性职能。一方面，内部审计的产生与发展必然促进经济效益审计的产生与发展，这有着内在的必要性和可能性。由于企业处于激烈的市场竞争环境中，为保持有利地位，不断扩大市场份额，获取高额利润，企业管理者的战略眼光必然要放在经济效益上。企业不能仅仅依靠外部审计的审计结果，更迫切需要内部审计人员对企业内部各个环节的合理性、各项规章制度的贯彻执行、各项措施的落实效果实施审计，以保证经营方针的实现，取得预期的经营效果。另一方面，内部审计所处的地位也要求它把审计重点放在经济效益上。由于内部审计是为企业管理层服务的，其审计的范围能够扩大到广泛的经营管理领域。又由于内部审计人员来自企业内部，他们对企业的组织、生产和经营过程，以及企业所处的环境和经营目标、经营方针有深刻的理解，也易于收集必要的资料，有可能对企业的各项经营活动提出全面的评价和建议。因此，经济效益审计在内部审计的基础上产生和发展，有其经济发展的内在必然性。

内部审计往往用其他的术语来表述经济效益审计，如管理审计、经营审计、项目审计、成果审计等，常用的术语是经营审计。在内部审计产生的初期，其审计范围主要是财产、资金的安全、完整，有无舞弊行为等；其后数十年间，资本主义经济有了进一步发展，市场竞争日益激烈，西方一些企业逐步扩大了内部审计的范围，使之进入经营管理等业务领域。近几十年来，发达国家的内部审计在审核、评价财务会计工作的同时，着重向经营管理方面延伸，即审核和评价企业的经营活动和控制系统，用以确定企业的政策是否得到贯彻，标准是否得到遵循，资源利用是否节约有效，并对企业的经营管理工作提出建议，形成了企业内部的经营审计。现代内部经营审计的产生和发展，使内部审计不仅成为企业领导进行经济监督的助手，而且成为其经营管理的参谋。

概括而言，现代企业内部经营审计的客观基础如下：一是企业的规模扩大，管理层次增加；二是市场竞争激烈，技术先进性和经济（成本）合理性是增强其竞争能力的前提，但两者的矛盾需要由内部审计进行协调。

（二）政府绩效审计的产生与发展

在企业内部审计不断发展的同时，政府审计在审计范围方面也作了某些调整。自20

世纪以来，由于政府职能的变化涉及巨额的财政支出，纳税人的负担加重，公众日益关心政府经费开支的效益。正如美国学者理查德·E.布朗所言："公众及他们的代表、公务官员，对公共资金的使用情况获得了简单易懂的信息，需要对公共资源的使用情况及使用的结果得出答案，绩效审计正是为满足这些需要而产生的。"为了满足公众以及立法机构的愿望，一些发达国家的政府审计机构，相继提出了经济效益审计理论，并开始实施绩效审计。

美国是最早将政府审计引向经济效益审计的国家。20世纪60年代以来，美国会计总署率先把注意力转向经济效益审计，并通过制定政府审计准则，把审计划分为财务与合规性审计、经济和效益审计、计划项目效果审计三类，其中后两类属于经济效益审计的范围。美国的经济效益审计称为经济（economy）、效率（efficiency）、效果（effectiveness）审计，即"三E"审计。美国的做法对其他国家产生了很大的影响。20世纪70年代，英国审计总署在议会公共账目委员会的支持下开始尝试经济效益审计，并逐步确立了"价值为本审计（value for money auditing）"。与此同时，加拿大开展了以经济效益为中心的"综合审计（comprehensive auditing）"。1986年4月，最高审计机关国际组织（INTOSAI）在澳大利亚的悉尼发表《关于绩效审计、公营企业审计和审计质量的总声明》，正式要求各国审计机关开展政府绩效审计。

现代政府绩效审计产生的另一个原因是，20世纪中叶，一些国家将预算制度由传统的预算方法改为零基预算的方法，这就要求国家审计机关对零基预算中的每一个预算项目的绩效进行审计，将审计的结果向议会报告，作为审批政府预算的依据。

（三）社会审计开展的外向型管理审计的产生与发展

随着社会经济的发展和委托代理制度的不断完善，受托经济责任逐渐由受托财务责任发展到受托管理责任，而管理审计就是这种发展的必然产物。社会审计作为评价受托责任的机制之一，除了评价受托财务责任，还需要对企业的管理效率、管理制度和管理业绩进行独立、客观的评价与鉴证。这种审查外部受托管理责任、服务于组织外部各利害关系人的审计类型，属于外向型管理审计。社会审计之所以开展外向型管理审计，主要原因是：

（1）公司规模的扩大，使整个管理环境趋于复杂，管理者决策失误和控制不当的概率加大，产生了审查财务报表以外信息的内在需要。

（2）公司组织的复杂化，使管理者的受托责任分级、分层化，所产生的管理信息数量增加，复杂性增强，种类变多；同时，被下放的责权若无监督和控制，也不能提高管理效率。

（3）委托人的多样化（如购货商、股东、银行、税务机构、环保组织、政府审计、转包公司等），导致管理者提供信息内容的多样化，信息的鉴证范围随之扩大。

三、我国经济效益审计的产生与发展

经济效益审计在我国具有悠久的历史渊源。早在公元前11世纪到公元前8世纪的西周就出现了效益审计行为的雏形。据《周礼》记载，当时设有"宰夫"的官职，专门对财产经管者和地方官员进行监督，直接向周王报告。宰夫向周王报告的内容包括"对足用、长财、善物者，请奖；对失财用、物辟名者，处官刑"。也就是说，对财产和资源充分利用，使其得以增长和良好的管理，请求给予奖励；由于管理不当导致财物流失，或挪用财物者，应受到规定的惩罚。由此可见，宰夫监督的内容如下：一是财政收支和政府账目；二是资源、财物的经营、管理和使用绩效。因此，可以将宰夫看作我国早期从事政府官员绩效评价的审计人员。中华人民共和国成立后，特别是改革开放以来，随着我国审计制度的不断完善，经济效益审计获得了长足发展。

（一）综合审计阶段

审计署成立之初至20世纪80年代末，各级审计机关实施的审计主要是综合性审计。1983年国务院批转的审计署《关于开展审计工作几个问题的请示》中明确规定："对国营企业、基本建设单位、金融保险机构，以及县以上人民政府管理的相当于国营的集体经济组织的财务收支，进行审计监督，并考核其经济效益。维护国家财经法纪，对严重的贪污盗窃、侵占国家资财、严重损失浪费、损害国家利益等行为，进行专项审计。"随后开展的针对承包制或任期制的企业审计，其根本目的就是评价企业经济责任的履行情况，具有经济效益审计的成分。

1985年国务院颁布的《关于审计工作的暂行规定》第二条规定："（审计机关）通过对国务院各部门和地方各级人民政府的财政收支，财政金融机构、企事业组织以及其他同国家财政有关的单位财务收支及其经济效益，进行审计监督，以严肃财经纪律，提高经济效益。"

1988年国务院颁布的《中华人民共和国审计条例》第二条规定："审计机关对本级人民政府各部门、下级人民政府、国家金融机构、全民所有制企业事业单位以及其他有国家资产单位的财政财务收支的真实、合法、效益，进行审计监督。"

以上规定体现了综合性审计的精神。

（二）专项经济效益审计试点阶段

1991年年初，全国审计工作会议要求"各级审计机关都要确定一批大中型企业进行经常审计，既要审计财务收支的真实性、合法性，又要逐步向检查有关内部控制制度和经济效益方面延伸，并做出适当的审计评价，推动经济效益的提高"。自"两个延伸"的提出，我国国家审计正式步入专项经济效益审计试点阶段。在这一时期，各级审计机关还结合宏观经济财务收入的审计开展了一些具有宏观经济效益审计性质的经济监督活动。如国家审计机关开展的行业审计，通过对审计中发现的带有普遍性的问题，从宏观上提出加强管理、提高效益的建议，并会同有关部门及时研究制定了一系列解决问题的办法和制度，在一定程度上发挥了审计在改善宏观经济管理中的积极作用，促进了被审计单位经济效益和管理水平的提高。

自1995年1月1日起实施的《中华人民共和国审计法》（以下简称《审计法》）第二条规定："国务院各部门和地方各级人民政府及其各部门财政收支、国有金融机构和企业事业组织的财务收支，以及其他依照法规规定应当接受审计的财政收支、财务收支，依照本法规定接受审计监督。审计机关对前款所列财政收支或财务收支的真实、合法和效益，依法进行审计监督。"2021年修正的《审计法》第一条明确指出："为了加强国家的审计监督，维护国家财政经济秩序，提高财政资金使用效益，促进廉政建设，保障国民经济和社会健康发展，根据宪法，制定本法。"该法有针对性地增加了"提高财政资金使用效益"的规定。

（三）经济效益审计全面开展阶段

为探索项目资金效益审计，审计署进行了认真规划，并组织实施。审计署在《1999至2003年审计工作发展纲要》中明确提出了"积极开展对农业专项资金使用效果的审计，逐步建立对资金使用效果的审计评价指标体系，促进提高资金使用效益"，"探索评审资源环保政策的执行效果"，"揭露和反映重复建设和盲目投资等问题，促进提高固定资产的投资质量和效益"等效益审计的目标。

《审计署2003至2007年审计工作发展规划》中将"积极开展效益审计，促进提高财政资金的管理水平和使用效益"作为今后五年审计工作的主要任务，提出"实行财政、财务收支的真实合法审计与效益审计并重，逐年加大效益审计分量，争取到2007年，使投入效益审计的力量占整个审计力量的一半左右。效益审计以揭露管理不善、决策失误造成的损失浪费和国有资产流失为重点，促进提高财政资金管理水平和使用效益，维护国有资产安全"。这为我国经济效益审计的发展确立了目标。

《审计署2006至2010年审计工作发展规划》中提出，要"全面推进效益审计，促进转变经济增长方式，提高财政资金使用效益和资源利用效率、效果，建设资源节约型和环境友好型社会"；要"坚持财政、财务收支的真实合法性审计与效益审计并重，使每年投入效益审计的力量占整个审计力量的一半左右。以专项审计调查为主要方式，以揭露严重损失浪费或效益低下和国有资产流失问题为重点，以促进提高财政资金使用效益和管理水平为主要目标，全面推进效益审计，到2010年初步建立起适合中国国情的效益审计方法体系"。这标志着我国经济效益审计发展有了明确的"路线图"。

《审计署2008至2012年审计工作发展规划》首次提出绩效审计，并指出"全面推进绩效审计，促进转变经济发展方式，提高财政资金和公共资源配置、使用、利用的经济性、效率性和效果性，促进建设资源节约型和环境友好型社会，推动建立健全政府绩效管理制度，促进提高政府绩效管理水平和建立健全政府机关责任追究制。到2012年，每年所有的审计项目都开展绩效审计"。同时，要"着力构建绩效审计评价及方法体系，认真研究、不断摸索、总结绩效审计经验和方法，2009年建立起中央部门预算执行绩效审计评价体系，2010年建立起财政绩效审计评价体系，2012年基本建立起符合我国发展实际的绩效审计方法体系"。

以上规定标志着我国经济效益审计工作进入全面开展阶段。近年来，我国审计工作以习近平新时代中国特色社会主义思想为指导，深入贯彻党的十九大和党的十九届历次全会精神，认真学习贯彻党的二十大精神，完整、准确、全面把握扎实推进中国式现代化对审计工作提出的新要求新任务，立足经济监督定位，聚焦财政财务收支真实合法效益审计主责主业，深入开展研究型审计，更好发挥审计在推进党的自我革命中的独特作用，以有力有效的审计监督服务保障党和国家工作大局，主要体现在以下方面：

1.立足经济监督定位，准确把握和高质量推进审计全覆盖。审计全覆盖是党中央、国务院交给审计的重大政治任务，要求审计对所有管理使用公共资金、国有资产、国有资源的地方、部门和单位的监督权无一遗漏、无一例外，形成常态化、动态化震慑。审计监督如影随形，兼顾质量和效率，着力消除监督盲区和死角。特别是对重点区域、重点领域、重点单位、重点人员开展深度监督，在资金运用和权力运行中感到审计像影子一样时时在身边，始终对法律和监督怀有敬畏之心。

2.深入开展研究型审计，不断提升审计工作质量和水平。习近平总书记指出，在强国建设、民族复兴新征程上，审计担负重要使命。研究型审计是推动新时代审计事业高质量发展的必由之路。一是把立项当课题研究。把研究作为前置准备，立项前先把相关部门规划、行业规划、地区规划、预算安排、项目计划了解清楚，把涉及的重大政策、改革要求、发展方向研究透彻，科学确定审计项目。二是把问题当课题研究。在全面客观反映财政财务收支真实合法效益问题的同时，沿着"资金—项目—政策—政治"主线，做到首尾循环、双向贯通、正反可逆。三是把审计建议当课题研究。

3.深入揭示重大经济风险隐患，推动更好统筹发展和安全。习近平总书记指出，统筹发展和安全，增强忧患意识，是党治国理政的一个重大原则。审计牢固树立总体国家安全观，始终把揭示风险隐患摆在更加突出的位置，充分发挥触角广泛、反应快速等优势和经济运行"探头"作用，结合具体审计领域，深入揭示重大经济贪腐、重大财务舞弊、重大会计失真、重大生态损毁等突出风险，及时反映影响经济安全的苗头性、倾向性、普遍性问题，严肃查处饮鸩止渴、铤而走险、风险绑架等恶意行为，推动源头治理、防患于未然。推动有效防范各类风险连锁联动，更加积极主动应对不稳定不确定因素，牢牢守住不发生系统性风险的底线。

第二节　经济效益审计的概念

经济效益审计是现代审计的重要标志和组成部分，它在审计目的、内容、职能和方法等方面都突破了传统的财政、财务收支审计，在审计的基本理论方面形成了自己的体系。本节重点介绍效益、经济效益、经济效益审计的概念及构成要素，为学习后面的内容奠定一定的理论基础。

一、效益的概念及构成要素

效益是指人类行为的效率和效果，有经济效益、社会效益和生态效益之分。

1.经济效益

经济效益，一般是指经济活动中投入与产出的比较关系。

2.社会效益

社会效益是指人类行为对社会进步与健康发展的影响，它通常体现为精神或社会责任方面的作用，往往难以用货币计量。保障和改善民生没有终点，只有连续不断的新起点。党的二十大做出"增进民生福祉，提高人民生活品质"的重大部署。党的二十届二中全会强调"要着力加强保障和改善民生各项工作"。审计机关紧扣增进民生福祉强化监督，在推进共同富裕中更好发挥审计作用。

3.生态效益

生态效益是指人类行为对保持与恢复生态平衡、形成生态的良性循环方面的影响和作用，也多难以用货币计量。党的二十大报告提出要"推动绿色发展，促进人与自然和谐共生"，贯彻新发展理念，使"绿水青山就是金山银山"理念深入人心。开展领导干部自然资源资产离任审计，作为中央推进生态文明建设的重大战略决策和重大改革部署，既是审计机关维护中央权威的政治任务，也是审计机关更好发挥审计监督作用的新契机新平台。

二、经济效益的概念及构成要素

人类从事任何经济行为和经济活动，都要投入一定的经济资源以取得相应的成果。一方面有投入，另一方面有产出，两者进行比较就构成经济效益。

当然，对这个定义应有必要的限制：如果产出的是废品或社会不需要的无用之物，就不但没有经济效益，而且浪费了原材料和劳动力等资源，因此，上面所说的产出应该指符合社会需要的有用成果或效果。上面所说的投入，是指为了取得所需要的有用成果而消耗或占用的全部资源，其中包括为取得有用成果而正常发生的不合格产出所消耗或占用的资源。

经济效益既然是投入和产出的比较，那么，投入指的是什么？产出指的又是什么？如何进行两者的比较？对此应进行适当的分析。

(一) 经济活动中的投入

消耗，即经济活动中实际耗费的资源，包括原材料、燃料、劳动力等物化劳动和活劳动；占用，即在经济活动中并不被实际耗费掉却必须具备的某些条件和要素，如资金的占用、固定资产的占用等。

上述在经济活动过程中所占用的资金或固定资产，凝结着其他经济活动的资源和劳动的消耗。它们被占用不应当是无偿的，而应当是有偿的。对于经济活动的过程来说，这种占用不是"无所费"，而是"有所费"的。从这个角度看，经济效益里的投入，应该是资源消耗和资源占用的总和。

以企业生产经营过程为例，各类经济资源的消耗和占用情况见表1-1。

表1-1 各类经济资源的消耗和占用情况

资源类别	消耗	占用
劳动对象	材料消耗	存货储备
劳动资料	折旧、修理费	固定资产净值
	摊销费	摊余价值
劳动力	工资、工时消耗	职工人数
资金	成本费用	资金占用

(二) 经济活动的产出

经济活动的产出是指符合社会需要的有用成果或效果。物质生产部门的产出表现为某种劳动成果，如产品、劳务等；非物质生产部门的产出则表现为某种效果，如培养人才、提高卫生和健康水平、改善生态环境等。为了便于经济效益的分析，我们可以将经济活动的产出分为两种：

(1) 有形成果，包括实物形态的有形成果和价值形态的有形成果。实物形态的有形成果，如产量、质量、品种、销售量等，它们一般用实物计量，不用货币计量；价值形态的有形成果，如产值、销售收入、外汇收入、现金净流量等，它们一般用货币计量。

（2）无形效果，如改善生态环境、增加就业机会、提高技术水平、提高健康水平等，它们一般没有具体的实物或价值形态，难以用定量方法进行较精确的反映。

（三）投入与产出的比较方法

投入与产出的比较方法，也就是经济效益指标的构成方法。这对于学习经济效益审计来说是十分重要的。

1. 相减比较

例如：

收入-成本费用=利税（企业）

现金净流量-原始投资额=净现值（项目NPV）

上例中，收入、现金净流量是产出指标，成本费用、原始投资额是投入指标，企业的利税、项目的净现值是经济效益指标。

用相减比较的方法所构成的经济效益指标，是用绝对数表示的指标。它能反映经济效益的大小，但不利于在不同的经济活动主体之间进行经济效益的比较，尤其不能在经济活动规模不同的主体之间进行比较。

2. 相除比较

例如：

成本费用÷收入×100%=收入费用率

现金净流量现值÷原始投资额=现值指数（PI）

产值÷职工人数=劳动生产率

销售收入÷存货余额=存货周转率

上例中，收入、现金净流量现值、产值、销售收入都是产出指标；成本费用、原始投资额、职工人数、存货余额都是投入指标，其中前二者是消耗形式的投入，后二者是占用形式的投入。收入费用率、现值指数、劳动生产率、存货周转率都是经济效益指标，其中收入费用率表示取得单位收入所发生的资源耗费，它的互补指标是销售利税率，即（1-成本费用÷收入）×100%=销售利税率，该指标说明取得单位销售收入所能够实现的利税，是当前评价企业经济效益的常用指标之一。

可以看出，用相除比较得到的经济效益指标，都是相对数指标，它不能直接反映经济效益的规模，却能反映经济效益的水平和程度。它的最大特点是剔除了经济活动规模大小的影响，便于在规模不同的经济活动主体之间进行经济效益的比较。

3. 相减、相除结合比较

这种方法是相减比较和相除比较的结合。例如：

（收入-成本费用）÷资金占用×100%=总资产报酬率

原始投资额÷（现金流入量-现金流出量）=投资回收期

这类指标的构成方法在经济效益审计的评价中被大量使用，它的特点与上述"相除比较"相同，在此不再重复。

（四）经济性、效率性和效果性

1. 经济性

经济性是指在产出一定的情况下实际投入与计划投入的比较。它主要反映经济资源的节约和利用程度，或单位产出所投入资源的变化方向和程度。经济性可表示为：

经济性=（实际收入−计划投入）÷计划产出

可以看出，经济性提高的必要途径是实际投入小于计划投入，经济性提出的要求是节约，即在不减少产出的情况下减少投入。实际工作中的产品单位成本降低率，材料、工时、能源单耗降低率等，就是反映经济性的指标。

2. 效率性

效率性是指投入量变动与产出量变动之比，综合反映投入转化为产出的效率，综合反映经济活动合理、有效的程度。效率性可表示为：

效率性=产出量变动÷投入量变动

可以看出，如果产出量增加大于投入量增加，或产出量减少小于投入量减少，则表现为效率性有所提高，该项经济活动是合理、有效的；反之，则相反。实际工作中的销售利润率、总资产报酬率等，就是反映效率性的指标。

3. 效果性

效果性是指在投入保持不变的情况下实际产出与计划产出的比较。它是产出的有用成果的大小和多少，反映产出达到预期目标的程度。效果性可表示为：

效果性=（实际产出−计划产出）÷计划投入

可以看出，效果性提高的必要途径是实际产出大于计划产出，可见，效果性提出的要求是增产，即在不增加投入的情况下增加产出。实际工作中的销售增长率、产值增长率等，就是反映效果性的指标。

（五）经济效益和企业利润的关系

经济效益和企业利润是相互联系的两个概念，不能简单地把它们等同起来。企业利润是按照会计准则的规定计算确定的，它强调会计计量中的配比原则和权责发生制原则。说它与经济效益有联系，是因为它也是投入与产出比较之差。但是，计算利润的投入与产出，是按照上述两项会计原则来定义的，其外延与计算经济效益的投入与产出不同。经济效益的含义，既包括当期实现的效益，也包括当期创造但递延到后期收益的潜在效益；既包括直接由创造者受益的效益，也包括间接由非创造者受益的效益。例如，投资概算为16亿元的上海市河流污水治理工程，服务面积约70平方千米，255万人受益。此项重大市政设施的经济效益，绝非个别企业的利润所能取代的，也非受益区域内若干企业的利润所能包含的。

将企业利润与经济效益等同起来，会产生下列问题：（1）企业利润不能体现经济活动的长期效益，会导致企业的短期行为，拼设备、拼消耗，以增加眼前的利润，丧失企业的可持续发展能力。（2）企业利润不能反映经济活动带来的不直接属于企业的经济效益，如提高产品质量、降低产品的使用成本给购买者带来的利益等。（3）利润受价格的影响，在价格体系尚未理顺前，利润甚至不能真正反映企业得到的经济利益。以机械工业为例，农业机械长期以来实行低价政策，同样的零件装在拖拉机上比装在汽车上价格要低得多，对经济效益有很大的影响。

虽然不能将企业利润和经济效益等同起来，但应该承认，在审计的法律授权范围内，在现有审计手段所能及的范围内，利润是反映企业经济效益的重要指标之一。

（六）经济效益的层次划分

经济效益是与多因素相关的问题，涉及许多方面，需要从各个层次和不同的角度来考察。将经济效益划分为不同的层次，并分析它们之间的关系，有利于从总体上把握经济活动的合理性和效益性，为经济效益审计提供一般的评价标准。

1. 宏观经济效益和微观经济效益

宏观经济效益是与宏观经济相联系的较大范围的经济效益，也称整体效益，一般可理解为整个社会范围的经济效益，如国家生产力的布局、国有资产的营运效益、国家经济政策的制定和实施效果等。微观经济效益一般是指单个企业、产品、项目的经济效益，如企业利税的增长、产品成本的降低、项目投资方案的预计回收期和内含报酬率等。为了便于分析和考察，有时还要用到中观经济效益的概念，它一般指地区、部门和行业的经济效益。

在对经济活动进行效益审计评价时，应该注意从宏观、中观和微观不同角度进行考察，并以此为一般的评价标准，即对于有利于宏观经济效益提高，而微观经济效益暂时不明显的经济活动，一般可做肯定的审计评价；对于微观经济效益一时可观，但不利于宏观经济效益提高的经济活动，一般不做肯定的审计评价。例如，企业进行重组兼并决策，审计不仅要审查是否有利于本企业生产业务的发展、财务效益的提高，而且要评价该项重组中经济资源是否得到合理配置，是否符合国家产业政策的方向。如果宏观经济效益方面不能得到肯定的评价，即便重组企业当前的财务效益更好，也不应该给予无条件的肯定评价。

2. 长远效益和眼前效益

长远效益是指能持久发挥作用或必须经过较长时间才能显现出来的经济效益；眼前效益是指暂时发挥作用或短期内可以见效的经济效益。长远效益和眼前效益是相互渗透、相互交叉的，应得到合理兼顾。审计评价时应注意，过分强调眼前效益可能丧失长远效益，例如采矿中的"掠夺式"开掘，滥耕、滥伐、滥垦、滥捕等"掠夺式"经营，短期内表现出虚假经济效益，却以牺牲长远利益为代价。相反，有些经济活动，从眼前看并没有多少经济效益，但从长远看，会逐步显示出巨大的经济效益和社会效益。例如国家重点建设的一些大中型项目，虽然投资多、工期长、近期不能产出，却关系到国计民生，关系到经济建设步伐。对于这类经济活动，审计一般应给予肯定的评价。

3. 直接效益和间接效益

直接效益是指能够直接得到并能以货币进行较精确计量的效益，一般属于经济效益；间接效益是指不能直接得到而且不能用货币进行较精确计量的效益，这种效益有时体现为经济效益，有时体现为社会效益或生态效益。许多经济活动，既有直接效益，又有间接效益。以植树造林活动为例，它的直接效益体现为土地、劳动力和树苗、灌溉、植保等可用价值量计算的成本费用，以及成材、挂果等可用货币计量的收入；它的间接效益体现为环境与生态保护，是无法用货币进行精确计算的。教育投资活动也有直接效益和间接效益，教学设备、师资投入、学杂费收入等都是直接效益，而培养出来的人才是无法直接以货币精确计量的，属于间接效益。

在对经济活动开展经济效益审计时，不仅要计算它的直接效益，也应评价其间接效益。对于直接效益暂时不理想，但具有良好的间接效益的经济活动，首先应给予肯定的审计评价，再对改善其直接效益提出建议。

三、经济效益审计的概念

关于经济效益审计的概念，目前尚无统一的标准和定论。自20世纪80年代中期以来，我国有关审计学术文献和教科书中对于经济效益审计的概念有多种提法：

经济效益审计是由专职机构和人员，采用专门程序和方法，取得审计证据，对照选定标准，以评价、衡量和证实被审计单位或项目经济活动所体现经济效益的优劣，以促进改善经营管理、提高经济效益、加强宏观调控的一种独立经济监督活动。

经济效益审计是由独立的审计机构和人员，运用现代科学技术方法和一定标准，对国民经济再生产过程的资金运动和经济活动进行监督、评价、鉴证，确定其合理性、有效性，提出改进建议，以提高经济效益为直接目的的一种经济监督活动。

经济效益审计是审计者受财产所有者的委托，根据有关法律、法规和标准，对行政机关、企事业单位的经济活动进行监督、评价和鉴证，以促进其提高经济效益、加强宏观调控的一种独立性经济监督活动。

综合上述关于经济效益审计的概念，可将经济效益审计的概念表述如下：经济效益审计是以被审计单位或项目的经济性、效率性和效果性的实现程度和途径为内容，以促进经济效益的提高为目的的一种审计活动。

理解经济效益审计的含义，应当掌握以下几点：

（1）审计的主体是独立的审计机构或审计人员。

（2）审计的对象是被审计单位或项目的经济活动。

（3）审计的性质是具有独立性的经济监督和评价活动，而不是结合业务工作进行的管理活动。

（4）经济效益审计的职能除监督以外，更重要的是评价、鉴证被审计单位或项目经济效益的优劣。

（5）经济效益审计范围较广，需要进行综合的、系统的审查与分析。

（6）经济效益审计的目的是促使被审计单位落实责任制度，改善经营管理，提高经济效益。

第三节 ‖ 经济效益审计的概念要素

一、审计主体及分工

经济效益审计主体是指由谁执行审计的问题，独立的、具有法定资格的审计机构和人员是经济效益审计的主体，这是审计的基本限定。组成我国审计体系的国家审计、内部审计和社会审计都属于经济效益审计的审计主体，它们之间存在比较明确的分工。

1. 国家审计主体及分工

国家审计代表国家和政府的利益。《审计法》规定，国家审计机关的总任务是对国务院各部门和地方各级人民政府及其各部门的财政收支、国有的金融机构和企业事业组织的财务收支，以及其他依照本法规定应当接受审计的财政收支、财务收支的真实、合法和效益进行审计监督。国家审计与经济效益审计有关的职责授权包括：对财政预算执行情况的审计，包括财政预算绩效审计；对中央银行和国有金融机构、国有企业的资产、负债、损益情况的审计，包括效益性审计；对事业组织财务收支的审计，包括效益性审计；对国家建设项目预算执行情况和决算的审计，包括效益性审计等。由此可以看到，国家审计所承担的经济效益审计主要包括政府财政绩效审计、企业单位国有资产营运效益审计和国家建设项目经济效益审计。

2. 内部审计主体及分工

内部审计是本部门或者本单位内部建立的审计机构，对本部门及下属单位的财政、财务收支和经济活动的真实、合法、效益性进行的审计。内部审计之所以产生和发展，主要原因在于管理层次增加以及技术先进与成本合理之间的协调，根本上是为经济效益服务的。国际内部审计师协会（IIA）在其《内部审计实务标准》中明确规定，内部审计的工作范围"应包括检查和评价组织的内部控制系统的恰当程度和有效性，以及在完成所指派的职责时的执行效果"。由此可以得出，内部审计所承担的经济效益审计主要包括企业经营审计、企业管理审计、固定资产投资和向外投资的效益审计、部门和单位的内部控制检查，以及部门和单位财政、财务收支效益性审计等。

3. 社会审计主体及分工

社会审计是指由国家批准成立的依法独立承办注册会计师业务的机构及其人员所开展的审计活动。《中华人民共和国注册会计师法》规定注册会计师接受委托从事的业务中包括"审计和会计咨询、会计服务业务"。会计服务业务包括管理咨询和投资咨询。管理咨询是注册会计师接受委托，进行调查分析，运用科学的方法，解决委托人在经营管理中存在的问题，提出改进措施并指导其实施，帮助改善经营管理，提高经济效益的咨询服务活动。投资咨询则是为委托人的投资决策提供依据，为投资行为提供服务的咨询活动，包括投资可行性研究和代办投资登记手续。可见，社会审计组织所承担的经济效益审计主要包括管理咨询和投资咨询。在有些特殊的审计项目中，社会审计可能还要对被审计单位经济效益的实现程度进行鉴证，如任期经济责任审计、承包合同兑现审计等。

根据以上分析，三种不同的审计主体在经济效益审计中承担的任务是不同的，它们的审计分工也存在明显的不同，可以概括为表1-2。

表1-2   经济效益审计主体及分工的比较

审计主体	审计分工
国家审计机关和审计干部	政府绩效审计、国有资产营运效益审计、国家建设项目经济效益审计
内部审计机构和内部审计师	企业经营审计、管理审计、固定资产投资项目效益审计、内部控制检查，以及部门和单位财政、财务收支效益审计
会计师事务所和注册会计师	管理咨询、投资咨询、经济效益鉴证

二、审计目的

审计目的（audit objective）是指根据一定的审计环境所确立的，用以引导审计行为发生，对审计行为结果的一种期望。

经济效益审计的目的是对被审计单位或项目的经济性、效率性和效果性的评价。

1. 经济性

经济性是指组织经营活动过程中获得一定数量和质量的产品和服务及其他成果时所耗费的资源最少。经济性主要关注的是资源投入和使用过程中成本节约的水平和程度及资源使用的合理性。经济性审计的目的是通过审查与评价组织经营活动中资源的取得、使用及管理是否节约及合理，协助管理层改善管理，节约资源，增加组织价值。经济性关注保证质量前提下的少投入。

2. 效率性

效率性是指组织经营活动过程中投入资源与产出成果之间的对比关系。效率性审计的主要目的是通过审查和评价组织经营活动的投入、产出关系，优化业务流程，提高经营活动效率。效率性关注资源利用效率、内部控制、完工及时性等。

3. 效果性

效果性是指组织在从事经营活动时实际取得成果与预期取得成果之间的对比关系。效果性主要关注的是既定目标的实现程度及经营活动产生的影响。效果性审计的主要目的是通过审查与评价组织经营活动既定目标实现的程度，以协助组织管理层改善经营水平，提高经营活动的效果。效果性关注目标完成情况以及预期成果与实际成果的比较。

三、审计内容

（一）经济性审计内容

通常来说，与经济性相关的审计内容包括：

（1）是否以最合理的价格购入所需的原料设备；

（2）实际所花费用是否与预算一致；

（3）资源是否有效利用；

（4）是否存在人浮于事的现象；

（5）各种投入产出是否获得最佳配比。

（二）效率性审计内容

通常来说，与效率性相关的审计内容包括：

（1）项目的可行性研究是否与客观实际相符，是否有可操作性；

（2）用其他方式实施该项目所需成本是否会更低一些；

（3）工作的方式方法是否最为合理；

（4）是否存在本来可以避免的障碍；

（5）职责分工是否存在不必要的重叠；

（6）内部部门是否相互协作；

（7）是否有节约费用和及时完成工作的激励机制。

（三）效果性审计内容

通常来说，与效果性相关的审计内容包括：

（1）是否在规定时间以合理的成本实现了既定的目标；

（2）是否对项目目标对象进行了准确的定位；

（3）公众对项目提供的服务或产品是否满意；

（4）项目目标对象是否使用了所提供的产品或服务。

四、审计职能

审计职能，是指审计活动本身所具有的内在功能。审计究竟有哪些职能，各教科书有不同的说法，但其基本职能一般包括经济监督、经济评价和经济鉴证。

1. 经济监督

审计的经济监督是指通过对被审计单位财政、财务收支及有关经济活动进行审核与检查，对照有关法规和标准，判断其是否符合既定的法规与标准，对不符合的经济行为予以揭露并提出纠正或制裁措施。

2. 经济评价

审计的经济评价是指在检查监督的基础上，对被审计单位的财政、财务收支及有关经济活动、内部控制制度的有效性、可行性和健全性，对照有关的法规和标准进行判断，并提出评价意见和建议。经济评价的主体应对审计对象经济活动有全面、完整、深入、多方位的了解，并不强调标准的强制性。

3. 经济鉴证

审计的经济鉴证是指对审计对象的会计资料、经济业绩等进行审查后，确定其可靠程度，做出书面证明，这是为社会所公认的一种职能。审计鉴证的主体要求有较强的独立性，审计的依据和标准也必须是明确的、具有强制性。

五、审计作用

经济效益审计的作用，是指履行审计职能、实现审计目标过程中所产生的社会效果。在市场经济环境下，经济效益审计的作用可以概括为促进性作用和建设性作用。具体而言，经济效益审计的作用主要表现在以下几个方面：

1. 改善企业的经营管理

首先，审查评价被审计单位各项控制制度和管理制度是否健全，是否适当和有效。各项控制制度如果健全，就为提高经济效益创造了前提条件。其次，审查被审计单位组织机构的设置是否适当，是否有效率，是否符合机构精简的要求。一个单位如果人员精干、工作效率高，经济效益肯定会好；反之，如果机构臃肿、人浮于事、效率很低，那么经济效益肯定就差。最后，通过对被审计单位的内部控制、经营管理活动进行审查和评价，并针对问题提出改进建议，有效促进其完善内部控制和改善经营管理。

2. 提高企业的经济效益

一个企业的业务活动主要包括：签订合同，原材料、燃料和动力的供应，劳动管理，设备管理，质量管理，组织生产，市场开发，技术开发等。通过对这些业务活动的审查，评价被审计单位在人力、物力、财力的使用方面是否节约，是否合理，肯定成绩，发现问题，提出建议，促进被审计单位增收节支，降低成本，提高经济效益。

3. 加强政府的宏观管理

经济效益审计在加强政府管理方面的作用主要表现在两个方面：第一，审计是政府进行宏观管理的手段，无论国家审计还是社会审计都直接或间接地促使被审计单位按照市场经济的规制有序地开展经济活动；第二，审计可以为政府进行宏观管理提供可靠的信息。审计的主要对象是会计信息，而会计信息是政府进行宏观管理的重要信息来源。

第四节 ‖ 经济效益审计的特征

一、经济效益审计的特征

经济效益审计是现代审计形式，它具有独特的外延和内涵，与传统审计有着必然的联系，但也不等同于传统的财务与合规性审计。概括而言，经济效益审计具有以下特征：

（1）经济效益审计目标的综合性。经济效益审计的目标除合规性以外，还有经济性、效率性和效果性，即"3E+C"。在西方，经济效益审计的目标已发展为"5E"，即经济性、效率性、效果性、环境性和适当性。可见，经济效益审计的目标必须是综合性的。

（2）经济效益审计对象的广泛性。经济效益审计对象包括企业各种资金及使用资金的部门，乃至使用资金的计划、管理等各个环节。

（3）经济效益审计标准的多层次性。经济效益审计标准包括国家有关政策、法规和制度，企业内部的各种计划、预算、方案，业务规范、各种标准、技术经济指标及本单位和国内外同类行业历史水平。

（4）经济效益审计程序的独特性。经济效益审计程序的独特性主要表现为审计工作结束后只出具经济效益审计报告及审计建议书，一般不需要做出审计决定。

（5）经济效益审计方法的多样性。经济效益审计方法除常规审计方法外，还包括一些现代经济管理技术，如经济活动分析、管理会计、统计分析、管理咨询、经济预测等领域内所使用的方法和技术。

（6）经济效益审计作用的建设性。经济效益审计通过对被审计单位内部控制、经营与管理活动进行审查评价，针对企业经营与管理中存在的主要问题，提出改进的意见和建议，促进被审计单位改善管理，完善制度，提高效益。

二、经济效益审计与财务审计的关系

经济效益审计与财务审计之间既有联系，又有区别。

它们的相同之处表现在都是对经济活动的合法性、合理性和经济性的监督和评价。

它们的区别主要表现在以下几个方面：

（1）对象不同。经济效益审计的对象是各种经济资料和有关的技术经济资料、经营管理活动；而财务审计的对象仅仅是会计资料和财务收支活动。

（2）目标不同。经济效益审计通过审查各种经济资料和技术经济资料，评价被审计单位的经营管理活动是否经济，是否合理，是否有效益，并提出改进意见；而财务审计则审查被审计单位会计资料和其他有关资料是否真实正确，财务收支是否合理合法，并发表审计意见。

（3）职能不同。经济效益审计具有建设性和防护性职能，并以建设性为主；而财务审计具有批判性和制约性职能，并以制约性为主。

（4）依据的标准不同。经济效益审计的标准是有关法律、财经法规和制度，以及计划、目标、定额、技术经济指标、同行业同类指标；财务审计以有关法律、财经法规和制度为标准。

（5）方法不同。经济效益审计除运用财务审计方法外，还利用经济数学方法和现代管理方法，既进行事后审计，也进行事前审计；财务审计则通过检查、调查和分析等方法，审查会计账簿和财务报表，分析财务指标，以事后审计为主。

由此可见，经济效益审计是财务审计的深入和发展。开展经济效益审计往往从财务审计入手，即从审查资金、成本、利润的情况入手，再深入到全部经济活动和经营管理中去。当然，也不能把经济效益审计与财务审计等同起来，忽略它们之间的区别。

第五节　　经济效益审计的分类

经济效益审计有多种分类方法，本节重点介绍按审计对象层次的分类和按审计范围的分类，简单介绍经济效益审计的其他分类。

一、按审计对象层次进行分类

1. 宏观（中观）经济效益审计

宏观经济属于国民经济范畴，除了总供给、总需求、总投资等经济总量外，还包括货币供应总量、国家财政与税收以及其他关系国民经济全局的重大经济活动。宏观（中观）经济效益审计，理论上应指对国民经济总量及有关全局的重大经济活动的效率、效果和经济性所进行的审查、评价活动。在国外，宏观（中观）经济效益审计的主要形式是政府绩效审计；在我国，财政预算执行情况审计、财政决算审计、金融与税收审计、投资活动审计和地方政府领导干部的经济责任审计等都涉及宏观（中观）经济效益审计。

宏观（中观）经济效益审计的主体，一般应是国家审计，尤其是较高级别的国家审计机关审计。这是因为这类审计往往与财政收支的效益性有关，而根据我国的法律、法规，只有国家审计机关才有权对财政收支进行审计。一些层次较高的政府部门内部审计，也可以对本部门的关系国民（地方）经济全局的重大经济活动和决策进行经济效益审计，这也属于宏观（中观）经济效益审计。

虽然国家审计机关有一定的权威性，即其审计和对审计结果的处理是经过法律授权的，但在宏观（中观）经济效益审计中，宏观经济活动的主体是政府及有关部门，其审计对象的层次比较高，被审计单位往往与审计机关是平级关系，因此，审计的监督职能被削弱，其职能主要体现为评价和信息反馈。审计机关对政府及有关部门的经济活动和决策的效益、效果进行评价，再将评价结果和建议向政府或人民代表大会（议会）报告。

宏观（中观）经济效益审计的内容范围一般包括：公共资源责任履行情况；政府预算收支绩效；国家、政府和公共机构的管理效率；国有资产运营效益；国家投资（建设）活动；国家金融活动。

2. 微观经济效益审计

（1）企业经营审计和管理审计

不同类型的企业并不存在通用的提高经济效益的途径和模式，但其经济效益审计的内容具有一定的共性，即大体上可以分为两个层次：第一种审计以谋求最大限度地利用现有资源，最充分地挖掘人力、物力和财力资源的潜力为目的；第二种审计以谋求改善被审计单位管理素质，提高管理水平和效率，从而提高经济效益、降低经营风险为目的。前者被称为经营审计，后者被称为管理审计。

　　我们认为，将经济效益审计分为经营审计和管理审计，并不是一种随意的划分，而是建立在现代社会大生产理论基础之上的一种必然。经营审计主要评价审计对象是否努力改善和充分利用现有的物质条件和技术条件，评价生产力各要素利用的具体方式和手段的合理性、有效性；管理审计则主要评价管理组织、管理机构的合理性、健全性，内部控制制度的健全性、有效性，决策、计划、领导、控制等管理职能的效率等。从理论上划分经营审计和管理审计是必要的，这有助于分清提高经济效益的两条途径，而在审计实务中，则应根据工作的实际需要，两者可分别独立进行，也可结合在一起进行。企业经营审计和管理审计在审计主体、内容范围和评价标准方面都有所区别（见表1-3）。

表1-3　　　　　　　　　　　　　　经营审计与管理审计的比较

项目	经营审计	管理审计
审计主体	被审计单位内部审计	上级部门内部审计或注册会计师
内容范围	各经营环节中的现有资源利用	管理机构、人员、职能和内部控制制度
评价标准	被审计单位自行制订的定额、预算和计划	科学管理的理论

　　（2）行政事业经费绩效审计

　　我国的行政事业单位在国外称为公共机构。它们的经费收支属于财政预算收支的一部分，占用的是国有资产。按惯例，行政事业经费的绩效是由国家审计机关进行审计的。在我国，它们的经费收支虽然属于财政收支的一部分，却采取了财务收支的方式，单位和部门的内部审计机构往往也是行政事业经费绩效审计的主体。

　　行政事业经费绩效审计的内容范围主要包括预算资金和预算外资金的使用效果、公共资源利用的合理性、公共机构业务管理的效率以及社会责任的履行情况。其审计评价的标准包括国家和行业政策标准，以及历史水平、行业水平、计划水平等。在开展党政领导干部经济责任审计时，也经常以被审计人的任期经济责任目标为标准，评价行政事业经费的使用绩效。

　　（3）项目经济效益审计

　　项目是指一次性的经济活动，即常规生产和业务以外的不经常发生的经济活动。作为微观经济活动的一种，应将其界定为由政府、企业或其他单位、组织所从事的单个项目，而不应该指部门、地区、行业所从事的多个项目的集合。

　　项目经济效益审计的目的侧重于可行性和运营风险的评价，如固定资产投资项目和开发、理财项目的可行性、决策合理性和项目运营风险的审计等。国家审计机关、内部审计机构和社会审计都可以在各自的分工或授权、委托范围内从事项目经济效益审计。

二、按审计范围进行分类

　　经济效益审计按审计范围大小，可以分为全面经济效益审计、局部经济效益审计和项目经济效益审计三类。它们不仅审计范围不同，而且适用的对象、解决的问题也不同，自然也有各自的长处和短处，学习时应注重其在实际业务中的应用。

　　1.全面经济效益审计

　　全面经济效益审计，是指以审计对象经济效益的实现全过程和全部影响因素为审计范围的经济效益审计。这种审计适用于长期亏损、面临破产的企业，以及以扭亏为盈为目的的经济效益审计。全面经济效益的特点如下：

（1）审计范围广，内容全面，有利于从整体上促进被审计单位提高经济效益。

（2）审计资源消耗大，需要投入大量的审计人员、较长的时间和数额较高的审计经费，因此采用这种审计时不仅要看效果，还要看成本，考虑成本效益原则。

（3）对审计主体的要求比较高，不仅应具备大范围审计所必需的规划、组织能力，以及善于优化审计资源配置、能最大限度地实现审计目的的能力，而且审计组应具备与经济效益全部影响因素相适应的全面、合理的能力结构。

（4）审计效果滞后。就当前生产周期或会计期间而言，经济效益一般不会立即提高，但对以后各期的效果会产生深远的影响。

2. 局部经济效益审计

局部经济效益审计，是指以审计对象的部分经济活动或经济效益的部分影响因素为审计范围的经济效益审计，如某产品单位成本效益的审查分析，流动资金周转和利用效益的审查等。局部经济效益审计一般适用于日常发生的、周而复始的生产经营活动和业务活动。解决整个过程中某些环节的经济效益或风险问题，是当前我国内部审计开展经济效益审计采用最多的方式。局部经济效益审计的特点如下：

（1）范围较小，内容不多，通过解决某个环节上的问题来推动审计对象整体经济效益的提高，因此应采用科学的方法，比如通过风险排序或选择对经济效益有全局影响的关键产品、关键环节来确定审计项目。

（2）消耗审计资源较少，对审计主体要求不高，能起到立竿见影的效果。

3. 项目经济效益审计

项目经济效益审计，是指以某一特定项目即一次性的经济活动为审计对象的经济效益审计，如固定资产投资项目的经济效益审计、新产品开发项目的经济效益审计、贷款项目或向外投资项目的经济效益审计等。在审计资源消耗、对审计主体的要求、产生效果的速度等方面，它与局部经济效益审计具有相似的特点，因此也是当前我国经济效益审计最常采用的一种方式。

三、其他分类

1. 按实施审计的时间进行分类

经济效益审计按实施审计时间的不同，可以分为事前、事中和事后经济效益审计。

（1）事前经济效益审计是在经济活动发生前实施的审计，包括计划、预算、固定资产投资和更新改造项目可行性研究、成本预测等内容。通过事前审计可以防患于未然，对于未来的经营风险和投资风险，能在事前及时地预测、防范或剔除，避免因预测不准、计划不周而造成经济损失。

（2）事中经济效益审计是在经济活动进行的过程中实施的审计。审计时将经济活动的实施情况与实施前制订的计划、预算和标准等进行比较和分析，从中找出差异和存在的问题，及时采取有效的措施加以纠正，或根据实际情况的变化，调整和修改计划、预算，使之更加符合客观实际。事中经济效益审计是一种动态的审计，主要适用于工期较长的基本建设项目、技术先进复杂的工程项目或生产经营周期较长的企业。

（3）事后经济效益审计是在经济活动完成后实施的审计。通过对已完成经济活动的事实或载体的审查，对其成果水平的优劣、经济活动本身的合理性、经济性、有效性进行分析和评价，挖掘经济效益变化的原因及影响因素，提出进一步提高经济效益的有效建议。事后经济效益审计是一种总结性审计，其内容涉及审计对象经济活动的各个方面和各个环节，广泛适用于各种企业、事业单位。这种审计对象的载体大多是账、证、表等会计资料。我国现行审计主体不乏确认其是否真实、合法的审计手段，为开展事后经济效益审计提供了必要的前提。因此，事后经济效益审计是当前我国开展经济效益审计的主要形式。

2.按审计组织方式进行分类

经济效益审计按组织方式的不同，可分为定期审计和不定期审计。

（1）定期审计是每隔一定时间，按照计划规定对被审计对象进行的经济效益审计，例如特派员办事处等国家审计机关对占用国有资产多的大中型国有企业和事业单位、公共机构所进行的定期审计。这类审计一般有严格的法律、法规规定和授权，以监督、防范职能为主，其目的主要是检查国有资产的运营效益及其对国计民生的保障程度。

（2）不定期审计是根据被审计单位或事项的具体需要和审计主体资源配置的情况，在计划内或计划外实施的经济效益审计。例如，单位和部门的内部审计机构接受管理层授权进行审计；社会审计组织接受委托开展经济效益审计；企业经营者或单位领导干部离任时进行任期经济效益审计等。这种审计是当前我国开展较多的一种经济效益审计方式。

关键概念

效益是指人类行为的效率和效果，有经济效益、社会效益和生态效益之分。经济效益一般是指经济活动中投入与产出的比较关系；社会效益是指人类行为对社会进步与健康发展的影响，它通常体现为精神或社会责任方面的作用，往往难以用货币计量；生态效益是指人类行为对保持和恢复生态平衡，形成生态的良性循环方面的影响和作用，也多难以用货币计量。

经济效益审计是以被审计单位或项目的经济性、效率性和效果性的实现程度和途径为内容，以促进经济效益的提高为目的的一种审计活动。经济性是指组织经营活动过程中获得一定数量和质量的产品与服务及其他成果时所耗费的资源最少。经济性关注保证质量前提下的少投入。效率性是指组织经营活动过程中投入资源与产出成果之间的对比关系。效率性关注资源利用效率、内部控制、完工及时性等。效果性是指组织在从事经营活动时实际取得成果与预期取得成果之间的对比关系。效果性关注目标完成情况和预期成果与实际成果的比较。

本章小结

经济效益审计是现代审计的一种形式，其产出的基础是受托管理责任。经济效益审计的主体有政府审计、内部审计和注册会计师审计，其目的是对被审计单位或项目的经济性、效率性和效果性的评价。因此，经济效益审计的内容包括经济性审计、效率性审计和效果性审计。

经济效益审计与财务审计之间既有联系，又有区别。它们的相同之处在于都是对经济活动的合法性、合理性和经济性的监督和评价；区别主要在于审计对象不同、审计目的不同、审计职能不同、审计依据的标准不同以及审计方法不同等。

经济效益审计按审计对象层次不同可分为宏观（中观）经济效益审计和微观经济效

益审计；按审计范围不同可分为全面经济效益审计、局部经济效益审计和项目经济效益审计。

复习思考题

1. 什么是效益？什么是经济效益？经济效益的构成要素是什么？
2. 投入和产出有哪些比较方法？不同方法比较的结果有何特点？
3. 经济效益审计与财政、财务审计的关系是什么？
4. 不同主体开展经济效益审计有何异同点？
5. 在我国开展经济效益审计的对象范围是什么？
6. 经济效益审计的目的和职能是什么？
7. 如何对经济效益审计进行分类？
8. 经济效益审计的基本特征是什么？
9. 现代国家审计、内部审计和社会审计所从事的经济效益审计产生的客观基础分别是什么？
10. 经济性、效率性、效果性审计的内容分别是什么？

业务练习题

1. 甲、乙两企业某年有关营业收入及成本费用资料见表1-4。

表1-4　　　　　　　　　　甲、乙两企业相关资料　　　　　　　　　金额单位：万元

企业	收入	成本费用	利润	销售利润率（%）
甲	100	70		
乙	200	150		

要求：运用投入和产出比较方法，计算并评价甲、乙两企业的经济效益，并说明经济效益与企业利润的关系。

2. 甲、乙两方案的未来报酬、原始投资额、净现值、现值指数见表1-5。

表1-5　　　　　　　　　　甲、乙两方案有关资料　　　　　　　　　金额单位：万元

方案	未来报酬	原始投资额	净现值	现值指数
甲	1 000	700	300	1.43
乙	1 800	1 400	400	1.29

要求：运用投入和产出比较方法，计算并评价甲、乙两方案的经济效益，并说明经济效益与净现值的关系。

第一章业务练习题参考答案

第二章 经济效益审计方法与程序

学习目标

通过本章教学，使学生了解和掌握经济效益审计程序的基本特点和具体规范，特别是经济效益审计项目的选择和立项、审计计划的编制和审计报告的内容，为后面学习经济效益审计实务奠定一定的基础。为此，要求学生从理论和实践相结合的高度掌握经济效益审计程序的构成、内容及其规定性，了解具有中国特色经济效益审计程序和方法的具体内容及要求，并能够自觉地比较效益审计与财务审计方法程序上的异同点。

经济效益审计方法是指为达到经济效益审计目标所采用的一切手段和措施。正确地运用经济效益审计方法既有助于审计人员抓住被审计事项中的根本问题，更好地挖掘增产节约、增收节支、提高经济效益的潜力，也有助于审计人员缩短经济效益审计的时间，提高审计工作效率。因此，讲求审计方法在经济效益审计工作中有重要的意义。

经济效益审计方法有广义和狭义两个方面的含义。广义的经济效益审计方法包括制订审计方案、获取审计证据、编制审计工作底稿、撰写审计报告、组织审计队伍、协调审计工作等一切手段和措施，即经济效益审计程序。狭义的经济效益审计方法是指审计人员为获得审计证据、挖掘潜力和取得经济效益数据所采用的各种技术手段和措施。本章讲述的审计程序即广义的经济效益审计方法，审计方法即狭义的经济效益审计方法。

第一节 经济效益审计方法

一、经济效益审计方法要素

经济效益审计的本质是一项独立的经济监督活动，因此，其基本方法要素同样包括图2-1所示的审计方法要素。

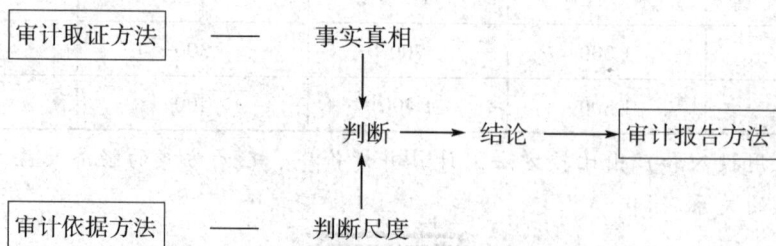

图2-1 经济效益审计方法要素

图2-1实际上给出了审计活动的基本构架，其中包括了三个方法要素，即审计取证方法、审计依据方法和审计报告方法，三者不可或缺。但是，经济效益审计所运用的具体技术方法并不是审计所特有的方法，而是借用相关学科的方法，对审计对象的经济活动进行

分析、审查和评价。这些相关学科包括财务管理、企业管理、管理会计、统计学等，因此经济效益审计技术方法体系可归纳为表2-1。

表2-1 经济效益审计技术方法体系

经济效益审计 技术方法体系	经济活动分析方法	对比分析法 因素分析法 动态分析法 平衡分析法
	数量分析方法	线性规划法 回归分析法 网络计划技术法 投入产出法
	技术经济论证方法	本量利分析法 价值分析法 货币时间价值法 回收期法

二、经济效益审计具体方法

（一）线性规划法

线性规划法是一种可以在具有确定目标，而实现目标的手段和资源又有一定限制的条件下，从大量可供选择的活动方案中求解出最优方案的数学运算方法。

运用该方法能解决两类问题：一是在任务已经确定的情况下，如何统筹安排，用最少的资源去实现这一任务；二是在资源数量已经确定的情况下，如何合理利用，使完成的任务最多。

在经济效益审计中，利用线性规划法，可以审查生产方案是否最优、运输方案是否最佳、作物布局是否合理等。

（二）网络计划技术法

网络计划技术法是运用网络理论，通过绘制网络图从中确定关键路线，据以合理安排人力、物力和财力，达到控制任务进度和成本费用的一种统计方法。在经济效益审计中，审计人员经常用它来确定加快工程进度、降低成本费用的途径。

（三）回归分析法

回归分析法是对具有相互关系的现象，根据其关系形式，选择合适的数学模型，用来近似地表达变量间平均变动关系的一种方法。在经济效益审计中，利用回归分析法，可以审查销售预测、成本预测、利润预测等是否正确。

（四）投入产出法

投入产出法是研究经济活动的投入与产出之间的数量依存关系的一种方法。在经济效益审计中，审计人员经常使用投入产出法寻找挖掘潜力的途径和方法，进而提高企业的经济效益。

（五）因素分析法

因素分析法是将综合指标分解为各种具体因素，以揭示各因素对综合指标影响程度的一种方法。

（六）本量利分析法

本量利分析法是假定在销售单价和费用耗用水平不变的条件下，研究销售利润与销售数量关系的一种方法。

（七）价值分析法

价值分析法是通过对产品进行功能分析和成本分析，力图用最低的成本实现必要的功能，借以提高产品价值的一种方法。

（八）投资分析法

投资分析法是对固定资产和流动资产投资的经济效果进行分析的一种方法。在经济效益审计中审计人员经常使用投资分析法对投资项目的可行性研究进行再论证。

（九）方案比较法

方案比较法是借助于一组能够从各方面说明方案经济效益的指标体系，对实现同一目标的几个不同方案进行计算、分析和比较，最后选出最优方案的一种方法。在经济效益审计中，审计人员既可将其用于不同投资方案的比较，又可将其用于不同生产方案的比较；既可将其用于不同售价方案的比较，又可将其用于不同产品组合方案的比较。

第二节　　与绩效相关的大数据分析方法

近年来，大数据技术在企业绩效评价和审计中得到广泛应用。英国国家反欺诈倡议（national fraud initiative，NFI）是英国审计委员会开展的通过数据分析防范欺诈行为的绩效审计项目。该项目通过收集、匹配各部门电子数据，建立了大数据分析平台，使得绩效审计工作的开展卓有成效。在美国，许多大型审计公司已经实现审计过程自动化，可以通过数字足迹进行审计跟踪。

在大数据时代，审计机关可以持续性地观测和监督相关审计内容，实现对项目从立项到执行再到最后完成的持续跟踪与分析，及时发现与防范预算过程中存在的绩效风险，实现"事前防范—事中监控—事后问责"的全周期绩效审计。大数据环境对经济效益审计而言既是机遇又是挑战，如何运用大数据技术进行经济效益审计，已是审计实务界关注的热点问题。

在传统审计中，审计部门的数据挖掘偏重通过对大金额数据的分析来确定是否存在问题以及问题在数据中的表现，而随着绩效审计的兴起，审计部门也需要通过数据来对被审计单位的各类行为做出审计评价，这些也都需要数据的支撑，正如美国审计师事务所 Forensic Strategic Solutions 股东凯利·托德（Kelly Todd）所说，"新审计方法的实质就是数据分析，你将有能力对所有的交易进行检查，从而发现不当行为、例外事项以及其他任何不合理事项的蛛丝马迹"。德勤管理合伙人约瑟夫·尤库左格洛（Joseph Ucuzoglu）谈到，他们正在研究利用审计工具的三种方式，第一种方式是用来审计大量或完整的数据集而不仅仅是数据样本，第二种方式是利用人工智能来搜索数据及文本，以寻找危险信号和透露真相的条款，第三种方式是扩大数据审查范围，在公司数据之外审查其他来源的可用数据。

大数据审计是指审计机关遵循大数据理念，运用大数据技术方法和工具，利用数量巨大、来源分散、格式多样的经济社会运行数据，开展跨层级、跨地域、跨系统、跨部门和跨业务的深入挖掘与分析，提升审计发现问题、评价判断、宏观分析的能力。与一般的数据审计相比较，大数据审计所使用的数据更为多源异构，所使用的技术方法更复杂、高级，对数据的洞察更敏锐、深刻。

一、大数据审计技术分类

1. 大数据智能分析技术

大数据智能分析技术是以各种高性能处理算法、智能搜索与挖掘算法等为主要研究内容，从计算机的视角出发，强调计算机的计算能力和人工智能，如各类面向大数据的机器学习和数据挖掘方法等。在实践中具体应用该分析技术的方法很多，如A/B Testing、关联规则分析、分类、聚类、遗传算法、神经网络、预测模型、模式识别、时间序列分析、回归分析、系统仿真、机器学习、优化、空间分析、社会网络分析、自然语言分析等。目前该技术在审计领域的应用仍不成熟，大多停留在理论研究层面。

2. 大数据可视化分析技术

大数据可视化分析技术是从把人作为分析主体和需求主体的视角出发，强调基于人机交互的、符合人的认知规律的分析方法，目的是将人所具备的、机器并不擅长的认知能力融入数据分析过程。一般来说，大数据可视化分析技术包括文本可视化技术、多维数据可视化技术、网络可视化技术、时空可视化技术等。该技术是目前大数据审计应用领域比较成熟和主流的内容。

3. 大数据多数据源综合分析技术

大数据多数据源综合分析技术是采用数据查询等常用方法或其他大数据技术方法，针对从各行各业采集来的各类大数据中的相关数据进行综合比对和关联分析，从而发现更多隐藏的审计线索的技术。该技术也是目前大数据审计应用领域比较成熟和主流的内容。

由于大数据环境下数据量较大，所以审计人员一般采用Oracle数据库系统开展相关大数据的综合比对和关联分析。此外，大数据环境下，账表分析、数据查询、统计分析、数值分析等常用的审计数据分析方法，仍可以根据审计工作的实际情况，与大数据技术组合使用，针对被审计大数据中的部分数据进行分析。

二、大数据分析方法

大数据分析人员要掌握下列五种大数据分析能力和方法：

1. 预测性分析

数据挖掘可以让分析人员更好地理解数据，而预测性分析可以让分析人员根据可视化分析和数据挖掘的结果做出一些预测性的判断。

2. 数据质量和数据管理

通过标准化的流程和工具对数据进行处理，可以保证得到预先定义好的高质量的分析结果。

3. 可视化分析

不管是对于数据分析专家还是普通用户，数据可视化都是数据分析工具最基本的要求。可视化技术有助于直观地展示数据，让分析人员看到结果。

4. 语义引擎

由于非结构化数据的多样性带来了数据分析的新挑战，因此需要一系列工具去解析、提取、分析数据，语义引擎需要被设计成能够从文档中智能提取信息。

5. 数据挖掘算法

可视化是给分析人员看的，而数据挖掘是给机器看的，集群、分割、孤立点分析以及其他算法让我们能够深入数据内部挖掘价值。这些算法使机器不仅要能够应对大数据的数量，也必须拥有处理大数据的速度。

三、大数据挖掘方法

1. 数据概化

数据库中通常存放着大量的细节数据，通过数据概化可将大量与任务相关的数据集从较低的概念层抽象到较高的概念层。数据概化可被应用于审计数据分析中的描述式挖掘。审计人员可从不同的粒度和不同的角度描述数据集，从而了解某类数据的概貌。大量研究证实，与正常的财务报告相比，虚假财务报告常常具有某种结构上的特征。审计人员可以采用概念描述技术对存储在被审计数据库中的数据实施数据挖掘，通过使用属性概化、属性相关分析等数据概化技术将详细的财务数据在较高层次上表达出来，以得到财务报告的一般属性特征描述，从而为审计人员判断虚假财务报告提供依据。

2. 统计分析

统计分析是基于模型的方法，包括回归分析、因子分析和判别分析等。采用此方法可对数据进行分类和预测。通过分类挖掘对被审计数据库中的各类数据挖掘出其数据描述或模型，或者通过建立的统计模型对被审计单位的大量财务或业务历史数据进行预测分析，将分析的预测值和审计值进行比较，都能帮助审计人员发现审计疑点，从而将其列为审计重点。

3. 聚类分析

聚类分析是把一组个体按照相似性归成若干类别，目的是使得同一类别的个体间距离尽可能小，而不同类别的个体间距离尽可能大。该方法可为不同的信息用户提供不同类别的信息集。比如，审计人员可运用该方法识别密集和稀疏的区域，从而发现被审计数据的分布模式以及数据属性间的关系，以进一步确定重点审计领域。企业的财务报表数据会随着企业经营业务的变化而变化。一般来说，真实的财务报表中主要项目的数据变动具有一定的规律性。如果其变动表现异常，表明数据中的异常点可能隐藏了重要的信息，反映了被审计报表项目数据可能存在虚假成分。

4. 关联分析

关联分析是利用关联规则从操作数据库的所有细节或事务中抽取频繁出现的模式，其目的是挖掘隐藏在数据间的相互关系。审计人员可利用关联规则对被审计数据库中的数据进行挖掘分析，找出被审计数据库中不同数据项之间的联系，从而发现存在异常联系的数据项，在此基础上通过进一步分析发现审计疑点。

四、企业绩效大数据分析方法

1. 交互整合各类数据

一般而言，企业财务数据里包含各种经营数据，财务分析在很大程度上早已超出以前资金管理、成本控制的范畴。这些财务数据庞大而烦琐，如果不能加以整合，不能相互关联，将会影响企业的经营管理和价值数据的挖掘。因此，如何对现有ERP系统中的数据进行科学分类整理是重要的第一步。根据被审计单位的管理精细度，审计人员可以根据不同用途将数据分为预算、战略、核算、税务、资金管理、绩效考核等几部分，建立模型，进行数据验证等，真正实现财务审计转型为经济效益审计。

2. "提纯"海量数据

大数据的本质是还原用户的实际需求，因此在使用大数据思维技术分析财务数据时，应该找出这些数据背后的真实关系，并恢复数据的真实面貌。对海量数据进行"提纯"，是数据挖掘中至关重要的步骤。企业可以通过各种渠道获取所需要的数据信息，但信息的真实性和时效性并不能得到保证。在审计工作中，数据挖掘可用于查找数据背后隐藏的真实价值，确保数据的有效性和合理性。

3. 挖掘财务数据本质

审计人员可以根据被审计单位的业务特点，应用大数据知识和数据挖掘技术，探索财务数据的本质。在企业的经济业务中可能存在一些没有真实反映业务情况的数据，这就需要审计人员根据企业的业务特点具体分析财务数据，用生产数据倒推财务数据，找出真实联系。比如，若原材料占比较大，就可以根据企业购买原材料的数据来分析该企业的生产情况，从而推测该企业的经济效益。再如，若企业对电力需求非常大，就可以根据车间月用电量来推测生产情况。假如财务数据显示企业生产状况很好，但企业的用电量却减少了，则说明数据有问题。审计人员在分析数据时要了解本企业的经营情况，根据业务特点和业务数据清理虚假数据、挖掘数据本质。

第三节 经济效益审计程序

与其他审计程序一样，企业经济效益审计也包括准备、实施和结束三个阶段。但是，在这三个阶段中，经济效益审计所进行的具体活动，与财务审计和财经法纪审计是有所不同的。第一，企业经济效益审计在准备阶段要搜集更为全面和内容比其他审计更多、更复杂的数据资料。第二，企业经济效益审计需要编制更具体和细致的审计计划及其实施方案。因此，经济效益审计工作实际操作难度更大。第三，企业经济效益审计不采取突击审计的方式，在实施审计工作前，要给被审计单位下达审计通知书。第四，企业经济效益审计报告采取详式报告，审计报告所反映的内容与其他审计有较大的区别。审计报告中要对被审计单位的经济效益状况进行系统分析，指出制约经济效益提高的因素，提出具体的建议和措施。

一、经济效益审计程序的特点

(一)需要选择经济效益审计项目

经济效益审计的目的是促进审计对象提高经济效益，控制和降低经营、管理、投资等风险。如果经过审计，不能达到上述目的，经济效益审计就没有意义了，只会导致审计资源的浪费。这是由于它的审计目的不同于财务审计。

通常来说，选择经济效益审计项目的原则是：(1)选择经济效益有提高潜力的事项，如成本高于历史水平的产品，盈利水平低于同行业或长期亏损的企业等。（2）选择内部控制制度不健全、风险较大的事项，如回收期较长的投资项目等。

（二）审计方案应分层次编制

经济效益审计的方案应分层次编制，这是因为：

（1）审计范围较大的效益审计项目，需要通过不同层次的计划或方案进行事前的组织和规划，包括确定审计重点、选择审计方法、进行审计资源配置等。这类审计项目包括全面审计、任期经济效益业绩评价、行业经济效益审计及专项资金使用效益审计等。

（2）在审计程序的不同阶段，只能编制不同层次的审计方案。在审计准备阶段，审计组在初步了解情况的基础上，只能对审计对象的固有风险进行初步的评估，对控制风险进行初步的健全性调查，由此编制出来的审计方案只能是一种粗糙的方案。

（三）审计取证比较复杂

经济效益审计的取证过程比较复杂，主要表现在以下两个方面：

1. 经济效益审计证据的特殊性

审计证据一般有书面证据、实物证据和言词证据三种，而经济效益审计的审计证据类型更多，且具有以下三个特点：（1）书面证据、实物证据与环境证据并存；（2）现实证据和趋势证据并存；（3）结果证据和过程证据并重。

2. 证据的特殊性对取证方法的影响

由于经济效益审计需要取得环境证据、趋势证据、过程证据等特殊类型的证据，因此，除了采用常规的查账、审阅、计算、分析性复核等方法进行审计取证外，还需要广泛采用其他学科的方法，如统计学、应用数学、计算机等工具学科的方法，以及财务管理、管理会计和企业管理等相关学科的方法。经济效益审计的工作底稿中所载内容主要是这些方法的具体应用和计算过程，而用于支持审计结论的审计证据大部分是这些方法应用、计算的结果。这些结果也经常被用作对审计对象经济活动、管理业绩进行评价的依据。这些较复杂的取证方法的使用，要求审计人员具有较高的素质和能力。

（四）审计报告具有建设性和风险性

1. 审计报告的建设性

财务审计的审计报告以防护性为特点，是指以财政、财务收支有关规定以及会计准则、会计制度为依据，揭示审计对象财政、财务收支及有关经济活动中存在的弊端，并按审计职权范围进行处理，对审计对象的合法性、真实性发表意见。经济效益审计的审计报告与其审计目的有密切的联系，是以评价被审计单位经济活动的效益性、合理性和可行性为基础，促使被审计单位提高经济效益，降低经营、管理风险，所以具有建设性的特点。

经济效益审计报告的建设性表现在以下方面：（1）以评价职能为主，以监督、鉴证职能为辅。（2）审计结论和建议具有指导性，而非强制性。（3）为达到审计目标，经济效益审计的审计结论和建议应该与被审计单位协商。为了促使被审计单位能达到提高效率、降低风险等建设性的经济效益审计目标，审计组实施审计后所做出的审计结论和审计建议，在写入审计报告以前，必须与被审计单位进行协商，以保证它们的可行性。

2. 审计报告的风险性

经济效益审计的风险性有两层含义：（1）审计的结论与被审计单位的实际情况不符，

这是审计风险；（2）由于审计结论与实际不符合，使得审计建议的执行导致严重损失与后果。这两种风险都会表现在审计报告上，所以，经济效益审计的报告比财务审计的报告具有更大的风险性。

（五）后续审计

后续审计也叫跟进审计，是在审计报告发出后，为检查被审计单位对审计报告所提出的问题及建议是否采纳、是否采取适当的措施而采取的审计行为。在经济效益审计程序中，后续审计之所以占据重要位置，是因为它有以下作用：（1）验证审计结论和审计建议的正确性；（2）检查、了解审计建议的采纳、执行情况及效果。

二、经济效益审计的一般程序

不同的审计主体从事不同类别的经济效益审计，其审计程序是有所区别的。下面我们以内部审计开展的经济效益审计为例，介绍经济效益审计的一般程序。

（一）选择审计事项，确定审计项目

从经济效益审计的目的出发，考虑被审计单位经营风险的大小及其对经济效益影响的轻重，以及审计主体的资源状况，选择审计事项，确定审计项目。

（二）制订审计方案或审计计划

根据审计目的和所选定的审计项目，审计组应制订审计工作计划或审计方案，其内容包括：项目的来源、审计目的、审计依据的选择、风险评估的结果、重点测试的事项和方法、审计资源的配置等。

国际内部审计师协会（IIA）制定的《内部审计实务标准》指出："根据管理层的审查和批准，内部审计师负责计划和执行委托的审计任务。"其中包括：（1）拟定审计目的和审计范围；（2）取得有关拟进行审计的经济活动的背景资料；（3）确定进行审计工作所需要的资料来源；（4）与所有与审计事项有关的人员进行交流；（5）适当地进行现场调查以熟悉所要审查的经济活动和控制系统，确定审计重点并征求被审计单位的意见和建议；（6）编写审计方案；（7）确定何时向何人如何通报审计结果；（8）取得对审计工作计划的批准。

（三）深入调查，详细了解情况

经济效益审计不像财务审计那样有凭证、账簿和报表等固定的处理程序，可以有序地进行审计，它需要内部审计师深入调查，详细了解情况并加以分析判断，以抓住主要矛盾，查明原因，达到项目审计目的。

深入调查的方法包括：（1）召开各种座谈会；（2）向有关人员作口头调查并形成笔录；（3）问题式调查表；（4）通过发函、派人外调、委托对方内审机构调查等方式向有关单位了解情况；（5）实地走访、现场调查。

（四）测试分析，揭示矛盾

现代内部经济效益审计中的测试分析有很多，主要包括：（1）组织结构的测试分析；（2）经济活动对内部控制制度的控制测试分析；（3）经济活动的实质性测试分析；（4）效益、效率和效果性指标测试分析。

（五）评价、审查审计证据和工作底稿

上述各种测试分析的过程和结果，应在审计工作底稿中加以记录反映，并形成审计证据等资料。内部审计师应收集、分析和评价这些审计资料，作为形成初步审计结果的依据。

评价、审查的过程包括：（1）有关审计目的和审计范围的所有重要资料都应收集；（2）审计证据应是足够的、有法律效用的、相关的和可靠的，能为审计结果和相关建议提供一个可靠的支持；（3）所采用的测试和抽样技术应事先选定；（4）分析、评价、审查的过程应得到监督和控制；（5）审计工作底稿应由审计师编制并由管理层进行审查。

（六）通报审计结果

内部审计师的审计结果，有以下通报方式：（1）需要立即引起注意的情况，可采用中期报告的方式进行报告；（2）发出最终书面报告以前，须在适当的管理层次中征求对审计结论和建议的意见；（3）报告必须客观、清晰、富有建设性和时效性；（4）审计报告应说明审计的目的、范围和结论，适当地表明审计师的意见，并包括可能采取的改进措施或纠正方法；（5）管理层的意见可以包括在审计报告中；（6）最终审计报告在发出前应得到审批，并决定向哪些人发送这份报告。

（七）后续审计

内部审计师必须进行后续审计，以确保对报告中提出的审计结果采取适当的行动。

由于经济效益审计的主体可以是国家，也可以是内部审计人员或注册会计师，在学习经济效益审计的程序时，应该注意不同的审计主体，其审计程序有一定的区别。在国家机构进行经济效益审计的情况下，审计组形成审计报告后，应由审计机关对报告进行审核和处理，其中还可能包括听证、复议等程序；在注册会计师进行经济效益审计的情况下，必须通过业务约定书建立审计项目，项目审计报告一经报出，审计程序即告结束，通常不需要进行后续审计；在内部审计人员进行经济效益审计的情况下，其目的偏向于建设性，审计结果包含较多的建议，其程序应包括后续审计阶段，以追踪建议的执行情况。

全面落实党的二十大关于推进国家治理体系和治理能力现代化的部署和要求，在经济效益审计流程方面，强调推进审计结果的落实。习近平总书记强调，审计整改"下半篇文章"与审计揭示问题"上半篇文章"同样重要，必须一体推进。审计在工作中坚持边审计、边建议、边督促整改，审计整改工作权威进一步树立，效率进一步提升，全面整改、专项整改、重点督办相结合的审计整改总体格局初步成形。

要做好审计整改"下半篇文章"，压紧压实相关部门整改主体责任，确保审计查出问题逐一整改到位。用好审计成果，深挖政策机制方面的深层次问题，推动标本兼治，对反复出现、经常发生的问题开展专项整治，切实提升治理效能。突出绩效审计，严肃财经纪律，督促各级各部门树牢过"紧日子"思想，提高财政资金使用绩效。

深入学习贯彻习近平总书记关于审计整改的重要论述精神，坚决扛起问题整改的政治责任，以更高标准、更严要求、更实举措深入推进以审促治、以审促改。紧盯重点问题攻坚，坚持目标不变、思想不松、标准不降、力度不减，细化责任要求、拿出硬招实招，确保问题应改尽改、高质量清零，适时组织"回头看"，以"零容忍"的态度推动审计整改落细落实落到位，对整改中发现的敷衍整改、虚假整改等问题坚决问责追责。用好"重大审计问题清单"工作机制，完善问题整改全流程闭环，打好审计整改"组合拳"，加快推动审计监督与其他各类监督贯通协同，统筹推进各类问题一体推进、一起解决。

从2010年《中华人民共和国国家审计准则》规定了审计机关督促整改落实、检查整改情况的责任，到2014年《国务院关于加强审计工作的意见》进一步扩大责任主体范围，明确了政府、被审计单位及其主管部门等各方在审计整改中的责任，再到2015年8月习近平总书记主持召开的中央全面深化改革领导小组第十五次会议审议通过的《关于改进审计查出突出问题整改情况向全国人大常委会报告机制的意见》要求充分发挥全国人大常委会的监督作用，加强人大推动审计查出问题整改工作的力度，逐步明确了审计机关、政府、被审计单位及其主管部门、人大常委会等主体在审计整改工作中的职责，形成了审计整改协调联动机制。

近年来，党中央、国务院、全国人大高度重视审计查出问题整改工作。2020年6月18日全国人大常委会办公厅印发的《关于进一步加强各级人大常委会对审计查出突出问题整改情况监督的意见》再次强调要发挥人大常委会对审计整改的监督作用，并在监督整改的内容、方式、结果运用等方面做出要求。

2021年4月9日，十三届全国人大常委会第二十八次会议表决通过的《全国人民代表大会常务委员会关于加强中央预算审查监督的决定》专门对加强中央预算执行等审计查出问题整改情况的监督工作提出了建议。

2021年6月28日，中央审计委员会办公室、审计署印发的《"十四五"国家审计工作发展规划》设置"督促审计查出问题全面整改落实"专题，提出从强化审计整改责任落实、健全审计整改工作机制、推动审计整改结果运用等三个方面做好审计整改工作。

2021年10月23日修正的《审计法》第五十二条明确了被审计单位落实整改、报告整改、公开整改的责任，各级政府、有关主管单位的监督责任，以及审计机关的跟踪检查责任，同时强调审计整改情况应作为考核、任免、奖惩领导干部和制定政策、完善制度的重要参考。新修正的《审计法》将党中央、国务院的要求提升至法律层面，为审计整改工作的展开提供了强有力的法律支撑。

第四节　　审计立项及计划

一、经济效益审计立项

（一）立项原则

1.可行性原则

可行性原则即根据审计主体、客体的条件，内部和外部的环境，判断是否能实现审计目的，评估审计风险的大小。

2.重要性原则

重要性原则是指该审计事项对所在地区、部门、行业或单位的经济效益产生影响的程度，包括单位内举足轻重的经营（业务）项目，对地区、行业财政税收有重大影响的单位或项目等。只有主动立项，才需要考虑重要性原则。

（二）审计立项应考虑的因素

在安排审计项目、编制年度审计计划时，审计师要考虑以下因素：

1.上一次审计的日期和结果

一般来说，审计师可以假定，对某一项业务活动的审计间隔期越长，该项业务活动出现问题的风险将越大，所以应该优先开展审计。同样，若在上次审计中发现的缺陷越多，则可假定控制上的缺陷越大，就越需要开展审计。

2.涉及的金额

涉及资金数额较大的项目一旦出了问题，造成的损失也就较为严重。在比较各项业务活动以决定如何最好地安排审计资源时，审计师会倾向于优先安排那些涉及资金数额更多的项目，因为其中存在更高的潜在风险。

3.潜在的损失和风险

这一因素是针对内部控制系统的。较弱的控制意味着较大的潜在损失和风险，而较强的控制意味着较少的损失和风险，因而在同一资金水平下，应选择内部控制较弱的业务活动优先开展审计。一些表面上看来不是财务上的风险也应加以注意，如涉及法律诉讼、公众形象受损或在舆论中处于被动的境地，虽然最初的影响与财务无关，但这些风险最终可能导致财务上的不良后果。

4.管理层的要求

当管理层要求对某项特定的业务活动开展审计时，审计师通常可以考虑管理层觉察到的风险，通常管理层会比其他人更熟悉业务，因而他们会较清楚地了解其中所存在的风险。

5.经营方案、制度和控制的重大变化

如果基本业务发生重大变化，那么就有理由优先对其审计，因为在变化过程中多会出现稳定情况下不会发生的复杂情况或风险。在变化以后，也可能要进行很多调整，以使新业务能良好运作，但在实施的初期会增加风险。而且，新的业务从未被审计过，所以很难确定相关的控制系统是否健全有效。

6.获得经营收益的机会

未能开发潜在的收益给组织带来的损失，不亚于实际的资产损失或其他损失。因此，管理人员和内部审计师都对不断地开发新的收益机会抱有兴趣，即使控制严格、业绩上佳。另外，还要考虑管理层对审计结果的接受程度，在相同的风险水平下，审计师将优先考虑那些可能带来新的收益或积极影响的审计项目。

7.审计资源配置状况及能力结构

审计资源的配置，尤其是审计人员的能力结构会影响对审计项目的选择。举例来说，审计部门若全由注册会计师组成，则会更善于检查财务与会计系统而不是工程系统。因此，审计部门在选择审计对象、编制年度审计项目计划时，应尽可能考虑审计资源配置人员的能力结构的变化。

二、经济效益审计计划

前已述及，由于经济效益审计的范围较大、内容较复杂，取证方法也较复杂，因此，经济效益审计中只有编制多层次的审计计划，才能起到事前充分规划的作用。表2-2列示了经济效益审计的计划层次及其作用和内容。

表2-2　　　　　　　　　　　　　　经济效益审计计划层次及其作用和内容

审计计划层次	作　　用	内　　容
项目计划大纲	轮廓性、纲要性的计划要点	项目名称、被审计单位、审计范围及主要内容
项目实施计划	分项目的划分及审计资源的初步配置	各分项目的具体内容、目的和审计资源的初步配置
项目作业计划	具体实施审计活动的指南（按分项目编制）	某分项目包含的审计要点、每一要点审计的具体要求和方法、审计资源的具体配置

1.项目计划大纲

项目计划大纲是指对整个审计工作所做的轮廓性、纲要性的规划和安排，其主要内容有项目名称、被审计单位、审计范围及主要内容。对于小型、内容简单的项目，具备计划大纲各项内容就可据以实施审计了；对于大型、复杂的项目，以上几项只是一个轮廓，并不能指导审计的实施，需要制订项目实施计划和项目作业计划。

2.项目实施计划

项目实施计划是对审计项目实施的全过程所作的初步安排，其作用是初步划分审计项目，并确定分项目标，以便进行审计资源的初步配置。项目实施计划的内容较之项目计划大纲更加具体，主要包括各分项目的具体内容、目的和审计资源的初步配置。

3.项目作业计划

项目作业计划是分层次审计计划的最后层次，亦是具体实施审计活动的指南。其内容包括某分项目包含的审计要点、每一要点审计的具体要求和方法、审计资源的具体配置等。如果某项目审计内容简单，其审计计划只有一个层次，那么项目计划大纲也应包含项目作业计划的内容。项目作业计划除了安排具体的审计进度和人员分工外，首先是按每个分项目确定实施审计的要点，并按每个审计要点提出审计活动的要求、具体方法和范围。

下面我们通过举例来进一步说明经济效益审计计划各层次的内容与结构。

【例2-1】某集团公司内部审计部门对所属A公司开展经济效益审计。根据初步了解的情况，A公司自2020年以来盈利逐年下降，2022年实现利润100万元（其中上半年盈利50万元），2023年上半年亏损50万元，预计全年至少亏损100万元。据反映，亏损的主要原因是市场疲软，尽管市场销售价格已由上年的每台500元压低到今年的每台474元，销售量仍比上年减少5%；另外，材料价格上涨使成本升高，这些外部因素使公司经济效益下降。

集团公司内部审计部门对此作了进一步的研究分析，认为该公司销售减少、价格下降、成本上升均属实情，但从公司会计报表及有关资料可以看出：

（1）产品成本构成中，材料占70%，其价格平均上升20%，影响成本上升约14%，2023年上半年单位成本526元，比上年上升17%；

（2）2023年上半年销售量为9 500台，比上年同期10 000台降低5%，但根据市场资料，该产品2023年上半年销售总量为50 000台，比上年同期40 000台增加25%；

（3）通过对比两年的有关指标，发现废品损失大量增加，流动资金周转速度显著放缓。

可见，经济效益下降除了外部原因，还有内部经营的问题。审计组确定了产品成本效益、产品质量效益（废品损失）、产品销售效益和流动资金使用效果四个方面为本项目审计的范围，编制审计计划如下：

1. 项目计划大纲（见表2-3）

表2-3　　　　　　　　　　　**项目计划大纲**

项目名称	综合经济效益审计	审计部门负责人签字	同意（签字）
被审计单位	A公司		
审计目标	评价经济效益，促进扭亏为盈		
审计范围	2023年上半年经营亏损		
审计主要内容	（1）产品成本效益；（2）产品质量效益（废品损失）；（3）产品销售效益；（4）流动资金使用效果		
审计方式	就地审计		
审计组组成	主审（高级审计师）：组员（共10人）：		
审计时间	2023年7月11—25日		

2. 项目实施计划（见表2-4）

表2-4　　　　　　　　　　　**项目实施计划**

审计分项目	审计目的	审计内容	审计时间	审计人员
产品成本效益	分析影响成本效益的有关因素	1.费用分配 2.材料消耗 3.废品损失 4.资金利息	7月12—21日	×××、×××、×××、×××（4人）
产品质量效益	分析产品质量效益降低的影响因素	1.检查质量内控 2.因素分析法 3.质量成本分析	7月12—17日	×××、×××（2人）
产品销售效益	评价公司产品的竞争能力	1.市场需求调查 2.市场占有率 3.价格与售后服务 4.质量与宣传	7月12—21日	×××、×××、×××、×××（4人）
流动资金使用效果	检查流动资金周转速度问题	1.流动资金占有率 2.资金定额控制 3.销售额变化 4.流动资金结构	7月18—21日	×××、×××（2人）

3.项目作业计划（见表2-5）

表2-5　　　　　　　　　　　　项目作业计划

审计要点	审计要求	审计方法	审计范围	审计时间	人员分工
费用分配	核实产品成本的合理性	检查分配标准、分配方法、在产品完工程度	第一、二季度末在产品与产成品的分配	7月12—13日	×××、×××（2人）
材料消耗	评价材料消耗的合理性	检查材料计价的合规性、比较实际消耗量与定额消耗量	上半年钢材、电器耗用数及其费用	7月14—20日	×××、×××（2人）
废品损失	检查并分析废品损失上升的原因	因果分析法（鱼刺图）		7月12—20日	×××（1人）
资金利息	检查财务费用增加的原因	分析新增贷款的用途、可行性研究、决策程序内控情况	第一、二季度流动资金占用及长、短期借款	7月12—20日	×××（1人）

第五节　　经济效益审计报告

审计报告是将审计结果传递给使用者的法定形式，是审计方法要素之一。经济效益审计报告，既为被审计单位内部的高级管理人员、业务管理人员和内部审计师服务，也为组织外部的政府监管部门、利益相关单位和外部审计师服务，是实现经济效益审计目的的必要途径。

一、经济效益审计报告的特点及一般要求

（一）经济效益审计报告的特点

1.审计结论具有非强制性

经济效益审计一般不需要作审计处理决定。通常情况下，审计人员表达审计评价的结论，提出可供选择的建议或方案，供有关使用者参考。由于评价标准比较灵活，经济效益的影响因素也较多，审计人员往往以讨论、说服的语言来表达意见，供审计结果使用者参考。

2.审计意见侧重于建设性

经济效益审计报告通常包括现状、标准、评价与建议。审计人员在评价被审计单位经济效益或风险时，更注重提出进一步提高经济效益、降低经营风险的建议，使审计报告更具有建设性。

3.审计结论具有潜在风险性

经济效益审计的结论和建议，往往根据趋势证据、环境证据间接地做出，这类证据有一定的科学计算或理论依据，但不反映已发生的客观实际情况，因此具有较大的审计风险。

4.审计报告一般采用详式报告的形式

经济效益审计报告需要用比较详细的文字来描述被审计单位业务活动的现状、评价的标准、存在的问题以及改进的建议，因此，经济效益审计报告大多采用详式报告的形式进行表达。

5.审计报告格式具有非规范性

与财务审计报告相比，经济效益审计报告至今未形成一套规范的格式。不同的审计项目，其写法和内容各不相同。

（二）经济效益审计报告的一般要求

审计师在经济效益审计实施完毕后应该报告其审计结果。《内部审计实务标准》对审计报告的编报提出了一般要求，包括：（1）审计检查完成后，应该提交有署名的书面报告；（2）在发出最终书面报告以前，审计师必须在适当的管理层次中征求其对审计结论和审计建议的意见；（3）审计报告必须客观、清晰、简明、富有建设性并讲究时效；（4）应该说明经济效益审计的目的、范围和审计结论，并适当地表明审计师的意见，其中也包括背景资料；（5）报告应该包括可能采取的改进建议或纠正行动；（6）被审计单位对审计结论和建议的看法，可以包括在审计报告附件中；（7）最终审计报告发出前，审计部门负责人或被指定人员应检查和批准报告，并决定报告的发送对象。

二、经济效益审计报告的基本模式和内容

（一）审计报告的基本模式

不同审计主体所进行的不同类型的经济效益审计，其审计报告的模式是不同的，但主要特征是相似的。

1.封面

一份经济效益审计报告的封面通常应该包括以下内容：（1）报告的标题，该标题说明审计事项的性质和被审计单位的名称；（2）被审计单位的名称和地址；（3）审计日期或期间；（4）审计机构或审计组的名称。

2.导言

在经济效益审计报告中，导言部分所起的作用主要是介绍被审计单位业务情况、审计发现问题的详细情况和审计建议、评价内容的摘要，以及披露审计报告编报的有关信息，主要包括：报告日期和发送日期；报告接收者名称和地址；引言、前言或审计事项的背景；审计范围和目标；审计所发现问题的性质及简要评价；对报告使用者回复的期望；签发人签名；参与项目的审计人员名单；报告接收者名单；内容目录及索引。

上述内容在编写时应注意：（1）审计事项的背景，有助于说明项目的重要性及解释审计的原因，如管理层的变动、特殊要求、作为正在进行的某项审计的一部分、新系统的建立等。（2）审计所发现问题的性质及简要评价，只需要用一两段话概括问题的性质，而不是问题的具体内容。在简式报告中，它可被视为审计要点或摘要。

3.总结或概述

一些审计报告的使用者，特别是高级管理人员，通常对审计报告的具体细节缺乏兴趣，而更关注事项整体的性质。本段内容的优点便是使报告使用者在阅读有关细节前就能抓住报告的关键事项，指导读者应从哪些方面更深入地了解细节。本段的重点是被审计单位存在的风险，并说明具体的控制薄弱环节是如何增加风险的。

4. 审计发现问题的细节说明

这一段应该向使用者提供足够的信息，以便他们了解事实，并对存在的问题提出建议。本段是经济效益审计报告篇幅最长的部分，它的内容一般分为五个部分：

（1）现状

现状是指审计发现问题发生的具体环境，包括经营程序的实际执行（或不执行），各项资产的实际存在条件和实际的数量记录。

（2）标准或期望

标准是被审计单位应遵守的政策、法律法规、程序等，而期望是指被审计单位内部或外部对单位业务或经济效益所制订或下达的计划、预算和任务指标。经济效益审计中的标准或期望，作为审计评价的标准，应由审计师和被审计单位管理人员协商确定。

（3）影响

影响是指由于所发现问题的存在，将会给被审计单位及其外部关系者带来的后果。这种信息可以帮助审计师和报告的使用者判断其审计所发现问题的重要性。

（4）原因

在当前状态下为什么会发生问题？尽管出现问题的原因是多方面的，但被审计单位管理者的选择是最直接的原因。如果管理者确定的风险水平不适当，或者小于实际存在问题的风险水平，那么就会出现问题。因此，管理者有责任对存在的问题采取补救措施，而审计则起积极的协助作用。

（5）建议

审计建议是审计师对被审计单位存在问题的一种忠告。这样的忠告并非要求被审计单位必须听从与执行，因为被审计单位在收到报告以前，并非对问题一无所知。审计师在提供建议时，应避免使用独断或含蓄的语言，通常审计师选择被审计单位比较容易接受的、与特殊控制目标相关的内容提出建议。

审计建议应考虑的因素如下：①审计建议能否解决问题，能否降低风险？②被审计单位是否具有执行该建议的能力，是否具备必要的专门人员和技术？③是否适合被审计单位的经营活动？④成本效益是否合理？⑤解决的是长期问题还是短期问题，是否为权宜之计？

5. 图表与附录

如果有图表等内容，则应将其与相关的文字叙述放在一起；若有关信息的长度有碍于报告其他部分的可读性，则可将它放在附录中。图表和附录应有清楚的标识。若对于这些信息需要深入研究才能弄懂，则应提供一定的解释和说明。

（二）项目审计报告的内容

经济效益审计报告的内容，一般应该是对被审计单位（项目）经济效益及风险的评价，具体可包括以下要点：（1）被审计单位或项目；（2）立项背景和依据；（3）审计目标、范围和要求；（4）采用的审计标准和程序；（5）审计查实的主要事实、所发现的问题及证据；（6）审计结论与建议；（7）被审计单位对主要结论的反映；（8）附件和审计证据。

第六节   后续审计

一、后续审计的目的

后续审计是指审计师用以确认被审计单位管理人员根据审计报告中的审计结果和审计建议，采取措施是否合适、有效和及时的工作过程，同时也是确认审计结果和审计建议本身是否正确的工作过程。

在经济效益审计中，审计人员提出的审计结果和建议是否正确，是否为被审计单位所采纳，取得了什么效果，在审计程序的终结阶段是无法加以验证的。只有在一段时间后（一般为三个月到半年的时间），才能实施一定的程序加以验证。因此，后续审计在经济效益审计程序中具有比其他审计更为重要的意义。

后续审计的目的具体包括以下两点：

1.确认"已经采取的纠正行动和正在达到要求的结果"

（1）确认被审计单位管理层针对审计报告所提出的审计发现问题和审计建议，是否采取了纠正行动和措施；

（2）如果采纳了所提出的建议，其效果是否与预期相符合；

（3）由于采纳审计建议而产生风险的责任归于审计主体。

2.确认"高级管理层或董事会已经承担了对报告中的审计结果不采取纠正行动而产生的风险"

（1）经济效益审计报告中的审计结果，包括审计结论和审计建议，并不强制被审计单位执行；

（2）如果被审计单位（公司的高级管理层或董事会）决定对审计结果不采取纠正行动，由此产生风险的责任属于被审计单位，而不属于审计主体。

二、后续审计的基本步骤

（一）获取并审阅审计报告回函

审计人员应要求被审计单位对审计报告中的审计结果做出书面回复，并对书面回复进行审阅。审阅时应以审计报告为依据。通过审阅，审计人员将确定哪些事项需要与被审计单位探讨与澄清，哪些事项需要进行现场审查。

审阅书面回复时应注意下列情况的审计发现事项：（1）不予回复的事项；（2）回复不充分的事项；（3）被审计单位有异议或有误解的事项；（4）回复中已说明将不采取任何纠正措施的事项。

（二）讨论审计报告回函

审计人员应与被审计单位管理层探讨回复中不清楚或未作回复的事项，同时澄清有异议或有误解的审计事项或建议，可以通过面谈或电话询问的方式来解决问题和误会，具体包括：（1）向负责采取纠正行动的适当层次管理人员解释审计报告中的问题和建议；（2）收集在审计报告发出后的适当时期内的最新资料和信息，对审计报告中的审计结果进行重新评价。

（三）对审计报告中的重大问题及纠正建议的采纳情况进行现场审计

现场审计的方法包括现场访问、直接观察、测试和检查纠正措施的有关文件等。与常规审计工作一样，审计人员应就审查工作过程形成工作底稿并归档。

在确定现场审计程序时，应考虑以下因素：（1）该事项在审计报告中的重要性；（2）按照审计报告提出的要求，采取该项审计建议产生的影响程度和所需要的费用；（3）审计建议实施失败可能产生的风险；（4）审计建议实施的复杂程度；（5）所涉及的时间限制。

（四）评估采纳审计建议所达到的效果

这主要是根据改善后的情况或被审计单位管理层已经采取或将要采取的措施，对所涉及的业务活动的控制风险进行重新评估。

（五）报告后续审计的结果

报告的内容主要应包括以下方面：（1）就被审计单位是否采纳审计报告结果、采取的纠正行动及其效果以及审计主体的风险责任进行确认；（2）就被审计单位管理层未采纳或决定不采纳审计报告结果、不采取纠正行动所承担的风险责任进行确认；（3）就审计报告结果的执行情况与回复中的说明是否一致进行确认。

关键概念

经济效益审计方法是指为达到经济效益审计目标所采取的一切手段和措施。

经济效益审计程序是指经济效益审计工作的先后步骤及内容，包括制订审计方案、获取审计证据、编制审计工作底稿、撰写审计报告、组织审计队伍、协调审计工作等手段和措施。

后续审计是指审计师用以确认被审计单位管理人员根据审计报告中的审计结果和审计建议，采取措施是否合适有效和及时的工作过程，同时也是确认审计结果和审计建议本身是否正确的工作过程。

本章小结

经济效益审计方法有广义和狭义两个方面的含义。广义的经济效益审计方法即经济效益审计程序。狭义的经济效益审计方法是指审计人员为获得审计证据、挖掘潜力和取得经济效益数据所采取的各种技术手段和措施。

经济效益审计程序的特点如下：需要选择经济效益审计项目；审计方案应分层次编制；审计取证比较复杂；审计报告具有建设性和风险性必要时须开展后续审计等。

经济效益审计计划包括项目计划大纲、项目实施计划和项目作业计划三个层次。

经济效益审计报告的特点如下：审计结论具有非强制性；审计意见侧重于建设性；审计结论具有潜在风险性；审计报告一般采用详式报告的形式；审计报告格式具有非规范性等。

复习思考题

1.经济效益审计的方法有哪些？

2.与财务审计、财经法纪审计相比较，经济效益审计程序有什么特点？

3.经济效益审计准备阶段的主要工作有哪些？

4.经济效益审计实施阶段的主要工作有哪些？

5.经济效益审计终结阶段的主要工作有哪些？

6.为什么说后续审计不是经济效益审计程序的必然环节？

7.经济效益审计证据有哪些？有何特点？

8.为什么说经济效益审计计划具有多层次性？

9.与财务审计报告相比较，经济效益审计报告有什么特点？

10.经济效益审计报告与后续审计报告的异同点是什么？

业务练习题

将经济效益审计的三种特殊审计证据类型（即环境证据、趋势证据、过程证据）分别填入表2-6列示的审计证据内容所对应的栏内。

表2-6　　　　　　　　　　　　　　　审计证据内容归类表

审计证据内容	证据类型
1.所投资固定资产可能提前报废	
2.单位工资成本由于预算失控而提高	
3.针对材料采购付款未审核有关单据	
4.单位领导对内部控制知之甚少	
5.风险识别、评估机制充分有效性不足	
6.资金占用增加引起存货周转速度减慢	

第二章业务练习题参考答案

第三章　经济效益审计准则和标准

学习目标

　　通过本章教学，使学生了解和掌握经济效益审计准则和标准的内涵、特点及发展现状，特别是经济效益审计标准的历史演变、基本内容和指标体系，为进一步学习经济效益审计实务奠定一定的基础。为此，要求学生必须掌握经济效益审计评价标准的构成、内容及其各项指标体系，并能够熟练地加以运用，为将来从事经济效益审计工作创造一定的技术条件。

　　审计工作由必不可少的三大要素组成：审计准则、审计标准和审计证据。审计人员依据审计准则，通过仔细审计被审事项，查明被审计单位事实真相，取得审计证据，将取得的审计证据对照审计标准，借以评价被审事项的真实性、合法性和效益性，得出审计结论，提出审计意见和建议。可见，审计准则和审计标准是审计工作不可缺少的环节，是做出审计判断的依据，是对其定性和进行处理的依据。同样，经济效益审计也需要评价标准，并且有着自身的特点。本章将概括性介绍经济效益审计准则，具体阐述经济效益审计评价标准的含义、特点、确定原则、具体内容以及评价指标体系。

第一节　　经济效益审计准则

　　经济效益审计准则是用来规范和约束审计人员开展审计工作、形成审计意见、提出审计建议的最高行为标准。与财务审计相比较，经济效益审计准则尚不够成熟、完善。已有的经济效益审计准则主要表现为政府绩效审计准则，如《美国政府绩效审计准则》和《最高审计机关国际组织绩效审计实施准则》。除此之外，还有内部经济效益审计准则，如我国内部审计协会2013年修订颁布的《第2202号内部审计具体准则——绩效审计》等。

一、美国政府绩效审计准则

　　美国是世界上最早制定审计准则的国家。早在1972年，美国会计总署（GAO）就制定并颁布了世界上第一部政府审计准则——《政府机构、计划项目、活动和职能的审计准则》，即"黄皮书"，作为审计人员对政府支出和投资活动进行审计的质量要求。该准则在2007年作了进一步修改，其中涉及经济效益审计的主要是第七章和第八章，分别为绩效审计的现场工作准则和绩效审计的报告准则。

（一）绩效审计的现场工作准则

　　"绩效审计的现场工作准则"一章的主要内容包括审计计划，督导员工，获取充分、适当的审计证据及编制审计记录四个方面。同时，风险导向审计模式，还将合理保证、重要性和审计风险的概念贯穿于整个绩效审计过程。

1. 审计计划

该章首先介绍了审计计划,将其分为两个层次。

第一层次,审计师考虑审计目标、评估审计风险和重要性水平时,需要了解以下具体内容:(1)项目的性质和概况,以及绩效审计报告的潜在使用者;(2)内部控制;(3)信息系统控制;(4)法律和规章要求、合同条款或拨款协议、舞弊及滥用;(5)以前审计和鉴证业务。

第二层次,在形成审计计划的过程中,审计师还应该做以下工作:(1)确认审计评价标准;(2)确认审计证据的来源及所需审计证据的数量和类型;(3)考虑其他人员的工作;(4)分配人员和其他资源;(5)与管理层、管理人员或其他人员沟通;(6)编制审计计划。

2. 督导员工

在督导员工部分,着重介绍了督导方式以及督导性质、程度及其原因。

3. 获取充分、适当的审计证据

在获取充分、适当的审计证据部分,对审计证据的充分性和适当性作了详细的阐述,而且要求对审计证据做总体的评价。

4. 编制审计记录

该部分主要对编制审计记录作了一些具体要求。

(二)绩效审计的报告准则

"绩效审计的报告准则"一章主要涉及报告的形式、内容以及报告的出具三部分。

1. 报告的形式

该部分主要介绍了报告的形式和目的,说明在没有完成审计工作、无法出具审计报告的情况下,审计师应该怎么做,还增加了类似于财务审计期后事项的说明。

2. 报告的内容

该部分分别从以下几个方面介绍了报告的内容:(1)目标、范围和方法;(2)报告的结果;(3)内部控制的缺陷;(4)舞弊、滥用行为、违反合同条款或拨款协议以及滥用行为;(5)直接向被审计单位以外的机构报告;(6)结论;(7)建议;(8)报告审计师是否遵循了一般政府审计准则;(9)报告负责官员的看法;(10)报告保密和敏感的信息。

3. 报告的出具

该部分主要介绍了绩效审计报告分发的原则及具体做法。

二、最高审计机关国际组织绩效审计实施准则

自1998年开始,最高审计机关国际组织(INTOSAI)就着手制定绩效审计实施指南,至2004年7月终于发布定稿。该指南对于绩效审计的基本原理、前提、程序与技术方法等进行了详细阐述,具有十分重要的理论价值和实践意义。该指南共分五个部分:

第一部分,什么是绩效审计。该部分主要阐述了绩效审计的概念和特征,绩效审计的基础理念与基本问题,经济性、效率性和效果性审计的内涵,公共管理对绩效审计的影响,绩效审计与绩效评价、项目评价的关系,分析方向和方法存在的不同等问题。

第二部分,运用于绩效审计的政府审计原理。该部分主要阐述了政府审计原则在绩效审计中的运用、对绩效审计人员的一般要求，以及其他重要的防护措施等问题。

第三部分，现场工作准则和指南：启动和计划绩效审计。该部分主要阐述了绩效审计循环的总体步骤和战略规划的内容，以及对具体绩效审计项目进行计划等问题。

第四部分，现场工作准则和指南：绩效审计的执行。该部分主要阐述了收集数据过程及其特征、需要注意的问题、审计证据和审计发现的特点、应对不断变化且充满矛盾的环境、分析数据并得出结论等问题。

第五部分，报告准则和指南：提交审计结果。该部分主要阐述了审计报告的可靠性，良好的、可用的绩效审计报告的特征，绩效审计报告的分发，后续跟踪程序的目的等问题。

三、中国内部审计具体准则

2013年8月，中国内部审计协会全面修订了内部审计准则体系，自2014年1月1日起正式施行。此次修订将原经济性、效率性和效果性具体准则合并为《第2202号内部审计具体准则——绩效审计》。修订后的绩效审计准则内容更加系统，体系更为完善。

其主要内容包括：

（一）总则

总则主要阐述了绩效审计的相关概念及准则的适用范围。

绩效审计是指内部审计机构和内部审计人员对本组织经营管理活动的经济性、效率性和效果性进行的审查和评价。经济性，是指组织经营管理过程中获得一定数量和质量的产品或者服务及其他成果时所耗费的资源最少；效率性，是指组织经营管理过程中投入资源与产出成果之间的对比关系；效果性，是指组织经营管理目标的实现程度。

（二）一般原则

一般原则主要阐述了绩效审计资源配置、审计责任，以及审计项目选择等问题。

内部审计机构应当充分考虑实施绩效审计项目对内部审计人员专业胜任能力的需求，合理配置审计资源。组织各管理层根据授权承担相应的经营管理责任，对经营管理活动的经济性、效率性和效果性负责。内部审计机构开展绩效审计不能减轻或者替代管理层的责任。内部审计机构和内部审计人员根据实际需要选择和确定绩效审计对象，既可以针对组织的全部或者部分经营管理活动，也可以针对特定项目和业务。

（三）绩效审计的内容

绩效审计可以同时对组织经营管理活动的经济性、效率性和效果性进行审查和评价，也可以只侧重某一方面进行审查和评价。其具体内容包括：（1）有关经营管理活动经济性、效率性和效果性的信息是否真实、可靠；（2）相关经营管理活动的人、财、物、信息、技术等资源取得、配置和使用的合法性、合理性、恰当性和节约性；（3）经营管理活动既定目标的适当性、相关性、可行性和实现程度，以及未能实现既定目标的情况及其原因；（4）研发、财务、采购、生产、销售等主要业务活动的效率；（5）计划、决策、指挥、控制及协调等主要管理活动的效率；（6）经营管理活动预期的经济效益和社会效益等的实现情况；（7）组织为评价、报告和监督特定业务或者项目的经济性、效率性和效果性所建立的内部控制及风险管理体系的健全性及其运行的有效性；（8）其他有关事项。

（四）绩效审计的方法

内部审计机构和内部审计人员应当依据重要性、审计风险和审计成本，选择与审计对象、审计目标及审计评价标准相适应的绩效审计方法，以获取相关、可靠和充分的审计证据。

在选择绩效审计方法时，除运用常规审计方法以外，还可以运用下列方法：（1）数量分析法，即对经营管理活动相关数据进行计算分析，并运用抽样技术对抽样结果进行评价的方法；（2）比较分析法，即通过分析、比较数据间的关系、趋势或者比率获取审计证据的方法；（3）因素分析法，即查找产生影响的因素，并分析各个因素的影响方向和影响程度的方法；（4）量本利分析法，即分析一定期间内的业务量、成本和利润三者之间变量关系的方法；（5）专题讨论会，即通过召集组织相关管理人员就经营管理活动特定项目或者业务的具体问题进行讨论的方法；（6）标杆法，即对经营管理活动状况进行观察和检查，通过与组织内外部相同或者相似经营管理活动的最佳实务进行比较的方法；（7）调查法，即凭借一定的手段和方式（如访谈、问卷），对某种或者某几种现象、事实进行考察，通过对搜集到的各种资料进行分析处理，进而得出结论的方法；（8）成本效益（效果）分析法，即通过分析成本和效益（效果）之间的关系，以每单位效益（效果）所消耗的成本来评价项目效益（效果）的方法；（9）数据包络分析法，即以相对效率概念为基础，以凸分析和线性规划为工具，应用数学规划模型计算比较决策单元之间的相对效率，对评价对象做出评价的方法；（10）目标成果法，即根据实际产出成果评价被审计单位或者项目的目标是否实现，将产出成果与事先确定的目标和需求进行对比，确定目标实现程度的方法；（11）公众评价法，即通过专家评估、公众问卷及抽样调查等方式，获取具有重要参考价值的证据信息，评价目标实现程度的方法。

（五）绩效审计的评价标准

该部分主要阐述了绩效审计评价标准的特征、内容和选择原则等。

内部审计机构和内部审计人员应当选择适当的绩效审计评价标准。绩效审计评价标准应当具有可靠性、客观性和可比性。

绩效审计评价标准的来源主要包括：（1）有关法律法规、方针、政策、规章制度等的规定；（2）国家部门、行业组织公布的行业指标；（3）组织制定的目标、计划、预算、定额等；（4）同类指标的历史数据和国际数据；（5）同行业的实践标准、经验和做法。

（六）绩效审计报告

绩效审计报告应当反映绩效审计评价标准的选择、确定及沟通过程等重要信息，包括必要的局限性分析。绩效审计报告中的绩效评价应当根据审计目标和审计证据做出，可以分为总体评价和分项评价。当审计风险较大，难以做出总体评价时，可以只做分项评价。

绩效审计报告中反映的合法、合规性问题，除进行相应的审计处理外，还应当侧重从绩效的角度对问题进行定性，描述问题对绩效造成的影响、后果及严重程度。绩效审计报告应当注重从体制、机制、制度上分析问题产生的根源，兼顾短期目标和长期目标、个体利益和组织整体利益，提出切实可行的建议。

（七）附则

附则主要阐述该准则的发布主体、实施时间及解释权。

第二节　　经济效益审计评价标准

一、经济效益审计评价标准的含义

审计人员在经济效益审计过程中，根据什么对被审计单位经济活动的客观事实进行调查取证，根据什么对所掌握的审计证据进行鉴别、分析和判断并推导出审计结论，这在客观上要求有一个指导审计活动、衡量被审事实、界定经济效益质和量的标准，这就是经济效益审计评价标准。

经济效益审计评价标准是审计标准的组成内容，是对被审计单位经济活动效益性的基本要求和限定，是审计人员对审计对象经济效益高低、好坏及其程度做出评价的依据，是提出审计意见、得出审计结论的依据。掌握衡量被审计单位经济活动实际效益的尺度，科学运用判别经济效益好坏的严密可行的标准，是实施经济效益审计的必备条件，也是保证经济效益审计质量的重要环节。

二、经济效益审计评价标准的特点

一般审计标准（如财务审计）的基本特点是层次性、相关性、地域性和时效性。经济效益审计评价标准与一般审计标准比较，除具备上述特点外，还具有以下显著的特点：

1. 经济效益审计评价标准的多维性

经济效益审计评价标准的多维性又可称经济效益审计评价标准的全面性，是指经济效益审计进行多方位、多层次的评价需要一整套标准和相互联系的指标体系。

经济效益审计评价标准是多元化的：

（1）具有多层次性（某一对象经济效益好坏反映在不同层次上），如有宏观、中观和微观标准，在微观中又有公司、分公司、分厂、车间等某一部门的标准；

（2）具有多角度性，如财务指标（包括利润指标、资本保值增值指标等）、经营指标（包括产量指标、产值指标、成本指标、资金周转指标等）和技术经济指标等；

（3）具有多方位性，如采购、库存、生产、运输、销售等方面的标准。

这套标准体系显然比会计准则中单一的财务审计评价标准要复杂。

2. 经济效益审计评价标准的可控性

经济效益审计评价标准的可控性是指经济效益审计仅能对被审经济活动可以控制的因素（或指标）进行评价，对控制不了的因素是无法评价的。

例如，在进行利润分析时，只评价收入、成本、利润，不评价投资收益率，因为影响投资收益率的各个因素是无法控制的。又如，评价企业原材料利用经济效益时，应当以材料单耗、材料利用率等指标进行评价，而不能将单位产品的材料成本列为评价标准，因为材料成本的购入价格是被审计单位无法负责的不可控因素。

3. 经济效益审计评价标准的动态性

经济效益审计评价标准的动态性是指经济效益审计评价标准的适用性、有效性随时间、环境条件以及被审计单位经营管理水平的变化而变化。经济效益审计评价标准是技术性指标，具有自然属性，即随着审计时间、环境、审计主体和客体等条件的变化，生产技术和管理水平的提高，衡量和评价经济效益的标准的内容和形式也必然不断充实、完善和提高。而财务审计评价标准则具有社会性，即它的动态性在一定程度上不明显，这是因为新会计制度、新会计法规等的出台不频繁。

4.经济效益审计评价标准的非强制性

财务审计和财经法纪审计的执行标准具有明显的强制性，是以政府的法令、法规、财经制度和财经纪律为标准的。这些标准具有合理性和权威性，要求被审计单位必须不折不扣地遵行。经济效益审计评价标准的来源和内容较为复杂，标准的形式和标准水平的层次多样，审计的标准与被审计单位所处的特殊社会经济环境和内部经营管理现状及水平密切相关，被审计单位实际经济效益是否达到审计标准的要求和水平取决于主观和客观、内部和外部诸多因素，所以，运用审计标准对被审计单位经济效益实现程度和开发利用途径进行定性、定量分析评价时，必须综合考虑各种因素，灵活掌握标准分寸和水准，并根据具体审计目标和审计环境，在实际审计操作中予以补充和完善。可见，经济效益审计评价标准不具有强制性，而是在很大程度上具有指导性和参考性，在审计过程中对标准的掌握和运用还具有一定的弹性。

三、经济效益审计评价标准的内容

1.国家的方针、政策、法令、制度

这是经济效益审计的首要标准。经济效益审计首先必须以国家的方针、政策、法令、制度作为标准，并以此来衡量被审计单位的经济效益是否符合国家宏观控制的要求，是否有利于国民经济的持续稳定发展，是否保证了企业的长远利益，是否有利于经济效益。只有在遵循国家的方针、政策、法令、制度下取得的，才是真正的效益。

2.各种计划、指标、预算、定额

在开展经济效益审计时，将企业的各种实际指标值与计划、预算、定额相比较，并进行分析、评价，以此来寻找提高经济效益的途径。这是经济效益审计的重要内容之一。

计划、指标、预算、定额是经济效益审计中采用最多的一类审计标准。这类标准是针对被审计单位的实际情况制定的，具有较强的可比性，也较能反映企业的实际水平。这类标准的内容繁多，既包括国家下达的指标、计划，主管部门制定的计划、指标、预算、定额，也包括本单位制定的各种详细的计划、指标、定额等。

3.前期的审计标准

这是指被审计单位以前开展经济效益审计时所制定和运用的标准，是审计人员制定本期经济效益审计的参考依据。前期的经济效益审计标准具有延续性，在其基础上制定本期标准，可以节省人力、物力和财力。

4.本单位或国内外同行业的历史先进水平与平均水平

这类指标也是用来考核被审计单位经济效益高低的标准之一。它们是对计划、指标、预算、定额等标准的补充，从而使经济效益审计的标准体系更加完整、全面。例如，某企业虽然完成了预定的计划和定额，但却大大低于国内先进水平，则说明企业的经济效益不是很高，尚有潜力可以挖掘。由于这类标准的时间跨度较大，因此，在运用时应考虑各种客观因素的变化，如物价变动等。

5.科学测定的经济技术数据

这类标准主要用于评价新产品及新工艺的经济效益。由于新产品、新工艺的效益没有相应的历史资料可以比较，同时期、同行业又无同类的指标可以参考，要评审它们的经济效益，就得借助于科学技术来测定，因此，它是经济效益审计中采用的一种特殊标准。

四、经济效益审计评价标准的确定原则

选择和确定经济效益审计评价标准，必须从被审计单位实际出发，围绕审计目标，紧扣审计主题，力求做到全面、客观、科学、适用。既要考虑某部门某行业的企事业单位的一般考核要求，又要考虑被审计单位的特殊方面；既要考虑审计期间通用的考核标准及水平，又要考虑被审计单位专门的具体的标准和规定；既要考虑理论的必要性，又要考虑实际的可行性。为此，审计人员选择和确定经济效益审计评价标准必须遵循以下原则：

1. 全面性和完整性原则

要根据被审计单位的行业特点、经营规模和管理方式，从实际需要出发，了解和确定被审计单位应建立哪些考核评价标准，已经建立和使用了哪些标准，并进行归类、整理、充实和完善，以便形成一个完整的评价标准体系，并使体系内各指标相互衔接、相互制约，最大限度地覆盖被审计单位生产经营系统的各个方面和各环节，使之无遗漏、无空白、无相互矛盾，以保证对被审计单位经济效益做出全面完整的衡量和评价。

2. 责任性和可控性原则

经济效益审计评价标准应准确考评被审计单位及内部各单位和个人必须履行的经济责任，即所衡量、评价的经济活动及其结果应是审计对象的职责范围，是其应当全部或部分负责的，是可以控制和调节的，是其通过主观努力可以改变的结果和过程。审计标准中应排除非被审对象责任和审计对象不可控的因素，避免以之衡量和考评被审对象。

3. 计划性和可比性原则

市场经济条件下，国家有关部门可以通过计划指导各部门各企业单位的生产经营活动，并考核其生产经营成果，被审计单位自己也有各种计划，经济效益审计应以国家有关计划作为经济效益审计评价标准之一，并力求使审计标准与有关计划标准相互适应，使有关指标内容、计划标准、时间和计算方法相互统一；同时还应注意在运用计量办法时，尽量将不可比因素转为可比因素，尽量使用以货币表示的价值指标，使指标便于汇总、比较、分析，具有综合性和可比性，以满足多方面的要求，即既可以进行历史的纵向比较，也可以与国内外先进水平进行横向比较。

4. 科学性和严密性原则

经济效益审计评价标准的内容必须科学合理，标准形式必须简明易懂、易操作，使用时无手续繁琐、程序不清、口径不当等情况，无违背客观规律的规定，以便对被审计单位经济活动进行衡量和评价时，能比较准确地反映被审计单位的真实情况，能接近或达到审计目的之要求，保证经济效益审计评价标准基本无漏洞，保证正确使用审计标准不致导出有误的结论。

5. 先进性和合理性原则

评价标准的水平只有建立在相对先进、合理的基础上才能起到促进作用。先进是指标准水平不宜定得太低，使之丧失考核的意义。确定标准时必须充分反映被审计单位现有生产技术和生产组织条件，反映现有的操作方法和工作经验，并考虑增长因素和提高潜力。合理是指标准水平不宜定得太高，脱离实际，否则标准水平便可望而不可及，将使被审对象丧失完成标准的信心和积极性。最佳的标准水平是经过努力多数可以达到，部分超额，少数接近。凭主观意志确定标准，不是实事求是的科学态度。在进行经济效益审计评价时，除了要按上述原则选择适当的审计标准外，还要注意正确处理好宏观效益与微观效益的关系，处理好直接效益与间接效益的关系，处理好当前效益与长远效益的关系。

第三节 ‖ 经济效益审计评价标准的发展

经济效益审计评价标准的发展演变始终与企业评价相关。对企业的评价最早始于美国"杜邦财务体系"，后来在调整中引出了贴现的现金流量指标和经济增加值指标，这些指标的共同之处是财务指标，无法对企业经济效益作综合评价。直到20世纪90年代初期，一种具有综合性特征的企业绩效评价指标体系——平衡计分卡（balanced scorecard）产生了。平衡计分卡是风靡当代世界的一种企业评价方法，它对传统的企业财务评价和改善的财务评价进行补充，克服了财务评价固有的缺陷，使评价结果更加能够满足内部或外部使用者的需要。

一、企业评价的变迁

（一）财务评价的确立

1903年，杜邦公司董事长皮埃尔·杜邦（Pierre Dupont）和财务主管唐纳森·布朗（Donaldson Brown）建立"杜邦公式"和"杜邦财务系统图"（如图3-1所示），对公司或部门业绩进行评价。

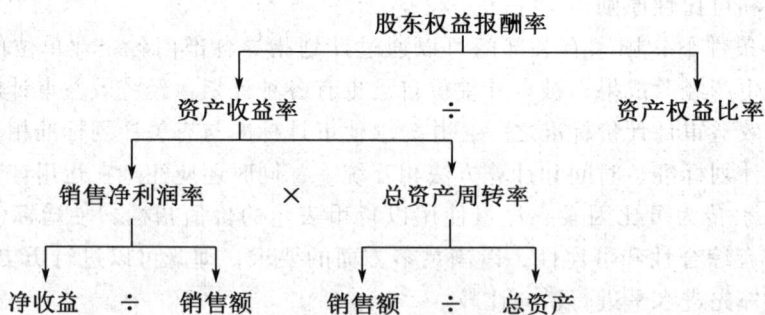

图3-1 杜邦财务系统图

杜邦分析法（DuPont analysis）是利用几个主要的财务比率之间的关系来综合地分析企业的财务状况。具体来说，它是一种从财务角度评价企业绩效、评价公司盈利能力和股东权益回报水平的一种经典方法。其基本思想是将企业净资产收益率逐级分解为多项财务比率的乘积，这样有助于深入分析比较企业经营业绩。在我国，《国有资本金效绩评价规则》也属于典型的财务评价体系。

由于财务指标具有统一公允性，这种评价体系有利于向外部利益集团报告信息。但是，无论对外部还是内部使用者来说，财务评价的不足都日益明显：（1）易受会计政策影响；（2）易受人为操纵；（3）只反映过去的业绩，不反映将来的业绩；（4）只反映结果，不反映过程和原因。因此，需要对财务指标加以改进。对它的改进有两种方法：一是调整；二是补充。

（二）财务评价的调整

为了满足资本市场和股东的要求，20世纪50年代，体现未来机会和风险的贴现现金流量指标开始得以采用（包括 IRR、NPV 等）。1986年，艾尔弗雷德·拉帕波特（Alfred Rappaport）在《创造股东价值》中提出衡量公司业绩的新方法，即在考虑现金流量、价值增长潜在时期和加权平均资金成本等七项因素的基础上，得出评价股东价值的公式。

1991年，美国思腾思特咨询公司（Stern Stewart）提出经济增加值（EVA）指标（扣除包括股权成本在内的全部资本成本后的利润）和市场价值增加值（扣除总资本后的市价）；1997年，杰弗里（Jeffery）等人提出修正的经济增加值指标。

EVA 的基本理念如下：（1）企业经营状况好坏的关键在于收益是否超过资本成本，而不是投资收益率的高低；（2）EVA 大于0说明公司价值创造能力强，小于0表明股东价值受损；（3）资本获得的收益至少要补偿投资者承担的风险；（4）EVA 是体现了经营效率（税后营业利润）和资本使用效率（资本成本和资本总额）的综合指数。

但是，调整后的财务评价也只能满足资本市场和股东的需要，而不能满足其他利益关系人和内部使用者的需要。

（三）财务评价的补充

第二次世界大战以后，企业经营的内外部环境发生了一系列重大变化：内部劳资关系的激化，引发组织行为学的发展；外部市场形势的变化，引发市场营销学的产生；企业管理由生产管理向经营管理转变。

1965年，斯坦利·西肖尔（Stanley E. Seashore）在《组织效能评价标准》中将各种指标之间关系组成一个金字塔结构。1990年，麦克奈尔（McNair）等人提出"业绩金字塔"，从战略管理的角度描述了业绩评价体系，但缺乏操作性，并未被广泛使用。

战略管理产生于20世纪80年代末，它的特征是：（1）强调企业经营的竞争性；（2）以企业整体目标为导向，倡导整体最优而非局部最优；（3）注重各职能部门之间的协调统一。作为战略管理实施的工具，同时也是对财务评价进行补充的成功典范，平衡计分卡于20世纪90年代应运而生。

二、平衡计分卡的原理及特点

1992年，哈佛商学院教授罗伯特·卡普兰（Robert Kaplan）和复兴方案公司总裁大卫·诺顿（David Norton）在《哈佛商业评论》上发表了《平衡计分卡：良好业绩的评价体系》。1993年，两人在同一刊物上发表了《平衡计分卡的实际应用》，解决了它的操作性问题。1996年，两人在同一刊物上又发表了《把平衡计分卡作为战略管理的基石》，引入了四个新的管理过程：说明愿景、沟通与联系、业务规划、反馈与学习。

（一）平衡计分卡的原理

平衡计分卡由财务、客户、内部流程、学习与成长四部分组成。四部分的关系是：财务绩效是最终目标，客户和内部流程是外部和内部的手段，学习与成长是支持的基础。它们的关系如图3-2所示。

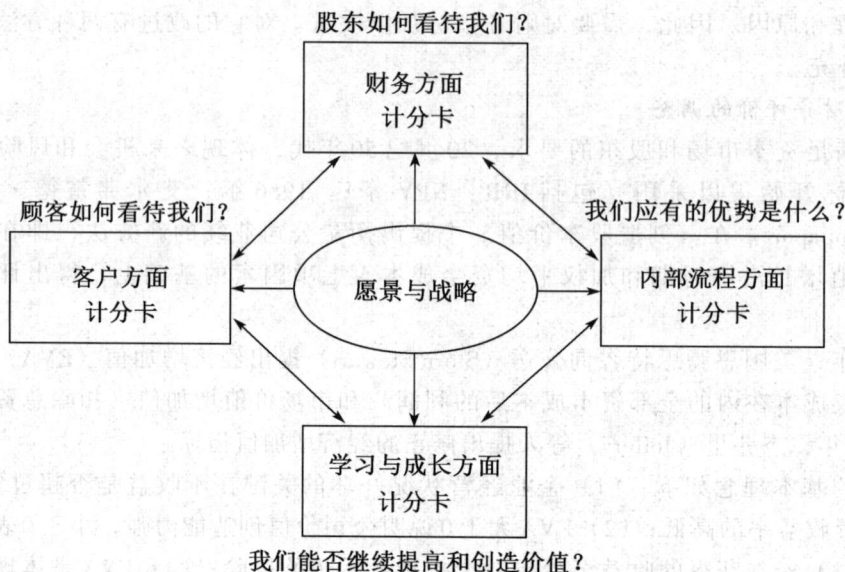

图3-2 平衡计分卡原理

（二）平衡计分卡的特点

平衡计分卡方法因为突破了财务作为唯一指标的衡量工具，做到了财务与非财务衡量方法之间的平衡、长期目标与短期目标之间的平衡、外部和内部的平衡、结果和过程的平衡、管理业绩和经营业绩的平衡等多个方面的平衡，因此能反映组织综合经营状况，使业绩评价趋于平衡和完善，利于组织长期发展。

平衡计分卡与传统评价体系比较，具有如下特点：

1. 平衡计分卡可以为企业战略管理提供强有力的支持

随着全球经济一体化进程的不断发展，市场竞争的不断加剧，战略管理对企业持续发展而言更为重要。平衡计分卡的评价内容与相关指标和企业战略目标紧密相联，企业战略的实施可以通过对平衡计分卡的全面管理来完成。

2. 平衡计分卡可以提高企业整体管理效率

平衡计分卡所涉及的四项内容，都是企业未来发展成功的关键要素。通过平衡计分卡所提供的管理报告，将看似不相关的要素有机地结合在一起，可以大大节约企业管理者的时间，提高企业管理的整体效率，为企业未来成功发展奠定坚实的基础。

3. 注重团队合作，防止企业管理功能失调

团队精神是企业文化的集中表现。平衡计分卡通过对企业各要素的组合，让管理者能同时考虑企业各职能部门在企业整体中的不同作用与功能，使他们认识到某一领域的工作改进可能是以其他领域的退步为代价换来的，促使企业管理部门考虑决策时要从企业出发，慎重选择可行方案。

4. 平衡计分卡可提高企业激励作用，提升员工的参与意识

传统的业绩评价体系强调管理者希望（或要求）下属采取什么行动，然后通过评价来证实下属是否采取了行动以及行动的结果如何，整个控制系统强调的是对行为结果的控制

与考核。平衡计分卡则强调目标管理，鼓励下属创造性地（而非被动）完成任务，这一管理系统强调的是激励动力。因为在具体管理问题上，企业高层管理者并不一定会比中下层管理人员更了解情况、所做出的决策也不一定比下属更明智。所以，由企业高层管理人员规定下属的行为方式是不恰当的。与此同时，目前企业业绩评价体系大多是由财务专业人士设计并监督实施的，但是由于专业领域的差别，财务专业人士并不清楚企业经营管理、技术创新等方面的关键性问题，因而无法对企业整体经营的业绩进行科学合理的计量与评价。

5. 平衡计分卡可以使企业信息负担成本降到最低

在当今信息时代，企业很少会因为信息过少而苦恼，随着全员管理的引进，当企业员工或顾问向企业提出建议时，新的信息指标总是在不断增加，这会导致企业高层决策者处理信息的负担大大加重。平衡计分卡可以使企业管理者仅仅关注少数而又非常关键的相关指标，在保证满足企业管理需要的同时，尽量减少信息负担成本。

三、将平衡计分卡作为企业经济效益审计的评价标准

审计人员可以根据平衡计分卡的四部分内容设计如下评价指标：

（一）财务方面

财务方面的绩效指标包括三大主题：收入增长、降低成本、财务状况。

在不同经营战略阶段，评价侧重点有所不同：

（1）在成长阶段，侧重收入增长；

（2）在维持阶段，侧重获利能力增强和成本降低；

（3）在收获阶段，侧重现金流量增加和财务状况优化。

（二）客户方面

客户方面包括两个层次，即核心指标和属性指标（如图3-3所示）。

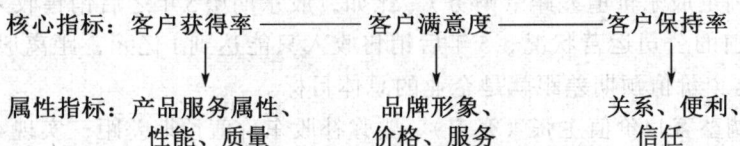

核心指标：客户获得率 ———— 客户满意度 ———— 客户保持率

属性指标：产品服务属性、　　品牌形象、　　关系、便利、
　　　　　性能、质量　　　　价格、服务　　　信任

图3-3　客户方面的指标

（三）内部流程方面

内部流程方面，表现为内部价值链（创新—经营—服务）（如图3-4所示）。

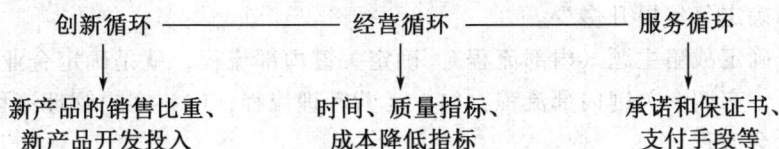

创新循环 ———— 经营循环 ———— 服务循环

新产品的销售比重、　　时间、质量指标、　　承诺和保证书、
新产品开发投入　　　　成本降低指标　　　　支付手段等

图3-4　内部价值链

（四）学习与成长方面

学习与成长方面包括三种资源，即人员、信息和程序。

其具体指标包括：员工素质指标、满意度和留存率、内部信息沟通能力、管理程序化程度等。

第四节　　　经济效益审计评价标准的完善

进入21世纪，随着经济社会的发展和科技的进步，人们对绩效评价方法的创新与发展产生了浓厚的兴趣，特别是以平衡计分卡为基础的绩效评价方法得以提出，极大地满足了经济效益审计的需要。在此，我们着重介绍战略地图和绩效棱柱法。

一、战略地图

战略地图（strategy map）由罗伯特·卡普兰和大卫·诺顿提出。他们在对实行平衡计分卡的企业进行长期指导和研究的过程中发现，企业由于无法全面地描述战略，管理者之间及管理者与员工之间无法就战略达成共识。平衡计分卡只建立了战略框架，缺乏对战略进行具体而系统全面的描述。作为对平衡计分卡的延伸与应用，这两位学者创造了战略地图，并于2004年出版了《战略地图——化无形资产为有形成果》。

（一）战略地图的含义

战略地图是在平衡计分卡的基础上发展而来的。与平衡计分卡相比，它增加了两个方面的内容：一是颗粒层，即每一个层面下都可以分解出很多要素；二是动态性，即战略地图是动态的，可以结合战略规划过程来绘制。

战略地图是以平衡计分卡的四项目标（财务、客户、内部流程、学习与成长）为核心，通过分析这四项目标的相互关系绘制而成的企业战略因果关系图。

战略地图的核心内容如下：企业通过运用人力资本、信息资本和组织资本等无形资产（学习与成长），创新和建立战略优势和效率（内部流程），使公司把特定价值带给市场（客户），从而实现股东价值（财务）。

（二）战略地图的绘制

第一步，确定股东价值差距（财务）。比如，股东期望5年之后销售收入能够达到5亿元，但是按当前的公司运营状况，5年后销售收入只能达到1亿元，距离股东的价值预期还差4亿元。这个价值预期差距就是企业的总体目标。

第二步，调整客户价值主张（客户）。要弥补股东价值预期差距，实现4亿元销售收入的增长，就要对现有的客户进行分析，调整公司的客户价值主张。客户价值主张主要有四种：（1）总成本最低；（2）产品创新和领导；（3）提供全面客户解决方案；（4）系统锁定。

第三步，确定价值提升时间表。针对5年实现4亿元股东价值预期差距的目标，要确定时间表，即确定每年提升多少。

第四步，确定战略主题（内部流程）。确定关键内部流程，就是确定企业短期、中期、长期做什么事。有四个关键内部流程：（1）运营管理流程；（2）客户管理流程；（3）创新流程；（4）社会流程。

第五步，提升战略准备度（学习与成长）。分析现有无形资产的战略准备度，确定企业是否具备支撑关键内部流程的能力。如果不具备，就找出办法来予以提升。企业无形资产分为三类：（1）人力资本；（2）信息资本；（3）组织资本。

第六步，制订行动方案。根据前面确定的战略地图以及相对应的目标和指标，制订一系列行动方案，配备资源，形成预算。

（三）判断战略地图有效性的要素

虽然不同企业的战略地图从形式和内容上都有所不同，但所有战略地图的内在原理却是相通的。确定战略地图是否科学合理，有下列两个基本判断要素：

1. 关键绩效指标（KPI）的数量及分布比例

一个公司的战略地图应该有多少个指标才基本合理呢？这些指标在四个方面的分配达到怎样的比例才科学呢？

根据 BestPractices 公司对成功运用平衡计分卡的 32 个组织的研究资料，这些成功应用平衡计分卡的公司，其战略地图的指标数都在 20 个左右。

这些指标在四个方面的典型分配比例如下：财务约占 20%；客户约占 20%；内部流程约占 40%；学习与成长约占 20%。

2. 关键绩效指标（KPI）的性质比例

对于 KPI 可以从多个角度进行性质判断，战略地图中的这些 KPI 究竟应该具有什么样的构成比例才合理呢？

（1）从是否属于财务性的角度，可以将 KPI 分为财务性指标和非财务性指标。研究资料显示，那些优秀公司的 KPI，非财务性指标大多超过 80%，只有不到 20% 的指标是财务性指标。

（2）从定性和定量的角度，可以将 KPI 分为定性指标和定量指标。研究资料显示，所有公司的定量指标都明显多于定性指标。

（3）从时间跨度的角度，可以将 KPI 分为短指标和长指标。研究资料显示，所有公司的长指标都明显多于短指标。

（4）从对战略支持性的角度，可以将 KPI 分为成长性指标和维持性指标。研究资料显示，所有公司的成长性指标都明显多于维持性指标。

二、绩效棱柱法

绩效棱柱法是在 2000 年由英国克兰菲尔德管理学院教授安迪·尼利（Andy Neely）和安德森咨询公司克里斯·亚当斯（Chris Adams）借鉴已有的绩效评价框架和方法，创造性地引入利益相关者理论而提出的。他们在《战略绩效管理：超越平衡计分卡》一书中针对绩效棱柱的运用前提、模型特点、框架和流程进行了详细阐述，研究了多种利益相关者关系，并运用绩效棱柱模型对敦豪（DHL）公司进行了案例分析，并且研究了六种不同的利益相关者与企业的关系。

（一）绩效棱柱的含义及要素

绩效棱柱实际上是一个三维框架模型。三棱柱的五个面分别代表绩效评价的五个方面：

（1）利益相关者满意：谁是企业的利益相关者？他们对企业有什么要求？希望从企业获得什么？

（2）利益相关者贡献：利益相关者能为企业的发展做些什么？企业能够从他们那里获得什么？

（3）企业战略：企业应该采取哪种战略来同时满足利益相关者及自身的要求？

（4）业务流程：企业需要设计怎样的流程来有效地执行战略？

（5）组织能力：企业需要具备哪些能力来确保业务流程运行顺畅？

绩效棱柱模型图如图3-5所示。

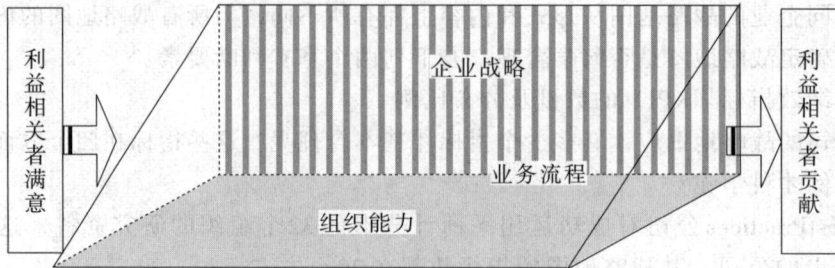

图3-5 绩效棱柱模型图

绩效棱柱的其中两个面代表利益相关者满意和利益相关者贡献，另外三个面分别代表企业战略、业务流程以及组织能力。之所以形成这样的框架，是因为模型的五个方面之间存在着一定的逻辑关系，而不是独立存的。

首先，企业要想在竞争激烈的市场环境中生存下来并获得长期繁荣，就必须对与其相关的所有利益相关者有清楚的认知，毕竟组织与其利益相关者存在共生的关系，因而考虑包括股东及客户在内的利益相关者，对于维持企业的长远发展显得尤为重要。在弄清楚利益相关者的需求和期望的同时，从他们那里获取资金、渠道等资源也是必不可少的，这样才能根据实际情况制定战略，为组织发展做出规划，以保证将价值传递给所有利益相关者。

其次，为保证战略的合理实施，企业必须确定既有效率又有效果的业务流程，包括何时做、在哪做、做哪些、如何做等，不仅要注重结果，而且要注重达到结果的过程。

最后，企业还要掌握必要的组织能力和先进技术，以确保业务流程运行顺畅，进而为组织和利益相关者创造价值。

通过对每一维度建立相应指标，绩效棱柱法以多角度、全方位的绩效衡量模式，将模型的五个方面贯穿于绩效评价中，环环相扣，因果相联，形成了一套综合的绩效评价方法，从而提高企业管理能力与整体素质，促进企业的可持续发展。

（二）绩效棱柱模型的基本前提

绩效棱柱模型具有三个基本前提：

（1）企业如果希望长期生存和繁荣，就必须把注意力更多地放在利益相关者身上；

（2）企业如果想将真正的价值传递给股东，就必须对战略、业务流程及组织能力进行整合；

（3）企业及其利益相关者应该认识到彼此之间的关系是互惠的，如果企业的利益相关者期望得到一些利益，他们就应该为企业贡献自己的力量。

绩效棱柱展现的是全面的绩效衡量结构，它建立在那些已经存在并且一直寻求弥补其不足的结构的基础之上，为我们洞察企业绩效管理的真正难题、迎接现实挑战提供了一个有效的、全面的框架。

（三）绩效棱柱模型的应用

在绩效棱柱模型中，绩效测量贯穿于绩效模型的五个方面。结合企业实际情况，每个方面又可以被分解为许多具体问题，而每个具体问题都必须用测量指标来表示。测量指标不限于财务指标，也不强调以非财务指标作为对财务指标的补充，而是以绩效棱柱的五个方面为引导，将财务指标、非财务指标、历史指标、前瞻性指标、核心指标、辅助指标、内部指标、外部指标、数量指标、描述性指标、背景指标等合理引入测量体系。

由于模型的五个方面具有内在联系，当这些看似复杂的指标被纳入绩效棱柱模型时，这些指标之间相互依存、相互强化的关系就更为明确，这有助于企业管理者更好地做出决策。例如，在利益相关者满意方面可考虑的测量指标有：（1）股东，如投资回报率、股价、经济附加值、市盈率、净资产收益率等；（2）债权人，如资产负债率、流动比率、速动比率、利息保障倍数等；（3）雇员，如雇员忠诚度、满意度、离职率等；（4）客户，如客户满意度、客户投诉率等；（5）合作伙伴，如投诉次数等；（6）监管方，如违规事件的次数及性质等。同理，其他四个方面也可以细化出一系列测量指标。但是，对于根据绩效棱柱模型得出的众多可选择的指标，企业管理者还必须综合考虑绩效测量信息的可获得性、计量指标的相关性和重要性、精确性与简洁性的权衡、计量指标的可控性等，最后得出一个简洁高效、能更好服务于企业的绩效评价指标体系。

第五节　经济效益审计评价指标体系

经济效益审计评价指标是经济效益审计评价标准的基本单位和具体形式。运用评价指标可以对被审计单位某一时期某一方面的效益水平进行分析评价，但是一个指标很难对被审计单位的经济效益做出全面评价，而必须利用由若干个指标构成的经济效益审计评价指标体系对其进行全面评价才行。

经济效益审计评价指标体系是指由相互联系、相互制约的若干个衡量被审计单位经济效益的评价指标构成的有机整体。下面介绍四种通用的经济效益审计评价指标体系。

一、投入-产出-效益指标体系

该经济效益审计评价指标体系适用于任何有投入产出的经济活动，其指标体系的构成见表3-1。该经济效益审计指标体系中常见指标计算公式如下：

（1）人均创利税＝某时期利税总额÷该时期职工平均人数

（2）资金利税率＝某时期利税总额÷该时期全部资金平均余额×100%

（3）全部资金利税额＝某时期利税总额÷该时期全部资金平均余额

（4）全员劳动生产率＝某时期工业总产值÷该时期全部职工平均人数

（5）成本利润率＝某时期产品销售利润÷该时期产品销售成本×100%

（6）$\dfrac{全部流动资金}{周转天数}=\left(\dfrac{定额流动资金}{平均余额}+\dfrac{非流动资金}{平均余额}\right)\times 分析期天数÷\dfrac{分析期的}{产品销售收入}$

（7）材料单耗＝某时期材料消耗总量（实物量）÷该时期产品产量

（8）材料利用率＝某时期产品中的材料总量÷该时期材料消耗总量×100%

（9）工人劳动生产率＝某时期工业总产量（或实物量）÷该时期工人（包括学徒）的平均人数

（10）设备台时利用率＝某时期设备实际使用台时数÷该时期设备制度台时数×100%

（11）设备台时产量＝某时期产品产量÷该时期设备实际使用台时数

表3-1   投入-产出-效益指标体系

一级指标	二级指标	三级指标
投入指标	消耗	固定资产折旧；工时消耗；原材料、燃料、辅助材料消耗；工资支出；各种费用支出；其他支出
	占用	全部职工和各类在册人数；固定资产占用额；流动资金占用额；日历工时或制度工时占用；其他自然资源占用
产出指标	总产值；商品产值；总产量；品种指标；销售收入；优质品率；合格品率	
效益指标	反映人力资源投入的效益指标	全员劳动生产率；工人劳动生产率；定额工时完成率；工时利用率
	反映财力资源投入的效益指标	流动资金周转次数；固定资金产值率；流动资金周转天数；年销售资金率；成本降低额和降低率；成本利润率；产值流动资金率
	反映物力资源投入的效益指标	主要设备台时产量；标准产量折旧率；原材料利用率；万元产值能耗；企业综合能耗
	反映投资项目的效益指标	投资效果系数；内含报酬率；投资利润率；投资回收期
	反映技术进步、企业环境改善的效益指标	市场占有率；设备更新率；产品质量稳定提高率；新产品试制计划完成率

二、综合-局部-周转指标体系

综合-局部-周转指标体系由综合指标、局部指标和周转指标三部分构成，是表层-里层指标体系的延伸。

（1）综合指标，是指能反映经济效益主体（某企业、某单位或某项目）整体的投入、产出之比的指标，如资金利税率、人均创利税额、总资产报酬率、净现值等指标。

（2）局部指标，是指能反映某一方面（资源或因素活动等）局部投入、产出之比的指标，如全员劳动生产率、流动资金周转率、产品合格率、成本计划完成率（或降低率）等指标。审计人员一般可根据综合指标和局部指标得出审计结论，而综合指标和局部指标的变动又受自身一些因素的影响，这些因素相对于综合指标和局部指标来说更直接、更细微，可进一步用周转指标来反映。

（3）周转指标，是指能反映综合和局部指标变动的影响因素的指标，往往是提出审计建议的出发点，如综合指标总资产报酬率受利润报酬系数、销售利润率、资金周转次数三个周转指标的影响；局部指标流动资金周转率受销售收入、销售成本、流动资金占用额三个周转指标的影响；局部指标全员劳动生产率受工人劳动生产率、制度工时利用率、工人占全员比重三个周转指标的影响。

三、企业绩效评价指标体系

（一）我国有关经济效益评价指标体系的演进

我国经济效益评价指标体系的发展，有一个演进过程。1993年财政部颁发的《工业企业财务制度》中有企业财务评价八大指标，1995年财政部制定了企业经济效益评价十大指标，1996年国家经贸委制定了企业评价十二大指标。1999年财政部、国家经贸委、人事部、国家计委联合制定了《国有资本金效绩评价规则》（36个指标），其适用面广泛，实践性强。

（二）企业国有资本金效绩评价指标体系

国有资本金效绩评价指标体系从企业的财务效益状况、资产营运状况、偿债能力状况、发展能力状况四个方面综合地反映了企业的经济效益。审计人员进行效益评价时，可以将该指标体系借用过来，作为效益评价的标准。对于不适用的指标可以进行修正后，再作为经济效益审计的评价标准。

常用的企业国有资本金效绩评价的基本指标及相关的修正指标见表3-2。

表3-2　　　　　　　　　**常用的企业国有资本金效绩评价指标**

序号	项　目	基本指标（80%）	修正指标（20%）
一	财务效益状况指标（42分）	净资产收益率（30分） 总资产报酬率（12分）	资本保值增值率（16分） 销售利润率（14分） 成本费用利润率（12分）
二	资产营运状况指标（18分）	总资产周转率（9分） 流动资产周转率（9分）	存货周转率（4分） 应收账款周转率（4分） 不良资产比率（6分） 资产损失比率（4分）
三	偿债能力状况指标（22分）	资产负债率（12分） 已获利息倍数（10分）	流动比率（6分） 速动比率（4分） 现金流动负债比率（4分） 长期资产适合率（5分） 经营亏损挂账比率（3分）
四	发展能力状况指标（18分）	销售增长率（9分） 资本积累率（9分）	总资产增长率（7分） 固定资产成新率（5分） 三年利润平均增长率（3分） 三年资本平均增长率（3分）

1. 企业财务效益状况指标

（1）总资产报酬率

总资产报酬率＝（利润总额+利息支出）÷平均资产总额×100%

其中，利润总额包括净利润和所得税，与利息支出一并构成分子"息税前利润"；分母"平均资产总额"是指企业的全部经济资源，它是一个时点指标，所以要计算其序时（算术）平均数，即平均资产总额＝（期初资产总额+期末资产总额）÷2。

企业经济资源的来源，即利益关系人，包括国家、银行、资本投资者和其他债权人。该指标反映了企业各利益关系人的获利情况：国家作为社会管理者，维护社会秩序和市场稳定，可以获得税收收入；国家作为企业的投资人，可以参与年终分红和增加所有者权益；净利润通过在应付股利和留存收益之间进行分配，一部分进入投资者的腰包，另一部分增加所有者权益；利息支出则是付给债权人的报酬。

该指标用来衡量企业运用全部资产获利的能力，综合性强，是一个大口径指标，可用于企业的宏观经济管理和指导调控，是中央政府和地方政府对企业改革发展进行分类指导的依据。企业改制后分类方向有股份有限公司、有限责任公司、上市公司、改制企业等，不能改的企业要进行资产重组、债务重组或债转股。

（2）净资产（资本）收益率

净资产（资本）收益率=净利润÷平均所有者权益（实收资本）×100%

该指标用来衡量企业运用投资者投入的资本获得收益的能力，综合性不强，是一个小口径指标。分子"净利润"是一个时期指标；分母"平均所有者权益（实收资本）"是一个时点指标，所以要计算其序时平均数。

该指标在上市公司中又表现为每股收益，可以用于评价投资决策方案，计算公式为：

每股收益=净利润÷股票发行数

（3）资本保值增值率

资本保值增值率=期末所有者权益÷期初所有者权益×100%

该指标主要反映投资者投入企业的资本的完整性和保全性。评价时，如果资本保值增值率等于100%，为资本保值；如果资本保值增值率大于100%，为资本增值；如果资本保值增值率小于100%，则表示资本流失。

该指标有局限性，容易混淆主客观因素，不便于区分责任和正确考核经营者的业绩。例如，某企业期末所有者权益为120万元，期初所有者权益为100万元，则资本保值增值率为120%，所有者权益增加了20万元，经过查账找到原因，发现既有客观因素，即企业在该年追加投资30万元，又有主观因素，即企业在该年发生经营亏损10万元，这样一看，则得出与前面相反的评价结论，即企业该年的财务效益和经营业绩是不好的。所以，为了剔除客观因素的影响，进行如下修正：

修正的资本保值增值率=（期末所有者权益±客观因素）÷期初所有者权益×100%

其中，根据职业判断，公认的客观因素有：追加投资额（应作为减项）、严重自然灾害净损失（应作为增项）、接受捐赠（应作为减项）、法定重估增（减）值、利润分配方案的改变、企业重组等。

（4）销售利润率

销售利润率=利润总额÷销售收入×100%

其中，销售收入是指扣除销售折让、销售折扣和销售退回之后的净额。该指标反映企业销售收入的获利水平。

修正的销售利润率=销售利润（主营业务利润）÷销售收入（主营业务收入）×100%

因为"销售利润=销售收入-销售成本-销售费用-销售税金及附加"，所以，销售利润率的大小受此公式中各因素的影响，审计目的就是分析该指标变动的影响因素。

2. 企业资产营运状况指标

对于企业的资产营运，传统观念是产品生产（经营）观念，即资金只有周转起来才有增值能力。例如，企业投入资金成本100万元，通过购入材料、生产产品到产成品销售转换成销售收入 120 万元这个生产经营过程，增值了 20 万元的利税。传统观念认为固定资产周转期长，实现不了增值；现代观念则认为企业的全部资产都能周转、增值，包括企业的固定资产、无形资产、长期投资等，即资本营运观念，所以测算企业资产营运状况的指标范围也扩大了。

（1）存货周转率

存货周转率=销售成本÷平均存货余额

平均存货余额=（期初存货余额+期末存货余额）÷2

周转率的计算通常有如下两种形式：

周转率=周转额÷平均资金占用（正指标）

周转天数=平均资金占用÷周转额×计算期天数（逆指标）

周转率指标用于衡量企业在一定时期内存货资产的周转次数，是反映企业供、产、销平衡的效率的一种尺度，表明了企业垫付资金的回收速度，即资金增值的效益性。分母"平均资金占用"是时点指标，所以要计算它的序时（算术）平均数。

修正的存货周转率=销售收入÷平均存货余额

该指标既反映了资金的回收速度，又反映了资金增值实现的程度。

（2）应收账款周转率

应收账款周转率=销售净收入（赊销净额）÷平均应收账款余额

赊销净额=销售收入-现销收入-销售退回、折让、折扣

平均应收账款余额=（期初应收账款余额+期末应收账款余额）÷2

该指标也称收账比率，用于衡量企业应收账款周转快慢。由于企业的赊销资料作为商业秘密不对外公布，所以，赊销净额一般用销售净收入表示，即赊销和现销总额。

应收账款的存在是企业的一大弊端。由于无现金流入量，影响企业经营的周转，增加贷款，进而增加了利息支出（财务费用），降低了利润，还可能发生坏账损失，会加剧社会上的三角债问题。因此，企业应严格控制应收账款的占用，以降低风险。

（3）不良资产比率

不良资产比率=年末不良资产总额÷年末全部资产总额×100%

审计实践表明，企业的不良资产包括：周转（变现）受阻的商品和产品；已发生减值的各种资产（按现行市价成本执低法计价，账面成本大于现行市价时，按现行市价入账的各种资产）；证券投资、未处置的闲置固定资产和材料、收不回的债权；变质、使用价值下降、不能按原有价值使用的物资储备等。银行的不良资产则指贷款无法收回的资产。

3.企业偿债能力状况指标

（1）资产负债率

资产负债率=负债总额÷资产总额×100%

该指标用于衡量企业负债水平的高低，反映了企业的资本结构。国际标准以 50% 为好，我国企业一般正常在 60%~70%。这个比率太高不好，表明企业财务状况恶化，要进行债务重组或债转股；这个比率太低也不好，表明企业经营状况差，经营规模不够。

要控制审计风险，审计建议应慎重。例如，某企业资产负债率为 20%，是否应建议它提高负债呢？应该再比较一下总资产报酬率与预计的负债利息率，如果总资产报酬率大于

预计的负债利息率，则可以建议其提高负债，以实现资产增值；如果总资产报酬率小于预计的负债利息率，则不能建议其提高负债，因为可能会引起资产流失。

（2）流动比率、速动比率、现金流动负债比率

流动比率=流动资产÷流动负债×100%

该指标衡量企业在某一时点偿付即将到期债务的能力，又称短期偿债能力比率。

速动比率=速动资产÷流动负债×100%

速动资产=流动资产−存货

现金流动负债比率（旧指标）=（货币资金+短期投资）÷流动负债×100%

该指标衡量企业在某一时点上运用随时可变现资产偿付到期债务的能力，短期投资可以作为现金的调剂手段，是对流动比率的补充。

现金流动负债比率（新指标）=全年经营活动现金净流量÷流动负债×100%

该指标更直接地表明了企业的变现能力，反映了企业的流动负债用于经营活动的情况。

（3）长期资产适合率

长期资产适合率=（所有者权益+长期负债）÷（固定资产+长期投资）×100%

该公式体现出不同的资金来源用于不同的资金运用上，反映了企业的长期负债资本化的情况。分子表明了企业资产的来源，分母表明了企业资产的占用，对应程度应为100%。若该指标值大于100%，则表示来源多于占用，意味着企业流动负债少于流动资产的占用，表明企业流动比率上升，短期偿债能力变强；若该指标值小于100%，则表示来源少于占用，意味着企业长期资产占用了一部分流动负债的来源，流动负债多于流动资产的占用，表明企业流动比率下降，短期偿债能力变弱。

4.企业发展能力状况指标

测试企业的发展能力就是测试企业的成长性，可以用科学计算的数据预测企业的发展趋势。

（1）资本积累率

资本积累率=本年所有者权益增加额÷年初所有者权益×100%

本年所有者权益增加额=年末所有者权益增加额−年初所有者权益增加额

该指标影响因素较多，可以分析企业资本的积累过程：资产经过合理配置，周转速度快，实现较多的经营收益，增加了企业的净利润，年终通过分配，一部分作为应付股利付出，另一部分作为留存收益，即增加了年末所有者权益。

（2）销售增长率

销售增长率=本年销售增长额（报告期）÷上年销售额（基期）×100%

该指标反映企业经营、销售规模的发展状况。

（3）三年资本平均增长率

$$三年资本平均增长率=\sqrt[3]{\frac{三年末所有者权益}{三年初所有者权益}}-1$$

企业的财务目标就是追求利润最大化和价值最大化。该指标属于时点指标，反映企业

的价值增长状况，计算时注意它含有三次增长。例如，计算该比率时应取2021年年初所有者权益和2023年年末所有者权益。

（4）三年利润平均增长率

$$三年利润平均增长率=\sqrt[3]{\frac{第三年利润总额}{三年前利润总额}}-1$$

该指标属于时期指标，反映企业的财务效益发展状况。例如，计算该比率时应取2020年利润总额和2023年利润总额。

（5）固定资产成新率

固定资产成新率=固定资产净值÷固定资产原值×100%

固定资产是企业的技术基础，该指标用于测试企业对固定资产维修、更新改造的情况。如果企业不改善固定资产，则固定资产成新率越来越低，企业可能有"拼设备"的短期行为。

（三）企业绩效评价标准值

企业绩效评价标准值是国务院国资委根据《中央企业综合绩效评价管理暂行办法》（国务院国资委令第14号）等文件的规定，以全国国有企业财务状况、经营成果等数据资料为依据，并参照国家统计局工业与流通企业月报数据及其他相关统计资料，对上年度国有经济各行业运行状况进行客观分析和判断的基础上，运用数理统计方法测算制定的。该标准给出了各个行业企业绩效水平的参考值（优秀值、良好值、平均值、较低值、较差值），是国内最权威、最全面地衡量企业管理运营水平的评价标准。

企业绩效评价标准值（2012）包括27个财务指标的数据，其中以补充资料形式提供的5个指标数据，是为满足一些沿用1999年财政部等四部委颁布的国有资本金效绩评价指标体系的用户的需要。具体包括：（1）盈利能力状况，即净资产收益率、总资产报酬率、销售利润率、盈余现金保障倍数、成本费用利润率、资本收益率。（2）资产质量状况，即总资产周转率、应收账款周转率、不良资产比率、流动资产周转率、资产现金回收率。（3）债务风险，即资产负债率、已获利息倍数、速动比率、现金流动负债比率、带息负债比率、或有负债比率。（4）经营增长状况，即销售增长率、资本保值增值率、销售利润增长率、总资产增长率、技术投入比率。（5）补充材料，即存货周转、资本积累、三年资本平均增长率、三年销售平均增长率、不良资产比率。

国务院国资委考核分配局几乎每年都会对企业绩效评价标准值进行优化。现对企业绩效评价标准值（2023）的计算公式介绍如下：

1.盈利回报指标

（1）净资产收益率（%）=净利润÷平均所有者权益×100%

（2）平均所有者权益=（年初所有者权益合计+年末所有者权益合计）÷2

（3）营业收入利润率（%）=营业利润÷营业总收入×100%

（4）总资产报酬率（%）=息税前利润÷平均资产总额×100%

（5）平均资产总额=（年初资产总额+年末资产总额）÷2

（6）盈余现金保障倍数=经营活动产生的现金流量净额÷净利润

2. 资产运营指标

（1）总资产周转率（次）=营业总收入÷平均资产总额

（2）应收账款周转率（次）=营业总收入÷平均应收账款余额

（3）平均应收账款余额=（年初应收账款余额+年末应收账款余额）÷2

（4）应收账款余额=应收账款+应收账款坏账准备

（5）流动资产周转率（次）=营业总收入÷平均流动资产总额

（6）平均流动资产总额=（年初流动资产+年末流动资产）÷2

（7）两金占流动资产比重（%）=（应收账款+存货）÷流动资产×100%

3. 风险防控指标

（1）资产负债率（%）=负债总额÷资产总额×100%

（2）现金流动负债比率（%）=经营活动产生的现金流量净额÷年末流动负债×100%

（3）带息负债比率 （%）=年末带息负债总额÷负债总额×100%

（4）已获利息倍数=息税前利润÷财务费用下的利息费用

4. 持续发展指标

（1）研发经费投入强度（%）=本年研发（R&D）经费投入合计÷营业总收入×100%

（2）全员劳动生产率（万元/人）=劳动生产总值÷本年平均从业人员人数

劳动生产总值=劳动者报酬+固定资产折旧+生产税净额+营业盈余

（3）经济增加值率（%）=经济增加值÷调整后资本×100%

经济增加值=税后净营业利润–调整后资本×平均资本成本率

税后净营业利润=净利润+（利息支出+研究开发费用调整项）÷（1–25%）

调整后资本=平均所有者权益+平均带息负债–平均在建工程

平均资本成本率=债权资本成本率×［平均带息负债÷（平均带息负债+平均所有者权益）］×

　　（1–25%）+股权资本成本率×［平均所有者权益÷（平均带息负债+平均所有者权益）］

债权资本成本率=利息支出总额÷平均带息负债

（4）国有资本保值增值率（%）= $\dfrac{\text{扣除客观因素后的年末国有资本及权益}}{\text{年初国有资本及权益总额}}$ ×100%

扣除客观因素后的年末国有资本及权益=年末国有资本及权益总额–

　　本年国有资本及权益客观增加额+本年国有资本及权益客观减少额

5. 补充指标

（1）营业现金比率（%）=经营活动产生的现金流量净额÷营业总收入×100%

（2）国有资本回报率（%）= $\dfrac{\text{归属于公司所有者的净利润}}{\text{平均归属于母公司所有者权益}}$ ×100%

平均归属于母公司所有者权益=（年初归属于母公司所有者权益合计+

　　年末归属于母公司所有者权益合计）÷2

（3）EBITDA率（%）=（净利润+所得税+利息支出+固定资产折旧+无形资产摊销）÷

　　营业总收入×100%

（4）百元收入支付的成本费用（%）=成本费用总额÷营业总收入×100%

成本费用总额=营业成本+税金及附加+销售费用+管理费用+研发费用+财务费用

（5）存货周转率（次）=营业成本÷平均存货余额

平均存货余额=（年初存货余额+年末存货余额）÷2

存货余额=存货+存货跌价准备

（6）速动比率=速动资产÷流动负债

速动资产=流动资产－存货

（7）利润总额增长率（%）=本年利润总额增长额÷上年利润总额×100%

本年利润总额增长额=本年利润总额－上年利润总额

（8）营业总收入增长率（%）=本年营业总收入增长额÷上年营业总收入×100%

本年营业总收入增长额=本年营业总收入－上年营业总收入

（四）高质量发展背景下评价标准的优化

2023年是全面贯彻落实党的二十大精神的开局之年，国资央企全面学习贯彻落实党的二十大精神和中央经济工作会议部署，更加突出高质量发展首要任务，扎实推进提质增效稳增长，国资委进一步优化完善中央企业经营指标体系，将"两利四率"调整为"一利五率"，保留利润总额、资产负债率、研发经费投入强度、全员劳动生产率四个指标，用净资产收益率替换净利润指标，用营业现金比率替换营业收入利润率，引导企业更加注重投入产出效率和经营活动现金流，不断提升资本回报质量和经营业绩"含金量"。其中，营业现金比率是指企业当期经营活动产生的现金流量净额与净利润之间的比率。

四、政府绩效评估指标体系

中国政府绩效评估指标体系（33个指标）（见表3-3）可被用于对政府部门经济效益进行审计评价。

表3-3　　　　　　　　　　　我国政府绩效评估指标体系

一级指标	二级指标	三级指标
影响指标	经济	人均GDP、劳动生产率、外来投资占GDP比重
	社会	人均预期寿命、恩格尔系数、平均受教育程度
	人口与环境	环境与生态、非农业人口比重、人口自然增长率
职能指标	经济调节	GDP增长率、城镇登记失业率、财政收支状况
	市场监管	法规的完善程度、执法状况、企业满意度
	社会管理	贫困人口占总人口比例、刑事案件发案率、生产和交通事故死亡率
	公共服务	基础设施建设、信息公开程度、公民满意度
	国有资产管理	国有企业资产保值增值率、其他国有资产占GDP的比重、国有企业实现利润增长率
潜力指标	人力资源状况	行政人员本科以上学历者所占比例、领导班子团队建设、人力资源开发战略规划
	廉洁状况	腐败案件涉案人数占行政人员比例、机关工作作风、公民评议状况
	行政效率	行政经费占财政支出的比重、行政人员占总人口的比重、信息管理水平

关键概念

经济效益审计准则是用来规范和约束审计人员开展审计工作、形成审计意见、提出审计建议的最高行为标准。

经济效益审计评价标准是审计标准的组成内容，是对被审计单位经济活动效益性的基本要求和限定，是审计人员对审计对象经济效益高低、好坏及其程度做出评价的依据，是提出审计意见、得出审计结论的依据。

经济效益审计评价指标体系是指由相互联系、相互制约的若干个衡量被审计单位经济效益的评价指标构成的有机整体。

本章小结

审计工作由必不可少的三大要素组成：审计准则、审计标准和审计证据。经济效益审计也不例外。

与财务审计相比较，经济效益审计准则和标准尚不够成熟、完善，而且具有一定的特点。经济效益审计评价标准具有多维性、可控性、动态性和非强制性等特点。

我们通常把相互联系、相互制约的若干个衡量被审计单位经济效益的评价指标构成的有机整体称为经济效益审计评价指标体系。

经济效益审计评价指标体系有投入–产出–效益指标体系、综合–局部–周转指标体系、企业绩效评价指标体系和政府绩效评估指标体系。

复习思考题

1.什么是经济效益审计标准？它与财务审计标准有何不同？
2.评价经济效益的指标是否为经济效益审计标准？为什么？
3.经济效益审计标准的特点有哪些？
4.经济效益审计评价标准有哪些具体内容？
5.选择经济效益审计评价标准的基本原则是什么？
6.平衡计分卡反映了哪些平衡？其基本原理是什么？
7.评价经济效益的指标为什么采用定量与定性相结合？
8.为什么经济效益审计准则建设滞后于财务审计准则建设？
9.简述资产负债率指标在使用中的辩证性。
10.试述政府绩效评价指标体系的优缺点。
11.比较平衡计分卡与战略地图的逻辑关系。
12.如何运用绩效棱柱模型构建经济效益审计评价指标体系？

业务练习题

资料：某市审计局准备于2024年3月份对该市某工具厂进行经济效益审计，现需要制定一套审计标准。

经过了解收集到下列资料：

（1）该厂经营宗旨与愿景：

产品精益求精，一切为顾客着想；达到世界先进水平，打入国际市场。

（2）该厂三年经营目标：

第一年（2024年）：产品正品率达到96%，15%的产品出口，人均创汇1 200美元；

第二年（2025年）：产品正品率达到97%，20%的产品出口，人均创汇1 700美元，成为二级企业；

第三年（2026年）：产品正品率达到98%，30%的产品出口，人均创汇2 000美元。

（3）国内同行业先进水平：

产品正品率达到97%，20%的产品出口，人均创汇1 800美元。

（4）该厂实际情况：

产品正品率为92%，10%的产品出口，人均创汇1 000美元。

从目前情况看，要达到预期的经营目标必须做出较大的努力。

据反映，该厂主要领导人调动频繁，资金紧张，设备更新困难，工程技术人员流失严重，客观条件落后于国内同行业先进水平。

要求：

（1）在对该厂进行总体性经济效益评价时，审计人员应该选择哪些指标作为审计标准？哪些宗旨、目标不能用作审计评价标准？为什么？

（2）你认为，作为经济效益审计标准，所选的指标应确定在什么水平上？为什么？

第三章业务练习题参考答案

第二篇

企业管理审计

第四章　管理审计

学习目标

提高经济效益的方法和手段大体可以分为两个层次：一是最大限度地利用现有资源，充分挖掘人、财、物的潜力；二是企业谋求改善管理素质，提高管理水平，降低管理风险。而管理审计主要是审查管理组织的合理性，管理机构是否健全，各项管理活动的决策、计划是否正确，以及管理者的素质是否合适。本章重点介绍管理机构和管理职能审计的内容。通过本章教学，使学生了解和掌握管理审计的含义、特征及发展现状，特别是如何进行管理职能审计、管理部门审计、管理人员素质审计、公司战略审计和全面预算管理审计。

经济管理是按照经济活动的客观规律，通过计划、组织、控制等职能，作用于管理对象，使之适应外部客观环境以达到预定目的的活动。管理职能是管理活动的内在功能。管理职能的发挥程度在经济活动中总是具体地体现在企事业单位的各项工作上，集中反映在企事业单位确定其经营目标、制订经营计划、建立管理制度、确定管理体制和运用管理方法等方面，体现在各管理职能部门的实际工作中。对企事业单位进行管理审计，就是通过审查其管理职能的确定是否合理、管理人员素质是否最优、管理部门工作是否有效，评价被审计单位管理绩效。本章着重介绍企业管理职能审计、管理部门审计、管理人员素质审计、公司战略审计以及全面预算管理审计等内容。

第一节　　管理职能审计

一、管理审计及其特点

管理审计是由独立的审计人员根据既定的标准，对组织的目标、计划、程序和策略等所进行的综合性的检查、分析和评价，并对组织的效率和效益提出建设性意见。因此，管理审计虽然可以说是经营审计的自然发展，但它还是具备了某些从根本上就区别于经营审计的特征。

首先，管理审计的效益标准主要应来源于组织外部的期望，而不是组织管理部门的愿望。因此，评价组织行为的标准应该是参与者要求组织达到的目标。

其次，为了应用外部的评价标准，管理审计人员不仅应保持其内在独立性（这是任何一个审计人员必须具备的素质），同时，还必须保持外在的独立性。因此，管理审计人员必须对外部参与者负有直接的责任，而不是对管理部门负责。在这种情况下，管理审计师的独立性更类似于注册会计师，而不同于内部审计师。这种授权关系将促使管理审计人员站在战略的高度上，利用自己的经验，评价管理部门的工作成果。例如，管理审计人员能够对不同的组织进行比较鉴别，这不仅有助于划分主要问题的界限，而且使人们更加相信其所提出的结论。

最后，管理审计关心组织效率与效果的综合评价。尽管管理审计人员最终总是集中分析某些主要问题，但这也是在评价组织综合经营过程之后才如此的。这与内部审计师实施经营审计存在明显的差别，尽管内部审计师也关心效率，但只是评价组织的个别部分，绝不含全面的评价或审计。这是管理审计最基本的性质，它使得管理审计成为财务责任程序中最有效的控制机制，与年度财务、法定性审计向外部参与者提供组织财务评价一样，管理审计人员也能够控制企业组织的总绩效，并对此做出综合性的评价。

在我国，管理审计与经营审计相比，主要具有以下特点：

1. 管理审计是经济效益审计中的高层次审计

企业的生产经营活动都是在一定的管理体系的作用下进行的。如果说业务经营活动是企业经济活动中的"经济基础"，则管理活动就是经济活动中的"上层建筑"。抓好管理工作，才能保证企业各项业务经营活动正常、高效进行，保证提高经济效益的各种措施和方案得以实施。通过管理审计促进被审计单位改善管理素质、提高管理水平和管理效率，从而保证企业在现有技术水平和技术装备不变的条件下，通过改进计划、组织、指挥、协调、控制、激励和决策的方式、方法来提高经济效益。

2. 管理审计的审查重点是管理素质

管理审计着眼于提高企业整体功能，从根本上改进组织管理，提高管理效率。管理审计为从系统整体的高度优化整体结构，提高管理组织、管理人员的素质，从而为实施挖掘潜力、提高经济效益的各种改进方案创造条件、铺平道路。

3. 管理审计是审查、评价管理活动的审计

前已述及，管理审计本身不具有管理职能，它不是直接的管理活动，而是评价监督活动；它是审查、评价管理活动的活动，而不是代替、重复企业管理部门的工作。

二、管理的职能及管理职能审计的目标

（一）管理的职能

管理的职能就是管理者为实施有效管理必须担负的基本职责以及要完成的基本任务。法约尔将管理活动分为计划、组织、指挥、协调和控制五大管理职能；在法约尔之后，孔茨和奥唐奈里奇在仔细研究这些管理职能的基础上，将管理职能分为计划、组织、人事、领导和控制五项，而把协调作为管理的本质。

从古典管理理论到行为管理理论，再到现代管理理论，比较主流的观点是：管理有"四大"职能，即计划职能、组织职能、领导职能和控制职能。

1. 计划职能

计划是指为实现组织的目标，制定和执行决策，对组织内的各种资源实施配置的行动方案和规划。计划一直都被认为是管理的重要职能。它是对组织行为的谋划和估计，既是行动的指导，又是控制的标准。

2. 组织职能

组织职能是指为实现组织的目标，执行组织的决策，对组织内各种资源进行的制度化安排的职能。在组织的众多资源中，由于人是最重要的资源，所以组织职能实际上讨论的是人力资源的组合问题。

3.领导职能

领导职能指领导者带领和指导组织成员完成组织任务、实现组织目标的职能。

4.控制职能

控制指为保证组织目标得以实现、决策得以执行，对组织行为过程（包括下级的工作）进行的监督、检查、调整的管理活动。控制一直是管理的重要职能。因为在制订计划时无论考虑得多么周密，无论投入多少人力和物力，也难以保证计划绝对准确，决策万无一失。况且，许多外部因素的变化还是组织的管理者根本无法控制的，在计划的执行过程中，外部环境变化、执行人员的疏忽等，都会使计划执行偏离预想轨道。管理者通过控制职能，就是要及时发现这些偏差，并采取措施予以纠正。

在这四大职能中，控制活动不能独立存在，它必须依附于其余三大职能才能实现其保护资产安全、保证信息真实完整、保证经营效率与效果的实现和法律法规的遵循等控制目标，因此，内部控制贯穿于管理活动始终。

（二）管理职能审计的目标

从管理四大职能的角度理解，管理审计应该定义为：以经营活动为载体，对反映在经营活动中的计划职能、组织职能、领导职能和控制职能所进行的监督、评价和咨询服务活动。

具体来说，管理职能审计的目标主要体现在以下四个方面：

1.计划职能审计的目标

审查计划职能，主要应回答被审计单位有无适当的经营目标，有无能保证目标实现的各种计划，以及有无正确的决策程序等；同时还要明确指出目标、计划、决策中存在的缺点及其改进的措施。

（1）被审计单位有无明确、科学、合理的经营目标。

（2）被审计单位的经营目标是否配套、完整。

（3）被审计单位是否制定了与经营目标相适应的经营规划。

（4）被审计单位的计划体系是否科学、完整。

（5）被审计单位是否遵守正确的决策原则，有无科学的决策程序和方法。

2.组织职能审计的目标

审查组织职能，主要应回答被审计单位有无有利于经营目标实现的组织结构，协调统一工作，个人与群体工作及人员配备、选拔、使用、考核、开发的制度。因为组织工作的实质是将为实现目标所必须进行的业务活动加以分类，将监督每类活动所必需的职权授予各该部门的主管人员，并规定单位结构中上下左右的相互配合关系。

（1）被审计单位内部机构的设置是否合理。

（2）被审计单位机构间的职责划分是否明确。

（3）被审计单位是否有上下左右的协调措施。

（4）被审计单位部门职责及群体、个人的工作是否明确。

（5）被审计单位有无有利于实现经营目标的人事制度。

3.领导职能审计的目标

审查领导职能，主要应回答被审计单位是否有素质高、方法得当、具有集结人们能力与意愿的领导群体；该群体是否能有效地把个人目标和单位目标协调起来，具有说服与指导他人的才能；领导者所采用的授权方法、激励机制和沟通机制，是否能有效地调动广大职工的积极性，是否有利于协调干部和群众之间的关系。

（1）被审计单位最高领导层次和各级管理人员有无领导才能和责任感。

（2）被审计单位是否存在有效的领导。

（3）被审计单位是否采用了适当的授权管理方式。

（4）被审计单位是否采用了有效的激励机制。

（5）被审计单位信息沟通机制是否有利于使命的传达和任务的完成。

（6）被审计单位领导和职工的关系是否融洽、团结。

4. 控制职能审计的目标

审查控制职能，主要应回答被审计单位有无健全有效的内部控制制度，内部控制制度是否能够执行，内部控制工作是否能保证单位管理目标的实现、各项任务的完成和各种偏差的纠正等。

（1）被审计单位内部控制制度是否健全。

（2）被审计单位内部控制制度是否有效。

（3）被审计单位对内部控制制度是否进行了经常性的检查和评价。

三、管理职能审计的内容

（一）审计计划职能

为了使一个组织能够取得良好的工作成效，最重要的任务就是要明确组织的总体目标和一定时期的具体目标，使每个人都明白组织期望他们达到的目标以及达到目标的方法。计划就是对组织未来活动进行的一种预先筹划，管理者通过制订计划，可以帮助组织成员认清所处的环境和形势，指明其活动的目标及实现目标的途径。对企业计划的审查应成为管理审计的一项重要内容。

对企业计划的审查应重点关注：企业是否设计出了适合本企业的计划系统；计划是否与企业目标相符合，是否为实现企业目标服务；计划是否对影响计划完成的一些不确定因素有所估计，并确定了相应的应变措施；计划是否建立在对历史数据的正确分析和对未来合理预测的基础之上；计划是否符合成本效益原则；各部门之间的计划是否协调，企业计划正式下达之前是否征求了计划执行部门及相关部门的意见；每一项具体计划是否有计量其业绩的标准和方法，能否为评价和考核计划执行情况提供依据，是否存在保证计划能够按预定方案执行的控制手段，计划执行过程中产生的各种信息能否被及时传送给计划的控制者，计划控制者能否对计划执行过程中出现的偏差及时发现并予以纠正。

（二）审计组织职能

组织是指完成计划所需的组织结构、规章制度和人、财、物的配备等。组织职能包括决定组织要完成的任务是什么，谁去完成这些任务，这些任务怎么分类组合，向谁报告，各种决策应在哪一级制定，为组织选配合适的人员以及适时地实行变革与创新。

针对这一管理职能，相应的审计内容包括：审查企业的组织架构的合理性、健全性；审查组织内部各职能部门或分支机构及其岗位的分工明确性、职能配备的合理性；检查和评价与人力资源管理有关的内部控制制度的适当性与有效性，即检查和评价此类内部控制制度的设计是否适当，以及在多大程度上被人力资源管理人员有效地执行，此外，还需要评价人力资源管理的工作效果。

（三）审计领导职能

组织是由人构成的，组织的目标也是由人来实现的。通过管理的计划、组织和控制活动，基本上形成了管理活动的一个基本轮廓，但是这还不足以有效地达成组织的目标。只有把管理者的领导活动同计划、组织和控制结合起来，才能有效地协调个人之间、群体之间的努力，才能使目标有效实现。所以说，管理的领导职能构成了联结计划、组织和控制的纽带。领导是管理的重要职能，领导水平的高低常常决定了组织的生死存亡。

与领导职能相关的审计内容包括：企业各级领导者的领导才能和责任感；领导层制定的各项指标是否简明易行，对问题的处理是否及时；各级管理人员与职工的关系是否正常；管理人员是否掌握了现代管理科学知识与技能，是否具有开拓精神等。

（四）审计控制职能

控制是监视组织各方面的活动、确保组织实际运行状况与组织计划要求保持动态适应的一项管理职能，它通过发挥"纠偏"和"调适"两方面的功能，促使组织更有效地实现其根本目标。控制职能包括对各类作业的效率和效果提供合理的保证，监控组织的绩效，将实际的表现与预先设定的目标进行比较，纠正任何显著的偏差，使组织回到正确的轨道上来等。

针对这一管理职能，相应的审计内容包括：内部控制制度是否健全；不相容职务的分工是否合理；控制制度是否适应本单位的特点和管理需要；制度的执行情况如何，在执行中存在的问题及改进措施怎样；内部控制制度对偏离正常轨道的差异是否能及时加以纠正等；确认经营风险是否得到有效管理、风险范围确定得是否合理；风险评价标准与指标体系是否科学；风险管理措施、方法与程序是否合理；风险实际处理是否合理；评价各成本利润中心的总体效益。

第二节　　　　　　　管理部门审计

一、管理部门审计的含义、任务及特点

（一）管理部门审计的含义

管理部门审计直接以被审计单位的管理活动为其审核评价对象，通过审查评价各个管理职能的发挥程度、管理部门的工作状况，以及管理人员素质的高低，发现企业管理中存在的问题和薄弱环节，发现影响经济效益的因素，提出改善管理和提高经济效益的建议。

作为经济效益审计构成内容之一的管理部门审计，就应以被审计单位的管理部门为其基本对象。管理部门审计是通过对被审计管理部门应承担的任务、当前存在的问题、自身职能的履行状况以及管理人员素质的审查，促进企业提高经济效益的一种审计活动。

就管理部门的管理而言，涉及企业的计划管理，包括采购、生产、销售、储存在内的业务管理、质量管理、劳动管理、设备物资管理、后勤保障管理和财务管理等各个方面。它们的工作状况如何，对企业的经济效益必然会产生各种各样的影响，因此，对管理部门进行审计就十分必要。

（二）管理部门审计的任务

通过审查，了解管理人员的素质状况，以便有针对性地对各类管理部门进行审计。管理部门审计的任务可以分为基本任务和具体任务两个层次。

管理部门审计的基本任务，是通过审计，改进管理部门工作中不利于提高经济效益的问题，提高管理部门的工作水平，促进和保证企业经营目标的实现。

管理部门审计的具体任务主要有以下几个方面：

（1）审查管理部门的职责范围。通过对其职责范围的审查，促使管理部门和管理人员明确各自应承担的职责，避免和减少扯皮、推诿现象的发生。

（2）审查管理部门的职责履行状况。通过对其职责履行状况的审查，促进管理部门和管理人员认真履行自己的职责，为保证企业效益目标的实现提供条件。

（3）审查管理部门的内部结构和人员分工。通过审查，使管理部门内部结构符合组织机构设计的要求，使部门内部工作人员人尽其才、才尽其用，提高工作效率。

（4）分析管理部门存在的缺陷和薄弱环节。通过审查，提出改进管理工作的建议和措施，减少和消除对企业经济效益的不利因素。

（5）审查管理人员的素质。通过审查，促进企业对管理人员进行教育、培训，不断提高管理人员的素质。

（三）管理部门审计的特点

管理部门审计作为一种专门的审计工作，有其自身的特点。其特点主要表现为：

（1）它主要是针对管理部门进行的。管理部门审计的对象是不同部门的管理工作，既不像经营审计那样针对不同的业务环节，又不像管理职能审计那样针对某种职能，它要涉及多个部门。

（2）它要审查部门内部管理工作的各个方面，包括机构建制、任务划分、人员分工、职责履行、人员素质等，内容具有多向性和广泛性。

（3）它主要是针对影响企业经济效益的因素进行的。对于与企业经济效益关系不密切的问题或没有关系的问题，则较少涉及，或不涉及；对于一般财务审计中的问题，除与企业经济效益有关者外，也不涉及。

（4）它对影响企业经济效益因素的审查，侧重于从管理角度来分析问题，评价管理活动对经济效益的影响及其影响程度，以及从管理角度提出改进意见。

二、管理部门审计的内容

对管理职能的审查，应侧重于对管理活动及其最高管理部门的审计，从全局出发，主要应审查管理制度、程序建设方面的状况；而对管理部门的审查，则应侧重于审查其管理组织及中下层管理部门，要从局部着眼，主要审查具体管理工作及制度程序的执行情况。

对管理部门的审计，主要包括两个方面：一是对管理部门机构的审计，即审查其组织机构是否健全，管理职能和职责分工是否明确；二是对管理部门工作的审计，即审查生产经营部门、综合管理部门和生产经营保障部门的工作是否正常有序。

1. 对管理部门机构的审计

对管理部门机构的审计，通常包括以下两个方面：

（1）对组织机构的审查，主要审查原有组织机构的结构形式是否合理，是否适应企业生产经营的需要；管理幅度和管理层次的确定是否合理；专业职能管理体系是否合理；综合管理部门的建立和作用是否适应提高经济效益的需要；智囊参谋部门的建立对提高经济效益所起的作用如何；企业是否建立了负责开拓开发的管理部门等。在审查分析的基础上，应找出组织机构形式和部门设置存在的问题，选择并设计改善机构的方案，以保证经济效益的实现。

（2）对管理职能和职责分工的审查，主要审查组织机构中管理人员的素质与其职务、职责、职权是否相称。审查内容一般包括：管理岗位和管理岗位体系的设立是否合理；职务、职责、职权的确立是否具有一致性；管理岗位的任务量与所配备的人员数量、素质是否适应；管理部门的纵向、横向分工是否合理；管理工作程序、制度是否合理有效；各层次管理人员的知识、能力、专业素质能否适应提高管理效率、保证经济效益的需要，即能否胜任本职工作；管理效率是否良好；信息采集、传递、使用是否及时、准确、有效。

2. 对管理部门工作的审计

在建立了科学合理的管理组织机构，进行了合理的职务、职责、职权划分，配备了具有相应素质的管理人员之后，各个管理部门工作状况如何，就成为影响企业经济效益的重要因素。通常所说的"向管理要效益"，在很大程度上取决于此。

由于各个管理部门的工作性质不同，管理内容不同，影响经济效益的程度不同，因而对其审查的内容也不相同，主要包括以下方面：（1）被审计单位各个管理部门所确立的工作任务是否明确合理，是否符合该单位经营目标的需要；（2）被审计单位各个管理部门在工作中是否履行其职责，工作状况是否良好；（3）被审计单位各个管理部门的工作存在哪些影响该单位经济效益的因素，是否采取相应的有效措施予以促进或制约；（4）有关管理部门的工作相互协调、相互补充的状况是否良好，有无因"内耗"而影响整个单位经济效益的提高。

其具体审查内容是：（1）对计划部门的审查，应查明计划部门是否履行了计划制订、管理与修改、考察等职责。（2）对生产部门的审查，应查明生产部门对生产过程的组织、指挥是否适当与灵活，各项生产任务的安排是否科学、合理，能否做到经常性的催查与报告。（3）对销售部门的审查，应查明销售部门履行市场预测、市场调查、行销政策制定、定价政策、销售方法选择、销售过程控制及销售人员培训等职责的状况。（4）对设备、物资管理部门的审查，应查明设备、物资管理部门履行消耗、存储定额制定、采购、保管、收发、维护等职责的状况。（5）对劳动管理部门的审查，应查明劳动定额的先进性、组织的合理性、培训的经常性与有效性、奖励机制的健全性和劳动保护措施的充分性。（6）对技术管理部门的审查，主要应查明新产品研制的有效性，新技术应用与开发的有效性，产品设计与工艺管理的先进性、合理性，产品质量管理的有效性等。（7）对财务部门的审查，主要应查明是否制定科学适用的财务会计政策，会计工作是否遵循了会计法规的要求，是否进行了正确的反映与监督，有无严格的成本控制制度；是否采取了有效措施进行资金筹措及减少资金占用，以提高资金使用效率。（8）对信息系统的审查，主要应查明信息管理部门能否保证信息畅通，信息的传输与反馈是否及时，信息存储及信息部门本身的安全是否有保障等。

第三节　　　管理人员素质审计

一、管理人员素质审计的含义及内容

管理人员是实现管理过程中对组织内部员工进行领导、组织、协调和监督的人员。管理人员素质的好坏对企业管理工作质量和管理水平有着举足轻重的影响。开展管理人员素质审计是通过对管理人员素质现状进行调查分析，评价管理人员在企业经营管理中的能动作用，进而审查管理水平和管理质量的一种审计活动。

实施管理人员素质审计不仅可以全面了解管理人员的素质现状，促进被审计单位合理配备管理人员，优化管理群体，使管理群体发挥最大效能，而且可以把握管理人员群体的特点，促进被审计单位扬长避短，量才使用，做到人尽其才，最大限度地发挥管理人员的作用。同时，通过管理人员素质审计，可以发现和评价管理人员素质上的弱点，以便提出改善管理人员素质的建议，推动被审计单位有的放矢地加强对管理人员的培训教育，能够有针对性地选拔管理人才，不断提高企业管理水平和管理效率。

管理人员素质审计，包括对管理人员群体素质的审查评价和对企业主要管理人员素质的审查评价。

（1）对管理人员素质的一般审查评价，即对企业管理人员群体素质的审查评价。审查内容包括：管理人员群体的知识水平是否达到现代化管理的基本要求；管理人员群体的专业知识结构的合理性；管理人员的年龄结构与经济管理的适应性；管理人员岗位安排的适当性；企业管理人员的配置是否做到了开拓型人才与稳健型人才相结合；管理型人才与技术型人才相结合等。

（2）对企业主要管理人员素质的审查评价是指对高层管理人员以及主要岗位的管理人员进行审查评价。审查内容包括：审查企业主要管理人员的学历、资历和思想品质，即管理人员潜在的素质；审查企业主要管理人员的决策能力、分析问题的能力、发现问题的能力、灵活应变的能力以及发现和利用人才的能力；审查企业主要管理人员运用时间的能力，看其是否能合理地安排用于研究企业发展战略、方针以及处理日常生产事务的时间等。

二、管理人员素质审计的方式

关于管理人员素质审计存在的问题，目前虽然难以从理论上找到最好的解决方案，但是可以通过选择合理的审计方式来缓解这些问题对审计结论和审计建议的影响，把审计风险和审计偏差降到最低。

（一）开展管理人员素质审计的方式

1. 采用量化评价方式

在管理审计实施过程中，量化评价有两种具体可以操作的技术：

一是把每一项管理人员的素质因素与经济效益水平挂钩，计算并评价管理人员素质水平对企业经济效益的影响数值。应该说，这是最能够客观评价管理水平和管理质量的一种审计技术。但是，其关键问题在于，由于经济效益要借助销售生产对象才可以实现，而管理素质和管理行为不直接参与生产对象的生产，相互之间是一种间接的关系，并不像生产活动那样可以确定其每个环节和每个行为直接影响的生产对象的数量和质量，理论上尚不

能直接把某项管理环节与经济效益对等挂钩，因此这种方法目前难以实施。

二是采用管理素质评分技术，即把管理素质划分为若干个评分项目，根据实际情况和事先制定的评分标准对管理人员素质进行打分，然后根据评分结果对管理人员素质进行总体评价。目前这种技术是可行的，但是其难点在于需要事先设计出一套比较客观、科学的评分项目和评分标准。

2. 从群体素质和主要个体素质两个方面进行

企业管理人员是一个群体，任何个体总是在群体结构中发挥作用。由于审计对象复杂、审计时间有限，不可能逐一对全部的管理人员素质进行审计，因此为了保证审计的全面性、权威性和审计质量的可靠性，在审计中可以根据基本管理的要求总括地对群体素质进行审计，同时还需要对一些重要的个体进行详细审计。

对群体进行总括审计应该说相对容易操作，可以按照事先设计的审计要点进行调查取证，汇总评价。但是，如何选择被审计的个体素质是十分关键的问题。

由于被选择的主要个体必须具有典型性、代表性，因此审计人员可以把握以下几条标准确定审计对象：（1）企业的主要负责人；（2）关键部门的主要负责人；（3）其他对企业经营决策具有较大影响的管理人员。

3. 采用民主评议方式

在管理人员素质审计中应该大力提倡采用民主评议方式。管理人员素质是影响企业管理水平、经济效益高低的关键因素。一个企业的管理人员素质如何，不仅可以通过管理效率、管理质量和经济效益体现出来，而且企业内部职工对此更是有着客观的认识，因而，审计人员应该注重发挥群众的作用，通过事先设计的量化评价表进行一定规模的民意调查，然后加权汇总评价。这样既可以保证评价结果的准确性，又可以节省审计时间，提高审计工作效率。

（二）管理人员素质审计的量化评价

根据前文所述，采用量化评价方式开展管理人员素质审计是一种较为可行的方式，并且可以从管理人员群体素质和主要个体素质两个方面进行审计。为了保证审计质量，审计人员首先应设计出管理人员素质审计量化评分评价表（分别见表4-1和表4-2）。表中应该包含以下内容：

（1）审计要点。即拟进行评价的具体项目，或者说是审计的具体项目，这些项目的设计可以按照现代管理学科中关于管理者能力要求和素质要求进行。

（2）审计要点的分值。主要根据在整个素质评价项目中各分项目所占的重要程度确定，凡是重要的项目，所占的分值应较多一些。

（3）各项目的评分标准。一般设计为3~5个等级，并确定换算为分值的标准，由调查人根据调查结果选择被评管理人员的素质水平和等级，然后换算为分值。在表4-1和表4-2中，每个被评项目审计要点均按照A、B、C、D等级进行设计：若评价结果为A级，表明该要点评价得分为该要点的最高标准分值×100%；若评价结果为B级，表明该要点评价得分为该要点的最高标准分值×80%；若评价结果为C级，表明该要点评价得分为该要点的最高标准分值×60%；若评价结果为D级，表明该要点评价得分为该要点的最高标准分值×50%。

表4-1 管理人员群体素质审计量化评分评价表

审计要点 最高标准分 100分	评价等级				评价结果 等级分值
	A	B	C	D	
凝聚力 20分	众志成城，万众一心	在一些小问题上无法体现凝聚力	在一些大问题上无法体现凝聚力	人心涣散，各自为战	
决策能力 15分	依据事实决策，高瞻远瞩	依据事实决策，有一定的未来规划能力	依据事实决策或凭想象决策	基本凭想象决策且目光短浅	
协调能力 15分	在既定利益原则下默契协调	偶尔需要修改利益原则，方可协调	经常需要修改利益原则，方可协调	不是利益问题，从来都是磕磕绊绊	
知识水准 10分	全部管理人员均在规定学历以上，满足管理需要；学历结构层次合理	个别管理人员学历层次没有达到规定要求；学历结构层次合理	部分管理人员学历层次在规定标准以下；学历结构层次基本合理	多数管理人员学历层次在规定标准以下；学历结构层次相当不合理	
年龄结构 5分	年轻化，结构合理	年轻化，结构较合理	年轻化程度不足，结构基本合理	年轻化，结构很不合理	
专业结构 10分	与管理需要一致，合理	与管理需要一致，比较合理	部分人员所学与所做不一致，欠合理	多数人员学非所用	
岗位安排 5分	岗位设置合理，人员配备合理，管理型与技术型人才结合，开拓型与稳健型人才结合	岗位设置较合理，人员配备较合理，各类人才结合较好	岗位设置基本合理，人员配备基本合理，各类人才结合欠合理	岗位设置不合理，人员配备不合理，不考虑各种人才的结合和搭配	
组织效率 20分	雷厉风行，行动快捷	处理准确，个别环节有拖拉现象	一些重要问题处理不够高效	人浮于事，组织涣散，拖拖拉拉	
本项目 得分合计					

表4-2　　　　　　　　　　　　主要管理人员素质审计量化评分评价表

审计要点 最高标准分 100分	评价等级				评价结果 等级分值
	A	B	C	D	
合作精神 15分	赢得人们的合作，愿与他人共事，对下级采用说服态度	赢得人们的合作，愿与他人共事，对下级采用说服加压服态度	具有一定的合作精神，但是对下级采用压服态度	无法与人合作，对下级采用压服态度	
决策能力 15分	依据事实决策，高瞻远瞩	依据事实决策，有一定的未来规划能力	依据事实决策或凭想象决策	基本凭想象决策且目光短浅	
组织能力 10分	发掘下属才能，善于组合经济资源	发掘下属才能，或善于组合经济资源	不善于发掘下属才能，有一定组合经济资源的能力	不仅不善于发掘下属才能，而且经常浪费经济资源	
精于授权 10分	大权独揽，小权分散，抓住大事，把小事分给下属	大权独揽，小权分散，抓住大事，不放心下属做事	独揽权力，偶尔做点事情	独揽权力，不做任何事情	
应变能力 10分	权宜通达，机动进取	权宜通达，机动进取，偶有保守	权宜基本通达，开拓进取不力	耿耿于怀，墨守成规，抱残守缺	
负责态度 10分	对上级、下级和社会高度负责	对上级、下级和社会基本负责	对上级、下级和社会比较负责	仅对上级负责，不管下级和社会	
勇于求新 10分	对新事物、新环境、新观念有敏锐观察力、接受能力和适应能力	对新事物、新环境、新观念有一定的观察力、接受能力和一般适应能力	对新事物、新环境、新观念有较强的观察力、接受能力和适应能力	对新事物、新环境、新观念无动于衷	
风险处理能力 5分	善于化解风险和承担风险	善于承担风险，有一定的风险化解能力	愿意承担风险，无力化解风险	见风险就躲开	
尊重他人 5分	重视他人意见，合理采纳他人意见	重视他人意见，能采纳他人意见	听听他人意见，但不愿接受	对他人意见充耳不闻，武断专行	
品德 10分	优秀，被人们敬仰	良好，被人们称赞	中等，毁誉参半	较差，被人们轻视	
本项目 得分合计					

（4）审计结果的总体评价标准。合计出审计项目的总体得分后，应该结合定性分析给出相应的结论。整体得分90~100分为优秀，表示管理人员素质很高，同时应评价管理素质对管理水平、管理效率、管理质量和经济效益的影响程度如何，并提出建议；整体得分80~89分为良好，表示管理人员素质较高，但是在某些具体环节上要加以改进，同时应评价管理素质对管理水平、管理效率、管理质量和经济效益的影响程度如何，并提出建议；整体得分70~79分为中等，表示管理人员素质一般，在诸多方面存在问题，同时应评价管理素质对管理水平、管理效率、管理质量和经济效益的影响程度如何，并提出建议；整体得分60~69分为及格，表示管理人员素质不理想，在诸多方面存在严重问题，同时应评价管理素质对管理水平、管理效率、管理质量和经济效益的影响程度如何，并提出建议；整体得分若为60分以下，表示管理人员素质很差，必须根据存在的问题进行整顿，否则将严重影响企业的正常生产经营、管理水平、管理效率、管理质量和经济效益，并提出建议。

（5）审计要点之间的关系。审计要点之间的关系可以根据它们之间的内在联系逐一进行说明，主要从以下几个方面描述：①哪些审计要点存在相互影响和相互促进的关系；②哪些审计要点存在相互限制的关系；③各审计要点形成的结果是否一致；④哪些审计要点之间存在从属关系。指明审计要点的关系可以让评价人特别注意应该如何评价各要点的等级。

第四节　公司战略审计

一、公司战略审计概述

（一）战略的定义与要素

"战略"一词具有悠久的历史，它来源于希腊的军事用语，是指对战争全局的筹划和指导原则。后者用于其他领域，泛指重大的、带全局性或决定全局的谋划。

企业战略既包括竞争战略，也包括营销战略、发展战略、品牌战略、融资战略、技术开发战略、人才开发战略、资源开发战略等。企业战略虽然有多种，但基本属性是相同的，都是对企业整体性、长期性、基本性问题的规划。

关于公司战略的定义，美国哈佛大学教授迈克尔·波特（Michael E.Porter）的定义堪称传统定义的典型代表。他认为："……战略是公司为之奋斗的一些终点与公司为达到他们而寻求的途径的结合物。"最具有代表性的当属加拿大管理学大师亨利·明茨伯格教授，他以其独特的认识归纳总结了"战略"的五个定义：计划（plan）、计谋（ploy）、模式（pattern）、定位（position）和观念（perspective）。战略的关键要素有以下几项：

1.有愿景

愿景是一个组织各相关利益人共同向往的长远目标，从而可以推动企业有效利用各种资源，超越目前环境。

2.具有可持续性

要保证企业具有旺盛的生命力，关键是要有一个长期且可持续的战略。可持续的战略的实施无不与"人"关系密切，如不断扩展"契约联结"的共赢局面，不断持续的科技创新，不断学习成长的组织成员等。

3. 有效传递战略的流程

战略目标设定后，不仅要将其传递到企业的各个方面，以求得到落实执行，更重要的是必须将其传递到各个方面的相关利益人，如政府机构、顾客、债权人、现实以及潜在的投资者等，以便得到最有力的支持。

4. 与获取竞争优势有关

企业只有在具备超越竞争对手的可持续竞争优势时，才能够生存发展，而差异化或称特色是企业竞争优势的最基本条件。因此，任何成功的战略都是为了凸显企业的竞争优势。

5. 能利用企业与环境之间的联系

公司作为法人，也是各种关系的集合。关系的良性发展，就是企业的良性发展。因此，战略必须能进一步加强企业与相关各方之间的联系。

（二）公司战略审计

一般来说，战略管理包含三个关键要素：（1）战略分析，即了解组织所处的环境和相对竞争地位；（2）战略选择，即战略制定、评价和选择；（3）战略实施，即采取措施使战略发挥作用。对公司战略分析、战略选择和战略实施的有效性进行的审计，即为公司战略审计。

战略审计应能覆盖战略管理的各个层次和全过程，因此战略审计的内容应包括所有与战略管理相关的资料，既包括财务资料，也包括非财务资料，且非财务资料与财务资料相比可能重要性更高。审计的范围则应包括公司的所有管理层次，主要是公司战略的执行部门和所有重要经营事项，重点是评价战略制定所依据资料的可靠性和相关性以及评价既定战略执行的有效性。

公司战略审计的主要内容是公司战略规划。通过公司战略审计，既可以使公司的资源得到合理配置，在实现目标的同时不断获得更多的资源，又可以使公司不断适应外部环境的变化，抓住发展机遇，减少甚至消除威胁。

二、公司战略审计的程序

公司战略审计既不同于传统的审计，也不同于一般的分析评价。战略审计是在分析公司外部环境和内部条件的基础上，合理评价公司的经营思想和经营方针，就公司的目标、计划、程序和战略提出建议，帮助公司从长远出发，注重改善和充分利用公司现有的各种资源和技术要素，提高公司经营效益。战略审计的程序主要分为以下几个阶段：

（一）战略审计的准备阶段

1. 确定审计目的和范围

通过初步了解被审计单位主管部门的战略活动和其对企业的影响，以及有关战略管理活动，特别是管理部门的现存系统及程序的用途和实际作用，以此初步评价被审计单位内部控制制度的完善程度和审计风险，从而确定战略审计的重点和审计的范围。

2. 编制审计方案和预算

根据初步认定的审计风险、审计重点和范围，可以确定本次审计所需要收集的证据的大致数量，从而估算所需要的人力和大致的费用。

3. 配备审计人员

根据第二步确定的审计所需的人力，为审计小组配备审计人员，包括确定项目经理、关键成员和助理人员。审计小组成员的组成要注意搭配合理，财务审计人员及战略管理和分析专家要保持一定的比例。

（二）战略审计的实施阶段

1. 战略内部控制系统的测试和评价

战略审计人员对战略内部控制系统的测试和评价可分为三个步骤：

第一步，进一步了解企业的战略内部控制系统。审计人员可以通过询问被审计单位有关人员、查阅相关内部控制文件、查阅内部控制生成的战略会计报告、观察被审计单位的业务活动和内部控制的运行情况、执行穿行测试等程序来进一步了解被审计单位的战略内部控制运行情况。

第二步，实施控制测试，检查战略内部控制系统运行的效果。通过上一步骤对战略内部控制制度的了解，我们可以确定控制测试的具体实施办法。如果被审计单位的战略内部控制系统根本不存在或不值得依赖，那么战略审计人员应直接执行实质性测试或者只执行小范围的控制测试和更大范围的实质性测试。但是，如果被审计单位战略内部控制系统的可依赖程度很高，那么战略审计人员可以执行更大范围的控制测试和只执行小范围的实质性测试。

第三步，评价战略审计控制风险。评价战略审计控制风险，是评价战略内部控制系统能够在多大程度上保证企业全面履行战略保护和管理责任。通过上一步骤控制测试的实施，战略审计人员能够实现对被审计单位战略内部控制程度有效性的评价，因而可以评价控制风险。控制风险确定之后，我们就可以确定检查风险了。

2. 实施实质性测试程序

根据确定的控制风险和检查风险，我们可以确定实质性测试需要实施的程度。如果检查风险低，则需要实施更多的实质性测试；反之，则只需要实施少量的实质性测试。

3. 召开审计情况介绍会

召开审计情况介绍会，或与被审计单位管理部门进行简短的会晤，帮助其理解最终战略审计报告的内容。

（三）战略审计的报告阶段

1. 形成审计结论和建议的草稿

这项工作的关键是对所收集的审计资料及证据进行审查、整理。在提出审计建议时，审计人员应该考虑所提建议能否实施以及实施成本是否过高等。审计人员还应与被审计单位管理人员共同讨论结论和建议的草稿，使审计最终阶段的争议降到最低限度。

2. 提交审计报告以供评价、补充

审计报告在提交以前应先发给被审计单位各级管理部门，并留出足够的时间供其发表看法。对所收到的意见有两种处理方式：一是在报告中加以变化；二是作为报告附录或脚注。

3. 发表审计报告

根据审计工作的目的不同，战略审计报告可以采用传统审计报告和审计建议书两种形式。

战略审计程序的三个阶段可以表示为图4-1。

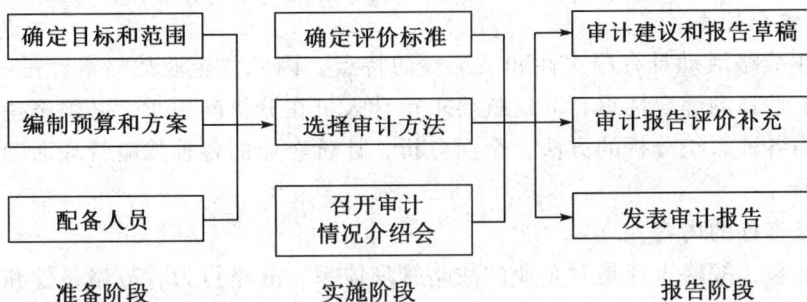

图4-1　战略审计程序

三、公司战略审计的方法

在战略审计中，战略审计人员为达到预定的审计目标，可以借用现代文明的一切成就为自己服务。特别是战略审计作为一门新兴的交叉学科，借鉴其他学科的已有成果既有一定的必要性，又具有一定的可行性。一般的审计方法同样适用于战略审计，但考虑到企业战略审计对象的特殊性，我们还应该引进体现企业战略审计特点的审计方法。

（一）对比分析法

对比分析法的基本思路是：当两个或两个以上的企业在生产性质、经营方式、规模、社会影响及实施的战略管理等方面相似时，它们具有可比性。

运用对比分析法审查企业制定的竞争战略时主要考虑一个重要的问题——是否对竞争对手进行过了解和分析。企业能否成功，在很大程度上取决于如何面对其主要竞争对手。如果对主要竞争对手的优势、劣势和战略缺少必要的了解，企业就可能过于重视短期决策，忽视长期战略问题，很难取得最佳业绩，并可能遭受不必要的攻击，遇到意料之外的竞争压力。通过对比分析法可以判断企业战略是否准确地击中竞争对手的要害，是否有效地防御竞争对手的进攻。

对比分析法并不是简单的收集信息的过程，而是理解竞争对手的过程。对比分析法有助于预测竞争对手的行动，既可以提醒企业管理层早做准备，防御竞争对手的进攻，又可以抓住由于竞争对手的错误和劣势所产生的机遇。

（二）成本-效益分析法

成本-效益分析法是对社会经济活动的投入（成本）与产出（收益）之间的关系进行分析评价的一种基本方法。使用这种方法对经济活动进行评价，可以更直观和科学地反映某种经济行为可能产生的结果，从而为决策者提供是否实施其经济活动的依据。因此，成本-效益分析法是战略审计中最为适用的一种基本方法。成本-效益分析的目的是以最小的投资成本取得最大的效益，即达到经济上最佳状态的收益水平。

由于成本-效益分析法在处理大多数战略问题时很难用货币表示其全部影响，因此，实际分析中常采用另一种替代方法，即下面介绍的第三种方法：费用-效果分析法。

（三）费用-效果分析法

该方法是将企业实施战略管理达到的效果进行多方案的比较的一种经济评价方法，包括最佳效果法和最少费用法。该方法不需要给每一效应赋予货币计量，可以采用非货币计量单位计算，在战略审计中具有很大的实用性和灵活性。

（四）系统分析法

由于企业战略活动具有层次性和系统性的特点，因此，企业战略审计是一种内容多、范围广、系统性强的综合性审计。这就要求审计人员在分析问题时，必须坚持系统论的观点，综合运用各种系统分析的方法，全面分析、评价企业的各种战略管理活动，以保证审计结论的正确性。

四、战略审计的内容

从内容上看，战略审计是对企业的战略管理体系、战略行为、战略条件和战略态势等进行的审计。

（一）战略管理体系审计

战略管理体系审计是指对企业在战略管理方面的制度体系的建设情况进行的审计，包括：

（1）战略管理制度的存在性审计，即战略管理体系在企业中是否正式存在；

（2）战略管理程序的正确性审计，即比照案例，根据实效，分析战略管理体系是否正确；

（3）战略管理组织的一致性审计，即与企业境况是否一致，体系内部是否一致。

（二）战略行为审计

战略行为审计是战略审计的重点，分为战略内容审计和战略实施审计。

战略内容审计包括：（1）企业总体发展战略、业务运营战略和职能保障战略的存在性审计，即审查关于三个层次的战略，在企业中是否存在明确的官方表述；（2）正确性审计，即审查企业在一定战略条件下的重大对策措施是否正确；（3）一致性审计，即主要评价三个层次的战略之间是否相互支持，真正使企业战略形成一个整体。

战略实施审计可进一步分为战略实施问题和战略实施效果的有效性审计，即审查在三个层次的战略实施过程中障碍的多寡、能否克服，以及比照健康的战略态势指标和过程战略目标而言审计战略实施的实际效果。

（三）战略条件审计

战略条件审计是战略审计的基础，是跟踪型审计的主要监控内容，以监控变化为目标。

战略条件包括外部战略条件和内部战略条件。外部战略条件包括宏观环境（政治、经济、社会、技术、自然环境）、微观环境（供应商、客户、现有竞争者、潜在进入者、替代品）、中观环境（需求状况、供给状况、行业表现、行业趋势）；内部战略条件包括资源要素（人力、财力、物力、市场、技术）、管理要素（企业文化、计划、组织、领导、控制）、能力要素（供应能力、生产能力、营销能力、研发能力、公共关系）。对企业的战略条件审计，主要审查企业战略分析、战略选择和战略实施过程中所需要的内外部条件是否具备，是否有利于企业战略管理目标的实现，条件变化对企业战略产生的影响，以及企业为之采取的应对措施是否得当等。

（四）战略态势审计

保持健康的战略态势是战略审计的目的，是战略管理工作和战略审计工作的出发点。因此，战略态势审计主要从企业的业务布局的兼顾性、经营能力的长短性、资源配置的贯彻性三方面现状审查其健康状况，并针对不良的战略态势提出建设性意见和建议。

第五节　　全面预算管理审计

一、全面预算管理概述

全面预算管理作为对现代企业成熟与发展起过重大推动作用的管理系统，是企业内部管理控制的一种主要方法。这一方法自从20世纪20年代在美国的通用电气、杜邦、通用汽车公司产生之后，很快就成为大型工商企业的标准作业程序。

自"推行全面预算管理"被写进《国有大中型企业建立现代企业制度和加强管理的基本规范（试行）》以来，全国各大中型企业都非常重视，相继推行了全面预算管理，并逐步把它作为企业管理的重中之重。

全面预算管理的目标如下：（1）明确企业和各部门的工作目标；（2）协调各职能部门的关系；（3）控制各部门的日常经营活动；（4）考核各部门的工作业绩。

现举例说明全面预算管理的内容和目标。

【例4-1】仪征化纤股份有限公司（以下简称仪征化纤）是我国最大的现代化化纤和化纤原料生产基地，主要从事生产及销售聚酯切片和涤纶纤维等业务。

为了提高财务管理水平，根据公司的财务管理基础与实际情况，仪征化纤提出了"企业管理以财务管理为中心，财务管理以资金管理为中心，牢牢牵住成本这个牛鼻子，开源节流，生财聚财"的理财观念，坚持以资金集中为前提，以现金流量为中心，对资金流入流出实行全过程的监控，收到了较好效果。

1.成立内部结算中心，对资金实行全过程的监控

公司自1987年起，建立内部银行，在此基础上演变成目前的内部结算中心，负责内部转账和资金收付等业务。内部结算中心的主要职能是统一对口专业银行，办理对外所有本外币结算业务。对公司的资金实行集中归口管理，统借统还，统一平衡调度，实行结算监督。

经过十几年努力，内部结算中心已经形成一套完整的收支监控体制，其表现是：公司的产品销售收入、劳务销售收入等一切收入项，直接回笼到内部结算中心在银行统一开立的结算账户，各二级单位做缴款处理。公司的原材料、工资奖金发放、对外支付的劳务和费用，在各二级单位审核确认的基础上，统一由内部结算中心审核支付。

2.财务人员集中管理对资金集中和全面监控起保证作用

公司从1997年7月起实行二级单位财务委派制，从公司财务人员中选聘166名财务人员，派驻到18个二级单位，实现了财务人员的集中管理，在构筑新的理财机制方面迈出了一大步。仪征化纤的理财机制如果用三句话来概括就是：你的钱，我看着你花；你的账，我替你记；你的财务，我帮你管。其核心就是财权上收，财务高度集中。财务人员的委派制，是从体制上对资金集中和全面监控起保证作用。

3.推行全面预算制度，完善公司授权制度

首先，加强资金的收支预算管理。财务部要求各二级单位在年度生产计划和成本费用预算的基础上，编制年度资金收支预算，在年度资金预算计划确定的基础上，编制季度、月度的资金使用计划，做到年计划、月平衡、周安排。

其次，实行现金流量周报制度，及时反映企业的营运、投资和融资状况。

再次，完善成本核算体制，强化目标成本管理。以目标利润倒推成本，对成本发生要做到心中有数，事前有预算、事中有控制、事后有考核。

最后，在建立预算管理制度的同时，建立各项费用的授权管理制度。内部结算中心严把对外付款审批权限关，即10万元以上的开支项目，须附合同，合同要由二级单位的分管厂长或分管经理会签；10万~50万元的开支项目，须附合同，合同要由二级单位的主管厂长或主管经理会签；50万元以上的开支项目，须附合同，合同除要由二级单位的主管厂长或主管经理会签外，必须由公司分管副总经理会签（或授权），经内部结算中心的审核，财务部的分管经理确认；100万元以上的开支项目，由公司总会计师确认；1 000万元以上的重大开支项目，由付款单位提出申请，经财务部经理初审、总会计师审核后报公司总经理确认等。

4.资金运作上采取一系列行之有效的措施

资金运作的基本战略是：密切注视国内外金融动态和政策导向，充分调动中外多家商业银行的积极性，最终实现资金成本最低化、服务质量最优化。

公司调整资金结构的基本做法有：（1）调整贷款的本外币结构，规避潜在的汇率风险；（2）调整贷款长短期结构，减少财务费用；（3）建立贷款能上能下机制，最大限度地减少资金沉淀，降低资金成本；（4）研究政策，用足政策，降低财务费用。

二、全面预算管理审计的性质和内容

全面预算管理审计是管理审计的一个分支，属于内部审计的范畴，是一种独立、客观的确认和咨询活动，它通过专门的、系统化的方法审查和评价全面预算管理过程、全面预算管理职能的经济性、效率性、效果性，帮助企业提高预算管理的质量和水平，促进企业各个生产要素的充分发挥，提高预算管理的效率、效果和效益。全面预算管理审计的审查范围不限于财务预算、业务预算、资本预算本身，还包括相应的职能部门、管理流程、决策资源等，审查重点是企业全面预算管理质量、水平、过程，除了内部审计的一般方法外，还较多地应用了管理会计分析、风险管理、战略分析和统计分析技术。全面预算管理审计的内容主要包括以下几个方面：

（一）事前审计

事前审计的主要内容是审计企业的预算目标。企业预算应以企业的战略要求和发展规划为基础，明确长期发展目标，以此为基础编制各期预算，避免预算工作的盲目性。

事前审计应着重检查以下内容：一是通过对市场环境、经营条件、有关政策法规的变化、市场占有率价格变动以及对未来的预测，兼顾企业成长、股东回报、风险控制三者的平衡，检查企业战略目标的科学性和合理性；二是检查企业是否根据年度经营指标，编制包括销售预算、成本费用预算、资本预算、财务预算、筹资预算在内的全面预算，并按照预算责任网络系统将全面预算落实到各部门，从而使各部门明确其工作目标；三是检查企业内部各部门是否制定了月度销售和成本费用目标，是否建立健全了部门内部规章制度和考核制度，以确保预算管理体系真正发挥效益，最终实现年度经营目标。

（二）事中审计

1. 预算编制审计

预算编制审计主要是审查预算编制程序的合法性、科学性，预算管理模式的适应性，预算控制指标体系制定的合理性，预算管理组织架构的系统性，预算监控和评价体系的科学性，市场细分及定位的准确性。

重点是预算编制的原则、方法及编制和审批的程序是否符合制度的规定，预算编制是否严谨公开。具体包括：（1）预算编制是否针对企业当前内外经营环境与条件，制定年度工作计划的最高指导原则，并使各部门在编制预算时予以遵守；（2）预算编制是否符合预算编制准则，是否太保守或太激进；（3）预算编制是否以上年预算执行作为主要参考，是否将不应列入的项目列入，重点对与上年相比有重大差异的项目进行审计；（4）企业的预算收入是否完整，是否充分考虑市场和竞争，有无故意低估或高估收入，收入来源是否可靠；（5）是否存在可降低成本之处，资本支出与费用支出是否严格进行区分等；（6）对企业内部各部门编制的各月预算金额较大的，审查其是否提供了内容明晰的说明，是否存在损失浪费的问题。

2. 预算执行审计

预算执行审计在内容上以促进风险防范、提高效益、规范管理为目标，揭露预算管理存在的问题，从政策制度和监管上分析原因，以促进建立安全、高效、稳健的预算管理体制和机制。同时，预算执行审计还应关心预算管理中存在的突出问题，检查分析企业资产保值增值情况，着力于规范化建设，加强前瞻性研究，检查有无有悖于预算严肃性的问题。

企业预算执行审计必须贯彻"刚性原则"，同时要考虑环境变化、或有事项、业务流程的结构性变化等因素对预算执行的影响，重点审查收支是否按照规定纳入预算管理，是否坚持稳健经营、统筹兼顾、保证重点、激励创新原则。

3. 预算调整审计

预算具有严肃性和权威性，一般情况下应尽可能不做调整，但是随着预算环境的变化，企业的部分预算目标、指标会随之变化，与此相适应，调整是不可避免的，这样才能及时纠正执行中发现的问题。因此，预算调整审计主要是审查调整程序的合法性、预算调整的合理性、预算调整过程中控制的适当性，重点关注预算调整有无确需调整的原因及明确的调整目的、数额、措施和有关说明，是否符合规定的程序，是否按照程序执行。

（三）事后审计

事后审计是在企业预算执行结束后，将预算目标、指标与执行完成情况进行对比，找出差异，主要在资源调配、风险控制、降耗节能、降低成本、提高收入的策略等方面进行审查，可以采用本量利分析法，通过分析各项因素之间的依存关系，正确把握盈亏临界点，控制成本费用，还可以运用计算机审计技术对相应的报表、会计凭证进行分析性复核、计算和预测等。

内部审计人员要关注预算考核的细则，检查、监督企业内部有关部门是否对预算的完成情况及时进行差异分析，查找出现偏差的原因，划清责任，客观评价各责任单位的经营绩效；是否严格按照经济责任制落实奖惩措施；是否将预算考评与薪酬计划、人力资源管理有机地结合起来，确保预算考评的效果。

三、全面预算的适当性审计

预算控制是内部控制程序的一部分，它是"遵循性标准"之一。

《2201号内部审计具体准则——内部控制审计》第十五条指出，内部审计人员根据管理需求和业务活动的特点，可以针对采购业务、资产管理、销售业务、研究与开发、工程项目、担保业务、业务外包、财务报告、全面预算、合同管理、信息系统等，对业务层面内部控制的设计和运行情况进行审查和评价。

预算控制的具体内容包括以下几项：（1）国家相关法规的遵循情况；（2）行业、部门政策的遵循情况；（3）组织经营计划和财务计划的遵循情况；（4）组织经营预算和财务预算的遵循情况；（5）组织所定各种程序标准的遵循情况；（6）组织签订的各类合同的遵循情况；（7）其他标准的遵循情况。

对于全面预算管理的审计，其目的有两个，即适当性和有效性。其中，适当性审计的内容包括预算各部分之间的衔接关系、全面预算管理各项基础工作、编制程序等。

（一）预算各部分之间衔接关系的适当性审计

图4-2表示了全面预算各部分之间的衔接关系。

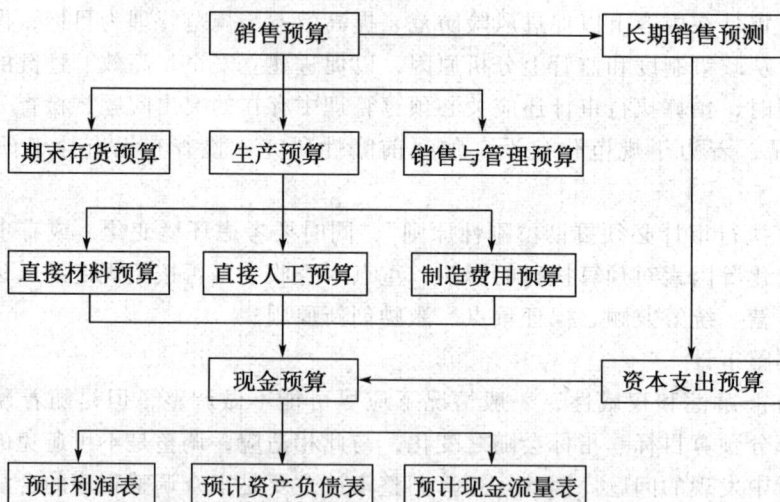

图4-2　预算各部分之间的衔接关系

审计中应当实施一定的程序，对图4-2中各部分之间的衔接关系进行审核，包括经营预算和资本预算能否保证组织总目标的实现，现金预算能否对经营预算和资本预算的事实提供财务和资金支持，各生产要素和期间费用预算与销售预算的衔接是否恰当等。

（二）全面预算管理各项基础工作的适当性审计

全面预算管理的顺利实施，依赖于以下各项基础工作：（1）定额消耗（占用）制度和价格标准；（2）授权审批制度；（3）定期报告和差异分析制度；（4）合理确定各项收入、支出中的现金比例；（5）合理确定期末存货占下期销量的比重等。

审计中可以抽查、审阅上述各项制度和标准，并通过实地观察、询问和检查所形成的各种记录凭证等方法，测试各种制度和标准的有效执行情况。

（三）编制程序的适当性审计

为了确保各部门预算的有效性，对企业目标的实现提供有效的保证等，全面预算应该按一定的程序进行编制。

根据国际上的经验和研究，全面预算的编制应该经历由上而下、由下而上，再由上而下的过程，具体如图4-3所示。

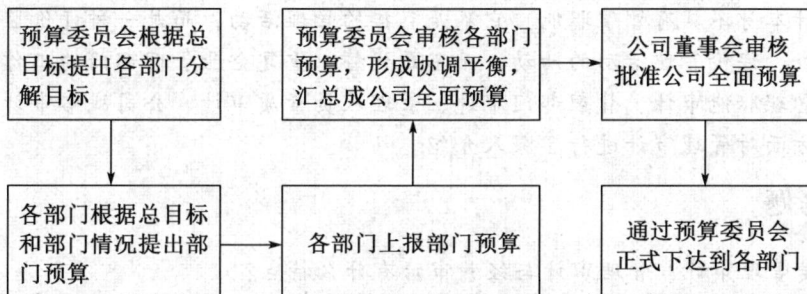

图4-3　全面预算的编制程序

编制程序适当性审计的重点在预算委员会，可以通过访谈、讨论和文档的审查，评价预算委员会的以下工作环节：（1）对总目标的分解及部门目标的提出；（2）对各部门预算的协调平衡；（3）公司全面预算的汇总和下达。

四、全面预算的有效性审计

有效性审计包括各部门预算的有效执行、对企业目标的实现提供有效的保证等。一般来说，如果所编制的全面预算符合以上所要求的适当性，各部门预算的有效执行就有保证，或者对总目标的实现就能提供保证。

审计人员可以定期收集各下设部门和单位的业绩报告，对照全面预算有关的数据资料，评价各个部门预算的有效执行情况，也可以组织各级管理层讨论预算中存在的问题，形成审计证据。

关键概念

管理审计是由独立的审计人员根据既定的标准，对组织的目标、计划、程序和策略等所进行的综合性的检查、分析和评价，并对组织的效率和效益提出建设性意见。

管理部门审计直接以被审计单位的管理活动为其评价对象，通过评价各个管理职能的发挥程度、管理部门的工作状况，以及管理人员素质的高低，发现企业管理中存在的问题和薄弱环节，发现影响经济效益的因素，提出改善管理和提高经济效益的建议。

企业战略既包括竞争战略，也包括营销战略、发展战略、品牌战略、融资战略、技术开发战略、人才开发战略、资源开发战略等。企业战略虽然有多种，但基本属性是相同的，都是对企业整体性、长期性、基本性问题的规划。

全面预算管理审计是管理审计的一个分支，属于内部审计的范畴，是一种独立、客观的确认和咨询活动，它通过专门的、系统化的方法审查全面预算管理过程以及全面预算管理职能的经济性、效率性、效果性，帮助企业提高预算管理的质量和水平，促进企业各个生产要素的充分发挥，提高预算管理的效率、效果和效益。

本章小结

管理审计可以说是经营审计的自然发展。从管理四大职能的角度理解，管理审计是以经营活动为载体，对反映在经营活动中的计划职能、组织职能、领导职能和控制职能所进行的监督、评价和咨询服务活动。

管理审计本身不具有管理职能。它不是直接的管理活动，而是一种评价监督活动。管理审计是审查、评价管理活动的活动，而不是代替、重复企业管理部门的工作。

本章从管理职能审计、管理部门审计、管理人员素质审计、公司战略审计、全面预算管理审计等方面对管理审计进行了深入介绍。

复习思考题

1. 什么是管理审计？管理审计与经营审计有什么特点？
2. 管理审计的目标是什么？
3. 什么是管理部门审计？与管理职能审计有什么区别？
4. 管理部门审计的内容和目标是什么？
5. 何谓公司战略？对公司战略进行审计应该从哪些方面入手？
6. 全面预算管理的内容有哪些？
7. 经济效益审计对管理人员素质和工作业绩审查的意义是什么？
8. 管理人员素质审计的特点是什么？
9. 什么是公司战略审计？其审计程序的内容是什么？
10. 全面预算审计的性质和内容是什么？

业务练习题

1. 某单位财务部门应付账款管理人员保管所有输入数据的控制总数，当电算化部门完成处理后，应付账款管理人员将事先保存的手工计算的控制总数与处理后退回的控制总数相核对。如果核对相符就确认应付账款的处理是正确的，这种做法是否恰当，可能造成什么后果？请你为该单位提出管理意见和建议。

2. 某单位电算化部门的操作人员在上夜班时将本单位的账户清单打印出来，之后以高价出售给该单位的主要竞争对手，给该单位造成了巨大损失。为了防止类似情况再次发生，该单位在一般控制中可以采取哪些防护性措施和检查性措施？

第四章业务练习题参考答案

第五章　内部控制审计

学习目标

内部控制是指经济单位和各个组织在经济活动中建立的一种相互制约的业务组织形式和职责分工制度。内部控制的目的在于改善经营管理、提高经济效益。内部控制已经成为内部审计从事管理审计的主要内容，也是内部审计实现其"保证"和"咨询"功能，以及"增加价值"和"提高运作效率"目标的重要途径。本章主要以 COSO 报告和我国《企业内部控制基本规范》为依据，从内部控制基本理论到内部控制审计的基本内容、基本程序和主要方法等方面进行系统的阐述。

1996年6月，国际内部审计师协会将内部审计定义如下："内部审计是一种独立、客观的保证和咨询活动。其目的在于为组织增加价值和提高组织的运作效率。它通过系统化和规范化的方法，评价和改进风险管理、控制和治理过程的效果，帮助组织实现其目标。"由此可见，内部控制早已成为内部审计从事管理审计的主要内容。中国内部审计协会 2013 年发布的《第 2201 号内部审计具体准则——内部控制审计》，专门对内部审计如何开展内部控制审计进行了具体规范。本章重点阐述内部控制审计的目标、审计模式和审查内容。

第一节　内部控制审计概述

一、内部控制审计的含义及特征

内部控制是被审计单位为了合理保证财务报告的可靠性、经营的效率和效果以及对法律法规的遵守，由治理层、管理层和其他人员设计与执行的政策及程序。

内部控制包括下列五项要素：①控制环境；②风险评估过程；③信息系统与沟通；④控制活动；⑤对控制的监督。控制包括上述一项或多项要素，或要素表现出的各个方面。上述五项要素实际上是内容广泛、相互联系的有机整体（如图5-1所示）。

（一）内部控制审计的含义

根据中国内部审计协会发布的《第2201号内部审计具体准则——内部控制审计》，内部控制审计是指内部审计机构对组织内部控制设计和运行的有效性进行的审查和评价活动。由此可见，建立、健全内部控制并使之有效运行是组织董事会及管理层的责任，而对内部控制设计和运行的有效性进行审查和评价，出具客观、公正的审计报告，促进组织改善内部控制及风险管理是内部审计的责任。

通常来说，内部控制审计按其审计范围不同，分为全面内部控制审计和专项内部控制审计。

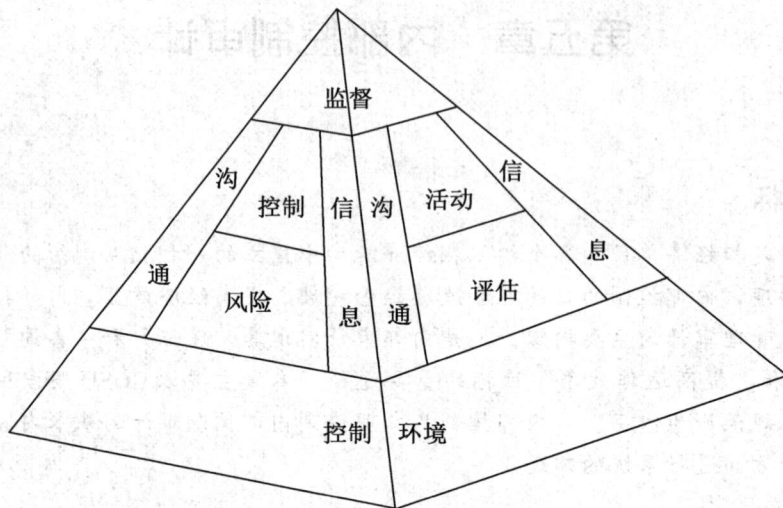

图5-1　内部控制五要素关系图

全面内部控制审计，是针对组织所有业务活动的内部控制（包括内部环境、风险评估、控制活动、信息与沟通、内部监督五个要素）所进行的全面审计。

专项内部控制审计，是针对组织内部控制的某个要素、某项业务活动或者业务活动某些环节的内部控制所进行的审计。

（二）内部控制审计的特征

（1）内部控制审计应当以风险评估为基础，根据风险发生的可能性和对组织单个或者整体控制目标造成的影响程度，确定审计的范围和重点。内部审计人员应当关注串通舞弊、滥用职权、环境变化和成本效益等内部控制的局限性。

（2）内部控制审计应当在对内部控制全面评价的基础上关注重要业务单位、重大业务事项和高风险领域的内部控制。

（3）内部控制审计应当真实、客观地揭示经营管理的风险状况，如实反映内部控制设计和运行的情况。

二、内部控制审计的目标与评价标准

内部控制审计是通过对被审计单位的内部控制制度的审查、分析测试、评价，确定其可信程度，从而对内部控制是否有效做出鉴定的一种现代审计方法。内部控制审计是对内部控制的再控制，它是企业改善经营管理、提高经济效益的自我需要。

《企业内部控制基本规范》是内部控制审计的重要依据。依据沪深两市上市公司内部控制指引，沪深两市鼓励上市公司董事会开展内部控制的自我评估，在披露年报时披露内部控制自我评估报告，并同时披露负责年报审计的会计师事务所的审核评价意见。一般来讲，由企业内部审计部门负责内部控制审计，也可以委托不负责年审的会计师事务所开展内部控制审计。

不同的审计主体都在对内部控制制度进行评价，但评价目的以及所用的标准是不同的，表5-1对内部审计和外部审计评价内部控制的评价目的和评价标准进行了比较。

表5-1 内部审计和外部审计评价内部控制的比较

评价主体	评价目的	评价标准
内部审计	促进实现组织目标，强化内部控制制度建设	合理、适当、有效性
外部审计	评估控制风险，确定实质性测试的重点	健全、有效性

三、内部控制审计程序和方法

（一）内部控制审计程序

（1）编制项目审计方案。

（2）组成审计组。内部审计机构可以适当吸收组织内部相关机构熟悉情况的业务人员参加内部控制审计。

（3）实施现场审查。

（4）认定控制缺陷。内部控制缺陷包括设计缺陷和运行缺陷。内部审计人员应当根据内部控制审计结果，结合相关管理层的自我评估，综合分析后提出内部控制缺陷认定意见，按照规定的权限和程序进行审核后予以认定。内部审计人员应当根据获取的证据，对内部控制缺陷进行初步认定，并按照其性质和影响程度分为重大缺陷、重要缺陷和一般缺陷。重大缺陷，是指一个或者多个控制缺陷的组合，可能导致组织严重偏离控制目标；重要缺陷，是指一个或者多个控制缺陷的组合，其严重程度和经济后果低于重大缺陷，但仍有可能导致组织偏离控制目标；一般缺陷，是指除重大缺陷、重要缺陷之外的其他缺陷。重大缺陷、重要缺陷和一般缺陷的认定标准，由内部审计机构根据上述要求，结合本组织具体情况确定。

（5）汇总审计结果。内部审计人员应当编制内部控制缺陷认定汇总表，对内部控制缺陷及其成因、表现形式和影响程度进行综合分析和全面复核，提出认定意见，并以适当的形式向组织适当管理层报告。重大缺陷应当及时向组织董事会或者最高管理层报告。

（6）编制审计报告。内部控制审计报告的内容，应当包括审计目标、依据、范围、程序与方法、内部控制缺陷认定及整改情况，以及内部控制设计和运行有效性的审计结论、意见、建议等相关内容。内部审计机构应当向组织适当管理层报告内部控制审计结果。一般情况下，全面内部控制审计报告应当报送组织董事会或者最高管理层。包含有重大缺陷认定的专项内部控制审计报告在报送组织适当管理层的同时，也应当报送董事会或者最高管理层。经董事会或者最高管理层批准，内部控制审计报告可以作为《企业内部控制评价指引》中要求的内部控制评价报告对外披露。

（二）内部控制审计方法

内部审计人员在实施现场审查之前，可以要求被审计单位提交最近一次的内部控制自我评估报告。内部审计人员应当结合内部控制自我评估报告，确定审计内容及重点，实施内部控制审计。

内部审计人员应当综合运用访谈、问卷调查、专题讨论、穿行测试、实地查验、抽样和比较分析等方法，充分收集组织内部控制设计和运行是否有效的证据。

第二节 ‖ 内部控制审计模式

一、按要素进行审计

中国内部审计协会2013年发布的《第2201号内部审计具体准则——内部控制审计》按照要素对内部控制审计的内容进行了规范。例如，内部审计机构可以参考《企业内部控制基本规范》及配套指引的相关规定，根据组织的实际情况和需要，通过审查内部环境、风险评估、控制活动、信息与沟通、内部监督等要素，对组织层面内部控制的设计与运行情况进行审查和评价。具体的审计内容将在下一节中详细叙述。

二、按业务循环进行审计

业务循环是审计师对被审计单位审计范围的一种划分，在国内外注册会计师审计中按照业务循环对内部控制进行评价，已经形成了一套成熟的理论和方法。

《第2201号内部审计具体准则——内部控制审计》对此也做出规定，审计人员根据管理需求和业务活动的特点，可以针对采购业务、资产管理、销售业务、研究与开发、工程项目、担保业务、业务外包、财务报告、全面预算、合同管理、信息系统等，对业务层面内部控制的设计和运行情况进行审查和评价。

《上海证券交易所上市公司内部控制指引》中要求，对业务环节层面按照循环实施内部控制：

（1）销货及收款环节，包括订单处理、信用管理、运送货物、开出销货发票、确认收入及应收账款、收到现款及记录等。

（2）采购及付款环节，包括采购申请、处理采购单、验收货物、填写验收报告或处理退货、记录应付账款、核准付款、支付现款及记录等。

（3）生产环节，包括拟定生产计划、开出用料清单、储存原材料、投入生产、计算存货生产成本、计算销货成本、质量控制等。

（4）固定资产管理环节，包括固定资产的自建、购置、处置、维护、保管与记录等。

（5）货币资金管理环节，包括货币资金的入账、划出、记录、报告、出纳人员和财务人员的授权等。

（6）关联交易环节，包括关联方的界定，关联交易的定价、授权、执行、报告和记录等。

（7）担保与融资环节，包括借款、担保、承兑、租赁、发行新股、发行债券等的授权、执行与记录等。

（8）投资环节，包括投资有价证券、股权、不动产、经营性资产、金融衍生品及其他长短期投资，委托理财，募集资金使用的决策、执行、保管与记录等。

（9）研发环节，包括基础研究、产品设计、技术开发、产品测试、研发记录及文件保管等。

（10）人事管理环节，包括雇用、签订聘用合同、培训、请假、加班、离岗、辞退、退休、计时、计算薪金、计算个人所得税及各项代扣款、薪资记录、薪资支付、考勤及考核等。

第三节 内部控制审计内容

内部审计机构通过审查组织的内部环境、风险评估、控制活动、信息与沟通、内部监督等要素，对其内部控制的设计与运行情况进行审查和评价。

一、内部环境审计

1.审计目标

（1）查明组织是否科学界定决策、管理、执行、监督各个层面的地位、职责与任务，形成有效的分工和制衡机制；组织相关机构是否切实发挥了其职能作用；组织是否为内部控制建立和执行提供有力的组织结构保障和工作机制保障。

（2）查明组织在经营管理过程中是否形成有效的精神、意识和理念，并查明它们对内部控制有效性和组织管理目标实现的影响。

（3）查明组织人力资源政策是否科学、规范、公平、公正与公开，是否有利于调动员工的积极性、主动性和创造性。

（4）查明组织是否有内部审计机构，是否重视和加强其内部审计监督工作；内部审计工作对于营造守法、公平、正直的内部环境和形成"有权必有责、用权受监督"的管理氛围是否发挥了应有的作用。

（5）查明组织有无建立健全反舞弊机制，是否明确有关部门在反舞弊工作中的职责权限和协调机制；是否规范反舞弊调查处理程序和建立情况通报制度。

2.审计内容

内部环境审计主要包括对治理结构、内部机构设置与权责分配情况，企业文化建设情况，人力资源政策的制定与执行情况，内部审计机构的设置情况，以及反舞弊机制的设立与执行情况五项内容的审计。审计要点如下：

（1）治理结构、内部机构设置与权责分配情况审计要点

①组织内部机构的设置是否能够适应组织经营管理的实际需要和外部环境的变化，是否符合减少管理层级和提高效能的原则，有无机构重叠和效率低下的情况。

②组织是否根据经营目标、职能划分和管理要求，明确高管人员、职能部门和分支机构及基层作业单位的职责权限，权利与责任是否分解到具体岗位。

③组织有无通过有效途径和方式使所有员工了解和掌握内部机构设置及权责分配情况，各层级员工是否明确自己的职责和如何履行自己的职责以及如何正确接受对权责履行的监督。

④组织有无内部管理制度汇编、员工手册、组织结构图、业务流程图、职务说明书、权限指引等。

（2）企业文化建设情况审计要点

①组织高管人员有无在组织范围内培育健康向上的整体价值观，有无培养遵纪守法意识，是否倡导爱岗敬业、进取创新、团队协作和遵规守纪的精神。

②组织高管人员是否树立有利于实现组织内部控制目标的管理理念和经营风格，是否强化风险意识并克服个人风险偏好。

③组织是否分别制定适合不同层级人员的职业操守准则或行为准则，并明确相应的监督约束机制。

④高管人员是否恪守以诚实守信为核心的职业操守，是否有损害投资者、债权人、客户、员工和社会大众利益的行为；组织有无制定并完善信息披露管理制度，是否明确规定重大信息披露事项的判定标准、报告程序及披露程序。

⑤高管人员有无加强员工职业道德宣传、引导、教育、培训和监督检查；员工是否遵守行为守则、加强职业道德修养和业务学习，是否自觉遵守各项规定，是否勤勉尽责。

（3）人力资源政策的制定与执行情况审计要点

①组织有无建立完善的人力资源管理方面的制度，其内容是否包括员工的聘退与培训；员工的薪酬、考核、晋升与奖惩；财会等关键岗位员工轮岗制衡要求；对掌握重要商业秘密或核心技术等关键岗位员工离岗的限制性规定等。

②组织是否将职业道德和专业胜任能力作为选拔和聘用员工的重要标准，是否关注应聘人员的价值取向和行为特征与本组织的企业文化和内控要求相适应。

③组织是否重视和加强员工培训，是否制订了科学、合理的培训计划，培训是否具有针对性和实效性，是否有利于员工道德素养和业务素质的提升。

④组织有无建立和完善针对各层级员工的激励约束机制，奖惩制度的目标是否合理，标准是否明确，考核是否严格，奖惩是否可以兑现，是否有利于促进员工责权利的有机统一。

（4）内部审计机构的设立情况审计要点

①组织设立的审计委员会成员是否具备良好的职业操守和专业胜任能力，审计委员会主席是否由符合规定的人选担任，审计委员会及其成员是否具有相对的独立性。

②审计委员会在内部控制建立和实施中是否全面履行了职责，如审核内部控制实施情况并向董事会报告，指导企业内部审计机构的工作，处理有关投诉与举报，审核财务报告及有关信息披露内容，内部审计与外部审计之间的沟通协调等。未设立审计委员会的单位，董事会有无授权或企业章程中有无规定有关部门履行审计委员会的职责。

③设有专门的内部审计机构的组织，是否能保证内部审计机构具有相对的独立性，是否配备适当的人员和给予一定的工作条件；未设立内部审计机构的组织，是否由董事会授权或者由企业章程规定有关部门履行内部审计的职责；内部审计机构是否单独设置，是否与财务机构合署办公或在财务机构领导下工作；内部审计机构的审计工作范围是否受到人为的限制，内部审计机构负责人是否可直接向审计委员会或者董事会报告；内部审计人员是否具备内审人员的执业资格，是否拥有与工作职责相匹配的道德操守和专业胜任能力。

（5）反舞弊机制的设立与执行情况审计要点

①组织有无建立健全反舞弊机制，职责权限是否明确，查处程序是否规范，情况通报是否畅通和及时。

②组织有无根据自身的经营范围、业务流程和其他情况明确反舞弊的重点领域、关键环节和主要内容，组织是否将财务报告和信息披露方面的弄虚作假、以不法方式侵占挪用资产、通过业务活动非法使用单位资产以牟取不正当利益、高管人员的舞弊行为给单位造成的重大影响、员工单独或串通舞弊造成的损失等列入重点关注对象。

③组织有无建立和完善投诉、举报管理制度，是否设置有舞弊举报热线，是否明确投诉、举报处理程序、办理时限和办理要求等。

3.主要资料依据

内部环境审计的主要资料依据有国家有关法律法规、企业章程、各项管理制度汇编、员工手册、组织结构图、业务流程图、职务说明书、权限指引、统计资料、会议记录、工作日志及各种宣传、规划、决策、合同、投诉、诉讼、表彰、惩罚处理等资料。

二、风险评估审计

1.审计目标

（1）组织是否按照战略目标，分别设定相关的经营目标、财务报告目标、合规性目标（遵循目标）与资产安全完整目标。

（2）目标设定是否注意到层级性及相互重叠、相互补充与相互衔接问题。

（3）组织是否根据设定的目标合理确定企业整体风险承受能力和具体业务层次上可接受的风险水平。

2.审计内容

风险评估审计，主要包括对风险识别、风险分析、风险应对策略的审计。审计要点如下：

（1）风险识别审计要点

①组织是否在充分调研和科学分析的基础上，准确识别内部风险因素和外部风险因素。组织是否关注人员素质、管理、基础实力、技术、安全环保等内部风险因素；是否关注经济、法律、社会、科技、自然环境等外部风险因素。

②组织是否采取了有效方法识别风险，如召开座谈会、问卷调查、案例分析、咨询专业机构意见等；是否特别注意总结、吸取组织过去的经验教训和同行业的经验教训，以加强对高危型和多发性风险因素的关注。

（2）风险分析审计要点

①组织是否从因果两个方面去分析风险发生的可能性和影响程度。因为找不出风险发生的原因，就无法判定风险发生的可能性（概率）及难以找出预防风险的方法；如果不知道其结果，就无法判定风险的影响程度（重大性），也就难以确定用多少资源来控制风险。

②组织所采用的定性、定量分析标准和方法是否科学合理。审计人员应重点考虑已识别的风险特征、相关历史数据的充分性和可靠性、管理层进行风险评估的技术能力和成本效益的考核与衡量。

③组织是否根据风险分析的结果，运用专业判断，按照风险发生的可能性大小及其对企业影响的严重程度进行风险排序；其风险排序是否准确；所拟定的风险管理决策是否恰当；有无确定重点关注的重要风险。

（3）风险应对策略审计要点

①组织是否区别不同情况采取风险回避、风险承担、风险降低和风险分担等风险应对策略。组织采取应对策略时，是否充分考虑到风险分析情况、风险成因、整体风险承受能力、具体业务层次上可接受的风险水平等。

②实行风险回避策略，其风险重大性是否超出了整体风险承受能力或具体业务层次上

可接受的风险水平。

③实行风险承担策略，其风险重大性是否在组织风险承受能力和可接受风险水平的范围之内，在权衡成本效益之后是否无须采取进一步控制措施。

④实行风险降低策略，其风险重大性是否在组织风险承受能力和可接受风险水平的范围之内，但又必须采取进一步的控制措施以降低风险，减轻损失或提高收益。

⑤实行风险分担策略，其风险重大性是否在组织风险承受能力和可接受风险水平的范围之内，但又必须借助他人的力量，采取业务分包、购买保险等控制措施，来减轻损失或提高收益。

由于风险评估审计方法具有特殊性，审计人员还应对风险与控制明细表、风险控制工作清单及组织风险数据库等进行检查。

三、控制活动审计

控制活动审计，主要包括对职责分工、授权控制、审核批准、预算控制、财产保护、会计系统控制、内部报告控制、经济活动分析控制、绩效考评控制、信息系统控制等相关控制措施的审计。审计要点如下：

1.职责分工审计要点

（1）组织是否根据单位目标和职能任务，科学、合理地设置职能部门和工作岗位，明确各部门、各岗位的职责权限。

（2）组织是否在职责分工确定过程中充分考虑到对授权、批准、保管、稽核检查等不相容职务相互分离的制衡要求。

（3）组织是否根据各项经济业务与事项的流程和特征，分析与梳理执行该项业务与事项涉及的不相容职务，并结合岗位职责分工采取分离措施。

（4）组织是否结合岗位特点和重要程度，建立规范的岗位轮换制度、强制休假制，以强化职责分工。

2.授权控制审计要点

（1）组织是否根据职责分工，明确各部门、各岗位办理经济业务与事项的授权范围、审批程序和相应责任等。

（2）组织是否根据业务经营需要规定常规性授权和临时性授权两种方式。组织是否对常规性授权内容编制权限指引予以发布，以提高权限透明度；是否对每一次临时性授权都有严格的规定并要求应有详细的记录以反映执行过程和结果。

（3）对于金额重大、重要性高、技术性强、风险程度高及影响范围广的经济业务与事项的处理，组织是否采用集体决策审批或者联签制度。

（4）组织有无未经授权或超越授权处理经济业务与事项的现象。

3.审核批准审计要点

组织各部门、各岗位是否遵循授权程序和岗位责任，对相关经济业务与事项的真实性、客观性、合理性及资料的完整性进行复核与审计，并通过签字、盖章或签署意见以示负责。

4.预算控制审计要点

组织有无建立科学、适用的预算控制制度，预算项目是否明确，预算标准是否合理，预算的编制、审定、下达和执行程序是否科学可行，是否及时分析和控制预算差异，有无积极采取改进措施，确保预算执行。

5.财产保护审计要点

组织有无采取财产记录、实物保管、安全防护、定期盘点、账实核对、财产保险、岗位轮换及限制接近等确保财产安全完整的措施，措施是否得到贯彻执行，组织有无发生重大财产损失事故。

6.会计系统控制审计要点

（1）组织是否根据会计法及国家统一的会计制度，制定适合本单位需要的会计制度。

（2）会计制度中是否明确会计凭证、会计账簿和财务报告以及相关信息披露的处理程序。

（3）会计制度中是否规范了会计政策的选用标准和审批程序。

（4）会计制度中是否规定了会计档案保管和会计工作交接办法。

（5）会计制度中是否规范了会计岗位责任制、会计监督职责，以确保会计信息及财务报告的真实、可靠和完整。

7.内部报告控制审计要点

（1）组织有无建立和完善内部报告制度和处理程序，以明确相关信息的收集、分析、报告和处理程序。

（2）组织能否及时提供业务活动所需的主要信息，能否全面反映经济活动情况，以增强内部管理的时效性和针对性。

（3）组织有无采用多种报告形式，如例行报告、实时报告、专题报告、综合报告等。

8.经济活动分析控制审计要点

组织有无建立经济活动分析制度，综合运用生产、购销、投资、财务等方面的信息，利用比较分析、比率分析、因素分析、趋势分析等方法，定期对经营管理活动进行分析；是否根据存在的问题及其原因，提出改进意见和应对措施。

9.绩效考评控制审计要点

组织是否根据需要科学设置业绩考核指标体系，并对照预算指标、盈利水平、投资回报率、安全生产目标等方面的业绩指标，对各部门和员工当期业绩进行考核和评价；是否根据考核结果及时兑现奖惩，以强化对各部门和员工的激励与约束。

10.信息系统控制审计要点

（1）组织是否结合实际需要和计算机信息技术应用程度建立本单位的信息化控制流程，以提高业务处理效率，减少或消除人为操纵因素。

（2）组织是否加强了对计算机信息系统的开发与维护、访问与变更、数据输入与输出、文件储存与保管、网络安全等方面的控制，以保证信息系统安全及有效运用。

四、信息与沟通审计

信息与沟通审计，主要是查明组织所建立的信息收集系统和信息沟通渠道，能否确保与影响内部控制其他要素有关的信息有效传递，促进决策层、管理层和全体员工正确履行相应的职能。其主要内容包括信息收集与加工审计和信息沟通审计。审计要点如下：

1.信息收集与加工审计要点

（1）组织能否准确识别、全面收集来源于单位外部及内部的财务及非财务信息，为内部控制的有效运行提供信息支持。

（2）组织是否通过会计资料、经营管理资料、调查研究报告、会议记录纪要、专项信息反馈、内部报刊、网络等渠道和方式获取所需的内部会计信息、生产经营信息、资本运作信息、人员变动信息、技术创新信息、综合管理信息等。

（3）组织是否通过立法监管部门、社会中介机构、行业协会组织、业务往来单位、市场调查研究、外部来信来访、新闻传播媒体等渠道和方式获取所需的外部政策法规信息、经济形势信息、监管要求信息、市场竞争信息、行业动态信息、客户信用信息、社会文化信息、科技进步信息等。

（4）组织管理层是否能及时、完整地知悉自己为履行职责所必须知道的信息；组织如何把详细的信息及时提供给适当的员工，使他们有效率和有效果地执行任务。

（5）组织建立或修正信息系统，是否适应单位整体规划的需要，是否有利于单位整体目标和作业层级目标的实现；组织信息系统有无整理、加工和储存信息的功能。

（6）管理层是否重视和支持信息系统工作，在人力、物力及财力上投入程度如何，有哪些方面的承诺。

2.信息沟通审计要点

（1）组织是否采取互联网、电子邮件、电话传真、手机短信、信息快报、例行会议、专题报告、调查研究、员工手册、教育培训、内部刊物等多种方式，对所需的信息在单位内部准确、及时传递与共享。

（2）所沟通的信息是否经过筛选和核对，以保证其真实、可靠和适当，不至于产生负面影响。

（3）员工是否知道自己的工作目标、工作任务，是否了解控制责任并正确履行。

（4）组织是否允许员工对不当行为的反映采取特别沟通方式，如匿名沟通、绕过直属上司向上级呈报；对反映疑似不当行为的人，是否提供回馈，是否不打击报复。

（5）组织是否建立开放的与外界沟通的渠道，是否建立了收集回馈资讯的机制，回馈信息是否能及时、准确地传达给有关内部人员。

（6）外部沟通是否关注与投资者和债权人的沟通、与客户的沟通、与供应商的沟通、与监管机制的沟通、与外部审计师和律师的沟通、与新闻媒体的沟通等；是否强化本单位的道德和标准的对外沟通。

（7）当管理层收到外界对单位的负面反馈或投诉时，是否积极地采取追查行动，并把追查结果及时告知反馈或投诉的单位或个人。

五、内部监督审计

内部监督审计，主要是查明组织所采用的对内部控制制度监督检查方式方法的合理性和有效性。其主要包括持续性监督检查审计、专项监督检查审计、缺失报告和追查行动审计。审计要点如下：

1.持续性监督检查审计要点

持续性监督检查，是指组织对建立和实施内部控制的整体情况所进行的连续的、全面的、系统的、动态的监督检查。持续性监督检查审计应关注以下问题：

（1）审计委员会、内部审计机构或者实际履行内部控制监督检查职责的其他有关机构是否根据国家法律法规要求和组织授权，采取适当的程序和方法，对内部控制的建立与实施情况进行监督检查，形成检查结论并出具书面检查报告。

（2）履行监督检查职责的机构，是否加强了队伍职业道德建设和业务能力建设，其成员能力及经验水平是否适合其履行职责所需，监督检查的范围、责任和计划是否适当，监督检查机构在单位中的地位是否适当，能否直接向最高决策层或管理层报告工作，有无权威性。

（3）对日常经营过程中的管理、监督、比较、调节和其他例行的行动，是否关注监督检查下列问题：

① 负责营运的管理层，在履行日常管理职责时，有无取得内部控制持续发挥功能的原始记录（证据）；

② 是否利用外部信息来验证内部产生的信息的正确性；

③ 是否利用健全的组织结构和职责分工来监督控制的有效性，并辨别其缺失；

④ 有无将记录与实体资产进行定期或不定期的核对，以揭示差异，并追查原因、追究责任；

⑤ 有无利用内审、外审及其他方面检查所取得的信息、建议来强化内部控制；

⑥ 有无通过各种会议形式取得内部控制是否有效的信息，并进行反馈和采取对策；

⑦ 有无定期要求员工汇报他们是否了解单位的员工守则，是否贯彻执行守则，是否对所取得的汇报信息进行验证；

⑧ 管理层是否通过培训、会议等形式来获知内部控制的有效程度，员工建议是否由下向上传递，对合理的建议能否及时采取行动。

2.专项监督检查审计要点

专项监督检查，是指组织对内部控制建立与实施的某一方面或者某些方面的情况所进行的不定期的、有针对性的监督检查，也叫作个别评估。专项监督检查审计应关注以下问题：

（1）专项监督检查的内容是否属于应该检查的内容，其范围的广度、深度是否适当；

（2）专项监督检查的程序是否适当，检查人员是否认真了解被检查活动，是否深入了解该项活动应该如何运作，是否将实际运作与应该如何运作相比较，并分析其差异；

（3）专项监督检查所使用的检查表、问卷或其他评估工具是否适当、是否充分发挥其集体智慧，负责检查人是否具有权威性；

（4）组织是否拥有必要的评估资料，是否详细记录了检查过程和结果。

3.缺失报告和追查行动审计要点

（1）组织是否对已发现的内部控制缺失（设计和执行中的缺陷）进行汇集并报告；

（2）报告的方式方法是否适当，或直接告诉职工或其上级，或向更高层级的主管和董事会报告等；

（3）组织是否调查了发生问题的原因，是否对缺失采取了更正措施，是否对更正行为效果进行了追查。

下面我们通过举例来进一步说明。

【例5-1】联昌公司是一家从事食品批发兼营食品零售的商品流通企业，2023年出现了以下错误和不法行为：

（1）货物发出后，为向客户收款而开具的销售发票中，销售价格不对，这是因为计算机输入时输入了错误的销售价格。

（2）有一笔购货款发生了重复付款。在第一次付款三周后，该公司收到供货商发货单的复印件，因而又付了一次款。

（3）仓库保管员将部分食品带回家。收到购入的食品后，仓库保管员将一小部分食品放入自己的包里，其余部分则放入企业的冷库，然后，按照总共收到的数量而不是入库的实际数量填写入库单，送交财会部。

（4）对零售商店的存货进行盘点时，某些柜组将一些商品的数量误记在另一些商品名下，在盘点数量时也出现了错误。

要求：

（1）对每项错误，指出所缺乏的内部控制的类型；

（2）对每项错误，指出其没有达到的相关审计目标；

（3）对每项错误，指出能预防其发生的一项控制措施。

解答：

（1）缺乏独立稽核。没有达到的审计目标是"记录的交易按正确的金额反映（计价）"。预防错误发生的控制措施如下：由两个人独立地对同一批商品进行盘点。

（2）缺乏凭证与记录控制（第一次付款没有登记在相应的会计账户中，没有在已经付过款的购货凭证上做记号），经济业务没有经过适当授权（付款应该取得有关负责人的批准，而有关负责人在审批是否付款时应审核发货单）。没有达到的审计目标是"记录的交易按正确的金额反映（计价）"。预防错误发生的控制措施如下：及时登记会计账户，付款时在购货凭证上做标记，但凡购货付款，都应核对购货凭证，并取得有关负责人的审核同意。

（3）不相容职务没有分离，仓库保管员一面清点验收货物，一面填写入库单；缺乏必要的资产接触控制，仓库保管员能够将食品带出仓库；缺乏必要的独立稽核，没有做到不定期盘点存货。没有达到的审计目标是"记录的交易按正确的金额反映（计价）"。预防错误发生的控制措施如下：设立购货验收部门，由验收部门的员工会同仓库的员工清点入库的货物，填写入库单，入库单上必须有两个部门的人员签字；仓库应设有门卫，员工出入携带物品应接受检查；应由独立部门不定期地对仓库进行抽查。

（4）缺乏独立稽核，没有人对盘点进行监督。没有达到的审计目标是"记录的交易按正确的金额反映（计价）"和"交易被恰当地分类和反映"。预防错误发生的控制措施如下：由两个人独立地对同一批商品进行盘点。

第四节   注册会计师执行的内部控制审计业务

根据《企业内部控制基本规范》和《企业内部控制审计指引》，注册会计师应当执行企业内部控制审计业务。内部控制审计是指会计师事务所接受委托，对特定基准日内部控制设计与运行的有效性进行审计。注册会计师执行内部控制审计业务，应当获取充分、适当的证据，为发表内部控制审计意见提供合理保证。

注册会计师可以单独进行内部控制审计，也可以将内部控制审计与财务报表审计整合进行（以下简称整合审计）。

一、计划审计工作

注册会计师应当恰当地计划内部控制审计工作，配备具有专业胜任能力的项目组，并对助理人员进行适当的督导。

在计划审计工作时，注册会计师应当评价下列事项对内部控制、财务报表以及审计工作的影响：（1）与企业相关的风险；（2）相关法律法规和行业概况；（3）企业组织结构、经营特点和资本结构等相关重要事项；（4）企业内部控制最近发生变化的程度；（5）与企业沟通过的内部控制缺陷；（6）重要性、风险等与确定内部控制重大缺陷相关的因素；（7）对内部控制有效性的初步判断；（8）可获取的、与内部控制有效性相关的证据的类型和范围。

二、实施内部控制审计

（一）审计测试范围

注册会计师在实施审计工作时，应当将企业层面控制和业务层面控制的测试结合进行。

注册会计师测试企业层面控制，应当把握重要性原则，至少应当关注：（1）与内部环境相关的控制；（2）针对董事会、经理层凌驾于控制之上的风险而设计的控制；（3）企业的风险评估过程；（4）对内部信息传递和财务报告流程的控制；（5）对控制有效性的内部监督和自我评价。

注册会计师测试业务层面控制，应当把握重要性原则，结合企业实际、企业内部控制各项应用指引的要求和企业层面控制的测试情况，重点对企业生产经营活动中的重要业务与事项的控制进行测试。

注册会计师在测试企业层面控制和业务层面控制时，应当评价内部控制是否足以应对舞弊风险。

（二）审计测试内容

注册会计师应当测试内部控制设计与运行的有效性。

1. 内部控制有效性测试标准

如果某项控制由拥有必要授权和专业胜任能力的人员按照规定的程序与要求执行，能够实现控制目标，表明该项控制的设计是有效的。

如果某项控制正在按照设计运行，执行人员拥有必要的授权和专业胜任能力，能够实现控制目标，表明该项控制的运行是有效的。

2. 内部控制有效性测试方法

注册会计师应当根据与内部控制相关的风险，确定拟实施审计程序的性质、时间安排和范围，获取充分、适当的证据。

与内部控制相关的风险越高，注册会计师需要获取的证据应越多。

注册会计师在测试控制设计与运行的有效性时，应当综合运用询问适当人员、观察经营活动、检查相关文件、穿行测试和重新执行等方法。询问本身并不足以提供充分、适当的证据。

在连续审计中，注册会计师在确定测试的性质、时间安排和范围时，应当考虑以前年度执行内部控制审计时了解的情况。

（三）评价控制缺陷

1.内部控制缺陷的类型

内部控制缺陷按其成因分为设计缺陷和运行缺陷；按其影响程度分为重大缺陷、重要缺陷和一般缺陷。

2.内部控制缺陷的评价

注册会计师应当评价其识别的各项内部控制缺陷的严重程度，以确定这些缺陷单独或组合起来，是否构成重大缺陷。

在确定一项内部控制缺陷或多项内部控制缺陷的组合是否构成重大缺陷时，注册会计师应当评价补偿性控制（替代性控制）的影响。企业执行的补偿性控制应当具有同样的效果。

表明内部控制可能存在重大缺陷的迹象，主要包括：（1）注册会计师发现董事、监事和高级管理人员舞弊；（2）企业更正已经公布的财务报表；（3）注册会计师发现当期财务报表存在重大错报，而内部控制在运行过程中未能发现该错报；（4）企业审计委员会和内部审计机构对内部控制的监督无效。

三、完成审计工作

（一）取得内部控制书面声明

注册会计师完成审计工作后，应当取得经企业签署的书面声明。

书面声明应当包括下列内容：（1）企业董事会认可其对建立健全和有效实施内部控制负责；（2）企业已对内部控制的有效性做出自我评价，并说明评价时采用的标准以及得出的结论；（3）企业没有利用注册会计师执行的审计程序及其结果作为自我评价的基础；（4）企业已向注册会计师披露识别出的所有内部控制缺陷，并单独披露其中的重大缺陷和重要缺陷；（5）企业对于注册会计师在以前年度审计中识别的重大缺陷和重要缺陷，是否已经采取措施予以解决；（6）企业在内部控制自我评价基准日后，内部控制是否发生重大变化，或者存在对内部控制具有重要影响的其他因素。

如果被审计单位拒绝提供或以其他不当理由回避书面声明，注册会计师应当将其视为审计范围受到限制，解除业务约定或出具无法表示意见的内部控制审计报告。

（二）结果沟通

注册会计师应当与企业沟通审计过程中识别的所有控制缺陷。对于其中的重大缺陷和重要缺陷，应当以书面形式与董事会和经理层沟通。

注册会计师认为审计委员会和内部审计机构对内部控制的监督无效的，应当就此以书面形式直接与董事会和经理层沟通。

书面沟通应当在注册会计师出具内部控制审计报告之前进行。

（三）出具审计报告

1.审计报告要素

注册会计师在完成内部控制审计工作后，应当出具内部控制审计报告。

标准内部控制审计报告应当包括下列要素：（1）标题；（2）收件人；（3）引言段；

（4）企业对内部控制的责任段；（5）注册会计师的责任段；（6）内部控制固有局限性的说明段；（7）财务报告内部控制审计意见段；（8）非财务报告内部控制重大缺陷描述段；（9）注册会计师的签名和盖章；（10）会计师事务所的名称、地址及盖章；（11）报告日期。

2.审计报告意见类型

（1）无保留意见

符合下列所有条件的，注册会计师应当对财务报告内部控制出具无保留意见的内部控制审计报告：①企业按照《企业内部控制基本规范》《企业内部控制应用指引》《企业内部控制评价指引》以及企业自身内部控制制度的要求，在所有重大方面保持了有效的内部控制；②注册会计师已经按照《企业内部控制审计指引》的要求计划和实施审计工作，在审计过程中未受到限制。

如果注册会计师认为财务报告内部控制虽不存在重大缺陷，但仍有一项或者多项重大事项需要提请内部控制审计报告使用者注意的，应当在内部控制审计报告中增加强调事项段予以说明。注册会计师应当在强调事项段中指明，该段内容仅用于提醒内部控制审计报告使用者关注，并不影响对财务报告内部控制发表的审计意见。

（2）否定意见

注册会计师认为财务报告内部控制存在一项或多项重大缺陷的，除非审计范围受到限制，应当对财务报告内部控制发表否定意见。

注册会计师出具否定意见的内部控制审计报告，还应当包括下列内容：①重大缺陷的定义；②重大缺陷的性质及其对财务报告内部控制的影响程度。

（3）无法表示意见

注册会计师审计范围受到限制的，应当解除业务约定或出具无法表示意见的内部控制审计报告，并就审计范围受到限制的情况，以书面形式与董事会进行沟通。

注册会计师在出具无法表示意见的内部控制审计报告时，应当在内部控制审计报告中指明审计范围受到限制，无法对内部控制的有效性发表意见。

注册会计师在已执行的有限程序中发现财务报告内部控制存在重大缺陷的，应当在内部控制审计报告中对重大缺陷做出详细说明。

（4）特殊情况处理

注册会计师对在审计过程中注意到的非财务报告内部控制缺陷，应当区别具体情况予以处理：

① 注册会计师认为非财务报告内部控制缺陷为一般缺陷的，应当与企业进行沟通，提醒企业加以改进，但无须在内部控制审计报告中说明；

② 注册会计师认为非财务报告内部控制缺陷为重要缺陷的，应当以书面形式与企业董事会和经理层沟通，提醒企业加以改进，但无须在内部控制审计报告中说明；

③ 注册会计师认为非财务报告内部控制缺陷为重大缺陷的，应当以书面形式与企业董事会和经理层沟通，提醒企业加以改进，同时应当在内部控制审计报告中增加非财务报告内部控制重大缺陷描述段，对重大缺陷的性质及其对实现相关控制目标的影响程度进行披露，提示内部控制审计报告使用者注意相关风险。

附录：内部控制审计报告的参考格式

1.标准内部控制审计报告

内部控制审计报告

××股份有限公司全体股东：

按照《企业内部控制审计指引》及中国注册会计师执业准则的相关要求，我们审计了××股份有限公司（以下简称××公司）××年×月×日的财务报告内部控制的有效性。

一、企业对内部控制的责任

按照《企业内部控制基本规范》《企业内部控制应用指引》《企业内部控制评价指引》的规定，建立健全和有效实施内部控制，并评价其有效性是企业董事会的责任。

二、注册会计师的责任

我们的责任是在实施审计工作的基础上，对财务报告内部控制的有效性发表审计意见，并对注意到的非财务报告内部控制的重大缺陷进行披露。

三、内部控制的固有局限性

内部控制具有固有局限性，存在不能防止和发现错报的可能性。此外，由于情况的变化可能导致内部控制变得不恰当，或对控制政策和程序遵循的程度降低，根据内部控制审计结果推测未来内部控制的有效性具有一定风险。

四、财务报告内部控制审计意见

我们认为，××公司按照《企业内部控制基本规范》和相关规定在所有重大方面保持了有效的财务报告内部控制。

五、非财务报告内部控制的重大缺陷

在内部控制审计过程中，我们注意到××公司的非财务报告内部控制存在重大缺陷［描述该缺陷的性质及其对实现相关控制目标的影响程度］。由于存在上述重大缺陷，我们提醒本报告使用者注意相关风险。需要指出的是，我们并不对××公司的非财务报告内部控制发表意见或提供保证。本段内容不影响对财务报告内部控制有效性发表的审计意见。

××会计师事务所 　　　　　　　　　　中国注册会计师：×××（签名并盖章）

（盖章） 　　　　　　　　　　　　　中国注册会计师：×××（签名并盖章）

中国××市 　　　　　　　　　　　　　　　　　　　　　　××年×月×日

2.带强调事项段的无保留意见内部控制审计报告

内部控制审计报告

××股份有限公司全体股东：

按照《企业内部控制审计指引》及中国注册会计师执业准则的相关要求，我们审计了××股份有限公司（以下简称××公司）××年×月×日的财务报告内部控制的有效性。

［"一、企业对内部控制的责任"至"五、非财务报告内部控制的重大缺陷"参见标准内部控制审计报告相关段落表述。］

六、强调事项

我们提醒内部控制审计报告使用者关注［描述强调事项的性质及其对内部控制的重大

影响]。本段内容不影响已对财务报告内部控制发表的审计意见。

　　××会计师事务所　　　　　　　　　　中国注册会计师：×××（签名并盖章）
　　（盖章）　　　　　　　　　　　　　　中国注册会计师：×××（签名并盖章）
　　中国××市　　　　　　　　　　　　　　　　　　　　　　××年×月×日

　　3.否定意见内部控制审计报告

内部控制审计报告

××股份有限公司全体股东：

　　按照《企业内部控制审计指引》及中国注册会计师执业准则的相关要求，我们审计了××股份有限公司（以下简称××公司）××年×月×日的财务报告内部控制的有效性。

　　["一、企业对内部控制的责任"至"三、内部控制的固有局限性"参见标准内部控制审计报告相关段落表述。]

　　四、导致否定意见的事项

　　重大缺陷，是指一个或多个控制缺陷的组合，可能导致企业严重偏离控制目标。

　　[指出注册会计师已识别出的重大缺陷，并说明重大缺陷的性质及其对财务报告内部控制的影响程度。]

　　有效的内部控制能够为财务报告及相关信息的真实完整提供合理保证，而上述重大缺陷使××公司内部控制失去这一功能。

　　五、财务报告内部控制审计意见

　　我们认为，由于存在上述重大缺陷及其对实现控制目标的影响，××公司未能按照《企业内部控制基本规范》和相关规定在所有重大方面保持有效的财务报告内部控制。

　　六、非财务报告内部控制的重大缺陷

　　[参见标准内部控制审计报告相关段落表述。]

　　××会计师事务所　　　　　　　　　　中国注册会计师：×××（签名并盖章）
　　（盖章）　　　　　　　　　　　　　　中国注册会计师：×××（签名并盖章）
　　中国××市　　　　　　　　　　　　　　　　　　　　　　××年×月×日

　　4.无法表示意见内部控制审计报告

内部控制审计报告

××股份有限公司全体股东：

　　我们接受委托，对××股份有限公司（以下简称××公司）××年×月×日的财务报告内部控制进行审计。

　　[删除注册会计师的责任段，"一、企业对内部控制的责任"和"二、内部控制的固有局限性"参见标准内部控制审计报告相关段落表述。]

　　三、导致无法表示意见的事项

　　[描述审计范围受到限制的具体情况。]

四、财务报告内部控制审计意见

由于审计范围受到上述限制，我们未能实施必要的审计程序以获取发表意见所需的充分、适当证据，因此，我们无法对××公司财务报告内部控制的有效性发表意见。

五、识别的财务报告内部控制重大缺陷 ［如在审计范围受到限制前，执行有限程序未能识别出重大缺陷，则应删除本段。］

重大缺陷，是指一个或多个控制缺陷的组合，可能导致企业严重偏离控制目标。

尽管我们无法对××公司财务报告内部控制的有效性发表意见，但在我们实施的有限程序的过程中，发现了以下重大缺陷：

［指出注册会计师已识别出的重大缺陷，并说明重大缺陷的性质及其对财务报告内部控制的影响程度。］

有效的内部控制能够为财务报告及相关信息的真实完整提供合理保证，而上述重大缺陷使××公司内部控制失去这一功能。

六、非财务报告内部控制的重大缺陷

［参见标准内部控制审计报告相关段落表述。］

××会计师事务所　　　　　　　　　　　　中国注册会计师：×××（签名并盖章）
（盖章）　　　　　　　　　　　　　　　　中国注册会计师：×××（签名并盖章）
中国××市　　　　　　　　　　　　　　　　　　　　　　　××年×月×日

关键概念

内部控制是被审计单位为了合理保证财务报告的可靠性、经营的效率和效果以及对法律法规的遵守，由治理层、管理层和其他人员设计与执行的政策及程序。

内部控制包括下列要素：（1）控制环境；（2）风险评估过程；（3）信息系统与沟通；（4）控制活动；（5）对控制的监督。

内部控制审计是通过对被审计单位的内部控制制度的审查、分析测试、评价，确定其可信程度，从而对内部控制是否有效做出鉴定的一种现代审计方法。

整合审计是指会计师事务所接受委托，对被审计单位特定基准日财务报表和内部控制进行的审计。

本章小结

内部控制是现代管理工具，对于提高企业营运效率和效果、确保财务报告的可靠性以及对法律法规的遵循程度有着重要的作用。为了评价被审计单位的内部控制，必须对其内部控制进行了解和描述，具体方法有文字说明法、调查表法和流程图法等。

内部控制审计是对内部控制的再控制，它是企业改善经营管理、提高经济效益的自我需要。

复习思考题

1.什么是内部控制？它有哪些作用？有哪些局限性？

2.什么是控制环境？它对内部控制制度的建立和实施有何影响？

3.什么是内部控制审计？内部控制审计的模式有哪两种？

4.内部环境审计应重点审查哪些方面？

5.控制活动审计包括哪些具体的内容？如何进行审计？

6.内部控制审计和内部控制评价有何区别？

7.内部控制审计与财务报表审计有何不同？

8.内部审计与外部审计在开展内部控制审计时侧重点有何不同？

9.简述内部控制审计的目标与作用。

10.简述内部控制的重要性和局限性。

业务练习题

资料：浙江金鹰股份公司内部资金控制机制

企业内控机制的建立，必须以资金控制为中心。浙江金鹰股份公司（以下简称金鹰股份）在加强内部资金控制机制方面有这样一些好的经验。

一、建立完整的内控管理制度

金鹰股份结合自身行业特点和发展前景，实行集中统一与分级管理相结合的管理体制。公司本部为资金管理中心和投资中心，实行"五个统一"，即统一资金调配、统一对外投资、统一购建固定资产、统一利润分配和统一内部结算价格。

所属子公司和分公司为利润中心和成本中心，管理目标是降低成本、节约开支、增加收入。公司以财务管理为主线，建立一套层次分明、责任明确的目标计划体系，制定从材料采购到产品销售、从物流到资金流、从经济核算到内部控制等涉及财务管理和会计核算的管理制度。

在划分内控职责时，将管理责任落实到每位员工，员工既是责任者，又是管理者，通过自控、互控和专控形式，布防设卡、环环相扣，形成严密的控制系统。

在制度建设中，公司重点抓好"四查四建"：一是查历史决策情况，建立科学的决策程序；二是查应收账款及赊销情况，建立完整的应收账款（货款）管理办法；三是查存货资金的占用，建立严格的采购、验收、储存管理制度，积极实施ABC管理法，有条件时实行"零库存"制；四是查各项成本费用的支出水平，建立以标准成本、定额费用为内容的管理办法。

二、实行资金全面预算管理

一定时期的资金预算体现了企业在这一时期的经营思想、经营目标和经营决策。它的核心功能在于对企业的业务流、资金流进行全面的整合和规划，并按照职责范围落实到相应的责任单位或个人。

为了充分发挥预算管理的作用，公司成立单位预算管理委员会。该委员会要对预算编制、审核的整个过程进行认真调查、调整、反复计算分析，围绕总体目标，找差距、提建议、想办法，解决矛盾，制定切实有效的预算编制、执行、调控、考核以及各项预算资料收集运用制度。

全面预算由公司本部综合预算和分公司预算构成。

公司本部综合预算包括：（1）以公司经营成果为核心的盈利预测；（2）以现金流量为基础的财务收支预算；（3）以公司技术改造、固定资产和对外投资为主要内容的投资预算。

分公司预算是各分公司的生产经营及经营成果预测和计划。预算编制程序采取"二下一上"的办法，要求细化到具体操作层面，并能定量考核，列出各项财务指标的明细表。例如，在销售预算中，要分析预算年度经济形势和市场供求变化，分析竞争对手、自身产品的先进性和准备采取的对策，制订出分季、分月的销售计划和货款回收进度表，落实到每一位销售人员。每一项措施都列示详细的数据和说明来支持年度、季度及月度的目标。其他预算也是如此。在预算编制过程中，公司上下充分交流信息、统一认识，使各级责任人明确责任和目标，避免决策疏漏和使用上的浪费，从根本上杜绝经营决策的随意性。

三、制定严格的授权批准制度

综合预算的批准权集中在公司本部，如在执行过程中因特殊情况需变更预算项目或金额，则应按审批权限逐级调整：调整额在5万元以下的，由总经理授权，财务部审定；5万元以上的，由财务部审核，报总经理批准。对单位土建工程投资的预算调整，每增加1万元以上的，须报财务部审定，总经理批准；1万元以下的，由各分（子）公司报财务部审定、批准。

月度财务收支预算在每月的15日调整一次，各分（子）公司的预算调整资料必须提交财务部审核，财务部根据各部门的用款计划进行检查、分析，结合上月实际和本月的销售、往来款清理和银行短期贷款等情况，平衡后报总经理批准执行。年度预算在每年的6月份调整一次。授权的额度大小反映了被授权者参与公司经营管理的深浅程度，解决原则性与灵活性的协调关系。

四、重点加强采购与付款、销售与收款、生产与成本三大循环的资金控制

采购过程主要控制请购、订购、合同审计、验收和付款五个环节。控制措施主要有：（1）设专职采购员，生产、销售部门不能自行采购，采购员不能兼办类似销售、会计等其他业务。材料的请购、订购、合同审计、验收和付款由各个部门明确分工，各负其责。（2）采购必须有计划、有合同，采购费用也要有计划。（3）严把验收入库关与付款结算关，出纳部门依据经公司验收部门签字、审计部门审计核实、财务部门负责人审批后的各种原始单据承付货款，缺一不可。

销售过程主要控制订立销售合同、编制发货单、开票收款等环节。控制措施主要有：（1）公司设销售部专门负责销售业务，各分（子）公司与采购部门合设供销科办理有关销售业务，其他人员不能自行销售。（2）销售业务合同签订、销售方式和结算方式的选择等各个环节，都要经过批准。（3）严格登记分期收款销售、委托代销、移库代销或受托代销，进行严格的销售检查。（4）建立销售退回的控制制度。（5）针对不同的销售单位，采用不同的结算方式。如本地的转账支票、小额现金，外地的银行汇票、异地托收及出口信用证等，均根据不同的资信等级选用。财务部门设立分地区、分用户性质的来款结算明细账，专人负责详细登记，每月结账后编制大额往来结算户余额表，分送总经理及有关责任

部门。各有关责任部门建立相应的客户往来款台账，每月与财务部门核对，在合同履行期内及时清理，对超期未收回的须将案卷移送合同办公室，报经公司主管领导批准后，派专人前往清理和催讨，并通过法律途径解决，失去诉讼时效的，要追究责任人的经济责任。货款回收进度与责任人的奖惩挂钩。

根据生产经营环节和组织结构合理设置成本中心，确定职责范围和管理权限，强调成本中心负责人承担的责任。每年修订一次原材料消耗、机物料消耗及各项费用定额。财务部门监督成本定额执行情况，按月、季、年及时分析成本费用升降原因，建立各项费用归口管理制度、费用支出奖惩制度和费用分析制度。

五、健全重大经济事项的决策与执行程序

公司重大投资决策均吸收财务人员参与，由财务部门根据历史数据和当前市场形势，分析公司经营的优势和不足，预测该投资的动态投资回收期，估算经济增加值，报董事会审议决定。对已开始的投资项目进行密切跟踪。同时，建立在建工程项目责任制。不论项目大小，均须立项，进行可行性论证、经济评估，明确项目负责人、工程负责人，实行项目责任制。

六、强化资金预算的执行分析

根据资金流转各环节和经营特点，由各部门按月归口分析各项指标。比如，供应部门负责机物料储备和消耗的分析；生产部门负责生产计划完成、能源消耗、原料储备分析；动力部门负责设备利用率、完好率分析；销售部门负责产品、合同履行率分析；财务部门负责各项经济指标的综合分析。所有分析都要写成书面报告。

财务部门重点分析现金流量执行情况，纵向分析各分（子）公司的收支完成额，横向分析收支结构。财务部门从材料采购、投资、归还借款、工资性支出、其他各类经营管理费用等方面分析支出结构；从营业收入、劳务收入、应收款回收、短期借款额度、投资收益等方面分析收入结构，并提出有针对性的改进措施。

要求：

（1）根据本案例，分析一家企业要建立内部财务控制体系应该如何入手。

（2）从财务的角度如何进行授权控制？

（3）结合理论分析，提出你对浙江金鹰股份公司内部资金控制机制的改进建议。

第五章业务练习题参考答案

第六章　风险管理审计

学习目标

由于各种不确定性因素，企业面临着各种风险，对风险进行有效的管理和控制，是企业能否生存发展、实现其预期目标的关键。企业风险管理的有效性在一定程度上取决于企业对风险管理工作的监督和评价。因此，无论是国际内部审计师协会对内部审计的定义，还是我国内部审计准则都强调了内部审计在企业风险管理中的作用。本章从风险以及风险管理的定义出发，介绍风险管理审计的相关内容。通过本章学习，使学生理解和掌握企业风险管理框架的主要内容，风险管理审计的概念、目标和内容，特别是对金融工具风险管理审计的规定有所了解。

现代企业面临的高风险经营环境引起企业对内部审计需求的变化是风险管理审计产生的内部背景，而审计外部化趋势侵蚀内部审计生存的职业空间是风险管理审计产生的外部背景。企业有许多风险点，需要对风险点进行专门审计，这便产生了风险管理审计。企业风险管理审计是指企业内部审计部门采用一种系统化、规范化的方法来进行以测试风险管理信息系统、各业务循环以及相关部门的风险识别、分析、评价、管理及处理等为基础的一系列审核活动，对机构的风险管理、控制及监督过程进行评价进而提高过程效率，帮助机构实现目标。本章以企业内部审计开展的风险管理审计为主，着重介绍了企业风险管理审计的内容、方法和程序。

第一节　风险管理审计概述

一、风险及风险管理

（一）什么是风险

人有旦夕祸福，企业经营也有不确定性。公司治理的终极指向是实现企业价值的最大化，在这个漫长的治理过程中，不确定性伴随始终，它的存在，对企业价值最大化始终是威胁和障碍。

国际内部审计师协会（IIA）颁布的《国际内部审计专业实务框架》（IPPF）将风险定义为："风险指对实现目标有影响的事件实际发生的可能性，风险通过影响程度和发生的可能性来衡量。"

国资委在《中央企业全面风险管理指引》中，将企业风险定义为未来的不确定性对企业实现其经营目标的影响，并且按照风险在企业经营活动中的不同表现将企业风险分为战略风险、财务风险、市场风险、运营风险和法律风险等（见表6-1）。

表6-1　　　　　　　　　　　国资委对国有企业风险的分类

类　别	内　部	外　部
战略风险	新技术、新产品、并购风险、品牌建立、收益变化	市场需求变化，失去主要客户及供应商，出现竞争对手
财务风险	现金流、资产流动性	经济周期、信用风险
市场风险	定价、促销政策	股票市场、外汇汇率、贷款利息、期货市场
运营风险	安全生产、网络安全、环境保护、人力资源、新项目、价格谈判、火灾、车船事故、人身伤亡	管理责任、供应链、水灾、偷盗、恐怖袭击
法律风险	知识产权、员工纠纷	合规、法律改变、诉讼

（二）风险管理

企业风险管理是指企业通过对潜在的意外或损失的识别、衡量和分析，并在此基础上进行有效的控制，用最经济合理的方法处理风险，以实现最大安全保障的科学管理方法。风险管理作为一种特殊的管理功能，是为人类追求安全和幸福的目标，结合前人经验和近代科学成就而发展起来的一门新的管理科学。

COSO于2017年发布的《企业风险管理框架》将企业风险管理定义为"组织在创造、保持和实现价值的过程中，结合战略制定和执行，赖以进行管理风险的文化、能力和实践"。

企业风险管理过程及管理内容与职能见表6-2。

表6-2　　　　　　　　　风险管理过程及管理内容和职能

管理过程	管理内容和职能
风险规划	根据项目风险管理计划或策略确定控制目标，即可以接受的水平
风险识别	分析风险来自何方、有哪几类风险
风险估计	分析事件后果有多大、发生的可能性有多大
风险评价	确定风险的严重顺序，确定项目整体风险水平
风险应对	确定控制风险的措施、策略
风险控制	确定控制措施是否充分有效，包括自我评估和内部审计

二、风险管理审计的含义

20世纪末，随着风险管理基础内部控制时代的来临，风险管理成为内部审计关注的重点。以毕马威为代表的国际大会计师事务所联合学术界对审计基本方法进行研究，开发出风险管理审计，这是一种新的审计模式，也有学者称之为风险审计。它不仅关注传统的内部控制，而且关注有效的风险管理机制。

风险管理成为组织中的关键流程，很多优秀企业的内部审计已经把"为支持企业风险管理提供独立的评价和建议服务"作为自己的职责，从风险管理的视角持续不断地审视公司治理和企业各个领域的管理工作，促进风险管理有效性的增强。

风险管理审计是指企业内部审计部门采用一种系统化、规范化的方法对组织的风险管理、控制及监督过程进行测试和评价，帮助组织实现目标。风险管理审计旨在为组织目标的实现提供合理保证。

风险管理审计是风险导向审计的一种延伸，它基本吸收了风险导向审计的各种特点，只是在此基础上将审计关注点扩大到企业的主要战略目标、管理层对风险的容忍度、主要风险评价指标以及企业绩效评价分析等涉及现代企业整体风险管理领域的多个角度，而且风险管理审计已经开始关注为实现企业战略目标应如何进行风险优化，如企业对哪些固有风险可以实行避免、转移或接受并予以控制的风险管理战略。对企业而言，风险管理审计本身已经成为企业整体风险管理的重要组成要素。

2001年版的《内部审计实务标准》指出："首席审计执行官必须建立以风险为基础的计划来决定审计活动的优先性，并且与公司目标协调一致"，"内部审计活动的参与计划必须以至少一年一次的风险评估为基础"。

此外，IIA发布的《内部审计实务标准》第2120号明确规定：内部审计活动必须评估风险管理过程的有效性，并对其改善做出贡献。内部审计师所具备的技能和丰富的经验使得他们在企业风险管理过程中扮演着非常重要的角色。

事实上，考虑到内部审计部门的权限及其在监督过程中的作用，不能要求内部审计部门覆盖到企业风险管理工作的每个角落。同时，因企业是否真正实施了企业风险管理，内部审计部门在企业风险管理过程中所发挥的作用也不尽相同。

三、风险管理审计与风险导向审计的比较

风险管理审计是企业内部审计部门采用一种系统化、规范化的方法对企业全面风险管理活动进行监督和评价的一种审计活动。它与风险导向审计以及内部控制审计之间有着千丝万缕的联系，但又存在着很大的区别，应该将它们区分开来。

下面通过风险管理审计与风险导向审计的比较来阐述风险管理审计的特征。风险管理审计下，风险管理政策遵循的合理性、执行措施的有效性得到监督和评价，将会促进企业的风险管理水平，而企业风险管理水平的程度又会影响风险导向审计风险评估的难度，所以风险管理审计的有效开展将会对风险导向审计起着良好的推动作用。因此，两者之间既有联系又有区别。

1. 两者的联系

审计依据都是企业的风险管理方针、策略和风险评价指标体系。

业务内容基本上都是对组织风险范围确定、风险识别、风险评价、风险管理措施和方法、风险处理等方面进行审核。

审计总目标都是为战略决策提供信息，为实现战略目标服务，为企业增加价值。

2. 两者的区别

首先，含义不同。风险管理审计是审计主体通过对组织风险的识别、对风险程度的判断等，评价风险政策的合理性、措施的适当性以及执行的有效性；而风险导向审计是审计主体为了提高财务审计、绩效审计、内部控制审计的效率和质量，降低审计风险，测试组织的风险战略和风险管理，根据测试结果，决定其他相应审计的范围、性质、程度和

时间。

　　其次，侧重点不同。风险管理审计促使内部审计师站在企业战略管理的高度，运用系统思维，通过对风险管理措施、方法、程序的审计，结合企业内部控制、财务、绩效的审核结果，对风险管理现状及效果进行专业判断，提出审计评价与建议，它侧重于对风险管理进行鉴证；而风险导向审计通过对组织风险的测试确定实质性测试的程度，从而提高审计效率和质量，降低审计风险，它侧重于对会计信息质量进行鉴证。

　　最后，服务对象不同。风险管理审计作为一种具体审计业务，主要服务于企业管理层；而风险导向审计更多地作为一种审计方法，直接服务于审计部门。

第二节　　　　　　　企业风险管理审计

一、风险管理审计的目标

　　对企业风险管理进行监督和评价是现代内部审计发展的结果，企业风险管理审计的目标取决于对企业内部审计的功能定位。

　　从西方企业内部审计的产生和发展过程来看，内部审计是随着经济的发展、企业内部管理层次的增多和控制范围的扩大，基于企业内部经济管理与监督的需要而产生并不断发展。随着内部审计的不断发展，内部审计的目标也在不断变化，其中以国际内部审计师协会（IIA）对内部审计所下定义的变化最具有代表性。国际内部审计师协会理事会指出内部审计是一种独立、客观的保证和咨询活动，其目的是增加组织的价值和改善组织的经营。

　　我国的内部审计不是在企业内部管理需要的动因下发展起来的，而是在政府的要求下，在国家审计部门的推动下建立起来的。1993年，审计署成立。为了尽快建立和完善审计体系，补充刚刚复兴的国家审计力量的不足，政府和政府审计机构都极力敦促内部审计的组建。随着我国经济体制的不断改革发展，企业内部审计越来越受到各方面的重视，对内部审计的理解也发生了较大的变化。

　　《第1101号——内部审计基本准则》指出：内部审计，是一种独立、客观的确认和咨询活动，它通过运用系统、规范的方法，审查和评价组织的业务活动、内部控制和风险管理的适当性和有效性，以促进组织完善治理、增加价值和实现目标。

　　从内部审计的发展过程可以看出，企业内部审计的目标在于帮助企业实现目标。企业内部审计的目标决定了企业风险管理审计的目的在于，通过内部审计机构和人员对企业风险管理过程的了解，审查并评价其适当性和有效性，提出改进建议，促进企业目标的实现。

二、风险管理审计的内容

　　风险管理包括组织整体与职能部门两个层面。内部审计人员既可以对组织整体的风险管理进行审查与评价，也可以对职能部门的风险管理进行审查与评价。

　　企业风险管理审计应当包括以下内容：

　　1.风险管理机制的审查和评价

　　企业的风险管理机制是企业进行风险管理的基础，良好的风险管理机制是企业风险管理是否有效的前提，因此，内部审计部门或人员需要审查以下方面，以确定企业风险管理机制的健全性及有效性。

（1）审查风险管理组织机构的健全性。企业必须根据规模的大小、管理水平、风险程度以及生产经营的性质等方面的特点，在全体员工参与合作的基础上，建立一个包括风险管理负责人、一般专业管理人、非风险管理人和外部的风险管理服务等规范化风险管理的组织体系。该体系应根据风险产生的原因和阶段不断地进行动态调整，并通过健全的制度来明确相互之间的责、权、利，使企业的风险管理体系成为一个有机整体。

（2）审查风险管理程序的合理性。企业风险管理机构应当采用适当的风险管理程序，以确保风险管理的有效性。

（3）审查风险预警系统的存在及有效性。企业进行风险管理的目的是避免风险、减少风险，因此，风险管理的首要工作是建立风险预警系统，即通过对风险进行科学的预测分析，预计可能发生的风险，并提醒有关部门采用有力的措施。企业风险管理机构和人员应密切注意与本企业相关的各种内外因素的发展变化趋势，从因素变化的动态中预测企业可能发生的风险，进行风险预警。

2.风险识别的充分性以及有效性的审查

内部审计人员应当实施必要的审计程序，对风险识别过程进行审查与评价，重点关注组织面临的内、外部风险是否已得到充分、适当的确认。

识别风险是风险管理的基础。风险管理人员应在进行实地调查研究之后，运用各种方法对尚未发生的、潜在的以及存在的各种风险进行系统的归类，并总结出企业面临的各种风险。风险识别方法所要解决的主要问题是：采取一定的方法分析风险因素、风险的性质以及潜在的后果。

需要注意的是，风险管理的理论和实务证明没有任何一种方法是万能的，进行风险识别方法的适当性审查和评价时，必须注重分析企业风险管理部门是否将各种方法相互融通、结合运用。

3.风险评估方法的适当性以及有效性的审查

内部审计人员应当实施必要的审计程序，对风险评估过程进行审查与评价，并重点关注风险发生的可能性和风险对组织目标的实现产生影响的严重程度两个要素。同时，内部审计人员应当充分了解风险评估的方法，并对管理层所采用的风险评估方法的适当性和有效性进行审查。

内部审计人员应当对管理层所采用的风险评估方法进行审查，并重点考虑以下因素：（1）已识别的风险的特征；（2）相关历史数据的充分性与可靠性；（3）管理层进行风险评估的技术能力；（4）成本效益的考核与衡量。

4.风险应对措施的适当性以及有效性的审查

内部审计人员应当采用适当的审计程序，对风险应对措施进行审查。内部审计人员在评价风险应对措施的适当性和有效性时，应当考虑以下因素：（1）采取风险应对措施之后的剩余风险水平是否在组织可以接受的范围之内；（2）采取的风险应对措施是否适合本组织的经营管理特点；（3）成本效益的考量。

三、风险管理审计的方法

（1）研究与审阅信息资料，包括与组织有关的当前发展趋势或行业信息，确认是否存在影响组织的风险，或进行再评估；

（2）检查公司政策、董事会和审计委员会的会议记录，评价风险管理理念和方法、对风险的接受程度；

（3）检查以前发表的风险评估报告；

（4）与组织管理层讨论有关部门的目标、相关风险及其控制活动；

（5）收集信息，独立评估风险管理活动的有效性，是否代表本行业最佳实务。

下面我们以案例分析的形式来进一步说明。

【例6-1】企业作为现代经济运行体系中的基本单位，在其生存、发展的过程中时刻面临着各种各样的风险，对这些风险的把握往往决定了企业的成败。由于企业缺乏风险意识，没有对风险实施实质管理而导致破产或整顿的事件历历在目。科龙集团、新疆德隆集团、四川长虹集团、中航油（新加坡分公司）、中国储备棉管理总公司等企业"灾难"的发生，促使中国企业越来越重视风险管理。

风险管理就是通过风险的综合处理与全面控制，把企业生产经营活动中遭受的风险损失减小到最低程度，即使灾害发生后，也能及时采取补救措施，以最小的成本防范最大风险，促使企业提高经营效益，确保企业经营目标的顺利实现。

一、公司简介

某集团有限公司是中国最大的肉制品生产企业之一，其产品包括冷鲜肉、冷冻肉，以及以猪肉为主的低温肉制品、高温肉制品。该集团总部设于中国江苏省南京市，拥有多处冷鲜肉、冷冻肉生产基地及深加工肉制品生产基地。

该集团拥有最先进的生产设备和工艺技术，以其独有的技术方法，研制出一系列符合消费者口味的优质产品。基于肉制品业务的经验，集团于1997年开展冷鲜肉和冷冻肉业务。2002年和2003年，冷鲜肉、冷冻肉的市场占有率分别位列国内市场第二名、第三名。低温肉制品，自2002年至2004年，其市场占有率连续三年位居中国大型零售商首位。

对该集团而言，企业的迅速壮大是成功的标志，但更是企业所面临的挑战。作为一家迅速发展中的企业，该集团深刻意识到专业化管理对于企业壮大的重要性。因此，集团时刻致力于强化企业的专业化管理，增强企业的核心竞争力。

二、公司风险管理流程存在的问题及对策建议

（一）风险管理文化

1.存在的问题

公司虽然在香港交易所上市，但其实质仍是一家中国民营企业。该企业按照中国香港地区的上市规则建立了法人治理结构，建立健全了一系列"法治"的规章制度，但其"人治"的色彩仍然非常浓厚。内部控制对高级管理层的约束力较弱。

2.对策建议

在风险管理方面，首先要做的工作是在全公司范围内自上而下进行一次风险管理的宣传、教育、培训，增强员工风险管理意识，董事和高级管理人员应在培育风险管理文化中起表率作用。重要管理及业务流程和风险控制点的管理人员和业务操作人员，应成为培育

风险管理文化的骨干。与薪酬制度和人事制度相结合进行风险管理文化建设，增强各级管理人员特别是高级管理人员风险意识，防止盲目扩张、片面追求业绩、忽视风险等行为的发生。加强员工法律素质教育，制定员工道德诚信准则，形成人人讲道德诚信、合法合规经营的风险管理文化。

（二）风险管理组织体系

1.存在的问题

在公司现有的组织结构里，没有专职的风险管理机构。董事会下既没有设风险管理委员会，也没有设审计委员会。风险管理职能由其他部门（如总经办、审计部、投资发展部）根据需要分散承担，由于风险管理职责不明确，缺少对各种风险的整合管理。

2.对策建议

董事会就全面风险管理工作的有效性对股东大会负责。在董事会下设风险管理委员会，整合现有风险管理资源，明确总经理对全面风险管理工作的有效性向董事会负责。总经理委托的高级管理人员负责主持全面风险管理的日常工作，成立风险管理部，负责组织协调全面风险管理日常工作，除一至两个专职人员外，其他人员可暂由其他部门派人兼任。内部审计部门在风险管理方面主要负责研究提出全面风险管理监督评价体系，制定监督评价相关制度，开展监督评价，出具监督评价审计报告。

（三）风险识别、评估、排序

1.存在的问题

现在进行重点管理的13种风险，还是一年前管理层通过讨论识别、评估确认的，一年来没有重新进行识别、评估、排序。而一年来公司内外部环境都发生了很大的变化，原来识别的风险范围是否充分、评估排序是否恰当，亟待进行重新审视。

2.对策建议

在进行风险管理宣传的同时，设计、发放调查问卷，发动公司所有员工对公司面临的风险和机会进行识别，对调查结果进行统计、分析、总结，筛选出主要风险后，在管理层范围内对这些风险进行打分，评估重要性后排序。而对于识别出来的机会，管理层要考虑如何加以利用。

（四）风险管理策略与方法

1.存在的问题

公司现有的针对13种风险采取的防范措施几乎全部可归结为抑制与控制策略，以期降低损失发生的可能性、频率，缩小损失程度。这13种风险范围之外的风险可以说是采取了风险接受策略。对于风险规避策略、风险转移策略、风险利用策略则极少采用。在风险管理策略与方法的选择上显得比较保守，缺乏灵活性。而对于机会，则没有明确的策略进行利用。

2.对策建议

在对公司面临的风险进行重新识别、评估后，在风险规避、风险转移、风险抑制与控制、风险接受、风险利用等策略上灵活选择，可通过保险、契约、合同、金融工具等形式将风险转移出去。同时要对机会加以利用，并反映到战略目标、经营目标的制定上。

（五）风险管理监控与检查

1.存在的问题

公司目前没有专职人员对风险管理进行监控，对风险管理的监控依赖于对日常经营活动进行监控的日报、月报系统，而在日报、月报内容中并无专门对风险管理情况进行报告。内部审计系统在执行审计任务时，偏重财务审计、舞弊审计、经营管理审计，而对于风险管理审计尚处于探索阶段，尚未全面开展风险管理专项审计。高级管理层则没有对风险管理进行专门的监控与检查。

2.对策建议

内部审计部门可结合例行审计、任期审计或专项审计工作一并开展风险管理审计，在日报、月报系统中增加对各单位风险管理状况自查报告的内容。高级管理层每年至少进行一次对风险管理状况的评估。

（六）风险管理沟通与咨询

1.存在的问题

公司缺乏专业的、高水平的风险管理师，缺少专门的风险管理沟通渠道，而沟通与咨询存在于风险管理的各个环节当中，这也是风险管理难以有效开展的重要原因。

2.对策建议

公司公开招聘风险管理师，或聘请有资质、信誉好、风险管理专业能力强的中介机构对企业全面风险管理工作进行评价，出具风险管理评估和建议专项报告，培训风险管理人员；在现有的信息系统中开辟专门的风险管理沟通渠道。

三、结论

企业要想在市场经济的大潮中基业长青，必须对面临的各种风险进行系统、全面管理，这已是不争的事实。借鉴先进的风险管理理念、理论、方法、工具，结合本企业具体实际情况，对内部环境、目标设定、事项识别、风险评估、风险应对、控制活动、信息与沟通、监控八个风险管理要素逐一进行分析和评价，查找问题和不足，对风险管理文化、风险管理组织体系、风险识别、评估、排序、风险管理策略与方法、风险管理监控与检查、风险管理沟通与咨询等关键的风险管理流程采取措施，不断完善，逐步建立企业风险管理系统，是解决风险管理问题的最佳方法。企业应当增强风险意识，逐步建立风险管理系统，为企业保驾护航，这样企业才能在市场经济的大潮中劈波斩浪，扬帆远航。

四、风险管理审计的程序

风险管理审计程序是指在风险管理审计过程中，审计人员应遵循的工作顺序和过程，是从审计项目实施开始到审计项目结束的基本工作步骤。科学合理的审计程序不仅有利于提高风险管理审计工作的效率和质量，而且有利于风险管理审计工作的规范化。

（一）制订风险管理审计计划

审计计划通常由内部审计机构根据上级部门和本部门、单位的具体情况拟定，并报本部门、单位领导批准后实施。审计计划可以促进内审人员有效率地、及时地完成审计业务，提高审计效率。内部审计人员要深入企业各部门、各环节，通过调查问卷、审阅企业的文件、使用网络信息等方法获得相关资料，如行业发展状况、国家宏观政策、企业管理状况、企业业务复杂程度等。然后，对相关资料进行核实、分析，了解被审计单位经营中所面临的风险，确定审计范围、审计重点，编制审计方案。

（二）实施风险管理审计

实施风险管理审计阶段是整个审计程序的中心环节。内部审计人员依据审计方案的要求，采用适当的审计技术和方法，对实地调查中发现的缺陷或问题进行深入的分析研究，获取充分可靠的审计证据，分析问题存在的原因，评价这些缺陷或问题给企业带来的风险，并提出改进措施或风险管理措施。内部审计人员在实施风险管理审计过程中，需要运用专业知识识别出企业所面临的以及潜在的风险，并分析其成因及其影响，进而评估确定风险量值或程度。

评估风险的大小可以采用定量的方法，如建立计算机分析和统计分析模型，把所有可以定量测试的因素列示出来，分层、分步地综合各种因素，并依照其重要性程度，测试出每种因素对测试目标的影响程度和影响数值。

在风险难以量化、定量评价所需数据难以获取时，一般应采用定性方法，比如调查问卷法、SWOT法、流程图法等。定性方法的采用需要充分考虑相关部门或人员的意见，以提高评估结果的客观性。采用定性方法时，风险程度一般分为"极高""高""中等""低""极低"等级别。风险的度量也可以采用定性与定量相结合的方法。

（三）出具风险管理审计报告

审计工作的最终结果表现为审计报告，报告阶段在整个审计过程中有着重要的作用。风险管理审计报告应当主要反映整个审计的要点，既要肯定企业在风险管理中先进的管理方式，又要针对风险管理中的漏洞和不足之处进行分析，并提出改进的建议。

内部审计人员根据实施阶段获得的信息对审计证据进行整理和评价，复核审计工作底稿并撰写审计报告，与被审计单位进行交流沟通，征求意见，最后下达审计决定，通知有关部门贯彻执行。

（四）进行后续审计

后续审计是指风险管理审计项目完成后，审计人员对其所提出的改进措施的落实情况进行审计，比如，被审计单位是否纠正已审查的账表错误，是否改善了不合理的内部控制程序，风险管理方案是否得以实施，风险管理的效果如何等。后续审计实质上就是对被审计单位执行审计决定的一种继续监督；通过后续审计既可监督审计决定的执行，又可以帮助被审计单位解决一些难以解决的问题，帮助其落实有关措施。

后续审计是内部审计重要的审计环节，因为风险是时刻变化着的，如不及时落实有关措施，风险可能会加大。进行后续审计可以提高内部审计工作质量和审计监督的权威性，保证决定的正确执行以及企业面临的风险得到有效的控制。需要注意的是，后续审计的重点不是如何改进报告中所提到的具体建议，而是由于控制目标未能实现而产生的风险和影响，实现控制目标才是后续审计的最终目的。后续审计的程序包括：

（1）确定后续审计项目。后续审计项目应根据原审计项目所涉及风险的大小以及实施改进措施的难易程度来确定。原审计项目所涉及的风险越大，实施改进措施越困难，就越需要后续审计。

（2）确定后续审计人员。可以选择内部审计人员，以查明被审计单位是否采取了适当的措施、是否取得了理想的效果，也可以由高级管理层直接实施后续审计，监督被审计单位的后续工作。

（3）开展具体的后续审计工作。内审部门根据被审计单位对改进建议的书面回复内容，与其探讨存在的问题和误解，如果有重大的审计发现，则需进行现场审计，对已改善了的控制环境的风险进行重新评估，判断其是否在合理范围内。

（4）出具后续审计报告。内部审计人员实施后续审计后，应向被审计单位出具后续审计报告，与被审计单位管理者共同探讨上次审计决定或建议未得以落实的原因。

第三节　　　　　　金融工具风险管理审计

金融工具在企业经营管理过程中无处不在，而衍生金融工具的高风险性在国内外一系列金融事件中得到了充分的体现。我国作为一个新兴的资本市场，金融工具正处于高速发展阶段，相关风险也愈行愈近。中航油新加坡公司、中信泰富等一系列重大衍生金融工具损失案例，一次又一次敲响了金融工具风险的警钟，全方位地构建并不断加强我国金融工具风险管理的审计体系，已迫在眉睫。

一、金融工具风险管理审计的对象

金融工具又称信用工具，通常是以一定的格式做成，用以证明或创设金融交易各方权利和义务的书面凭证，这些书面凭证，会形成一个企业的金融资产，并形成其他单位的金融负债或权益工具。

一般意义上，金融工具风险管理审计的对象当然是各种金融工具。实际上，由于金融工具本身的类别比较庞杂，按照不同的分类标准，可以将其区分为不同的类别。各种分类标准下不同的金融工具类别面临的风险以及相关的风险防范措施也不尽相同。因此，对于金融工具风险管理的具体对象要做进一步的细分。

按照金融工具持有目的的不同，可以将其分为经营工具和投融资工具两大类别。前者是指主要作为经营工具的一部分而应用的应收应付账款类金融工具；后者是指应用于各种长短期投资和融资的金融工具。本节主要讲述投融资类金融工具的风险管理审计。投融资类金融工具按其是否存在活跃市场，又可以分为证券类和非证券类金融工具。又因为投融资类金融工具中，相对而言风险更大、控制更为复杂的是证券类金融工具，故实际讲述内容主要围绕证券类金融工具开展，非证券类金融工具可以参照。

从财务角度看，证券类金融工具包括股票、债券、基金等有价证券以及这些有价证券的衍生品（金融衍生工具）。从会计角度看，证券类金融工具通过交易性金融资产、交易性金融负债、债权投资、其他债权投资、其他权益工具投资、长期股权投资、衍生工具等一系列会计科目核算。为了有效把握证券类金融工具的风险控制特点，并在操作层次上更好地对不同证券投资对象的效益进行量化比较，得出审计结论，我们认为证券投资管理风险审计的对象应为企业所进行的证券投融资活动，具体表现为股票、债券、基金等有价证券以及这些有价证券的衍生品的交易过程。

二、金融工具风险管理审计的目标

金融工具风险管理审计的总体目标，是对被审计单位金融工具风险管理的全过程做出评价，并针对其重大缺陷提出改进建议。与金融工具相关的主要风险包括：

（1）市场风险，是指因权益价格、利率、汇率、商品价格或其他市场因素的变动导致衍生工具公允价值的不利变动引起损失的风险，包括价格风险、流动性风险、模型风险和基准风险等。

（2）信用风险，是指交易对方在到期或之后期间内没有全额履行义务的风险以及由于其信用评级和履约能力的变化导致其债务的市场价值变动而引起损失的可能性。

（3）操作风险，是指由于不完善或存在问题的内部程序、员工和信息科技系统以及外部事件所造成损失的风险，包括法律风险。

金融工具风险管理审计的目标就是针对这三个方面的风险进行审查，得出初步的审计意见。

三、市场风险量化评估审计

1.市场风险量化评估的主要方法

在风险管理的各种方法中，风险价值法最为引人注目。尤其是在过去的几年里，许多银行和法规制定者开始把这种方法当作全行业衡量风险的一种标准来看待。风险价值法之所以具有吸引力，是因为它把银行的全部资产组合风险概括为一个简单的数字，并以美元计量单位来表示风险管理的核心——潜在亏损。风险价值（value at risk，VaR），按字面解释就是"处于风险状态的价值"，即在一定置信水平和一定持有期内，某一金融工具或其组合在未来资产价格波动下所面临的最大损失额。风险价值的计算方法主要有以下四种：

（1）参数法（方差–协方差法）。这种方法的核心是基于对资产报酬率的方差–协方差矩阵进行估计，它的重要假设是线性假设和正态分布假设。通过样本估计出均值和方差，对某个给定的概率，就可以计算出相应的风险价值。获取标准差可以通过两种方式：一种是等权重方式，它度量的是无条件波动；另一种是指数权重计算方式，它度量的是有条件波动。在对工作日内的风险及隔夜风险进行分析与估计时，正态分布假设是很有效的，但对于经常事件，正态分布假设是不恰当的。事实已经证明，实际的收益率数据分布尾部概率要比正态分布大，即存在厚尾现象。因而，正态分布假定会导致对极端事件的风险价值的严重低估。

（2）历史模拟法。历史模拟法是借助计算过去一段时间内的资产组合风险收益的频率分布，通过找到历史上一段时间内的平均收益，以及既定置信水平下的最低收益水平，推算风险价值。由于历史模拟法是基于历史数据的经验分布，故不需要对资产组合的价值变化以及收益率的分布做特定的假设。在使用历史模拟法的情况下，只有依据大量的历史资料，才有办法精确地叙述在极端状况下（如99%的信赖水准）的风险值。历史资料中能捕捉到的计算损失的概率低于正常损益的概率，所以，量多且具有代表性的资料的取得就相当重要。历史模拟法可以勾勒出资产报酬分配常见的厚尾、偏态、峰态等现象。计算历史价格的时间（与资料的多寡有关）是影响风险值的重点之一。

（3）蒙特卡洛模拟法。蒙特卡洛模拟法与历史模拟法十分类似，区别在于首先利用统计方法估计历史上市场因子运动的参数，然后模拟市场因子未来的变化，从中推出风险价值。蒙特卡洛模拟法需要算出几千个不同的情景作为分析的基础，解释风险的范围随之扩大，能较好地处理非线性问题，估算精度较好。随着计算机软硬件技术的飞速发展，该方法越来越成为计算风险价值的主流方法。

（4）情境分析。情境分析也是一个可在风险价值框架中使用的有效工具。具体操作流程是将先前发生过的真实情境套用于目前的投资组合，以检查倘若市场风险头寸发生类似事件可能导致的潜在损失。

2.审计人员的一般职责

当进行市场风险的量化评估时，审计人员的职责大致包括：

（1）测试和审查所有内部市场风险模型，通常要求审查模型的所有支持技术文件，并确保审查工作得到正确执行。

（2）评估风险价值模型应用在金融工具或投资组合上的妥当性。

（3）了解风险价值模型的不足，检查市场风险管理流程，确保其与公司的政策相一致并满足监管机构的要求。

（4）确认在市场风险管理流程中与控制相关的问题。

四、信用风险管理审计

信用风险（credit risk）属于一种行为风险，是指当授信人预先向受信人提供商品、服务或资金时，有可能面临受信人到期无法实现支付承诺而带来的损失。信用风险的产生原因是多方面的，主要分为客观和主观两个方面。由客观方面产生的信用风险是指受信人的履约能力出现了问题，而由主观方面产生的信用风险是指受信人的履约意愿出现了问题，这主要是由受信人的品格决定的。在审计金融工具的信用风险时，有许多方法可供使用。各个组织应该根据自身的具体情况，选择最适合自己的工具和手段解决所面临的特定信用控制问题，因此在金融工具信用风险审计上存在诸多差异，以下阐述的是信用风险管理审计的一般内容。

1.初步评估

金融工具信用风险的审计，可先对整个组织层面上的信用风险管理进行初步评估，发现某些基本控制流程存在重大缺陷后，再采用实质性测试等审计程序。

在实施初步评估时，应当选取适当规模的交易样本，重点对下列方面进行评价：

（1）信用评估和随后的核准是否与交易活动独立进行？

（2）交易对方是否具有适当的信用风险等级？

（3）信用核准是否有相关分析文件支持而据以进行决策？

（4）被审计单位对其已经建立的市场和信用风险机制是否遵守了一贯性的原则？当出现了与其规定政策相违背的情况时，被审计单位是否能够及时地加以处理？

（5）是否设有适当的信用限额，以限制最大风险敞口？

（6）是否定期度量实际的信用风险敞口，并与信用限额作比较？

（7）信用实物是否简洁、明确并制定了相关的程序性文件？

2.信用风险审计实务

审计信用评估流程的最终目的，在于确定有恰当的控制措施以对交易对手的信用品质做出精确无偏的估计。完善的信用评估流程应涵盖所有信用产品，而不只是衍生金融工具，因此对金融工具信用评估流程的审计可以纳入到整个组织层面上范围更大的信用风险审计框架中去。不论采用何种方法，为就信用评估流程的质量给出一个审计上的结论，都有必要对许多因素做出评估，如独立性与评级质量、信用评级系统的质量等。

首先必须确定信用评估及最终的级别核准工作由不参与金融工具交易的人员担任，这是降低信用评级工作中舞弊可能性的基本措施。信用评估中主管判定方面的工作，必须由了解信用品质实务的人担任，因此，审计重点之一在于对执行信用评估的人员的经验与培训的审查，以保证评估结果的准确性。

其次必须评估的领域是信用评级系统的质量。这里所使用的审计方法主要取决于信用评级系统的复杂性。对评级系统的一个简单的总体检查，是将对某交易对手的内部信用评级结果与外部评级机构所发布的结果做比较。若有明显差异，则表示内部评级方法有问题，可能需对评级系统做更深入的检查，这就需要更具体的信用理论知识。

如果评级系统主要依赖基本分析，这一步审计就需要对信用品质确定中所考虑到的诸多要素进行整体评估。就审计人员而言，通常可以参照类似企业的标准或套用一般性的衡量标准。在界定内部评级系统的各项标准上，也可以使用与大型评级机构相一致的评级系统。

五、操作风险管理审计

（一）操作风险概述

操作风险是由于内部程序、人员和系统的不完备或失效，或由于外部事件造成的损失风险。

与信用风险、市场风险相比，操作风险具有以下特点：（1）操作风险中的风险因素在很大比例上来源于业务操作，属于可控范围内的内生风险。单个操作风险与操作损失之间并不存在清晰的、可以界定的数量关系。（2）从覆盖范围来看，操作风险管理几乎覆盖了金融工具交易过程所有方面的不同风险，既包括发生频率高但损失相对较低的日常业务流程处理上的小纰漏，也包括发生频率低但一旦发生就会造成极大损失甚至危及组织存亡的自然灾害、大规模舞弊等。因此，试图用一种方法来覆盖操作风险的所有领域几乎是不可能的。（3）对于信用风险和市场风险而言，风险与报酬存在一一映射关系，但这种关系并不一定适用于操作风险。（4）业务规模大、交易量大、结构变化迅速的业务领域，受操作风险冲击的可能性较大。（5）操作风险是一个涉及面非常广的范畴，操作风险管理几乎涉及组织内部的所有部门。因此，操作风险管理不仅仅是风险管理部门和内部审计部门的事情。

（二）操作风险控制措施审计

1.内部控制措施的审查

加强内部控制仍然是操作风险管理的有效手段，与此相关的内部控制措施至少应该包括：（1）部门之间具有明确的职责分工以及相关职能的适当分离，以避免潜在的利益冲突；（2）密切检测遵守指定风险限额或权限的情况；（3）对接触和使用资产的记录进行安全监控；（4）员工具有与其从事业务相适应的业务能力并接受相关培训；（5）识别与合理预期收益不符及存在隐患的业务或产品；（6）定期对交易和账户进行复核和对账；（7）主管及关键岗位轮换轮调、强制性休假制度和离岗审计制度；（8）重要岗位或敏感环节员工8小时之外行为规范；（9）建立基层员工署名揭发违法违规问题的激励和保护措施；（10）查案、破案与处分适时、到位的双重考核机制；（11）案件查处和相应的信息披露制度；（12）对基层操作风险管控奖惩兼顾的激励约束机制。

2. 其他操作风险管理措施的审查

（1）操作风险管理方法选择的审查。操作风险管理的具体方法包括：评估操作风险和内部控制、损失事件的报告和数据收集、关键风险指标的监测、新产品和新业务的风险评估、内部控制的测试和审查以及操作风险的报告。考虑到操作风险管理的"成本或效益"问题，业务的复杂程度不同、规模不同，操作风险管理的具体方法也不同。在条件具备时，可鼓励采用更加先进的风险管理方法，如使用量化方法对各部门的操作风险进行评估，收集操作风险损失数据，可根据各业务部门操作风险的特点有针对性地进行管理。业务不太复杂、规模较小时，也可采用有效的简易方法。

（2）信息传递与预警机制检查。企业应当制定有效的程序，定期监测并报告操作风险状况和重大损失情况，应针对潜在损失不断增加的风险，建立早期的操作风险预警机制，以便及时采取措施控制风险，降低损失事件的发生频率及损失程度。重大操作风险事件应根据操作风险管理政策的规定及时向董事会、高级管理层和相关管理人员报告。为有效地识别、评估、监测、控制和报告操作风险，企业应当建立并逐步完善操作风险管理信息系统。管理信息系统至少应当记录和存储与操作风险损失相关的数据和操作风险事件信息，支持操作风险和控制措施的自我评估，监测关键风险指标，并可提供操作风险报告有关内容。

（3）操作风险减损机制检查。企业应当制订与其业务规模和复杂性相适应的应急和业务连续方案，建立恢复服务和保证业务连续运行的备用机制，并应当定期检查、测试预期灾难恢复和业务连续机制，确保在出现灾难和业务严重中断时这些方案和机制的正常执行。企业可通过购买保险或与第三方签订合同，并将其作为缓释操作风险的一种方法，但不应因此忽视控制措施的重要作用。企业应建立重大操作风险减损措施预案，确定不同金额、不同性质操作风险损失发生时的应急措施，包括但不限于向公安机关报案，向证券监管机构和行业监管机构报告，向外部相关利益人披露等各种风险减损措施。

关键概念

国资委在《中央企业全面风险管理指引》中将企业风险定义为未来的不确定事项对企业实现其经营目标的影响，并且按照风险在企业经营活动中的不同表现将企业风险分为战略风险、财务风险、市场风险、运营风险和法律风险等。

企业风险管理是一个过程，由董事会、管理层和其他人员执行，应用于战略制定并贯穿于企业之中，旨在识别可能会影响主体的潜在事项，管理风险使其在风险容量之内，并为主体目标的实现提供合理保证。

风险管理审计是内部审计以风险为考虑核心，采用系统化、规范化的方法，通过对企业全面风险管理活动进行监督和评价，提出改进意见，来改善企业风险管理、增进企业价值的一种审计。

金融工具又称信用工具，通常是以一定的格式做成的、用以证明或创设金融交易各方权利和义务的书面凭证，这些书面凭证会形成一个企业的金融资产，并形成其他单位的金融负债或权益工具。

本章小结

风险管理审计是风险导向审计的一种延伸，它基本吸收了风险审计的各种特点，只是在此基础上将审计关注点扩大到企业的主要战略目标、管理层对风险的容忍度、主要风险评价指标以及企业绩效评价分析等涉及现代企业整体风险管理领域的多个角度，而且风险管理审计已经开始关注为实现企业战略目标应如何进行风险优化，如企业对哪些固有风险可以实行避免、转移或接受并予以控制的风险管理战略。对企业而言，风险管理审计本身已经成为企业整体风险管理的重要组成要素。

金融工具在企业经营管理过程中无处不在，而衍生金融工具的高风险性在国内外一系列金融事件中得到了充分的体现，全方位地构建并不断加强我国金融工具风险管理的审计体系，已经迫在眉睫。

复习思考题

1. 风险管理的内容有哪些？如何对风险管理进行分类？

2. 风险管理审计的内容有哪些？有何联系？

3. 分析风险管理审计与公司治理审计之间的区别与联系。

4. 实施风险管理审计对审计人员有什么样的要求？

5. 风险管理审计的重点和难点是什么？

6. 何谓金融工具？与金融工具相关的主要财务风险有哪些？

7. 操作风险管理审计的主要内容有哪些？

8. 试论述风险管理审计与内部控制审计的关系。

9. 当对金融工具进行风险管理审计时，在哪些情形下应当考虑利用专家工作？

10. 《企业风险管理框架》对风险管理审计有何意义？

业务练习题

资料：法国兴业银行巨亏

1. 背景

2008年1月18日，法国兴业银行收到了一封来自另一家大银行的电子邮件，要求确认此前约定的一笔交易，但法国兴业银行和这家银行根本没有交易往来。因此，兴业银行进行了一次内部清查，结果发现：这是一笔虚假交易，伪造邮件的是兴业银行交易员凯维埃尔。更深入的调查显示，法国兴业银行因凯维埃尔的行为损失了49亿欧元，约合71亿美元。

凯维埃尔从事的究竟是什么业务，会导致如此巨额的损失呢？

早在2005年6月，他利用自己高超的电脑技术绕过兴业银行的五道安全限制，开始了违规的欧洲股指期货交易。"我在安联保险上建仓，赌股市会下跌。不久伦敦地铁发生爆炸，股市真的大跌。我就像中了头彩……盈利50万欧元。"2007年，凯维埃尔再赌市场下跌，因此大量做空，他又赌赢了。到2007年12月31日，他的账面盈余达到了14亿欧元，而当年兴业银行的总盈利不过是55亿欧元。从2008年开始，凯维埃尔认为欧洲股指上涨，于是开始买涨。随后，欧洲乃至全球股市都在暴跌，凯维埃尔的巨额盈利转眼变成了巨大亏损。

2.原因

（1）风险巨大，破坏性强。由于衍生金融工具牵涉的金额巨大，一旦出现亏损就将引起较大的震动。巴林银行因衍生工具投机导致9.27亿英镑的亏损，最终导致拥有233年历史、总投资59亿英镑的老牌银行破产。法国兴业银行事件中，损失达到71亿美元，成为历史上最大规模的金融案件，震惊了世界。

（2）暴发突然，难以预料。因违规进行衍生金融工具交易而受损、倒闭的投资机构，其资产似乎在一夜间就化为乌有，暴发的突然性往往出乎人们的预料。巴林银行在1994年年底税前利润仍为1.5亿美元，而仅仅不到3个月后，它就因衍生工具上巨额损失而破产。中航油新加坡公司风险极低，在申请破产前1个月，还被新加坡证券行业委员会授予"最具透明度的企业"。

（3）原因复杂，不易监管。金融衍生工具风险的产生既有金融自由化、金融市场全球化等宏观因素，也有管理层疏于监督、金融企业内部控制不充分等微观因素，形成原因比较复杂，即使是非常严格的监管制度，也不能完全避免风险。像兴业银行这个创建于拿破仑时代的银行，内部风险控制不可谓不严，但凯维埃尔还是获得了非法使用巨额资金的权限，违规操作两年多才被发现。这警示我们，再严密的规章制度，再安全的电脑软件，都可能存在漏洞。对银行系统的风险控制，绝不可掉以轻心，特别是在市场繁荣之际，应警惕因盈利而放松监管。

3.启示

衍生金融工具的风险很大程度上表现为交易人员的道德风险，但归根结底，风险主要来源于金融企业内部控制制度的缺乏和失灵。在国家从宏观层面完善企业会计准则和增强金融企业实力的同时，企业内部也应完善财务控制制度，消除企业内部的个别风险。

要求：

（1）结合本案例，说明风险管理审计的作用与意义。

（2）在本案例中，法国兴业银行的金融风险管理制度有无重大缺陷？如何加以治理与防范？

（3）你认为，法国兴业银行的金融风险管理还有哪些可能需要改进的地方？

第六章业务练习题参考答案

第三篇

经营性项目审计

第七章　经营审计

🡒 **学习目标**

通过本章教学，使学生了解经营审计的概念、内容和目标。掌握供应业务、生产业务经济效益审计的内容和方法；掌握成本效益的事前、事中、事后审计的内容和方法；掌握销售业务审计、销售过程审计和市场开发审计的内容和方法；了解质量效益审计的概念和质量效益审计的方法——最佳质量成本法。

生产力各要素在企业生产经营过程中并不能单独发挥作用，而必须在业务经营活动中结合起来，才能成为现实的生产力，体现出一定的投入-产出关系。业务经营审计主要审查被审计单位是否改善和充分利用企业物质条件和技术条件，审查利用生产力各要素的具体方式和手段的有效性。本章以制造业企业为审计对象，主要围绕业务经营活动供产销展开审计，同时对成本效益审计、质量效益审计进行了有益的探讨。

第一节　　经营审计概述

一、经营审计的含义及其特点

一般认为，经济效益审计理论主要由经营审计、管理审计两部分构成。经营审计和管理审计在理论上是两个相互独立而又密切相关的概念，在实际中构成了企业经济活动两个并列的功能系统。

经营是以外部环境和内部条件为依据，以提高经济效益和促进企业发展为目的，从市场和用户需求出发，使企业外部环境、内部条件与目标间达到动态平衡，实现预定目标的过程；而管理是人们共同劳动引起的指挥职能，是社会生产的一般条件，是有计划、有目的地组织劳动协作的过程。

经营是商品经济下的产物，是一个阶段性的概念，只有当存在商品生产和商品交换、存在通过市场上的等价交换获得企业产品的用户、存在竞争对手时，才会有企业经营，才会产生经营活动；而管理是一个永恒的概念，只要人类存在，就需要生产，哪里有生产，哪里就有管理。

经营的职能是适应、生存（平衡）、应变、竞争、控制、发展；而管理的职能是计划、组织、指挥、控制、协调。

如果把企业全部经济活动进行大体划分，供产销是经营，对其进行组织则是管理。一方面，供销活动使企业涉足市场，与用户和竞争对手产生关联，这时企业作为一个整体系统与外部环境联系，企业这种对外的功能以及由此产生经济活动称为经营活动；另一方面，企业以经营为先导，对企业内部人、财、物等生产要素利用开发，以最小的投入争取最大的产出，以期达到企业预定目标，企业这种对内的功能以及由此产生的经济活动称为管理活动。

经营审计是指对被审计单位经营活动的合理性、经济性和有效性的审查，借以检查和证明被审计单位经营责任的履行情况，以促进其改善经营，提高经济效益。经营审计的理论内容主要包括：经营思想、经营目标、经营策略审计；经营环境审计；经营能力审计；经营预测决策审计；经营计划审计；采购与销售业务审计；经营控制审计；经营成果审计等。

管理审计是指对被审计单位的管理活动的效率性、效果性和经济性的审查，以期评价其管理工作的质量水平以及管理机构、人员的素质和能力，以促进加强管理，提高经济效益。管理审计的理论内容主要包括：计划管理审计；生产管理审计；物资管理审计；劳动人事管理审计；技术管理审计；质量管理审计；设备管理审计；财务管理审计等。

经营审计与管理审计相比，主要具有以下特点：

（1）业务经营审计是更直接的经济效益审计。业务经营审计的对象是供产销活动过程及生产力诸要素的运动，是企业的劳动（包括活劳动和物化劳动）消耗过程、资源的占用情况和产品的产出过程，也就是直接审查投入、产出情况，所以它是比管理审计更为直接的一种经济效益审计。

（2）业务经营审计的范围是企业的基本经济活动及其他业务经营活动。以制造业企业为例，供产销活动是基本经济活动，是审查的重点。附属商业、门市部、运输服务和生活福利服务等经营活动是工业企业的附属，辅助、服务于生产的经济活动，必要时也应进行审查。

（3）业务经营审计的重点是构成企业生产力的各要素的开发利用程度。这种利用程度的确定可以通过经济效益指标分析加以量化。

二、经营审计的目标

经营审计是通过对企业在生产经营活动过程中，反映人力、财力和物资使用情况的各种资料所进行的审核，是对企业内部控制系统、企业组织及其职能、生产程序等情况和系统所进行的测试，以及对企业生产经营活动体现经济效益优劣所作的评价。因此，经营审计的目标包括：（1）对企业的经营水平进行综合评价，分析其经营能力；（2）审查业务经营计划的完成情况及其影响因素，找出关键问题，提出相应措施；（3）审查业务经营各个环节的状况，找出其薄弱环节和不适应的地方，找出影响经营效益的因素；（4）审查各生产要素对经营的保证程度，提出合理调配生产力各要素，保证业务经营能顺利进行，经营目标能按期实现的建议；（5）审查各生产要素的利用情况，对生产要素的利用程度进行评价；（6）研究改善经营活动，弥补经营缺陷，开发利用生产要素，挖掘利用潜力的途径。

第二节　　供应业务经济效益审计

一、采购业务的审查

1.材料供应计划及其完成情况的审查

（1）应审查其计划的制订是否按照生产计划、产品质量及工艺技术所规定的品种和质量的要求来编制，品种、质量和数量是否与需要相一致，计划采购量是否合理。审查时可用以下公式验证：

某种材料计划采购量=该材料计划需要量+期末库存量–期初库存量

（2）审查其计划完成情况，应分别从数量和质量上考核计划完成程度。考核时应注意，计划完成情况并非越高越好，因为这可能会导致采购的不经济以及大量资金的占用，从而降低企业经济效益。

2.采购批量的审查

（1）采购方式及费用的审查。不同的采购方式，如合同订购、市场购买、函电邮购等，适用于不同数量和要求的材料供应，其采购费用亦不一样。审查时，审计人员应将各种可能的采购方式进行比较，分析其成本效益及可行性，确定最佳的采购方式，并以此作为标准来衡量企业所选择的采购方式是否合适，费用是否最低，在时间上是否能保证供应，质量上是否符合要求。

（2）采购批量的经常性、合理性审查。采购批量的合理与否，直接影响供应业务的经济效益。一般情况下，采购次数越多，全年的采购费用也就越高；而减少采购次数，则仓储量便会上升，库存材料的周转就慢、保管费用就增加。所以，应按全年采购费用和仓储保管费用最低来设计采购批量。经济批量的计算公式为：

$$Q=\sqrt{\frac{2Na}{pb}}$$

式中，Q为最佳经济批量；N为材料年需要量；a为每次采购费用率；b为保管费用率；p为单价。

审计人员应运用上式来验证企业材料采购批量的经济性和合理性，并以此作为审计评价标准来衡量企业材料采购工作。

3.采购成本效益的审查

采购成本效益的审查包括采购成本完成情况和采购费用率审查两方面的内容。

在进行采购成本完成情况审查时，可以将实际采购成本与计划成本进行比较，以确定材料成本差异数额及方向，然后得出评价结论。采购费用率的计算公式为：

$$采购费用率=\frac{本期采购费用总额}{本期材料采购总量}\times100\%$$

该指标反映单位材料供应所需的采购费用，因采购不同材料而异。审计人员应将实际指标与计划指标、行业平均水平进行比较，以便做出正确评价。

二、仓储保管业务的审查

1.材料储备定额合理性的审查

材料储备定额，是指在一定的条件下，为保证生产顺利进行所必需的、经济合理的材料储备数量的标准。审计人员通过审查，评价仓储保管的数量是否合理，制定的最高储备、经常储备、保险储备和季节储备定额是否合理、是否经济，能否既保证生产的需要，又压缩储备量，节约成本支出。

（1）最高和最低储备定额的审查

制定最高储备定额的方法主要有以下两种：

①供应期法

供应期法是指根据供应间隔的长短和每日平均耗用量，并考虑材料使用前的准备日数和保险日数来制定储备定额的方法。计算公式为：

最高储备定额=材料每天平均耗用量×（供应间隔天数+使用前准备天数+保险天数）

式中，"材料每天平均耗用量×保险天数"为保险储备定额；"材料每天平均耗用量×（供应间隔天数+使用前准备天数）"为经常储备定额。它们之间的关系为：

最高储备定额=保险储备定额+经常储备定额

审计人员通过审查各项定额制定得是否合理来评价企业材料储备的合理性与效益性。

②经济批量法

经济批量法是指以经济批量作为企业的经常储备定额。它充分考虑了储备的经济性，是一种比较理想的方法。其计算公式为：

最高储备定额=保险储备定额+经济批量

（2）季节性储备定额的审查

季节性储备是在原材料属于季节性生产，不能全年正常供应的情况下，为保证生产正常进行必须建立的材料储备量。计算公式为：

季节性储备定额=季节性储备天数×日均耗用量

审查时应注意季节性储备天数的计算依据是否充分，查明季节性储备定额与企业仓库场地和设施的保管是否吻合。

2. 物资储备计划完成情况的审查

合理有效的储备定额能为控制仓储量提供可靠的依据。一般情况下，仓储量应控制在最高储备和最低储备之间。超过上限，将造成材料积压；低于下限，则不能保证供应。

审计人员应分析影响储备变动的各个因素，如领料或订购的数量、时间等，并根据具体需要，及时修订定额或采取相应措施控制仓储量。

3. 仓储保管的设置与管理审查

（1）审查仓库位置与内部空间的布置

一般来说，企业应根据仓储的性质，以及安全和管理的要求来设置仓库位置。仓库内部的空间布置是否合理，直接影响到仓库有效面积的利用程度和仓库作业效率。

审计人员应审查仓库位置的设置是否有利于厂内材料流动的经济性、合理性。通过审查促使企业根据仓库的具体情况，进行科学的空间布置，提高仓库利用率。

（2）材料管理的审查

①审查仓库面积利用率，审查其是否保持了合理的比率，仓库是否有利用潜力。计算公式为：

$$仓库面积利用率=\frac{已利用面积}{仓库总面积}\times100\%$$

②审查仓库存放保管工作，减少不合理库存。

③审查材料保管过程中账卡档案是否建立健全，是否及时掌握、了解库存情况，仓库与财会部门、供应部门是否定期进行对账，账卡是否相符。

（3）材料分类保管的审查

对于库存材料的保管，应根据其重要程度、消耗数量、价值大小等区别对待，采用不同的管理方法。在实际工作中通常采用 ABC 分析方法，把库存材料分为 A、B、C 三类，并配以相应控制措施。审计人员通过审查，确定其材料分类是否适当，相应的材料管理方法是否正确，所实施的管理措施效果是否良好，并根据评价结果，提出改进建议和措施。

第三节 生产业务经济效益审计

一、生产计划制订的审查

1. 生产能力与生产任务平衡的审查

生产能力=每台机器生产能力×制度工作日数

计划生产量=计划需要量+计划期末预计存量−计划期初预计存量

审查时，将上述两者进行比较，视其是否平衡。如果计划生产量大于生产能力，说明生产能力不足；反之，则说明生产任务不足。审计人员应根据具体情况，建议被审计单位修改生产计划。

2. 劳动力与生产任务平衡的审查

任务工时数=计划生产量×单位产品工时定额

有效生产工时=生产工人人数×计划期工作天数×出勤率×每天工作小时数×工时利用率

审查时，应注意两者的计算依据是否可靠，并将两者进行比较，视其是否平衡，能否既保证完成生产任务，又不浪费劳动力。如出现不平衡的情况，应建议被审计单位修改计划。

此外，还应审查计划的衔接情况，主要是月度计划和年度计划、年度计划和长远计划的衔接，以及各部门之间计划的衔接。如发现计划不衔接，应当及时提出，并提出修改意见。

3. 物资供应与生产任务平衡的审查

【例 7-1】某厂通过一、二两个车间生产甲、乙两种产品，甲、乙产品的边际贡献分别为 120 元和 240 元，该厂一、二两个车间的生产能力分别为 5 400 台时和 9 000 台时，每件甲产品需耗用一车间生产能力 3 台时，二车间生产能力 1 台时；每件乙产品需耗用一车间生产能力 2 台时，二车间生产能力 3 台时。根据预测，甲、乙产品市场需求量分别为 1 200 件和 3 000 件，该厂计划生产甲产品 700 件、乙产品 1 500 件。

要求：审计人员对该厂设备使用的效益性及生产计划的合理性做出评价。

解析：

（1）审查生产能力和生产任务的平衡情况。

一车间剩余生产能力=5 400−（700×3+1 500×2）=300（台时）

二车间剩余生产能力=9 000−（700×1+1 500×3）=3 800（台时）

计算结果反映二者不平衡，需要调整生产计划。

（2）寻求最佳产量组合（应用线性规划法）。

$Z_{max} = 120x_1 + 240x_2$

式中，Z为该厂的效益，x_1和x_2分别表示甲、乙产品的计划生产量。

约束条件：

$3x_1+2x_2 \leqslant 5\,400$

$x_1+3x_2 \leqslant 9\,000$

运用图解法解线性规划，得出$x_1=1\,200$件，$x_2=900$件，说明该厂生产计划不合理，应当进一步调整生产计划。

二、生产组织与生产工艺流程的审查

生产组织是将各种生产资料和劳动力在时间和空间上合理安排的过程。审计人员应注意审查其生产过程是否连续、是否平衡，能否适应市场条件的变化，及时组织生产等。

生产工艺流程的审查，主要是分析企业所选择的工艺流程是否适用、合理和可靠，即选择的工艺方案能否适应客观条件要求，所选择的工艺流程是否最经济，同时又能满足生产要求，采用的生产工艺流程是否既安全又符合质量及维修服务的要求。

三、生产计划完成情况的审查

1.审查产品产量完成情况

衡量产品产量可用三种尺度来表示：实物量、劳动量和价值量。审查时要注意反映各个指标的完成情况，不能片面地反映个别指标。

2.审查产品品种计划完成情况

衡量产品品种计划完成程度，可用以下公式：

$$产品品种计划完成程度=\frac{\sum 各计划品种完成计划产量百分数（超产部分扣除）}{计划生产品种数}\times100\%$$

运用上述指标审查评价，可以防止企业利大多生产、利小不生产等片面追求利润的现象，有利于企业全面完成产品生产任务。

3.审查产品质量完成情况

产品质量完成情况审查，主要是对产品质量计划完成情况、产品质量效益和产品质量管理工作进行审查。

（1）反映产品质量计划完成情况的指标有产品合格率、废品率、返修率、产品等级率、平均等级以及等级系数等。其中，最主要的是产品合格率，计算公式为：

$$产品合格率=\frac{合格产品产量}{全部产品产量}\times100\%$$

（2）产品质量效益审查，是对改善产品质量而发生的费用与由此产生的经济效益的比值进行评价。该比值大于1，说明有效益；该比值小于1，说明无效益。

（3）产品质量管理工作审查，包括产品质量检验审查和产品质量保证系统审查。前者主要是针对企业日常质量控制进行的审查，如是否制定产品质量标准，质量检验部门的职权是否有效发挥作用等；后者主要从产品的设计、生产、技术服务等过程来审查其质量保证程度。

4.审查生产均衡性

企业要保证市场的供应，应均衡地安排生产。审计人员应审查生产均衡性并发现影响均衡生产的各种原因，及时寻求对策，解决问题，以保证满足市场的需求。

第四节　　成本经济效益审计

成本经济效益审计是以提高经济效益为目的，对成本预测的可靠性、成本决策和成本计划的先进性和可行性、成本计算的正确性、成本控制的有效性等进行的审计评价活动。其任务是根据成本核算资料和报表资料，运用适当的审计方法，对企业的成本管理活动及其效果加以审查和评价。

一、成本经济效益的事前审计

（一）目标成本的审查

制定目标成本的基础是调查和预测。目标成本的审查，一方面，要审查目标成本的制定是否进行了认真的厂内外调查，包括向社会、市场和同行企业调查了解用户购买力、产品价格、产品及主要零部件的成本，以及原材料、元器件、外协件的价格变动等情况；另一方面，要审查是否进行了科学的成本预测，即根据企业一定时期内产品品种、产量和利润等方面的目标和生产技术、经营管理、重大技术组织措施，分析过去和当前与成本有关因素的状况，预测成本在一定时期内的发展趋势。

目前我国企业制定目标成本的方法主要有：（1）根据目标利润和目标产销量计算；（2）根据上年实际成本水平和本年成本降低因素加以调整确定，或根据同行业实际平均成本和本企业条件调整确定。审计时应根据不同情况采用不同的标准和方法加以评审。

（二）成本构成的审查

成本构成是各项目或各费用要素在成本中所占的比重。

审计时要注意如下几点：（1）注意不同行业产品成本的构成是不同的，同一行业的不同企业，由于生产技术和组织管理等方面存在差异，成本构成也不尽相同；（2）注意对上期的实际成本构成进行深入的分析，掌握本企业成本形成的特点，计划期的成本构成要明确降低成本的重点，抓住降低成本的关键。

二、成本经济效益的事中审计

（一）费用成本内部控制制度的评审

提高成本效益的有效途径之一是成本控制。成本效益审计的重要步骤是对被审计单位的成本内部控制制度加以评审，从制度、程序上了解成本效益高低的根本原因。对于成本效益来说，内部控制制度的作用主要是抑制不利于经济效益提高的因素，如损失、浪费、高消耗和低产出等，通过制度、计划、定额、预算等措施、方法和程序对成本效益进行内部控制。审计人员在开展成本效益审计前，就应了解、调查有关内控制度的建立情况，到车间、仓库、设计、计划部门等现场进行观察和测试。

费用成本内部控制制度中与成本效益有关的有：将生产计划、料工费消耗定额、生产费用预算、产品生产计划、计划成本指标向各生产部门进行分配并定期检查的制度，限额领料制度，剩余材料和边角料的退库制度，以及费用开支的审批报销制度等。对上述制度内容应拟定调查表（提纲）进行查询和控制测试，评价其健全程度和可信赖程度。对于成本控制制度中的薄弱环节，应提出审计建议，促使制度健全、有效。

（二）成本计划编制情况审计

对于成本计划编制情况应着重审查：是否与生产技术、财务等计划进行了综合平衡；主要技术经济指标是否达到历史先进水平；主要产品单位计划措施是否按责任归口进行了层层落实；主要产品的变动成本是否经过价值分析；可比产品成本降低任务是否下达，针对管理费用是否实行了预算控制；其他产品与新产品是否均有成本计划。

（三）成本日常控制审查评价

目标成本和成本计划编制审定以后，若要如期完成，必须进行日常的成本控制。目前，许多企业开展了划小核算单位、成本指标归口分级管理、核算责任成本等活动，加强了成本控制。审计工作为了适应这些活动的需要，必须进行成本日常控制的审查评价。

1. 成本指标归口分级管理的审查

成本指标的归口分级管理，是在厂长的领导下，以财务部门为主，明确各职能部门和车间等方面的成本管理（控制）中的责任，把厂部、车间、班组和个人岗位的成本管理（控制）结合起来。我国企业的实践证明，归口分级管理是动用全员的力量和智慧，进行成本管理（控制）的有效方法。

审计人员在对成本日常控制进行审计时，首先应调查、了解财务部门是否建立了科学、合理的成本指标归口分级管理系统。科学、合理是指以下几个方面：（1）该系统能全面覆盖企业成本的发生范围；（2）该系统与被审计单位的生产经营特点，成本的形成过程以及成本管理上的具体要求相适应；（3）财务部门按各级合理分解成本指标，能调动全体人员提高成本效益的积极性。

2. 责任成本核算的审查

责任成本核算，是以生产费用发生的责任（责任中心）作为成本计算对象。

对其审查应注意以下几个方面：

（1）核算哪一级的责任成本。由于责任成本的核算要求与传统的（现行的）生产费用归集方法并不一致，因此会耗费一定的核算工作量，一般来说，责任成本核算主要应抓车间和班组这两级。

（2）责任成本的核算是否贯彻可控的原则。每一成本中心的责任成本只能由该成本中心所能控制的成本、费用构成，否则起不到成本控制的积极作用。

（3）各责任中心之间内部转移价格的制定是否科学合理。一般应以计划成本作为半成品、各种劳务的内部转移价格，若以实际成本转移，则会转嫁功劳和过失，不利于各责任中心的业绩考核。

（4）各责任中心业绩评价是否与效益（奖金）的分配挂钩。将业绩评价与效益分配挂钩，可以提高责任中心节约成本、费用的积极性。

三、成本经济效益的事后审计

（一）成本计划完成情况审计

企业的成本计划完成情况主要反映在两个指标上，即全部商品产品成本计划完成率和可比产品成本降低计划完成率。这两个指标是成本计划完成情况审计的重点。

1. 全部商品产品成本计划完成率

审计时根据"商品产品成本表"所列资料计算。

$$全部商品产品成本计划完成率=\frac{\sum(计划期实际产量 × 实际单位成本)}{\sum(计划期实际产量 × 计划单位成本)} ×100\%$$

2. 可比产品成本降低计划完成率

审计时可先根据"商品产品成本表"计算可比产品成本实际降低率，然后对比计划规定的降低率评价其完成情况。

可比产品成本降低额=计划期实际产量×（上期实际单位成本–计划期实际单位成本）

$$可比产品成本实际降低率=\frac{可比产品成本降低额}{实际产量 × 上期实际单位成本} ×100\%$$

$$可比产品成本降低计划完成率=\frac{1 - 可比产品成本实际降低率}{1 - 可比产品成本计划降低率} ×100\%$$

审计时应注意：这两类指标数值如果大于100%，说明成本降低任务没有完成；如果小于100%，说明成本降低任务完成情况较好。

（二）成本经济效益实现程度审计

成本经济效益的实现程度可反映在两个方面：一方面是费用效益，也就是各项活动的物化劳动消耗与相应产出之比；另一方面是总成本效益，也就是总成本与商品产值、总收入之比或销售利润与销售成本之比。审计时，可通过下列指标的计算来加以评价。

1. 单位产品费用效益指标

（1）$单位产品材料费用=\dfrac{某产品应分配的材料费用}{某产品合格数量}$

（2）$单位产品工资费用=\dfrac{某产品定额工时(或实际工时) × 工资分配率}{某产品合格数量}$

式中，$工资分配率=\dfrac{生产工人工资总额}{\sum 各种定额工时(或实际工时)}$。

2. 总成本效益指标

总成本效益指标主要用于综合衡量生产过程中全部生产耗费的经济效果。

（1）产值成本率

$产值成本率=\dfrac{商品总成本}{商品产值} ×100\%$

（2）销售收入成本率

$销售收入成本率=\dfrac{销售总成本}{销售总收入} ×100\%$

（3）成本利润率

$成本利润率=\dfrac{产品销售利润}{产品销售成本} ×100\%$

该指标可按不同产品品种分别计算，作为改善和优化产品品种结构的依据。审计时还应对主要产品的成本利润率进行深入细致的敏感性分析，可根据下列关系式加以分析：

$$成本利润率=\frac{销售量 × \left[价格 ×(1 - 生产率) - 单位成本\right]}{销售量 × 单位成本} ×100\%$$

由上式可见，成本利润率的影响因素主要有销售量、单位成本、价格、生产率。如果是多种产品的综合成本利润率，还要受销售结构的影响。一般来说，单位成本是敏感程度较强的因素，这是因为降低成本是提高成本利润率的主要途径。

（三）重点产品单位成本审计

重点产品单位成本审计是成本效益审计的重点内容。重点产品是指成本比重大、在成本计划完成中起关键性作用的产品。重点产品单位成本审计的目的在于按成本项目计算成本差异，确定差异异常的成本项目，分析产生差异的原因以及部门、个人的工作责任，控制不当的费用支出，促进成本效益的提高。

1. 原材料成本差异的分析

（1）材料用量差异的分析

材料用量差异=材料计划单位成本×（实际单耗−单耗定额）

材料用量差异一般属于生产部门的工作业绩或责任，它又可进一步分为材料出库差异、利用率差异和废损差异等。

（2）材料价格差异的分析

材料价格差异=材料实际单耗×（实际单位价格−计划单位价格）

材料价格差异一般属于供应部门的工作业绩或责任，它又可进一步分为材料价格差异、材料附加费用差异和材料入库差异。

2. 工资成本差异的分析

（1）计件工资制下工资成本项目的审查

计件工资属于变动成本，其成本差异也可区分用量差异和价格差异两部分进行分析。

计件工资=合格产品数量×计价单价

在生产多种产品时，产量可用所完成的定额工时综合计算，即：

计件工资=$\sum$（各 产品产量 × 工时定额）× 工时单价

单位产品工资成本=单位产品耗用工时×工时单价

式中，工时单价也就是小时工资率。

①工时耗用量差异的分析。由于实际工时耗用量脱离计划（定额）工时耗用量而引起的工资成本差异，称为工时耗用量差异，或称人工效率差异，一般反映了劳动力的合理利用，以及劳动者的操作熟练程度、工作创造性和积极性的发挥等。综合起来就是劳动生产率的因素，属于生产、调度部门的责任范围。

工时耗用量差异=（单位产品实耗工时−单位产品工时定额）×计划工时单价

②工资率差异的分析。由于实际工时单价脱离计划工时单价而引起的工资成本差异，称为工时单价差异，或称工资率差异。

工资率差异=（实际工时单价−计划工时单价）×单位产品实耗工时

工资率差异一般反映工资总额水平的变动情况，受到工资增长因素影响，主要属于人事部门和财会部门的责任范围。

（2）固定计时工资制下工资成本项目的审查

在计时工资制度下，假如工资总额不变，那么单位产品的工资成本会受产量变动的影响。如果产量增长，则单位产品工资成本下降；反之，则相反。这种随产量变动的差异，称为工资相对变动（或称量差异）。

工资相对变动额＝基期固定工资总额×报告期产量增长

由于职工人数增加、结构变化或工资水平的上升，引起工资总额支出数也相应增长，也会造成单位产品工资成本的变动。这种由于固定工资支出数变动而引起的工资单位成本的变动，称为工资绝对变动（或称率差异）。

工资绝对变动额＝固定工资报告期支出额－固定工资基期支出额

工资成本实际变动＝工资相对变动＋工资绝对变动

以上将固定计时工资分为相对变动和绝对变动两部分进行分析，其意义在于明确两种变动的发生原因和责任（业绩）的不同。

3.制造费用成本差异的分析

制造费用中一部分内容（明确项目）属于固定费用，可按上述方法作为绝对变动额加以审查，另一部分则属于半变动费用或变动费用，可按前述计件工资的分析方法加以审查。因此，在对这两部分费用进行审查时，可先按制造费用账户的各明细科目将其划分为固定费用和变动费用两部分，然后按各自的方法进行分析审查。但实际工作中，某产品应负担的制造费用一般用下列方法来分摊计算：

制造费用总额＝实耗工时数×费用分配率

某产品单位制造费用＝该产品实耗工时×费用计划分配率

制造费用差异可分为工时耗用量差异和费用分配率差异两部分进行分析：

工时耗用量差异＝（该产品实耗工时－该产品工时定额）×费用计划分配率

费用分配率差异＝该产品实耗工时×（费用实际分配率－费用计划分配率）

如前所述，工时耗用量差异反映劳动生产率水平，受到劳动力的开发利用程度、劳动者的操作熟练程度以及积极性、创造性的发挥等因素的影响，而费用分配率差异反映车间经费和企业管理费的总支出水平的变动，涉及费用预算的执行情况。

第五节　销售业务经济效益审计

一、销售业务审计

1.销售计划的审查

首先，应将计划销售量与生产计划中的计划需要量相核对，视其是否一致。

其次，应将市场调查的销售预测与每种产品计划销售量相核对，视其是否一致。

最后，应将实际销售量与计划销售量进行比较，确定所订计划是否先进，并考核销售收入计划的制订情况，确定销售价格是否遵循国家物价政策。

审查时可利用下列公式验证计划销售收入的正确性：

计划销售收入＝$\sum$（某种产品计划期销量×产品的单位售价）

2.销售计划执行的审查

审计人员应注意从以下三个方面来审查销售计划的执行情况：

（1）审查销售计划的总体完成情况，将实际销售收入与计划销售收入进行比较，检查计划完成程度，并做出审计评价。

（2）确定企业销售计划中国家指令性计划的完成情况，有无单纯追求高利润、只完成国家计划外销售任务而未完成计划内销售任务的情况。

（3）对实际执行与计划的差异进行分析，分别确定销售数量变动及销售单价变动所产生的影响，并进一步查明原因。计算公式为：

销售数量变动的影响=（实际销售数量–计划销售数量）×计划单位售价

销售单价变动的影响=（实际单位售价–计划单位售价）×实际销售数量

二、销售过程审计

1.销售方式的审查

企业销售方式主要有两种：一是按国家计划任务与用户签订合同，或统购、包销；二是企业根据市场需求，自行销售，包括与商品流通部门签订购销合同进行销售。企业应在完成国家任务的前提下，以合理的销售渠道把产品转移到消费者手中，加速资金周转，提高企业经济效益。

审计人员在评价被审计单位的销售方式时，应注意有无国家政策允许自营自销统配物资，有无利用现有的商品流通渠道进行市场开发，销售过程的成本效益如何等，并提出改进建议和措施。

2.销售定价的审查

企业的销售定价，关系到是否执行国家物价政策，直接影响消费者的利益，故定价决策决定了企业收入及其经济效益。目前，企业产品的定价方式有国家定价、浮动定价、议价、自定价格等。不同的定价方式，将对企业产生不同的效应。

销售定价的审查内容主要包括：（1）审查被审计单位执行国家物价政策的情况；（2）审查企业定价的依据是否准确可靠；（3）审查定价策略的运用是否正确，其促销活动是否有效；（4）审查定价能否给企业带来最佳经济效益。

3.促销措施的审查

企业的促销方式多种多样，如广告推销、宣传推销、人员推销、参加展销会、订货会等。审计人员应注意评价各种促销措施的优劣及促销效果，企业应选择最为有利的促销方式。对于企业所采用的不合理促销措施，审计人员应及时提出改进建议，以提高促销活动的效率。

三、市场开发审计

1.市场研究的审计

市场研究就是对市场环境及潜力的分析，是市场开发的基础和前提。只有充分进行市场研究，了解市场需求，掌握竞争对手的实力，才能知己知彼，制订可行的市场开发计划，发挥产品优势，占领市场。审计人员主要应了解被审计单位的市场研究是否建立在科学的基础上，是否进行充分的市场调查，以掌握市场，并准确地预测市场。审查内容主要包括：

（1）企业对市场是否了解。企业应了解所有影响市场的因素，即政策因素、经济因素、文化因素、道德因素、心理因素等。

（2）企业是否及时地研究了市场开发对策。企业应寻找适合市场开发的有利环境和措施，包括使产品适合当地消费习惯，符合当地政策的要求（如符合环保要求）等。

（3）企业是否根据市场要求来改进产品的功能、价格、外形和售后服务等，以适应市场需求。

（4）企业是否制定了市场开发策略，伺机进入市场，在市场中站稳脚跟。

2. 目标市场选择的审计

目标市场选择的审计，主要应审查目标市场的确立是否有充分的依据，是否与企业年度销售计划相衔接，是否正确处理现有市场和目标市场的关系。审查内容主要包括：

（1）查证确立目标市场的依据，包括对市场的潜在需求的预测、对市场容量的预测、对竞争对手的实力及其可能采用的对策的预测等。通过大量的数据调查和分析，确定其可靠性。

（2）审查目标市场开发后的市场供应是否会与企业销售计划、生产计划相脱节，包括产品数量、产品功能、产品质量，以及特殊性能的要求等。只有全面吻合，才能满足消费需求。

（3）审查目标市场的开发与现有市场的关系，研究其对现有市场的影响及其可能产生的各种后果，并分析其利弊，保证企业总体效益目标的实现。

3. 目标市场开发的审计

目标市场开发的审计主要是审查其开发策略的制定及执行情况。审查内容主要包括：

（1）审查开发策略的制定是否适应企业外部环境、企业经营目标及企业内部条件之间的动态平衡，是否适合现阶段市场的特点，是否具有科学性和可行性。

（2）审查市场开发策略的执行情况，如执行进度、执行效果等。如有偏差，则应进一步分析原因，并及时调整市场开发计划或寻找更有效的执行市场开发策略的措施和方法。

第六节 　　　　　　　质量经济效益审计

一、质量经济效益审计的意义

质量经济效益是指企业提高产品质量后较以前所获得的超额收益，也可以说是因改善产品质量而发生的费用与由此而产生的经济效果的比值。在审计一个企业获得的质量经济效益时，应当从用户和社会的角度来评价。由此可见，质量经济效益包含质量社会效益与质量企业效益。

质量经济效益审计，作为经济效益审计的重要环节，是指对质量实现程度及提高产品质量途径的审查监督。通过质量经济效益审计，可以促使企业实行全面质量管理；可以完善企业的质量管理体系，也就是质量保证体系，使企业质量管理工作制度化、经常化；有利于企业健全质量管理的基础工作，如标准化工作、计量工作、情报工作、质量教育宣传工作、质量责任制度等；有利于提高社会和企业的经济效益。

二、质量与质量成本

（一）质量

质量（quality）是指产品（或劳务）的优劣程度或等级，质量的衡量是相对的。优质产品（high-quality product）是指符合顾客期望的产品。一般而言，质量有两种类型，即设计质量及适合质量。

（1）设计质量（quality of design）是指产品规格的功能，如手表的功能为显示时间，汽车的功能为提供运输服务。所以，劳力士（Rolex）与卡西欧（Casio）手表的设计质量不同，凯迪拉克（Cadillac）汽车与雪佛兰（Chevrolet）汽车的设计质量亦不同。一般人均同意劳力士手表的质量较高，凯迪拉克汽车的质量较优。较高的设计质量，通常反映较高的成本，并体现为较高的售价。

（2）适合质量（quality of conformance）是指产品适合其要求或规格的程度，换言之，适合质量是指产品的适用性（fitness for use）。如果产品出售后未能满足顾客预期，例如手表每天快了五分钟，或戴上一周后发条就断了，那么顾客显然对产品不满意。

（二）质量成本

质量成本（cost of quality）是指质量不佳所产生的成本，因此质量成本是指对瑕疵品（defective product）的预防、辨认、修理等有关成本。依照美国管理会计人员协会（IMA）研究报告《衡量、规划及控制质量成本》（Measuring, Planning and Controlling Quality Costs）所述，这些成本大致可分为四类：预防成本、鉴定成本、内部失败成本及外部失败成本（如图7-1所示）。公司在生产产品之前，为防止出现瑕疵品要有所投资，于是发生预防成本及鉴定成本；而在瑕疵品出现后，公司将承担部分失败成本。

预防成本：	鉴定成本：
质量工程	原料检验与测试
质量训练	包装检验
质量规划	产品检验与测试
质量稽核	仪器校正与维护
设计复核	实地测试
质量圈活动等	质量专家诊断等
内部失败成本：	外部失败成本：
废料（下脚料）	滞销
整修	退货/折让
当机时间	售后保证
再检验	修理
再测试	赔偿
设计变更等	对抱怨的处理等

图7-1　四种质量成本及其示例

（1）预防成本（prevention costs），是指为阻止或杜绝产品（或劳务）发生瑕疵所投入的成本。当预防成本增加时，失败成本将减少，因为预防成本可降低不合格产品的数量。预防成本包括质量工程、质量训练、质量规划、质量报告、供应商评估、质量稽核（audit）、质量圈（quality circles）活动及设计复核等所发生的成本。

（2）鉴定成本（appraisal costs），是指为确定产品或劳务是否符合其要求所发生的成本。鉴定成本包括原料检验与测试、包装检验、鉴定监督、产品检验与测试、仪器校正与维护、实地测试、质量专家诊断等所发生的成本。鉴定工作的主要目的是防止将不适合的产品交给顾客。

（3）内部失败成本（internal failure costs），是指产品（或劳务）在交给顾客之前即被查出未达质量要求的成本。如未发现产品有瑕疵或不适合，则此种成本不发生。内部失败成本包括废料（scrap，俗称下脚料）、整修（rework）、当机时间（downtime）、再测试、再检验及设计变更等所发生的成本。

（4）外部失败成本（external failure costs），是指产品或劳务不符合要求，在交给顾客之后才发生的成本。外部失败成本包括产品滞销、因质量不良发生退货/折让、售后保证、修理、赔偿及对抱怨的处理等所发生的成本。这些成本与内部失败成本一样，在不发生瑕疵品时不发生。

三、质量经济效益审计的方法——最佳质量成本法

质量成本法注重质量成本的收集、核算与分析，以此来评价质量体系的经济效果。如前所述，质量成本是指为了确保达到满意的质量而发生的费用以及没有达到满意的质量所造成的损失。质量成本法按 PAF（预防、鉴定、失败）成本模型来分析内部运行成本要素，寻求最佳质量成本。根据以上关系，可列出质量成本数学模型：

$$C_n = C_1 + C_2 = R \cdot \frac{Q_n}{1 - Q_n} + F \cdot \frac{1 - Q_n}{Q_n}$$

式中，F 为每件不合格产品造成的全部损失费用；R 为随 F 变化需要追加的预防成本；C_n 为质量成本；C_1 为预防成本和鉴定成本；C_2 为内外部失败成本；Q_n 为应控制的合格率水平。

当质量成本 C_n 达到最小时，有 $C_1 = C_2$。

即：$R \cdot \dfrac{Q_n}{1 - Q_n} = F \cdot \dfrac{1 - Q_n}{Q_n}$，

由此可解得：$Q_n = \dfrac{1}{1 + \sqrt{R/F}}$。

关键概念

经营审计是通过对企业在生产经营活动过程中，反映人力、财力和物资使用情况的各种资料所进行的审核，是对企业内部控制系统、企业组织及其职能、生产程序等情况和系统所进行的测试，以及对企业生产经营活动体现经济效益优劣所作的评价。

管理审计是指对被审计单位的管理活动的效率性、效果性和经济性的审查，以期评价其管理工作的质量水平以及管理机构、人员的素质和能力，以促进加强管理，提高经济效益。

成本经济效益审计是以提高经济效益为目的，对成本预测的可靠性、成本决策和成本计划的先进性和可行性、成本计算的正确性、成本控制的有效性等所进行的审计评价活动。其任务是根据成本核算资料和报表资料，运用适当的审计方法，对下列的成本管理活动及其效果加以审查和评价。

销售业务经济效益审计，主要包括销售计划的制订及其执行情况审计、销售业务审计，以及市场开发审计。销售过程审计，主要是审查企业销售业务过程的各个环节工作的

合理性、健全性和有效性。市场开发审计，是对企业开辟新的市场或扩大现有市场过程的合理性、有效性、可行性进行的审查。

质量经济效益是指企业提高产品质量后较以前所获得的超额收益。质量经济效益审计，是指对质量实现程度及提高产品质量途径的审查监督。

本章小结

经营审计是通过供应业务经济效益审计、生产业务经济效益审计、成本经济效益审计、销售业务经济效益审计、质量经济效益审计展开的。

经营审计的内容是要对企业外部政策、内部规章制度的遵循情况进行检查；对企业资源使用效益进行检查；对企业经营目标完成情况进行检查。

经营审计的目标是综合评价企业的经营水平和经营能力，审查业务经营计划的完成情况和影响因素，找出经营薄弱环节，提出合理调配生产力各要素的建议，对生产要素的利用程度进行评价，挖潜革新，提高生产效率。

复习思考题

1.什么是经营审计、管理审计？区分经营审计与管理审计具有什么意义？

2.经营审计与管理审计相比具有什么特点？

3.经营审计的目标是什么？

4.如何进行供应业务经济效益审计？审查的主要内容是什么？

5.如何进行生产业务经济效益审计？审查的主要内容是什么？

6.如何进行销售业务经济效益审计？审查的主要内容是什么？

7.如何进行成本经济效益审计？审查的主要内容是什么？

8.如何进行质量经济效益审计？审查的主要内容是什么？

9.什么是质量成本法？在审计工作中如何运用？

10.影响企业产品销售利润的因素主要有哪些？怎样审查？

业务练习题

1.恒威钢厂生产钢管，3月份共消耗钢材6 400千克，加工成钢管4 800根，钢管共重4 800千克，钢材定额利用率为80%，规定每根钢管重1千克。

要求：计算钢材实际利用率、钢材定额利用率完成程度分别是多少？本月是否超支钢材？如果超支，那么本月少生产了多少根钢管？

2.某厂油漆产品原来采用手工漆，每件产品需用油漆0.3千克，后改为喷漆，每件产品只需用油漆0.16千克，11月实际消耗油漆4 080千克。

要求：计算采用喷漆后增产的产品数量。

3.某厂生产B产品，年产量100万件。技术改造后，产量可增至180万件，但需投资12 000万元。如果新建一家年产80万件同类产品的分厂，则需要投资15 500万元。B产品在技术改造前、改造后以及新建分厂的单位成本分别为140元/件、130元/件和125元/件。设标准效益系数为0.12，B产品的现行价格为150元/件。

　　要求：用效益比较计算法评审改造方案可行与否。

　　4.某厂生产电饭煲，每件成本为250元。销售方式有两种，即企业自销和由商业部门销售。企业自销方式下，每件售价为350元，销售费用为77 000元，销售量为1 800件。由商业部门销售方式下，每件出厂价为300元，销售量可达2 100件。

　　要求：回答该厂采取哪种方式可获利更多。

第七章业务练习题参考答案

第八章　资源利用效益审计

学习目标

通过本章教学，使学生了解资源利用效益审计包含的内容；掌握人力资源利用效益审计的内容、审计方法及其指标体系的建立，固定资产、原材料利用效益审计的内容、审计方法及其指标体系的建立，资金利用效益审计的内容、审计方法及其指标体系的建立，并能熟练运用。

企业的经济资源相对于企业的货币资金来说范围更广，对于企业的经济效益来讲意义也更大。企业的经济资源包括货币资金、人力资源、生产设备、原材料、各种能源等。本章主要介绍企业人力资源利用效益审计，固定资产、原材料利用效益审计和企业资金利用效益审计等内容。

第一节　　资源利用效益审计概述

企业的生产经营过程，从某一角度看，也就是货币资金、人力资源、生产设备、原材料等经济资源被消耗、被占用的过程，或是对人、财、物、信息等各种资源的开发、利用过程。开发、利用得当，就能提高经济效益；反之，则降低经济效益。所以，经济资源利用的效益表现形式就是投入一定的经济资源，所产出的有效成果，即产量、产值的多少，或者为生产一定产量、产值的有效成果所投入的经济资源的多少。

一、企业资源管理及其风险

企业资源管理是企业经营管理的主要对象，因此必须建立相应的管理制度和管理流程，如在企业中有原材料的采购控制、储备量控制、生产用量控制、人力资源控制、在产品和自制半成品控制、固定资产投资控制、设备更新和技术改造控制以及在建专项工程的控制等。

与企业经济资源相关的内部控制制度，应当包括以下方面：审批（授权）控制、资源采购控制、资源保管（入库）控制、会计记录控制、定期检查控制等。各环节应职责分离，相互制约。

企业资源管理总是存在风险的，主要有资源短缺风险、资源积压风险和资源流失风险等。企业资源利用效益审计要对企业资源管理风险加以控制，对企业内控制度进行控制测试，包括健全性测试和有效性测试。

二、企业资源利用效益审计的目的

（1）对某项（类）资源综合利用经济效益进行测算、评价，可以从指标上加以验证，如人力资源开发利用中的劳动生产率指标，反映劳动对象综合利用效益的原材料利用率、综合能耗，反映资金综合利用效益的总资产报酬率等。这种综合性指标的测评，能够证实某项（类）资源的总体利用效益的高低，通过因素分析法审查，也能指出其升降的主要影响因素和每个因素的影响程度。

（2）对某项（类）资源的具体开发利用程度进行审计，其目的是验证某项（类）资源共占用（耗费）多少，其中真正用于生产经营创造经济效益的有多少，这类审查有利于揭示、消除资源利用中的损失和浪费，有较强的实践意义。

值得注意的是，以上两个审计目的在资源利用效益审计项目中并不是孤立的，前者是后者的综合表现，后者则是前者变动的主要影响因素。

第二节　　人力资源利用效益审计

人力资源和物质资源的占有是企业资源占有的两个主要方面。是否能够取得良好的经济效益在很大程度上取决于是否能够很好地利用现有的资源。人力资源是一个单位经营活动中的劳动者及其潜能，人力资源使用的过程也就是劳动者生产和劳动的过程。人力资源是生产力要素中最为重要的、起决定性作用的要素，对于财富创造、企业发展乃至社会发展都是最重要的动力。

人力资源利用效益审计的目的是对人力资源的利用情况进行评价，寻求充分利用劳动力、充分利用工作时间、提高工作效率的途径，提出审计建议，促使被审计单位发展生产力，降低成本，提高经济效益。人力资源利用效益的审计包括三个方面，即劳动力利用情况的审查、工作时间利用情况的审查、劳动生产率的审查。

一、劳动力利用情况的审查

劳动力即具有劳动能力的人，包括体力劳动者和脑力劳动者。合理利用劳动力总的原则是人尽其才，才尽其用。审查劳动力利用情况时就要注意是否贯彻这个原则。

劳动力利用情况的审查主要从以下六个方面进行：劳动力结构和分布的审查；劳动力余缺的审查；劳动力素质的审查；劳动力流动性的审查；科技人员使用情况的审查；职工劳动积极性的审查。

（一）劳动力结构和分布的审查

劳动力结构是指劳动力的组成，即各类职工在职工总数中所占的比重。劳动力分布指劳动力在生产部门、管理部门、服务部门和各车间、各科室的数量比例。劳动力的结构、分布是否合理，影响到劳动力总体的效率，影响经济效益。合理组合劳动力，可以最大限度地发挥群体作用。

1.劳动力结构的审查

在劳动力结构的审查时可将劳动力从不同角度进行分类，审查各类劳动力的组成是否合理。审查时要结合被审计单位的生产经营特点，将劳动力的实际结构和计划比较，与上期或历史某一时期比较，或者与同类企业的结构比较，审查研究其差异及变动的合理性，并做出审计评价，提出改进的建议。审查可从以下几个方面进行：

（1）各类人员比例及变动原因的审查。企业的职工根据工作性质和劳动岗位的不同，可以划分为工人、学徒、工程技术人员、管理人员、服务人员和其他人员六类；根据是否直接从事生产工作,可以划分为直接生产人员和非直接生产人员两类。审查各类人员比例变动的方法就是分别将每种职工的实际人数和计划人数(或与本企业上期、同类企业的人数)进行对比,查明差异的原因,以确定劳动力节约或浪费的情况,审查的资料来源是企业劳动人事部门的劳动计划和劳动报表统计资料等。

【例8-1】大华机器厂2023年有关职工的平均人数资料见表8-1。

表8-1 劳动力数量和结构变动情况

项目	计划		实际		结构增减百分比(%)	实际比计划	
	平均人数	结构(%)	平均人数	结构(%)		增减人数	增减百分比(%)
	(1)	(2)=(1)÷∑(1)×100%	(3)	(4)=(3)÷∑(3)×100%	(5)=(4)−(2)	(6)=(3)−(1)	(7)=(6)÷(1)×100%
工人	563	67.0	598	65.0	−2.0	+35	+6.22
学徒	84	10.0	97	10.6	+0.6	+13	+15.47
工程技术人员	34	4.0	46	5.0	+1.0	+12	+35.29
管理人员	76	9.0	73	7.9	−1.1	−3	−3.95
服务人员	59	7.0	69	7.5	+0.5	+10	+16.95
其他人员	24	3.0	37	4.0	+1.0	+13	+54.17
全部职工	840	100	920	100		+80	+9.52

审查分析如下:从表8-1中可以看出,企业职工平均人数实际比计划增加80人,其中除管理人员减少外,其余各类职工都有不同程度的增加,一般情况下非直接生产人员是不允许超过计划的。这里服务人员超过计划10人,其他人员超过计划13人,要进一步审查企业有无不遵守劳动定员编制的现象。直接生产人员没有完成计划,应进一步查明原因。上述审查也可将实际年末人数和计划年末人数相比较,或将本年年末实际人数和上年年末实际人数相比较。

从各类人员的结构看,计划工人占职工总数的67%,实际则占65%,一般来说这是不好的,应深入检查。学徒所占的比重提高,往往说明企业熟练工人所占比例下降,如果因企业扩展而大量增加学徒,则是暂时现象,是允许的。本例中,工程技术人员所占的比重提高,是企业的工作改善,还是可以的,但要联系其他情况具体研究。其他人员增加13人,比重也有提高,经了解,是派出长期学习的职工增加,从企业发展的后劲看,是好现象。管理人员比重下降,一般来说这是好现象。当然,不能断言,管理人员的比重越低,劳动力结构越好。随着科学技术的发展,生产机械自动化程度的提高,以及电子计算机的广泛运用,劳动力的结构也将发生根本的变化。职工中操作机器的生产第一线人员将会逐渐减少,而从事科学技术研究、新产品开发的工程技术人员和从事经营管理工作的企业管理人员的比重会逐渐提高。因此,在评价劳动力结构变化的合理性和有效性时,要注意这种变化的趋势。

表8-1中的平均人数是指报告期内平均拥有的人数。计算方法如下：

$$月平均人数 = \frac{\sum 每天实有职工人数}{该月日历日数}$$

上式是详细算法，实际上职工人数不会经常变动，因此不必按每天实有人数计算。为简化手续，一般按下式计算：

$$月平均人数 = \frac{月初人数 + 月末人数}{2}$$

$$季平均人数 = \frac{\sum 本季内各月平均人数}{3}$$

$$或 = \frac{\sum (各月月初人数 + 各月月末人数)}{6}$$

$$年平均人数 = \frac{\sum 年内各月平均人数}{12}$$

$$或 = \frac{\sum (各月月初人数 + 各月月末人数)}{24}$$

（2）专业结构及变动原因的审查。审查时主要研究工程技术人员的各专业人数是否和生产要求相适应，各工种工人的人数、比例是否符合生产要求，管理人员中经营、供销、政工人员的比例是否恰当。

（3）水平结构及变动原因的审查。对于技术人员要审查高级、中级、初级人员的结构是否合理，要根据企业的生产经营特点而定。工人中七级、八级工并不是越多越好，太多也会造成技术力量的浪费。如果七级、八级工太多，可建议多搞技术改革或多开发新产品。

2. 劳动力分布的审查

劳动力分布是否合理对经济效益有很大的影响。一家企业中，各类、各专业、各级职工即使结构合理，但如果分布不合理，也不能发挥应有的作用，因此要审查劳动力的分布情况。审查方法主要有：

（1）审查生产、管理、服务部门、各车间、各科室的职工人数占职工总数的比例是否合理。审查时可将实际数与计划定员数或上年数比较，要联系各部门、各车间、各科室的任务进行研究。审查是否存在某些部门人浮于事，另一些部门则人手不足的情况。如有，可在审计报告中建议调整。

（2）审查科技人员、高等级工人在各部门、各单位的分布是否合理。一般来说，高级技术人员应主要分布于技术、设计、检验、开发等部门，中级技术人员则在各车间、各部门都应有一定人数，高等级工人则主要分布在模具、修理、试制、检验等部门。审查时要特别注意有无本部门不需要，但抓住技术人员、高等级工人不放，不肯调到其他部门的"部门所有制"情况。如有发现，应向被审计单位的领导部门提出。

（3）除了统计、计算数字外，可分别举行干部座谈会，技术人员、高等级工人、老工人座谈会，听取意见或建议。

（二）劳动力余缺的审查

劳动力余缺的审查不单要审查整个企业劳动力的余缺，还要审查各部门特别是企业主要部门劳动力的余缺，也要审查关键工种（如主要技术工人）的余缺。生产有季节性的企业，更要审查生产忙季的劳动力是否有保证。审查要分三个方面进行：一是审查劳动定额、定员是否合理；二是审查劳动力的保证程度；三是审查富余劳动力的利用情况。

1. 劳动定额和定员的审查

（1）劳动定额的审查

劳动力的需要量一般是根据劳动定额计算出来的。因此，要先审查劳动定额是否合理。定额是应当达到的指标或不应超过的限制数字。劳动定额是在一定的生产、技术、组织条件下为完成一定的工作或生产一定的产品所规定的劳动消耗量标准。

劳动定额包括人员配备定额（即定员）和工作定额。人员配备定额是不应超过的限制数字。通常所说的劳动定额，主要指工作定额。审计人员如有需要，可审查工作定额是否合理。工作定额有两种形式：一是工时定额，指工人为完成某单位产品所需的时间标准，是不应超过的限制数字。例如，车制一个零件工时定额为30分钟。二是产量定额，是指单位时间内应完成的产品数量，是应当达到的指标。例如，一个车工一天应车制300个零件。审查时主要看制定定额的方法是否合适，制定的定额是否为平均先进定额。

制定劳动定额的基本方法有四种：

①经验估工法。选择经验丰富、技术水平高的老工人或技术人员当定额员，请他根据经验，估算某一作业的工时消耗量作为劳动定额。这种方法简便易行，但不大准确。

②统计分析法。根据历史上同类产品的实际用工统计资料和目前情况来制定定额。本法比经验估工法准确，但要求历史资料齐全。

③类推比较法。先将产品、零件或工序归类，选择典型产品、零件、工序的定额为基础，通过对比分析，推导出同类产品、零件、工序的工时定额。本法适用于产品品种多、批量小的车间、企业。只要选择的产品或零件恰当，就可得到较准确的定额。一般可以将平均先进数作为定额，计算公式为：

$$平均先进数 = \frac{2 \times 最高完成数 + 中间完成数 + 最低完成数}{4}$$

④技术测定法。利用秒表和其他仪器实际测算劳动时间，经科学分析后制定出劳动定额。本法准确，但需运用一定的仪器设备，测量的工作量也大。

审查时，审计人员要了解定额是用哪些方法制定的，制定定额的方法是否合适，计算是否正确，定额是否保持了适当的先进水平，是否已根据技术水平和工艺要求的变化作了必要的修订。

（2）劳动定员的审查

审计人员要检查企业是否根据生产任务、规模，根据精干、高效、节约用人的原则，依据定员标准合理确定各类人员的配备标准。审计人员还要了解企业采用什么方法定员。企业定员时常用的方法主要有：

①按劳动定额定员，就是根据工作量和劳动定额计算定员。本法通常用于生产工人的定员。

$$定员人数 = \frac{每班应完成的工作量}{劳动定额 \times 出勤率} \times 每日轮班数$$

②按设备定员，就是根据设备的数量和工人看管设备的定额计算定员。本法适用于直接生产工人的定员。

$$定员人数 = \frac{设备台数 \times 每台设备每日开动班数}{工人看管定额 \times 出勤率}$$

③按岗位定员，就是根据工作岗位数和其他因素定员。本法适用于生产工人、服务人员的定员。

$$定员人数 = \frac{必需岗位数 \times 每日轮班数}{工人看管岗位定额 \times 出勤率}$$

④按比例定员，就是根据某类人员占职工总人数的比例，或某类人员与另一类人员之比来确定某类人员的定员。本法适用于计算管理人员和服务人员的定员，如炊事员根据就餐人数而定员。

某类人员的定员人数=另一类人员人数（或职工总人数）×某类人员所占的比例

⑤按组织机构、职责范围和业务分工定员。本法适用于企业管理人员和工程技术人员的定员。

审查时，审计人员主要看上述方法运用是否适当，计算是否正确，并评定定员是否合理。

2.劳动力保证程度的审查

劳动力保证程度是指企业配备劳动力的数量和质量满足生产需要的程度。劳动力数量应与企业实际生产需要相互协调，劳动力数量过多，就会形成窝工现象，造成劳动力的浪费；劳动力数量过少，就会使生产资料因劳动力相对不足而闲置，以致完不成生产任务。劳动力的质量低，不符合生产要求，也会影响生产任务的完成。

劳动力保证程度的审查，一方面审查劳动力数量的保证程度，首先必须查明劳动力数量计划的完成情况和劳动力构成的变动情况，然后根据实际情况对这种变动加以评价，确定劳动力配备中存在的问题，提出进一步改善劳动组织、提高劳动力利用效益的建议；另一方面审查劳动力质量的保证程度，审查劳动力的质量是否符合生产要求，技术人员是否充分发挥作用，并提出进一步提高劳动力素质、合理利用技术人员的建议。

（1）审查实际职工人数是否缺额（或超编）

审查时将职工的实际人数和定员人数进行对比。如实际人数小于定员人数很多，可能会影响生产；如超定员人数，会降低工作效率。发现超定员人数或严重缺员，都要进一步查明原因。

在将实际职工人数与定员人数进行对比时，审计人员可将实际人数同企业现行的定员人数或计划定员人数进行比较，如果审查后认为有比较大的差异，也可将实际人数与审查后确认的应配备定员人数进行比较，这样比较的结果对查证实际职工人数是否缺额（或超编）更具有说服力。

另外，审查时还应将各部门或各种类别职工的实际人数与定员人数进行比较，以确定各部门的劳动力是否能得到保证。如果发现各部门各类劳动力各有溢缺，也可提出对各部门各类劳动力进行均衡的建议。

（2）审查关键工种劳动力的保证程度

上述按部门或职工类别审查劳动力余缺的方法是比较粗略的，应进一步分析关键工种劳动力的保证程度。因为一般企业都有几个关键工种，有若干名关键性的技术工人，如果缺少他们，整个企业的生产就会受影响。企业中如果非技术工种或一般技术工种职工发生缺额，由于这些工种并不需要严格的技术培训就可上岗工作，因此可以较容易地招募到新的职工来弥补这些缺额，或者这些技术工种较为常见，也易于较快得到补充。而关键工种、关键岗位或技术要求较高的工人，如果发生缺额，难以按时得到补充：若招募新工人，要经过较长时期的培训才能上岗；高级技术工人则要经过更长的时期才能培养出来。因此，要审查劳动力的保障程度，就更应该重视关键工种、特殊工种的劳动力的余缺。

审查关键工种劳动力的保证程度可以从以下两个方面进行：①审查关键工种劳动力实际数与需用数是否平衡，可以进行近期比较，也可从发展的角度进行长期比较；②了解是否建立了培训制度或采取了培养措施来保证在发生自然减员时有后续技术工人来接替这些岗位，并且要了解技术工人的培养是否与现有技术工人的年龄结构和流失状况相符合，这体现了关键工种劳动力的长期保证程度。

分析关键工种劳动力是否有保证的主要工具是平衡表。企业可以计算、比较关键工种劳动力的需要量和现有人数，如劳动力不足，就要设法及时培训或招聘，或者将某些产品发外加工，以克服这些不足。

【例8-2】某机器厂有三种产品必须电焊，8月份各产品需要电焊的工时及电焊工能提供的工时见表8-2。

表8-2　　　　　　　　　　　　**8月份电焊工时数平衡表**

需要电焊工时数	可供电焊工时数
甲产品：2工时/件×160件=320工时 乙产品：1工时/件×130件=130工时 丙产品：5工时/件× 60件=300工时	现有状况：电焊工3人，工作26天，每天焊6小时，计468工时 差额（缺）：282工时
合计750工时	合计750工时

审查电焊工保证程度如下：从表8-2可以看出，8月份缺电焊工时为282工时，1名电焊工全月可焊156工时（6×26），即少1.8名电焊工，实际缺2名电焊工。建议补救的办法：一是加班，如按每人每天加班2小时计，全月26天，共可加班焊156工时，还缺126工时；二是部分产品请外厂加工；三是立即动手自己培训，建议该厂领导物色对象，抽出3~4人学习电焊。

（3）审查是否曾发生因劳动力不足而影响生产的事故。如有，可计算出影响生产所造成损失的金额，并应向被审计单位提出补充劳动力的建议。

（4）了解企业某些部门或工种是否有经常性加班情况来验证劳动力是否缺额。企业产生加班的原因很多，如劳动生产率水平低下、承担有特殊性时间要求的订单、设备能力的限制等，都是加班的原因。如果某一技术工种存在经常性加班情况，又没有其他特殊原因，则表明劳动力不足，应该引起被审计单位重视。

3.富余劳动力利用情况的审查

企业由于生产工艺改变、生产力水平提高，或由于转产等因素，会造成劳动力的富余。如果通过定员和定额审计发现企业的劳动力有富余，应审查富余劳动力的利用情况：（1）查明富余劳动力的类别、数量，企业如何利用，是否正在调剂、调动；（2）是否对富余劳动力进行培训或者举办第三产业或成立劳动服务队之类的组织，或采取了其他有效措施；（3）根据被审计单位情况尽可能提出利用富余劳动力的建议。

（三）劳动力素质的审查

劳动力素质包括劳动者的职业道德、文化技术水平和健康水平。企业不但要有足够的劳动力，而且要求这些劳动力具备一定的质量。劳动力素质与发展生产力、提高经济效益有密切关系。审计人员可以通过审查提出提高劳动力素质的建议。

1.职工职业道德水平的审查

在职工职业道德水平的审查时，可先将服务意识、敬业精神、劳动态度、协作精神、吃苦耐劳等定出分等标准，再根据分等标准将劳动力归类，计算各等级劳动力所占的百分比，就可看出职业道德水平。如有条件，可将本年各等级劳动力百分比与以前年度比较，来评价职工政治思想水平的变化。

2.职工文化技术水平的审查

在职工文化技术水平的审查时，可将职工按文化程度分组，分别计算文盲、半文盲、小学、初中、高中、中专、大专及以上文化程度各占总人数的百分比，并与以前年度比较。通过审查提出消除文盲、半文盲，提高职工文化程度的教育计划的建议。审查职工文化技术水平，可计算平均技术等级。计算公式为：

$$平均技术等级 = \frac{\sum（某等级 \times 该等级工人人数）}{工人总人数}$$

一般来说，平均技术等级提高是好的。可将该指标与以前年度比较，通过审查提出加强技术培训的建议。

3.职工健康水平的审查

在职工健康水平的审查时可根据医务保健部门的记录，计算职工中的慢性病率（慢性病患病人数占总人数的百分比）、年（或季、月）就医率（就医人数占总人数的百分比）、职业病率（患职业病的人数占职工总人数的百分比）、工伤率（工伤人次占职工总人数的千分比），并将今年的数字与去年比较，看健康水平变动趋势，进一步研究慢性病、职业病、工伤的原因及防治措施，并提出改进建议。

4.学习、培训计划完成情况的审查

学习、培训是一种智力投资。

审查时：（1）将实际参加学习的人数和计划学习人数对比，看培训计划的完成情况，并进一步研究原因，以便提出改进培训的建议；（2）计算计划受训人数占全部劳动力的比重，查阅学员的测验成绩，可连续计算若干时期，并联系产量、产品的质量、工作效率等进行比较，以检验教育训练的效果；（3）召开受训人员座谈会，了解学习、培训后受训人员在发展生产中所起的作用，征求其对学习内容的意见，以便建议改进学习、培训计划。

（四）劳动力流动性的审查

劳动力流动包括企业内部各部门之间的劳动力流动和企业与外界的劳动力流动（录用或离职）。企业与外界的劳动力流动影响职工总人数，这里主要审查劳动力从本企业流出或流入本企业。

劳动力流动影响企业的生产经营和经济效益。技术人员、熟练工人离职对企业产生不利影响，技术人员、技工的录用则有利于企业提高经济效益。

审查劳动力流动要根据企业劳动人事部门的原始记录和统计数字。

职工增加的原因有企业录用新职工，包括向社会招聘、到校园招聘大中专毕业生；职工减少的原因有离退休、死亡、参军、职工辞职、调出、触犯刑律、违反厂规被开除等。

1. 考核劳动力流动性的指标

反映职工增减变化的指标有录用率、离职率、流转率（流转强度）、替代率（替代强度）和流动性系数。

（1）录用率，是一定时期内新录用职工人数占全部职工平均在册人数之比。

$$录用率 = \frac{某时期新录用职工人数}{该时期全部职工平均在册人数} \times 100\%$$

（2）离职率，是一定时期内离职职工人数占全部职工平均在册人数之比。

$$离职率 = \frac{某时期离职职工人数}{该时期全部职工平均在册人数} \times 100\%$$

（3）流转率（流转强度），是一定时期内新录用职工人数和离职职工人数之和占全部职工平均在册人数之比，也就是录用率和离职率之和。

$$流转率 = \frac{某时期新录用职工人数 + 该时期离职职工人数}{该时期全部职工平均在册人数} \times 100\%$$

流转率也可通过分别计算职工增加流转率或职工减少流转率得出。

$$增加（或减少）流转率 = \frac{某时期新录用(或离职)职工人数}{该时期全部职工平均在册人数} \times 100\%$$

以上指标反映了劳动力增减的强度。

（4）替代率（替代强度），是指一定时期内劳动力被替代的程度，它是新录用职工人数和离职职工人数中较小的一个数字与全部职工平均在册人数之比，也就是录用率和离职率中较小的那个指标。这个指标反映了劳动力更新的强度。

$$替代率 = \frac{某时期新录用职工人数和离职职工人数中较小的一个}{该时期全部职工平均在册人数} \times 100\%$$

（5）流动性系数，是一定时期内由于不正常原因（个人自愿、违反劳动纪律或触犯法律）离职职工人数与全部职工平均在册人数之比。

$$流动性系数 = \frac{某时期不正常原因离职职工人数}{该时期全部职工平均在册人数} \times 100\%$$

【例8-3】大华机械厂2023年有关劳动力变动资料见表8-3。

表8-3　　　　　　　　　　　大华机械厂2023年劳动力变动资料表

项　目	人　数
职工平均在册人数	920
全年新录用职工人数	80
离职职工人数	60
其中：退休、离职学习、入伍等	30
个人自愿	22
违反劳动纪律、触犯法律、开除	8

根据这些资料，可以计算有关劳动力流动性的指标如下：

$$录用率=\frac{80}{920}×100\%=8.70\%$$

$$离职率=\frac{60}{920}×100\%=6.52\%$$

$$流转率=\frac{80+60}{920}×100\%=15.22\%$$

$$替代率=\frac{60}{920}×100\%=6.52\%$$

$$流动性系数=\frac{22+8}{920}×100\%=3.26\%$$

2.审查劳动力流动的原因

计算考核劳动力流动性的指标后，应进一步审查劳动力流动的原因。

劳动力流动的原因可分正常（必要）和不正常（不必要）两类：

（1）正常的流动，是指生产规模扩大和缩小、生产方向改变、生产工艺改革、引进技术人员、招聘职工、调出专业不对口或多余的技术人员、支援兄弟单位、职工离休、退休、参军等。

（2）不正常的流动，是指发生工伤事故、触犯刑法或违反劳动纪律被开除、职工辞职，以及因上述原因引起重新补充劳动力而增加的职工。审查时要分别明确正常、不正常的原因，重点审查不正常原因的流动，并要审查企业对于制止不正常流动采取了哪些有效的措施。

对企业劳动力流动性的审查，还可以将若干时期的流动性指标进行比较，审查劳动力流动的变化趋势，据以判断企业在劳动力利用上的成绩和存在的问题。

（五）科技人员使用情况的审查

企业发展生产，一靠科学技术，二靠经营管理。只有充分调动科技人员的积极性，企业才能顺利发展，所以审计人员要特别重视对科技人员使用情况的审查。审查要点如下：

（1）查清各级各类科技人员的基本情况。调查时应将工程技术人员以及医药、会计、统计、审计、经营管理人员中具有一定学历的人员或已获得技术职称的人员都包括在内，了解他们的学历、毕业年限、所学专业、技术职称、职务等情况。

（2）了解科技人员目前担任的工作，专业是否对口，计算其所任工作与专业背景不同的人数占科技人员总数的百分比。

（3）召开科技人员座谈会，听取他们对所任工作的意见，对开发新产品、进行技术革新、加强经营管理的建议。

（4）对学非所用的高、中级科技人员逐个分析研究，提出调整工作的建议。

（六）职工劳动积极性的审查

职工劳动积极性对被审计单位的生产经营和经济效益有极大的影响，因此应对其进行审查。审查要点如下：

（1）统计被审计单位一定时期内（如一年）发明创造的件数，提合理化建议的人数占职工总数的百分比，这些指标反映职工的积极性。

（2）了解被审计单位职工参与民主管理制度实施的程度和职工参与民主管理的意识。职工参与民主管理有利于调动他们的积极性。

（3）了解被审计单位职工和管理层的关系是否融洽，了解职工对管理层的看法。企业领导是否关心职工，是否能帮助他们解决一些实际困难，是否注意劳动保护等，都是影响职工积极性的重要原因。

（4）了解被审计单位劳动模范、先进工作者和记功的人数，以及他们的先进事迹在职工中的影响。

（5）举行职工座谈会，可分类型召开，听取各类职工的反映、意见和建议。

（6）发调查表调查。

（7）到生产现场观察职工的劳动情况。

（8）统计分析考勤资料和业务记录，如事假的人次，旷工的人日数，迟到、早退的人数，完成和未完成产量定额的工人人数，以及其他违纪人数，并分析其原因。

根据调查了解的情况对职工劳动积极性进行分析评价后向被审计单位提出合理的建议。

二、工作时间利用情况的审查

能否充分利用工作时间和经济效益有密切关系。审计人员可从三方面审查工作时间的利用情况：工作日的利用情况、工时的利用情况和每小时的工作效率。通过审查对工作时间的利用情况做出评价，并提出充分利用工作时间的建议。

（一）工作日利用情况的审查

1.审查出勤情况

有充足的劳动力并不等于所有劳动力都能充分利用。因为有些职工可能因种种原因没有出勤，不出勤就根本不能利用他的劳动力，所以要审查职工的出勤情况，研究缺勤的原因，探讨提高出勤率的途径。

审查依据的资料主要是考勤记录，审查的主要方法是比较法。先计算职工出勤率和缺勤率，再在各单位之间和各月份、各年度之间比较。出勤率即实际出勤人日数占制度工作人日数的百分比。其中，制度工作人日数指职工平均人数和制度规定应工作日数的乘积。缺勤率是指实际缺勤人日数占制度工作人日数的百分比。

审查时可分析全体职工的出勤、缺勤情况，也可按职工类别分析生产工人的出勤、缺勤情况和非生产人员（管理人员、技术人员）的出勤、缺勤情况。现以生产工人为例，说明分析方法。

【例8-4】大华工厂第一车间11月及上月工人出勤、缺勤情况见表8-4。

表8-4　　　　　　　大华工厂第一车间11月及上月工人出勤、缺勤情况表

项　目	单位	上月	本月	比上月增减	
				数量	百分比（%）
		(1)	(2)	(3)=(2)-(1)	(4)=(3)÷(1)×100%
1.工人平均人数	人	250	280	+30	+12.0
2.日历日数	日	31	30	-1	-3.2
3.休假日数	日	6	5	-1	-16.7
4.制度工作日数	日	25	25		
5.制度工作人日数	人日	6 250	7 000	+750	+12.0
6.实际出勤人日数	人日	5 800	6 440	+640	+11.0
7.缺勤人日数	人日	450	560	+110	+24.4
8.出勤率（第6项÷第5项×100%）	%	92.8	92.0	-0.8	-0.9
9.缺勤率（第7项÷第5项×100%）	%	7.2	8.0	+0.8	+11.1

从表8-4可以看出，11月工人比上月多30人，11月出勤率为92.0%，比上月92.8%低，缺勤率比上月多0.8%。为什么缺勤率增高，应进一步审查原因（见表8-5）。本月缺勤和上月缺勤比较时，应先将上月缺勤人日数按职工人数的增减百分比进行调整。

表8-5　　　　　　　第一车间11月及上月工人缺勤原因分析表

缺勤原因	上月实际（人日）	按本月人数增12%调整（人日）	本月实际（人日）	比上月调整数增减	
				数量（人日）	百分比（%）
	(1)	(2)=(1)×112%	(3)	(4)=(3)-(2)	(5)=(4)÷(2)×100%
公假	5	5.6	20	+14.4	+257.1
病假	195	218.4	160	-58.4	-26.7
产假	25	28.0	83	+55.0	+196.4
事假	150	168.0	248	+80.0	+47.6
工伤	50	56.0	24	-32.0	-57.1
旷工	25	28.0	25	-3.0	-10.7
合计	450	504.0	560	+56.0	+11.1

11月缺勤率比上月提高，应查明原因，审查时应将正常理由缺勤和非正常理由缺勤分开。从表8-5来看，本月事假和产假增加，本月事假缺勤比上月增加80人日，产假缺勤比上月增加55人日。经了解，事假大幅度增加的原因是有些工人请假回家帮助盖新房或筹备婚事；产假增加的原因是正常的。病假和工伤都比上月下降，这当然是好事。但还应进一步审查病假、工伤的原因，努力减少病假，消除工伤。出现旷工是不正常的，应进一步审查考勤制度是否完善，认真执行，建议对旷工工人作必要处理。

2. 审查工作日的利用情况

在制度规定的应工作日数中，一部分职工因各种原因缺勤，只有出勤日数中职工才可能进行工作。而在实际出勤日数中也有一部分整日停工、不能工作的情况（如停电、停水、自然原因或因组织不善停工待料而造成某些职工整日停工）。实际出勤日数扣除停工日数后，余下的才是实际工作日数。工作日的利用情况如图8-1所示。

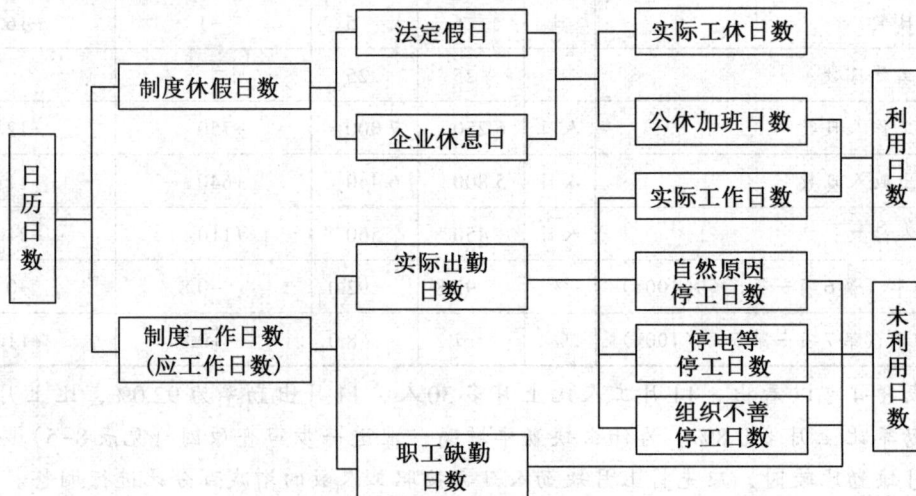

图8-1 工作日的利用情况

审查工作日利用情况，一般根据考勤记录和有关资料进行，审查时可分两步：

（1）计算工作日利用率，可同上月、去年同期或计划对比，或在各车间、科室之间比较。看工作日利用情况是否有改善。可计算制度工作日利用率，即实际工作人日数与制度规定工作人日数之比，也可计算出勤工作日利用率，即实际工作人日数与实际出勤人日数之比。

$$制度工作日利用率 = \frac{实际工作人日数}{制度规定工作人日数} \times 100\%$$

$$出勤工作日利用率 = \frac{实际工作人日数}{实际出勤人日数} \times 100\%$$

（2）研究整日停工和劳动力缺勤的原因，并提出减少停工、增加出勤的建议。

【例8-5】根据【例8-4】大华工厂第一车间11月的工作日记录，可编制工作日利用情况分析表（见表8-6）。

表8-6　　　　　　　　　大华工厂第一车间11月工作日利用情况分析表

项　　目	单位	上月 (1)	本月 (2)	比上月增减	
				数量 (3)=(2)-(1)	百分比（%）(4)=(3)÷(1)×100%
1.制度工作人日数	人日	6 250	7 000	+750	+12.0
2.缺勤人日数	人日	450	560	+110	+24.4
3.出勤人日数	人日	5 800	6 440	+640	+11.0
4.停工人日数	人日	690	780	+90	+13.0
（1）计划内停工	人日	470	320	−150	−31.9
（2）计划外停工	人日	220	460	+240	+109.1
5.实际工作人日数	人日	5 110	5 660	+550	+10.8
6.制度工作日利用率（第5项÷第1项×100%）	%	81.8	80.9	−0.9	−1.1
7.出勤工作日利用率（第5项÷第3项×100%）	%	88.1	87.9	−0.2	−0.2
8.停工人日数占制度工作人日数的百分比（第4项÷第1项×100%）	%	11.0	11.1	+0.1	+0.9
9.停工人日数占出勤人日数的百分比（第4项÷第3项×100%）	%	11.9	12.1	+0.2	+1.7
10.缺勤人日数占制度工作人日数的百分比（第2项÷第1项×100%）	%	7.2	8.0	+0.8	+11.1

　　从表8-6可以看出，该厂本月制度工作日利用率为80.9%，比上月81.8%减少0.9%；出勤工作日利用率为87.9%，比上月88.1%减少0.2%。本月工作日利用率下降的原因是本月的停工人日数和缺勤人日数都比上月增加，上月停工人日数占制度工作人日数的11%，本月上升为11.1%，计划内停工的原因包括定期检修设备、计划内停电等，这是正常的。计划外停工是不正常的，应深入检查原因。其原因通常是由本厂事故造成停电、停水、待料、机器设备损坏，或没有任务使全厂或部分人整日停工。这种情况往往因企业组织管理不善或技术上的缺点而造成，有时是因工人操作不当，致使机器损坏而造成，应进一步审查发生的地点、原因和责任，总结经验教训，提出改进意见。有些计划外停工是由企业外部原因造成的，如外部停电、停水、厂外协作加工跟不上、下雨、下雪等。如果经审查确定是由这些外部原因造成的，就不能认为企业工作不好。本月缺勤人日数占制度工作人日数的8%，比上个月增加0.8%。对于缺勤的原因应认真审查，即用图8-1所示的方法审查分析。

（二）工时利用情况的审查

制造业企业只分析工作日的利用情况是不够的，审计人员应该尽可能以小时为单位进行审查分析。因为工厂的生产率很高，一小时就可生产若干件产品。工作班内如果因停工待料、机器损坏、停电等原因停工就会使工厂遭受很大损失，所以要分析工时利用情况，减少工时损失。

工时损失，即未使用的工作时间和无效工时的总和。无效工时指废品损失的工时和停工与窝工浪费工时的总和。工厂有时加班加点，这些制度外加班加点的工时可弥补部分工时损失。工时损失总和减除制度外加班加点工时，即工时损失净额。

制度工作时间和工时损失的关系如图8-2所示。

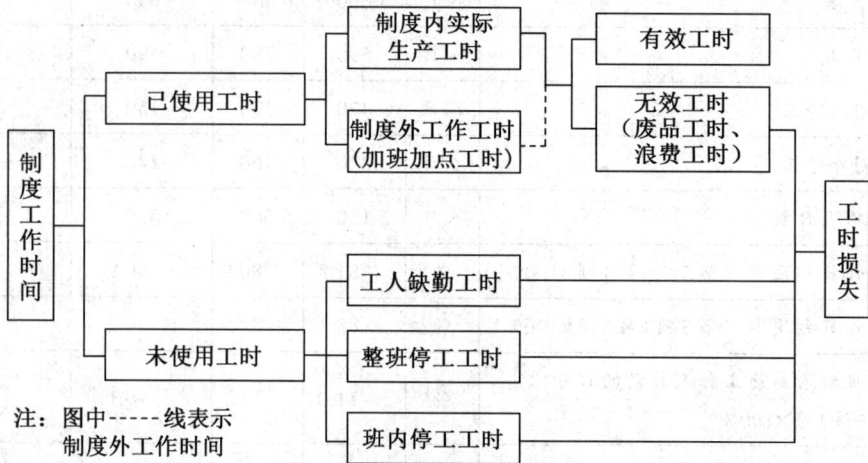

注：图中-----线表示
制度外工作时间

图8-2　制度工作时间和工时损失的关系

从图8-2可以看出，实际已使用工作时间是由制度内正常工作时间和制度外加班加点时间构成的。要增加生产工作时间，靠增加制度外加班加点时间是不可行的。因此，增加生产工作时间的正确途径是提高制度内工作时间的利用率，增加有效工时，减少制度内工作时间的浪费和损失。从图8-2还可以看出，未使用工时的损失主要是由缺勤和停工两个方面的原因造成的。缺勤包括全日缺勤和非全日缺勤，停工包括整班停工和班内停工。审计人员应根据考勤记录和工作记录的原始资料，进行审查分析。审计人员可计算作业率、制度时间利用率和加班加点比重，将本月实际数和计划数或上月数比较研究。

通常来说，作业率反映出勤工时数有百分之几用于实际生产作业。

$$作业率=\frac{制度内实际生产工时数（不包括加班加点工时）}{出勤工时数}\times100\%$$

制度时间利用率反映制度工时数有百分之几用于实际生产作业。

$$制度时间利用率=\frac{制度内实际生产工时数（不包括加班加点工时）}{制度工时数}\times100\%$$

或　　　　　　　　　　=出勤率×作业率

加班加点比重反映加班加点突击生产的情况，即加班加点工时占实际生产工时的百分比。这个指标越大，说明生产组织工作越不好。企业应努力控制这个指标的上升幅度。

$$加班加点比重 = \frac{加班加点工时数}{实际生产工时数(包括加班加点工时数)} \times 100\%$$

审计人员还可计算未使用工时及无效工时造成的经济损失，并查清有关人员的责任，促使被审计单位提高工时利用率。

【例8-6】根据大华工厂第一车间11月工时利用情况的有关资料，11月制度工时数共56 000工时（280×25×8），出勤工时总数为51 520工时（6 440×8），制度内实际生产工时数共43 760工时，加班加点720工时，可用表8-7进行审查分析。

表8-7　　　　　　　大华工厂第一车间11月工时利用和工时损失情况分析表　　　　金额单位：元

项　　目	工时数	工时损失的产值 （按上月每工时产值2.10元计算）
1.制度工时	56 000	
2.出勤工时	51 250	
3.制度内实际生产工时	43 760	
4.工时损失	13 880	29 148
（1）未使用时间	12 240	25 704
其中：①缺勤时间损失	4 480	9 408
②整班停工损失	6 240	13 104
③班内停工损失	1 520	3 192
（2）已使用时间的无效工时	1 640	3 444
其中：①完全废品的时间损失	860	1 806
②修复废品的时间损失	240	504
③技术组织原因工时损失	540	1 134
5.制度外工作时间（加班加点）	720	1 512
6.工时损失净额（第4项-第5项）	13 160	27 636
7.制度时间利用率（第3项÷第1项×100%）	78.14%	
8.作业率（第3项÷第2项×100%）	85.39%	
9.加班加点比重（第5项÷（第3项+第5项）×100%）	1.62%	

从表8-7可以看出，第一车间的作业率只有85.39%，即已出勤的工时中有14.61%的时间没有利用来生产；制度时间利用率只有78.14%，规定工作的时间中有21.86%未被用于生产。该厂由于原始资料不齐，没有能反映非全日缺勤损失的工时数（如女工哺乳，班内职工因病、因事和擅自离开工作岗位的工时损失，迟到、早退等损失的工作时间）。班内停工（非全日停工）损失是因调整、修理机器以及因临时故障、待料、停水、停电等造成的停工。计划内调整、修理机器是正常的，而其他原因造成的停工则是不正常的计划外停工，应重点审查其变动的原因。如有用于非生产性活动的时间，应查明具体原因，并分析是否合理，提出改进建议。第一车间还存在加班加点现象，这不但增加了工资支出，提高了生产成本，还影响了职工的身体健康，应建议采取措施，改变这种现象。

第一车间11月份冲抵加班加点时间后，其损失按上个月每工时可提供2.10元产值计算，因工时损失27 636元产品，审计人员应将该信息提供给被审计单位，促使其减少工时损失。

（三）工作效率的审查

工作效率指单位时间内完成的工作量或产量，工业企业一般以每小时完成的工作量或产量、产值表示，也就是每小时劳动生产率，它反映工作时间利用的成果。工作效率的高低直接影响产量和产值，提高工作效率是提高经济效益的基本途径之一。审查工作效率主要是将实际每小时的工作量（或产量）与计划数、上月、以前某一时期，或先进单位的工作效率比较，发现差距，进而审查产生差距的原因。

影响工作效率的因素很多，可分为外部环境因素和内部因素两大类。

外部环境因素包括客观的自然条件和社会环境条件。前者如气温、湿度、刮风、下雨、地形、地貌、地质条件等，它们对工业生产产生不同程度的影响。这种自然条件往往是一个企业目前难以改变的，但可以通过安装空调和去湿机、采取防雨防洪措施等减少其不利影响。交通、水、电、物资供应、文化、教育、医疗卫生条件、加工协作条件以及社会风气和道德风尚等社会环境条件对企业的生产、运作效率也有重大影响，企业应努力争取优良的社会环境条件，利用有利条件，避免、减少其不利影响。

影响工作效率的企业内部因素，主要有下列六个方面：（1）劳动对象方面，原材料的品种、规格、质量、供应数量、供应时间都直接影响工人的工作效率，因此，必须审查原材料的采购、保管工作情况，保质保量及时供应。审查方法已在第五章阐述。（2）劳动力方面，劳动力的思想觉悟、劳动态度、文化程度、技术水平、生产经验、身体健康程度等直接影响工人的工作效率。审查的方法第一节已叙述。（3）劳动手段方面，机器设备的质量以及机械化和自动化的数量、程度，与工作效率有密切关系，因此，审计人员要审查机器设备的利用情况。下一章将对此进行详细阐述。对于生产机械化、自动化对工作效率的影响，审计人员应主要审查本年度在哪些工序、生产环节上用机器代替了手工操作，设备是否经过更新改造，是否运用计算机进行生产和管理，机械化、自动化程度是否提高。审查中特别要注意是否存在某一工序、环节的机械化程度影响整个生产线效率的"瓶颈"工序和环节，审查后提出可行的改进建议。（4）工作环境方面，影响工作效率的除外部自然环境和社会环境外，企业内部的工作环境对其也有很大影响，如车间的温度、照明、噪声、灰尘、震动、油烟和其他干扰，审计人员若发现环境方面的不利条件，应建议被审计单位改进。（5）组织管理方面，审计人员应主要审查合理分配工作、合理调度、上下工作衔接等组织管理方面，对存在的问题提出改进建议。（6）政治思想工作方面，社会因素也影响职工的士气（积极性），如社会风气、家庭、企业中的人际关系、企业中的报酬形式、管理制度和生活条件等都影响职工的士气，有些可以靠改进经营管理解决，特别是加强政治思想工作可以使社会不良影响减少到最低限度。企业不能认为只要增加资金就可调动职工的积极性，这是因为金钱只能满足人们生活方面的需要，却不能满足人们社会性、心理上和事业心的需要，而加强政治思想工作可以在很大程度上满足人们的这些需要。审计人员可用调查表、座谈会、家庭访问等方法了解职工的思想情况，提出改善经营管理、加强政治思想工作的建议。影响工作效率的上述六个方面的因素是错综复杂的，隶属于同一层次网络状的大系统，很多问题牵涉到技术问题，审计人员需要邀请技术人员、管理人员和政工人员参加审查，依靠被审计单位的干部、群众，才能找到关键问题，提出有效提高经济效益的建议。

三、劳动生产率的审查

劳动生产率即单位劳动时间内的生产能力，通常用单位时间内生产的产品数量或生产单位产品所消耗的劳动时间来衡量。它反映了劳动者劳动成果与劳动消耗的对比关系。提高劳动生产率意味着单位产品上的活劳动与物化劳动的节约，也就是在单位劳动时间内能获得更多的产品。节约劳动消耗、提高劳动生产率是增加生产、提高经济效益的根本途径。因而，在审查劳动力利用效率时，应将劳动生产率的审查作为重点。劳动生产率审查的任务就是要查明劳动生产率水平的变动程度和发生变动的原因，并从实际出发提出进一步挖掘提高劳动生产率潜力的措施和建议。

（一）劳动生产率指标

1. 单位时间内生产的产品产量

$$劳动生产率 = \frac{产品产量}{劳动时间}$$

劳动时间可用年、季、月、日或小时表示，产品产量可用实物指标、货币指标表示，有时还可用定额工时表示。工业企业一般以每个劳动力一年或一个月的产量或产值表示劳动生产率，如每个工人一年的产值为 12 000 元。单位时间内的产量越多，劳动生产率就越高。产量同劳动生产率的高低成正比，因此这个指标也叫劳动生产率的正指标。

2. 单位产品耗费的劳动时间

$$劳动生产率 = \frac{劳动时间}{产品产量}$$

单位产品所消耗的劳动时间越少，劳动生产率就越高，劳动消耗量同劳动生产率的高低成反比，所以这个指标也叫劳动生产率的逆指标（反指标）。

3. 人均劳动生产率

人均劳动生产率是产量或产值和劳动者人数之比。在计算时，可以用每年、每月或每日的人均产量和产值计算。由于各种产品的产量不能加总，因此人均劳动生产率通常采用产值来计算，有时也可采用定额工时等可以加总的指标来计算。为了便于不同年度的比较，产值通常用不变价格表示。根据劳动力范围的不同，计算时可分别计算下列两种主要的人均劳动生产率指标：

$$全员劳动生产率 = \frac{工业总产值}{全部职工平均人数}$$

$$生产工人劳动生产率 = \frac{工业总产值}{生产工人（包括学徒）平均人数}$$

（二）劳动生产率审查的内容

（1）审查劳动生产率计划完成情况。利用有关资料，计算出上述各种劳动生产率指标的实际水平和计划水平，并进行对比，借以考核劳动生产率计划的完成程度。

（2）审查影响劳动生产率计划完成的各种因素。通过对各个因素进行替代分析，查明各个因素的影响方向和影响程度，以便分清主次，进一步查明具体原因，寻求提高劳动生产率的途径。

（3）将本期劳动生产率与上期（过去某时期或历史最高时期）的劳动生产率比较，审查劳动生产率的变动情况并分析其原因，挖掘提高劳动生产率的潜力。

（4）将被审计单位的劳动生产率与同类企业先进水平进行对比，审查它们之间的差距及造成这种差距的原因，以求在更大的范围内寻求进一步提高劳动生产率的途径。

（三）劳动生产率的初步审查

审查劳动生产率时要根据统计、会计和业务资料，分别计算全员劳动生产率和生产工人劳动生产率。审查工作通常分三步：（1）将实际劳动生产率和计划劳动生产率比较，审查劳动生产率计划完成情况；（2）将本期劳动生产率和上期（过去某时期或历史最高时期）的劳动生产率比较，分析劳动生产率的变动情况；（3）深入审查劳动生产率提高或降低的原因，并提出提高劳动生产率的建议。

【例8-7】大华工厂2023年总产值、职工人数的计划数、实际数、上年总产值、职工人数见表8-8。

表8-8 　　　　　　　　　　　大华工厂2023年劳动生产率分析表　　　　　　　金额单位：元

项　目	总产值	职工平均人数		劳动生产率	
		全员	其中：生产工人	全员	其中：生产工人
	(1)	(2)	(3)	(4) = (1) ÷ (2)	(5) = (1) ÷ (3)
1.上年实际	5 860 800	750	550	7 814.4	10 656
2.本年计划	8 175 492	840	647	9 732.7	12 636
3.本年实际	8 570 045	920	695	9 315.3	12 331
4.计划完成百分比（%）（第3项÷第2项×100%）	104.8	109.5	107.4	95.7	97.6
5.相当于上年百分比（%）（第3项÷第1项×100%）	146.2	122.7	126.4	119.2	115.7

审查分析如下：从表8-8中可以看出，2023年该厂的实际全员劳动生产率每人为9 315.3元，比计划9 732.7元降低4.3%，比上年提高19.2%。生产工人劳动生产率2023年为12 331元，比计划的12 636元降低2.4%，但比上年提高15.7%。全员劳动生产率和生产工人劳动生产率都没有达到计划要求，但均比上年有较大提高。工业总产值的增长，有时会受产品品种结构变动的影响，而这种影响同劳动效率并无直接的关系，因此在审查劳动生产率计划完成情况时，应从工业总产值中扣除产品品种结构变动的影响，这样才能正确反映劳动生产率变化程度及其原因。

通常按定额工时计算的产量完成百分比来计算品种结构变动对产值的影响。计算公式为：

$$\begin{array}{l}\text{品种结构变动} \\ \text{对产值的影响}\end{array} = \begin{array}{l}\text{计划} \\ \text{总产值}\end{array} \times \left(\begin{array}{l}\text{总产值计划} \\ \text{完成百分比}\end{array} - \begin{array}{l}\text{按定额工时计算的} \\ \text{产量完成百分比}\end{array} \right)$$

（四）影响劳动生产率的原因的审查

通过对劳动生产率完成情况的初步审查，只能了解劳动生产率变动的一般情况，还应进一步对影响劳动生产率变动的各因素进行审查。首先层层分解、深入解剖，找到各因素的影响方向、程度，然后就企业在某些方面存在的问题加以评价，提出解决问题、提高劳动生产率的建议。

1. 审查影响全员劳动生产率高低的因素

影响全员劳动生产率的因素主要有两个：一是生产工人占全部职工比重，工人所占的比重大，全员劳动生产率就高；二是生产工人劳动生产率的高低，生产工人劳动生产率高，则全员劳动生产率也就高。它们的关系如下：

全员劳动生产率＝生产工人占全部职工比重×生产工人劳动生产率

$$生产工人占全部职工比重＝\frac{生产工人人数}{职工总人数}×100\%$$

【例8-8】根据上述公式，分析【例8-7】大华工厂2023年全员劳动生产率比计划降低的原因。

$$本年实际生产工人占职工比重＝\frac{695}{920}×100\%=75.54\%$$

$$本年计划生产工人占职工比重＝\frac{647}{840}×100\%=77.02\%$$

表8-9正是用连环代替法分析的。从中可以看出生产工人比重和生产工人劳动生产率的变动对全员劳动生产率的影响程度。实际全员劳动生产率比计划降低417.4元，其中，因生产工人比重下降，使全员劳动生产率比计划降低187.5元，因工人劳动生产率比计划降低，使全员劳动生产率比计划降低229.9元。进一步应研究工人比重为什么变动，可用本章第一节分析劳动力变动的方法深入分析。至于实际生产工人劳动生产率为什么比计划降低也应深入分析。

表8-9   影响2023年全员劳动生产率的因素分析表

项　目	全　厂
1.生产工人占全部职工比重（计划）（%）	77.02
2.生产工人占全部职工比重（实际）（%）	75.54
3.生产工人劳动生产率（计划）	12 636
4.生产工人劳动生产率（实际）	12 331
5.全员劳动生产率（计划）	9 732.7
6.全员劳动生产率（按本年实际生产工人占全部职工比重、计划生产工人劳动生产率计算）（第2项×第3项）	9 545.2
7.全员劳动生产率（实际）	9 315.3
8.实际全员劳动生产率比计划增加或减少数（第7项－第5项）	−417.4
9.原因：（1）因生产工人比重变化（第6项－第5项）	−187.5
（2）因生产工人劳动生产率变动（第7项－第6项）	−229.9

2. 审查影响生产工人劳动生产率高低的因素

生产工人劳动生产率是指生产工人年劳动生产率，即每一个生产工人在一年内生产的平均产值。生产工人年劳动生产率受全年每个生产工人平均工作日数、每日平均工作小时数和每小时平均产值（小时劳动生产率）三个因素的影响，它们之间的关系可用下式表示：

生产工人年劳动生产率=全年平均工作日数×每日平均工作小时数×每小时平均产值

对影响生产工人年劳动生产率计划完成因素的审查，就是用连环替代法，查明每人平均工作日数、每日平均工作小时数和每小时平均产值的变动对生产工人年劳动生产率的影响程度，并加以评价。

【例8-9】大华工厂2023年计划规定：全年总产值为8 175 492元，生产工人平均工作300天，每天平均工作7.8小时，每小时产值5.4元，那么：

计划生产工人年劳动生产率=300×7.8×5.4=12 636

审查工人考勤记录和生产记录，实际全年总产值8 570 045元，生产工人工作总天数为205 025天，总工时为1 558 190小时，实际每个生产工人平均工作295天（205 025÷695），每天平均工作7.6小时（1 558 190÷205 025），每小时平均产值5.5元（8 570 045÷1 558 190），那么：

实际工人年劳动生产率=295×7.6×5.5=12 331

根据上述资料，生产工人年劳动生产率实际脱离计划的差异为：

12 331-12 636=-305

计算各因素的影响为：

（1）由于生产工人全年平均工作日数减少，使生产工人年劳动生产率减少：

（295-300）×7.8×5.4= -210.6

（2）由于每日平均工作小时数减少使生产工人劳动年生产率减少：

295×（7.6-7.8）×5.4= -318.6

（3）由于每小时平均产值增加使生产工人年劳动生产率增加：

295×7.6×（5.5-5.4）=+224.2

三个因素影响合计为：

-210.6+（-318.6）+224.2=-305

从上述分析可以看出，生产工人全年平均工作日总数减少使生产工人年劳动生产率降低210.6，这说明企业存在着计划外的整日停工和整日缺勤现象。每日平均工作小时数减少使生产工人年劳动生产率降低318.6，这说明企业还存在着工作日内计划外非全日性的停工和缺勤现象，这些问题的存在，需要进一步用第二节介绍的方法审查工作日利用情况和生产工人工时利用情况，找出具体原因，提出改善生产和劳动组织、加强劳动纪律、严格考勤等建议和应切实采取的措施，以充分有效地利用工作日和工作小时。每小时平均产值增加使生产工人年劳动生产率提高224.2，这说明生产工人在每工作小时内创造的价值提高了。企业可能在运用先进科学技术、生产工艺和设备以及改善劳动组织等方面，取得了成绩，创造了效益，这是应予肯定的。

四、全要素生产率

全要素生产率（TFP）是由索洛提出的，强调在产出增长中扣除投入增长及投入份额后的余量。全要素生产率通常是指劳动与资本两种要素之外其他所有能够实现经济增长的因素贡献的总和。全要素生产率涵盖技术进步、管理效率以及规模效应等诸多方面，是资源配置效率和市场竞争力的综合体现，逐步被引入企业的经济效益评价。

整体来看，影响全要素生产率的关键因素可分为宏观和微观两大类：宏观因素主要包括政策环境、金融与要素市场、对外贸易、市场化程度等；微观因素则包括人力资本、治理水平、创新投入等。

全要素生产率被提出及应用的重要意义在于：

（一）有利于衡量经济增长

全要素生产率是衡量经济增长的重要因素。从经济增长的角度看，经济增长可以归结为生产率与资本、劳动等要素投入的结果。从效率的角度看，生产率等于一定时间范围内国民经济中的产出与各种资源要素投入的比值。从本质上看，它反映的是一个国家或地区为发展经济在一定时期内表现出的能力和努力程度。全要素生产率的增长是作为一个余量计算出来的，是考虑了可以衡量的增长决定因素后剩下的产出增长量。

（二）有利于推动高质量发展

高质量发展是指经济发展能够更高程度体现新发展理念要求，解决发展不平衡、不充分问题，满足人民日益增长的美好生活需要，推动质量变革、效率变革、动力变革。在三大重要变革中，质量变革是主体，效率变革是主线，动力变革是基础，关键是切实、持续地提高全要素生产率，体现质量第一、效率优先的原则。这意味着全要素生产率是经济发展质量的重要标识和衡量，要想实现经济的高质量发展，必须提高全要素生产率。

（三）有利于政府决策

全要素生产率是宏观经济学的重要概念，也是分析经济增长源泉的重要工具。它可以帮助我们理解和解释经济增长率超过劳动力和资本等传统生产要素增长率的现象，从而为政府制定长期可持续增长政策提供重要依据。

全要素生产率的经典核算方法是索洛余值法。伴随着全要素生产率核算理论的发展，学者们通过放宽要素同质性假定、构建超越对数生产函数等对索洛余值法进行了深化和发展，并进一步发展了生产函数法（C-D 函数、CES 函数等）、随机前沿生产函数法（SFA）、数据包络法（DEA）以及固定效应（FE）法、OP法、LP法等。这些方法分别适用于宏微观层面的测度。

第三节　　固定资产利用效益审计

企业要进行生产，必须有各种劳动工具和房屋等劳动必需的物质条件，即设备等固定资产。企业如何合理地利用固定资产，提高设备的利用效率，是现代企业管理的一项重要任务。因此，对企业设备的利用情况进行审计，意义十分重大。一方面，可以促使企业对固定资产加强维护保养，使固定资产充分发挥作用；另一方面，可以促使机器设备等固定资产正常运行，增加产品产出，增加企业利润。同时，还可以发现固定资产使用上的薄弱环节，挖掘利用潜力，提高经济效益。

固定资产利用效益审查的主要内容有：（1）审查固定资产结构的合理性，固定资产增减变动的合法性、合理性和变动的原因，做出评价；（2）审查现有设备的利用情况，使现有设备能最大限度地投入使用；（3）审查设备的完好情况，提高设备完好率；（4）审查设备台时的利用情况，研究台时损失的原因，寻求提高台时利用率的措施；（5）审查设备能力的发挥程度，研究影响设备台时产量的原因，提高设备能力利用率；（6）挖掘设备利用的增产潜力。

一、固定资产组成和增减变动的审查

固定资产的数量、组成、分布、质量等直接影响企业生产经营的规模和效益。审查固定资产组成和增减变动合理性是固定资产利用效益审查的重要内容。

（一）固定资产组成的审查

固定资产组成或称固定资产结构，是指各类固定资产占固定资产总额的比重。企业的固定资产可分生产用固定资产、非生产用固定资产、租出固定资产、未使用固定资产、不需用固定资产、封存固定资产和土地等类，它们的结构比例是否合理直接影响经济效益。固定资产的结构合理，各种固定资产按一定比例有机配合，才能最大限度地发挥生产能力。审查固定资产组成要评定组成是否合理，并对结构不合理的状况提出改进建议。

【例8-10】根据某厂2023年固定资产明细账的资料，对该厂固定资产结构变动情况审查见表8-10。

表8-10 　　　　　　　　　　　　**某厂2023年度固定资产结构变动情况** 　　　　　金额单位：万元

项　　　目	年初数		年末数		比年初增减	
	原价	结构百分比（%）	原价	结构百分比（%）	金额	百分比（%）
	（1）	（2）	（3）	（4）	（5）=（3）-（1）	（6）=（4）-（2）
1.生产用固定资产	521.3	80.2	664.0	83.0	+142.7	+2.8
①房屋	169.0	26.0	225.6	28.2	+56.6	+2.2
②建筑物	22.1	3.4	20.0	2.5	-2.1	-0.9
③动力设备	35.1	5.4	35.2	4.4	+0.1	-1.0
④传导设备	6.5	1.0	6.4	0.8	-0.1	-0.2
⑤工作机器及设备	197.6	30.4	265.6	33.2	+68.0	+2.8
⑥工具仪器生产用具	26.0	4.0	35.2	4.4	+9.2	+0.4
⑦运输设备	35.1	5.4	36.0	4.5	+0.9	-0.9
⑧管理用具	29.9	4.6	40.0	5.0	+10.1	+0.4

续表

项　目	年初数		年末数		比年初增减	
	原价	结构百分比（%）	原价	结构百分比（%）	金额	百分比（%）
	（1）	（2）	（3）	（4）	（5）=（3）-（1）	（6）=（4）-（2）
2.非生产用固定资产	68.9	10.6	96.0	12.0	+27.1	+1.4
3.租出固定资产			6.4	0.8	+6.4	+0.8
4.未使用固定资产	41.6	6.4	3.2	0.4	-38.4	-6.0
5.不需用固定资产	18.2	2.8	24.0	3.0	+5.8	+0.2
6.封存固定资产			6.4	0.8	+6.4	+0.8
7.土地						
总计	650	100	800	100	+150	

从表8-10可以做出评价，该厂2023年度固定资产（按原价计）增加了150万元，主要因增加了生产用固定资产142.7万元，使生产用固定资产所占的比重由年初的80.2%增加到83.0%，这是好的现象；未使用固定资产年初有41.6万元，本年内减少了38.4万元，年末只有3.2万元，说明未使用固定资产已投入使用，其中6.4万元已出租，这是固定资产投入使用的好现象；不需用固定资产，年内增加了5.8万元，经了解，因甲产品停产，有些专用设备不需要了，建议该厂尽快处理；非生产用固定资产年内增加了27.1万元，所占的比重由10.6%增加到12.0%，增加了1.4%，经了解，主要因生产业务发展，外商经常来联系洽谈，因此，新修了一幢招待所，看来也是必要的。总的来说，该厂固定资产结构比年初更为合理，固定资产的用途有所改进。

（二）固定资产增减变动的审查

固定资产结构变动的审查只揭示了各类固定资产的增减情况。到底哪些固定资产项目发生了变动，应深入审阅固定资产的明细账。审查的方法如下：

1.计算固定资产增长率，并与产值增长率比较

固定资产增长率反映本期增加的固定资产占期初固定资产的百分比。一般来说，固定资产增长率越大越好。当然，只看固定资产增长率还不够，应当将固定资产增长率与产值增长率比较，看产值是否和固定资产同步增长。如果产值增长率赶不上固定资产增长率，一般说明新增的固定资产没有充分发挥作用，应进一步检查新增固定资产为什么不能充分发挥作用，并提出审计建议；还应当深入检查增加的固定资产是否属于企业必备的资产，有无购入不适用、不必要固定资产的情况，如有，应分析原因，提出意见。

2.深入检查固定资产增减的原因

审计人员应对增减变化的主要固定资产逐一检查其原因，除了审阅账面资料外，还应找有关人员了解固定资产的来源和去路，增减原因是否合法、合理，是否影响企业的生产和经济效益等。

（三）从总体上审查固定资产的质量

通过计算固定资产的更新率、退废率、磨损率和净值率等指标，研究固定资产总体的质量是否良好。

1. 固定资产更新率

固定资产更新率反映本期更新的固定资产占期末固定资产的百分比。更新的固定资产指本期增加的新固定资产，但不包括调入的旧固定资产。更新率高，说明固定资产的生产能力有较大改善，这为今后增产创造了条件。

$$固定资产更新率 = \frac{本期更新固定资产的原价}{期末固定资产原价} \times 100\%$$

2. 固定资产退废率

固定资产退废率反映期初固定资产有百分之几已经报废和处理。退废率高可能因陈旧不堪的固定资产多，也可能因固定资产不符合本企业需要，所以将其调出处理。

$$固定资产退废率 = \frac{本期报废清理和调出的固定资产原价}{期初固定资产原价} \times 100\%$$

计算退废率时也可只按报废清理的固定资产计算，即上式分子中不包括调出的固定资产。

3. 固定资产磨损率

固定资产磨损率即已计提的固定资产折旧额占固定资产原价的百分比，反映固定资产磨损的程度。磨损率高，说明固定资产陈旧，使用性能已比较差。因为一般来说，旧固定资产的性能、使用价值不及新的。

$$固定资产磨损率 = \frac{期末固定资产累计折旧账户余额}{期末固定资产原价(不含土地)} \times 100\%$$

4. 固定资产净值率

固定资产净值率即固定资产净值（固定资产原价减去已计提折旧）占原价的百分比，反映固定资产的新旧程度。净值率高，说明固定资产新、使用性能高。

$$固定资产净值率 = \frac{期末固定资产原价(不含土地)减去已计提折旧金额}{期末固定资产原价(不含土地)} \times 100\%$$

二、设备利用情况的审查

企业的机器设备很多，如动力设备、传导设备、工作机器及设备、运输设备等。机器设备是工业企业的主要固定资产，它与经济效益有密切关系，因此要作为审查的重点。审查设备的利用情况主要从两方面入手：一是审查设备是否完好，用设备完好率考核；二是审查企业的设备是否开动，用设备使用率考核。

（一）设备完好率的审查

设备完好率是指机器设备技术状态完好，能正常运转的设备台数占在册设备总台数的百分比，它是表示机器设备技术状态完好程度的指标。通常对主要生产设备要计算设备完好率，进一步检查分析设备不完好的原因，并提出加强维修、合理使用设备、增加产量的建议。

设备完好的标准由该种设备的技术要求决定。例如，机械设备完好的要求是性能良好，达到设计标准，精度能满足生产需要，运转正常，零部件、附件和仪表完整，原料、燃料、油料消耗正常。

凡不符合上述标准就是不完好的设备。设备完好率越高，说明可以正常运转的设备越多。一般来说，设备完好率不太可能达到100%，因为企业的设备（全部是新设备或者只拥有一二台设备的除外）总会有一些要停机检修，定期计划检修是正常现象。如果只顾眼前使用，该检修的不检修，设备带病作业，就可能造成设备的严重损坏，甚至提前报废。

设备完好率是反映修理保养质量和操作是否正常的重要指标。根据审计分析的需要可以计算某日设备完好率、某一时期设备完好率或某台设备完好率，这三个指标各有各的用途，审计人员可以根据需要选用。

1. 某日设备完好率

$$某日设备完好率=\frac{某日技术完好的设备台数}{该日在册设备总台数}×100\%$$

计算某日设备完好率便于与计划比较，与以前期间某一日比较，或与兄弟单位该类设备的完好率比较，通过比较发现差距，进一步找出原因，以便改进。

2. 某一时期设备完好率

$$某一时期设备完好率=\frac{该时期技术完好的设备台班数}{该时期全部在册设备的台班数}×100\%$$

上述公式中的台班数即台数和班数的乘积。如5台车床，各开2班，即为10个台班。计算某一时期设备完好率可以在各单位各时期间进行比较，以便找出差距，分析原因。

【例8-11】第三车间实际在册车床共18台，11月份25天（已减除休假日），其中有1台车床正在大修，不能进行作业；有2台分别因故障修理了8天和6天，其余15台技术完好（不管它是否每天开动）。该车间实行日夜两班生产，则：

$$该车间车床11月份的完好率=\frac{15×25×2+1×(25-8)×2+1×(25-6)×2}{18×25×2}×100\%$$

$$=\frac{822}{900}×100\%=91.33\%$$

3. 某台设备完好率

$$某台设备完好率=\frac{某时期某台设备技术完好的台班数}{该时期该台设备总台班数}×100\%$$

计算这一指标可在各台设备间评比维护保养质量和操作中是否精心爱护，也可在该台设备各月份间进行比较。

【例8-12】某厂2号磨床，11月份25个工作日，其中4天因故障而停工，该厂每天只开1班。则：

$$2号磨床11月份的完好率=\frac{(25-4)×1}{25×1}×100\%=84\%$$

计算完好率时，不论该台设备是否启动，只要技术状态完好就应算入完好台数中。计算完好率后，还应进一步审查设备不完好的原因，以便采取措施，提高完好率。

企业的全部设备可分为技术完好和不完好两个部分，不完好的设备可能带病工作，也可能停机修理。停机修理的原因主要有五种：（1）根据检修计划正常修理；（2）操作不善损坏；（3）上次修理质量不好而返修；（4）设备制造质量差而损坏；（5）缺乏零配件而无法修复。对停机修理的设备要深入审查，分清责任，采取相应措施。

（二）设备使用率的审查

企业在册的生产设备并不一定都在使用，有些设备可能还没有安装，有些设备虽已安装，却是备用设备，平时并不使用，还有些设备损坏在修，也没有使用。

反映设备数量利用程度的指标一般有三个：

$$全部设备使用率=\frac{实际使用设备台数}{在册设备总台数}\times100\%$$

$$现有设备安装率=\frac{已安装设备台数}{在册设备总台数}\times100\%$$

$$已安装设备使用率=\frac{实际使用设备台数}{已安装设备台数}\times100\%$$

审查设备数量利用情况时，主要审查全部设备使用率或已安装设备使用率指标。

【例8-13】某工厂共有车床22台，其中未安装的车床2台，已安装的车床20台，11月实际使用的车床18台，可计算车床使用率如下：

$$全部车床使用率=\frac{18}{22}\times100\%=81.8\%$$

$$现有车床安装率=\frac{20}{22}\times100\%=90.9\%$$

$$已安装车床使用率=\frac{18}{20}\times100\%=90\%$$

该企业全部车床中有18.2%没有利用。该指标可与计划、上月或去年同期比较，并应进一步查明4台车床没有利用的原因。

三、设备时间利用情况的审查

要充分利用设备，只审查分析按台数计算的设备使用率还不够，因为它只能说明百分之几的设备在使用，却不能说明这些设备一年（月、天）中是否充分利用。因此还必须审查设备工作时间的利用情况，即设备时间利用率。设备时间利用率是指设备实际作业时间占全部可利用设备时间的比例。

企业生产设备的运转时间通常只占日历时间的一部分。因为一年中节假日一般不开工，一天有时只开两班或一班，工作交接班时要停一定的时间，在制度时间中也有计划检修时间和计划停台时间（如计划停电），还有计划外的临时停台时间（如临时停电、停水、缺工具、临时故障、没有任务而停机）。在实际使用台时（台时是台数和小时数的乘积，如2台设备开5小时，就是10台时）中有时还生产废品，废品台时完全是损失浪费。

日历台时数=日历天数×24小时×设备台数（可用已安装设备台数或实际使用设备台数）

制度台时数=制度开工天数×制度每天开班数×每班开工小时数×设备台数

制度台时数反映现行制度下时间利用的最高值。

反映设备时间利用率的指标有：

（1）日历时间利用率$=\dfrac{实际工作时间(日)}{日历时间}\times100\%$

（2）制度台时利用率$=\dfrac{实际使用中台时数}{设备的制度台时数}\times100\%$

计算制度台时利用率时，可用已安装设备的制度台时数，也可用实际使用设备的制度台时数，一般用后者计算较多。

（3）计划开工设备台时利用率 $= \dfrac{实际使用台时数}{计划开工台时数} \times 100\%$

（4）设备轮班率 $= \dfrac{一定时期设备工作台班数}{该时期内实际使用设备数} \times 100\%$

该指标反映设备在一定时期内平均每天工作的班数，也反映了设备的时间利用情况。

【例8-14】某企业使用的20台设备中，每天工作1班的有2台，每天工作2班的有8台，每天工作3班的有10台，则：

每天设备工作台班数 $=1 \times 2 + 2 \times 8 + 3 \times 10 = 48$（台班）

设备轮班率 $= \dfrac{48}{20} = 2.4$（班）

这表明平均每台设备每天工作2.4班。与制度三班制相比，设备的平均使用率只有80%。

审计时，要将设备的实际利用情况与计划或上月比较，通过比较研究设备利用率提高或降低的原因。

四、设备生产能力利用情况的审查

设备生产能力就是设备在一定时期内所生产产品的产量。反映设备生产能力的指标有：设计生产能力（理论生产能力）、实际生产能力和计划生产能力等。审查设备生产能力利用情况，就是要求查明企业设备目前实际生产能力平均达到的水平，并把它同计划生产能力、设计生产能力进行比较，揭示其中的差距，挖掘提高设备生产能力利用率的潜力。

反映设备生产能力利用情况的指标主要是计划生产能力实现程度和设计生产能力利用率。计算公式如下：

计划生产能力实现程度 $= \dfrac{实际生产产量}{计划生产产量} \times 100\%$

设计生产能力利用率 $= \dfrac{实际生产产量}{设计生产能力} \times 100\%$

在计算这些指标时，如果对比指标（如实际与计划）所使用的设备数量不同，那么这些指标就需要以单位设备的生产能力来表示。按单位设备的生产能力进行对比，能正确地反映设备生产能力的利用率。单位设备的生产能力以单位时间的产量即每台时产量来表示，计算公式如下：

每台时产量 $= \dfrac{产品产量}{设备作业时间(台时)} \times 100\%$

由于各工业部门使用的生产设备不同，因此表示生产能力的指标也不同，如织布机用每台时坯布产量（米）表示，铸铁车间用每平方米（包括修理工段、工具库、车间办公室等面积）的铸铁件产量（吨）表示。

【例8-15】某工厂2023年11月份及10月份车床利用的有关资料见表8-11。

表8-11   车床利用情况分析表（2023年11月）

项 目	单位	本月数	上月数	比上月增减
1.在册车床台数	台	22	22	
2.未安装车床台数	台	2	4	-2
3.已安装车床台数	台	20	18	+2
4.本月实际使用车床台数	台	18	16	+2
5.制度开工天数	天	25	25	
6.计划开工天数	天	24	23	+1
7.每天制度开工小时数	小时	15.5	15.5	
8.已安装车床的制度台时数（第3项×第5项×第7项）	台时	7 750	6 975	+775
9.实际使用车床的制度台时数（第4项×第5×第7项）	台时	6 975	6 200	+775
10.实际使用车床的计划开工台时数（第4项×第6项×第7项）	台时	6 696	5 704	+992
11.实际开工台时数	台时	6 300	5 400	+900
12.本月产量	件	69 300	64 800	+4 500
13.全部车床使用率（第4项÷第1项×100%）	%	81.8	72.7	+9.1
14.已安装车床使用率（第4项÷第3项×100%）	%	90.0	88.9	1.1
15.已安装车床的制度台时利用率（第11项÷第8项×100%）	%	81.3	77.4	+3.9
16.实际使用车床的制度台时利用率（第11项÷第9项×100%）	%	90.3	87.1	+3.2
17.实际使用车床的计划开工台时利用率（第11项÷第10项×100%）	%	94.1	94.7	-0.6
18.每台时产量（第12项÷第11项）	件	11	12	-1
19.每台实际使用车床开工台时数（第11项÷第4项）	台时	350	337.5	12.5

从表8-11可以看出，11月份的车床实际开工台时比上个月增加900台时，本月份车床利用率、台时利用率都比上个月提高，但本月每台时产量却比上个月减少了1件，应进一步审查其原因。

五、审查设备利用对产量的影响和增产的潜力

工厂产量（产值）的多少与机器设备的数量、开工时间和设备的生产能力有密切关系。审查设备利用对产量（产值）的影响，探讨充分利用设备的途径，就可能提出挖掘设备增产潜力的建议，使工厂产量增加。机器设备利用和产量的关系如下：

总产量=生产设备的数量×每台设备开工时间×每台时的产量

审查时要将本月实际数和计划数或上月数对比。

【例8-16】现以表8-11的资料为例，11月份该厂产量为69 300件，上个月产量为64 800件，11月比上个月增产4 500件。从机器设备利用的角度分析增产原因，它受到车床台数、平均每台开工时间和每台时生产效率三个因素的影响（见表8-12）。

表 8-12   本月和上月车床利用与产量的关系表

项目	实际使用车床台数 （台）	每台开工台时 （台时）	每台时产量 （件）	总产量 （件）
	（1）	（2）	（3）	（4）=（1）×（2）×（3）
上月	16	337.5	12	64 800
本月	18	350.0	11	69 300
本月比上月增减	+2	+12.5	-1	+4 500

可用差额计算法分析各因素对产量的影响程度如下：

（1）由于本月车床比上月增加2台，使产量增加：

（18-16）×337.5×12=+8 100（件）

（2）由于本月每台开工时间比上月增加12.5台时，使产量增加：

18×（350-337.5）×12=+2 700（件）

（3）由于本月每台时产量比上月减少1件，使产量减少：

18×350×（11-12）=-6 300（件）

各因素影响合计=8 100+2 700-6 300= +4 500（件）

深入分析原因，可以挖掘车床生产潜力：

（1）车床时间利用上的增产潜力。可以发现本月实际使用车床的制度台时利用率只有90.3%，有675台时（制度台时6 975台时-实际开工6 300台时）停工未使用。根据停工的原始记录检查，有279台时是因停电而停工，这是外部影响；但有396台时是因缺乏材料、车床故障等原因而停工，这是不必要的停工。平均每台车床停22小时（396÷18），这就是车床时间利用上的潜力。如果做好组织工作，就可防止停工待料、故障停工等不必要的停工，使车床的产量增加。

车床时间上的增产潜力=使用车床台数×每台时间潜力（消除不必要停工时间）×实际每台时产量

=18×22×11=4 356（件）

（2）消灭废品的增产潜力。废品台时是工厂的损失，如果减少和消灭废品，这部分台时就可用于增产。经查，废品台时数达到200台时，则车床消灭废品的增产潜力为：

车床消灭废品的增产潜力=废品台时数×实际每台时产量=200×11=2 200（件）

（3）车床生产能力上的增产潜力。将车床的生产能力与车床设计能力、本企业历史最高水平或先进单位的生产水平比较，其差额就是车床生产能力上的增产潜力。实际本月每台时产量为11件，据了解该厂历史最高水平每台时产量为14件，则车床生产能力上每台时增产潜力为：

车床生产能力上每台时增产潜力=每台时产量的先进水平-目前每台时产量

=14-11=3（件/台时）

车床生产能力上的增产潜力=（车床实际开工数+车床时间潜力）×车床生产能力上每台时增产潜力

=（6 300+396）×3=20 088（件）

将以上三项加总就可得到车床增产潜力：

车床增产潜力=车床时间上的增产潜力+车床消灭废品的增产潜力+车床生产能力上的增产潜力

$$=4\,356+2\,200+20\,088=26\,644（件）$$

消除不必要的停台，消灭废品，使车床能力达到设计能力或先进水平，就可增产 26 644 件产品。审计人员应进一步研究采用什么措施可以消除不必要的停台，研究消灭废品的措施，并使车床达到设计能力或先进水平，然后向被审计单位提出审计建议。

第四节　　原材料利用效益审计

原材料利用（消耗）效益的审查，目的是挖掘节约用料、提高原材料利用率的潜力。审查的内容主要是对原材料的消耗情况、原材料综合利用效益和新材料利用效益的审查。

一、原材料消耗情况的审查

材料费占产品成本的比重往往较大，减少材料消耗量对降低成本、提高经济效益有重要意义。审查原材料消耗情况就是要审核材料消耗指标的完成情况，评价材料消耗节约或超支，研究节约材料的途径。

考核原材料消耗情况的指标在不同的企业并不相同，主要有三类：单位产品原材料消耗量、原材料利用率和产品出产率。现分别阐述这三类指标完成情况的审查方法。

（一）单位产品原材料消耗量的审查

单位产品原材料消耗量，简称单耗，是指每生产单位产品平均消耗某种原材料的数量。其计算公式为：

$$单位产品原材料消耗量=\frac{某产品原材料消耗总量}{该产品产量}$$

这里分母是指一定时期生产验收合格入库的产品数量，分子是同期实际耗用的原材料数量。

一般情况下，单耗越低越好，审查时将实际单耗与计划单耗（通常为消耗定额）相比较，或与以前某期的单耗比较，或与兄弟单位的先进指标比较，通过比较可以看出单耗是降低还是增加，进而分析原因，挖掘降低单耗、提高材料利用水平的潜力。

审查时，除了将单耗的绝对数用于比较外，还要计算材料消耗定额完成程度和材料节约量。

$$材料消耗定额完成程度=\frac{实际单耗}{消耗定额}\times100\%$$

上式算出的百分比越低越好，如超过100%，就说明实际单耗超过了消耗定额，材料使用超支。

如果多种产品消耗同一种材料，材料消耗定额完成程度要按下列公式计算：

$$材料消耗定额完成程度=\frac{\sum 各种产品的材料实际消耗量}{\sum 各种产品按消耗定额计算的材料消耗量}\times100\%$$

为了挖掘潜力，要计算材料节约量，计算公式如下：

材料节约量=实际材料消耗总量-计划材料消耗总量

或　　　　　　　=实际产量×（实际单耗-计划单耗）

上式计算结果如为正数，反映超支的材料数量。审计人员还可计算节约（或超支）材料可增产（或减产）的产品数，计算节约（或超支）材料的经济效益。

$$节约（或超支）材料可增产（或减产）产品数=\frac{节约（或超支）材料总量}{材料实际单耗（或消耗定额）}$$

【例8-17】某机械厂用钢材生产甲、乙、丙三种产品，11月份的产量及钢材消耗情况见表8-13。

表8-13　　　　　　　　　　　产量及钢材消耗情况分析表

产品名称	产量（件）	每件消耗量（千克）		各产品消耗定额完成率（%）	总消耗量（千克）		节约（−）或超支（+）（千克）	
		定额	实际		定额	实际	单耗	总耗
	(1)	(2)	(3)	(4)＝(3)÷(2)×100%	(5)＝(1)×(2)	(6)＝(1)×(3)	(7)＝(3)−(2)	(8)＝(6)−(5)
甲	11 000	4	3	75.0	44 000	33 000	−1	−11 000
乙	6 000	5	7	140.0	30 000	42 000	+2	+12 000
丙	2 000	7	4	57.1	14 000	8 000	−3	−6 000
合计	—	—	—	—	88 000	83 000	—	−5 000

从表8-13第（4）栏可以看出，钢材消耗定额完成情况以丙产品最好，实际单耗只为消耗定额的57.1%；其次为甲产品，实际单耗为消耗定额的75%；乙产品最差，实际单耗超过消耗定额的40%。全厂钢材消耗定额的完成程度为：

$$全厂钢材消耗定额完成程度=\frac{83\,000}{88\,000}×100\%=94.3\%$$

该厂11月份共节约钢材5 000千克。但从个别产品看，甲产品每件节约1千克钢材，共节约11 000千克钢材；丙产品每件节约3千克钢材，共节约6 000千克钢材；但乙产品每件超支2千克钢材。审计人员应计算节约的钢材可以增产产品的潜力。

本例11月份节约钢材5 000千克，可全部用于增产甲产品。如按实际单耗计算，可增产甲产品1 666件（5 000÷3）；如按消耗定额计算，可增产甲产品1 250件（5 000÷4）。

审计人员应进一步审查研究甲、丙产品单耗为什么降低，以便总结经验，巩固推广。特别是要研究乙产品单耗为什么超支，以便针对原因采取措施，降低消耗。

企业原材料的消耗由三个部分组成，即有效的消耗、工艺性损耗以及非工艺性损耗。有效的消耗是指构成产品（零件）净重部分的材料消耗，也是保证产品达到规定的功能和技术要求所必需的材料消耗。工艺性损耗是指在准备过程和加工过程中，由于工艺技术的原因而产生的原材料损耗，如机械加工中的铁屑、锻造中的飞边、铸造过程中产生的烧损、材料加工准备过程中产生的料头、边角料等。非工艺性损耗指由于技术上和非技术上的原因而造成的材料损耗，如废品损失、运输损耗、保管损耗等。其中有的属于正常的，是在一定的生产技术组织条件下不可避免的；有的则属于非正常的，如因管理不善、使用不当造成的损耗，是可以避免而未能避免的，如由于操作人员的责任心不强或不按规定的技术要求操作而产生的废品，或由于野蛮装卸造成运输中的废损等。

以上原材料消耗的三个组成部分中任何一个部分发生变动都会影响消耗定额的完成情况。上例中乙产品没有完成定额，审查其原因，见表8-14。

表8-14   乙产品用钢超耗原因   单位：千克

单耗构成	定额	实际	差异
乙产品单耗	5	7	+2
其中：产品中钢材净重	4	4	0
生产和工艺废料	0.9	1.2	+0.3
废品损失耗料	0.1	1.8	+1.7

通过审查可以发现，乙产品没有完成定额，每件乙产品实际比定额超支2千克，这是由于生产和工艺废料实际比定额增加0.3千克和废品损失耗料增加1.7千克。针对这些问题，审计人员还可以进一步从生产过程的各个阶段来审查这些问题究竟存在于哪个环节，以便对症下药，提出切实可行的改进意见。

审计人员可在有关技术人员的协助下，检查各加工阶段材料节约或超支的具体原因，检查时一般可从以下几个方面找原因：

（1）审查产品设计及加工工艺方法有无变动。如果产品设计改变，在保证产品质量的前提下，使产品的体积由大变小，重量由重变轻，结构由繁到简，因此节约了材料的消耗，这种变动是企业工作中的成绩，应予肯定。但如果在材料加工过程中生产工人不按规定的工艺和方法加工，以致增加了工艺废料，导致材料消耗超过定额，审计人员应建议企业加强遵守纪律和勤俭节约的思想教育，同时严格实行奖惩制度。

（2）审查材料配方和材料质量是否有变化。如果企业针对市场原材料行情的变化，改变了原材料的配方，在不改变产品性能和质量的前提下，减少或不用紧俏价贵的材料，采用或代用易于购买、价格低廉的材料，因此节约了原材料的消耗，这是应予肯定的；但如果企业采用的材料质量低下，这样不但会增加材料的加工余量，还容易造成加工中的废品，因而是不可取的，审计人员应予指出。

（3）审查机器设备的性能和生产工人技术水平状况如何。如果机器设备性能差、生产工人技术水平低，这样就不可避免地会增加材料加工过程中的废料，也容易形成废品损失，因此单位产品材料的消耗量就会增加。针对这种情况，审计人员可以建议企业尽量采用性能较好、效率较高的新机器设备，同时建议企业加强职工的技术培训，提高生产工人素质。

通过以上几个方面的审查，审计人员可以帮助企业挖掘提高原材料利用率、降低单位产品原材料消耗量的潜力，提出切实可行的建议。

（二）原材料利用率的审查

原材料利用率的审查是指产品中包含的原材料重量（或有效含量）与原材料消耗总量之比，反映原材料的有效利用程度。计算公式为：

$$原材料利用率 = \frac{产品中包含的原材料重量}{生产该产品的原材料消耗总量} \times 100\%$$

　　原材料利用率越高越好。审查时要将实际指标同计划利用率（材料利用定额）对比，计算材料利用率定额完成程度，并计算材料节约（或超支）量和节约的经济效益（或超支损失额）。

$$材料利用率定额完成程度=\frac{实际利用率}{计划(定额)利用率}\times100\%$$

　　上式算出的百分比越大越好。如低于100%，说明原材料利用率低于定额，浪费了材料。

$$材料节约量（-）=本期材料消耗总量-\frac{本期产品中包含的原材料重量}{计划(定额)利用率}$$

　　上式计算结果如为正数，表示材料超支的数量。

　　节约材料可增产的产品数=材料节约量×该材料计划（或实际）利用率

　　审查时还可将实际利用率与历史数据比较，或与先进单位的利用率比较，并应进一步检查研究材料利用率变动的原因。

　　【例8-18】某锁厂用铜生产铜锁，12月份共耗铜4 800千克，加工成铜锁36 000把，铜锁共重3 600千克，铜材定额利用率为80%，规定每把铜锁重0.1千克。审计人员可审查如下：

$$该厂铜材实际利用率=\frac{3\,600}{4\,800}\times100\%=75\%$$

$$铜材利用率定额完成程度=\frac{实际利用率}{定额利用率}\times100\%=\frac{75\%}{80\%}\times100\%=93.75\%$$

　　铜材利用率低于定额，说明浪费了铜材。

$$铜材超支数=实际用铜量-\frac{产品中含铜量}{定额利用率}=4\,800-\frac{3\,600}{80\%}=+300（千克）$$

　　本月超支铜材300千克。

　　如按定额利用率计算：

　　超支铜材的利用数量=超支铜材×铜材定额利用率

$$=300\times80\%=240（千克）（可构成铜锁实体的重量）$$

　　按每把铜锁重0.1千克计算，由于铜材超支，本月少生产了铜锁2 400把（240÷0.1）。

　　审计人员应将上述计算结果向被审计单位提出，并帮助被审计单位查明铜材超支消耗的原因，提出节约用铜、增产铜锁的建议。

（三）产品出产率的审查

　　产品出产率，或叫产品收得率，这也是材料利用率的指标。榨油、制糖、冶炼等工业常用产品出产率反映材料的利用情况，它是产品产量占原材料消耗总量的百分比，说明消耗一定数量的材料能获得百分之几的产品。出产率实际是单耗的倒数。出产率越高，单位产品所消耗的原材料就越少，说明材料的利用率就越高。在保证产品质量的前提下，出产率越高越好。

$$产品出产率=\frac{产品产量}{材料消耗总量}\times100\%$$

$$产品出产率定额完成程度 = \frac{实际产品出产率}{计划(定额)产品出产率} \times 100\%$$

产品出产率定额完成程度越大越好。如低于100%，说明出产率降低，浪费了材料。

$$材料节约量（-）= 本期实耗材料总量 - \frac{本期实际产量}{计划(定额)产品出产率}$$

审查时要计算产品出产率、产品出产率定额完成程度、材料节约（或超支）量，审查方法和材料利用率的审查类似。审查时还可计算由于产品出产率变动而增产（或减产）的产品量，从而评价出产率变动对经济效益的影响。

$$\begin{array}{l}产品出产率变动 \\ 对产量的影响\end{array} = \begin{array}{l}本期实耗 \\ 材料总量\end{array} \times \left(\frac{本期实际产量}{实耗材料总量} - 计划(定额)产品出产率 \right)$$

上式结果如为正数，说明产品出产率提高使产量增加的数量；如为负数，说明出产率低于计划（定额）使产量减少之数。

二、原材料综合利用效益的审查

企业在生产中会产生料头、料尾、边角余料，这些"废料"可以综合利用，用来生产副产品。审计人员可以审查废料的利用情况，研究提高材料综合利用效益的途径。审查主要从下列三方面进行：

（一）审查材料综合利用的进展情况

审查时用下列指标：

$$废料利用率 = \frac{副产品中废料重量}{废料总重量} \times 100\%$$

$$原材料综合利用率 = \frac{原材料重量 + 副产品中废料重量}{原材料消耗总量} \times 100\%$$

审查原材料的综合利用情况，可以将这两个指标值同上年同期、上期或同行业先进水平进行比较，找出其中差距，揭示产生这种差距的原因，以便向企业有关部门提出建议，采取措施提高原材料的综合利用程度。

（二）审查副产品产值占主产品产值的比重

$$副产品产值占主产品产值的比重 = \frac{副产品产值}{主产品产值} \times 100\%$$

上述百分比越高，说明综合利用工作开展得越好。如果企业没有利用废料生产副产品，就应进一步检查分析，是领导思想问题，还是技术问题，或有其他具体困难，进而提出审计意见。

（三）审查材料综合利用取得的效益

开展材料综合利用，需支出一定的加工费用，但副产品的销售收入往往超过废料价值的若干倍，企业因此可以获得利润，提高经济效益。审计人员可以计算生产副产品的纯收入。

生产副产品的纯收入 = 副产品销售收入 - （废料价值 + 副产品加工费用）

上式计算如为负数，说明生产副产品经济上不合算，一般可停止副产品的生产。但是，也不能机械地停产，要联系其他因素全面综合衡量，如副产品对国计民生、"三废"治理、环境保护等因素的影响。

三、新材料利用效益的审查

为了提高经济效益，企业常采用新材料生产产品。有时，由于某种材料昂贵和稀缺，常采用代用品。在作决策前，应当先审查使用新材料（或代用材料）的经济效益，然后决定取舍。

选用新材料（或代用材料）时要考虑下列因素：（1）选用的新材料（或代用材料）供应要有保证，价格一般要低于原来使用的材料；（2）采用新材料后，产品的使用效果、性能有所改善，或者不受影响或影响甚微；（3）采用新材料后机器设备改装费、工艺调整、工人培训的费用要低于采用新材料获得的收益。决策时要综合上述几个因素全面衡量，再决定取舍。

【例8-19】某厂准备用塑料代替铜生产某种零件，有三种塑料可用，各种塑料的需要量、单价、应摊的机器设备改装费和工人培训费见表8-15。

表8-15　　　　　　　　　　　　**某零件选用新材料的分析表**

新材料名称	单耗（千克）	单价（元/千克）	每个零件的材料价值（元）	每个零件应摊的改装费和工人培训费（元）	每个零件的新材料成本（元）	对零件性能的影响
	(1)	(2)	(3) = (1) × (2)	(4)	(5) = (3) + (4)	(6)
1号塑料	0.4	8	3.20	0.20	3.40	无
2号塑料	0.3	9	2.70	0.15	2.85	略有影响
3号塑料	0.34	10	3.40	0.25	3.65	无

审查分析如下：从表8-15可以看出，用2号塑料代替铜成本最低，每个零件的新材料成本为2.85元，用3号塑料代替铜的成本最高，达3.65元。据了解，三种塑料供应都没有问题。原来用铜制造，每个零件的材料成本为3.8元。三种塑料代替铜，经济效益都有所提高。2号塑料成本虽然最低，但对零件的性能略有影响，因此，可建议用1号塑料代替铜。

四、节约材料途径的审查

通过对消耗指标完成情况的审查，将本期消耗和前期比较可以找出差距，并发现单耗低或材料利用率高的先进班组、先进个人。

通过个别访问、座谈或现场观察，可以总结他们的先进用料经验，建议被审计单位加以推广。

一般来讲，节约材料、降低单耗的主要途径有：

（1）采用先进排料法。如裁剪服装、金属板上冲轧零件、皮革上合理排料等。只要排料合理，使用同样的原材料可以生产更多的产品，并能减少边角余料。

（2）因料利用。防止大材小用、长材短用、优材劣用、粗料细用。

（3）采用新工艺。如制药工业、化学工业缩短反应时间，都能降低单耗。

（4）利用代用品，以节约贵重材料。如以塑料代替铜，以水泥代替木材，以人造革代替皮革等。

（5）工人精心操作，不出或少出废品，可以提高材料利用率，降低单耗。

审查时，可对比改进工艺、采取革新措施前后的单耗变动情况和对生产的影响。

采用先进排料法（或先进工艺）后增产的产品量=本期材料消耗总量/采用先进排料法（或先进工艺）后的材料单耗-本期材料消耗总量/采用先进排料法（或先进工艺）前的材料单耗

第五节   资金利用效益审计

一、资金利用效益的含义

资金是社会再生产过程中具有价值的物资、财产的货币形态。企业中的物资供应、产品销售和生产过程构成生产经营活动；劳动力资源和生产资料的利用构成生产要素的运动，两者都以货币形式表现出来，这就是资金运动。

资金是企业生存的"血液"，资金运动及管理是企业生产经营管理的重要内容。目前，企业生产经营和国家建设都需要大量资金，这些资金从哪里来？这些资金主要靠开源和节流两个途径解决。根据我国国情和企业的具体情况，节流是解决资金问题的较可靠的途径，这就要求企业尽可能提高现有资金的利用效益。

资金利用效益就是占用一定量的资金，所产出的有效成果为多少，或是为生产一定数量、质量的有用成果，所占用的资金为多少。

目前我国的资金利用效益与发达国家相比差距很大，资金利用效益审计很有必要。

二、资金利用效益审计的含义与内容

资金利用效益审计，就是通过对被审计单位的资金占用和来源、资金内部控制以及资金管理水平的审查，评价被审计单位资金利用效益状况。审计的目的在于找出企业资金利用的薄弱环节，提出改进方案，促使提高资金利用效益。

（一）审查资金内部控制制度

资金的内部控制包括材料采购储备量控制、生产配套和均衡性控制、在产品和自制半成品控制、固定资产投资控制、设备更新和技术改造控制以及在建专项工程的控制等。审计人员应审查这些控制是否健全和有效。例如，审查资金内部结构的合理性及资金来源的经济性，是否按生产经营规律和行业实际需要安排各项资金占用的比例，是否按既正当又经济的渠道取得资金来源等。

（二）资金的综合利用效益指标测算与验证

资金的综合利用效益指标包括总资产报酬率、流动资金周转速度等指标。对这些指标的测算，主要是审查评价计划完成情况和变动原因，目的是分析企业资金利用和管理的薄弱环节，以便提出改善资金利用效益的有效措施。

1. 资金利用综合效益及其评价指标

资金利用综合效益，是指企业单位全部资金的使用状况和总体效益水平。对它进行审查的目的是从总体上找出企业资金使用的薄弱环节，为实质性资金审计指出方向。

资金利用综合效益是企业的全部资金利用效益。企业的全部资金包括流动资金和非流动资产所占用的资金。计算资金利用综合效益时，可以只按固定资金和流动资金之和，即企业的经营资金来计算，也可以按全部资金来计算。资金利用综合效益应建立在企业生产经营活动的纯收入的基础上。生产经营活动的纯收入不仅包括企业所得的利润，而且包括向作为社会生活的组织管理者的国家上交的税金和向债权人支付的利息。不仅要从企业的微观经济效益的角度，而且要从全社会宏观经济效益的角度，来看资金利用综合效益。

根据以上分析的资金来源与支出两方面审查资金利用综合效益，应主要运用总资产报酬率指标。

2. 总资产报酬率审计的要点和步骤

（1）对被审计单位总资产报酬率计算方法的正确性及计算结果的真实性进行检查。

（2）审查资金使用管理业绩。判断总资产报酬率是否提高，需将企业本期指标水平与上年指标水平、企业历史先进水平、同类企业先进水平比较，找出差距，分析原因。

总资产报酬率计划完成情况=实际总资产报酬率÷计划总资产报酬率×100%

总资产报酬率指数=报告期实际总资产报酬率÷基期实际总资产报酬率×100%

（3）审查总资产报酬率的各项影响因素，分析揭示引起总资产报酬率变动的主要原因，据此提出审计建议，同时进行深入审查。总资产报酬率因素分析的方法有许多种，可根据掌握资料的情况和不同的目的选用。

$$总资产报酬率 = \frac{利润总额 + 利息支出}{资产平均总额}$$

$$= \frac{利润总额 + 利息支出}{营业利润} \times \frac{营业利润}{营业收入} \times \frac{营业收入}{资产平均总额}$$

$$= 利润报酬系数 \times 销售利润率 \times 资产周转次数$$

上式中，利润报酬系数指标反映利息支出、投资收益和营业外收支净额的多少。它们越多，则指标数值越高，越有利于总资产报酬率的提高。销售利润率指标主要受成本费用和税金的影响。成本费用和税金越低，则指标数值越高，越有利于总资产报酬率的提高。资产周转次数指标主要受企业资源的合理配置以及资金占用和营业收入的影响。资金占用越节约，营业收入越增加，则资产周转速度越快，越有利于总资产报酬率的提高。

（三）流动资金周转的审查

1. 综合周转速度的审查

企业经营资金运动最根本的特征是资金的循环和周转。企业以固定资金为基础，结合流动资金不断周转，随再生产过程的一次次完成而不断获取盈利。资金周转环节是"货币资金—储备资金—生产资金—成品资金—结算资金—货币资金"的反复循环。加速流动资金周转实际上意味着企业仅需占用较少的经营资金就可提供较多的使用价值和价值。所以，占用一定量的资金，若加快资金周转，能增加产出的数量和成果，从而提高资金效益；反之，为了完成一定的生产经营任务，若资金周转缓慢，则需要占用更多的资金，资金效益就低。

资金周转率具体表现为周转次数和周转天数两个方面的指标。流动资金在一定时期内的周转额，可采用产品销售收入或产品销售成本表示。周转额若用产品销售收入表示，既包括销售成本回收额，也包括盈利，即资金的增值额，它能综合反映流动资金利用的经济效果，较符合经济效益审计的要求。周转额若用产品销售成本表示，偏重从资金回收角度如实反映流动资金在再生产过程中的周转速度。

经过比较分析，如果周转次数和周转天数没达到计划水平，说明流动资金使用效率不高，需要进一步审查资金周转缓慢的原因。资金周转慢的主要原因是流动资金增加和销售收入减少。

审计人员应注意在各种情况下分析问题的成因，确定审查的重点：（1）销售额计划没有完成，流动资金占用数没有大幅度增减，审查重点应为销售收入计划的完成程度及原因分析；（2）流动资金占用数有所增加，但销售额没有对应的（或更大的）增加，说明资金的增加并未实现销售收入的增加，审查重点应为流动资金使用方向及结果分析；（3）流动资金占用数有所减少，但销售额减少幅度更大，甚至有继续降低的趋势，这反映企业生产的产品不为社会所需，审查重点应为企业的经营方向和产品结构的合理性问题。

2. 阶段流动资金周转速度指标

企业定额流动资金的周转应经过供应、生产、销售三个阶段，每阶段中资金的周转是否畅通，反映在阶段流动资金周转速度指标之中。审查各阶段流动资金的周转速度，可以寻找出影响整个企业资金使用效果的薄弱环节，有针对性地提出相应措施，改善企业的流动资金利用效益。

$$原材料资金周转天数=\frac{原材料平均余额 \times 计算期天数}{当期材料耗用额}$$

$$在产品资金周转天数=\frac{在产品平均余额 \times 计算期天数}{当期完工产品生产总成本}$$

$$产成品资金周转天数=\frac{产成品平均余额 \times 计算期天数}{当期销售成本总额}$$

$$阶段资金周转天数换算成总周转天数=阶段资金周转天数 \times \frac{该阶段资金周转额}{产品销售收入}$$

（四）存货资金占用审计

资金占用额的多少，即资金的投入量。企业资金内部控制管理的严密性、资金内部结构的合理性以及企业生产经营中的各种因素，对企业的资金占用都有着十分重要的影响。资金占用过多，会引起资金消耗的增加，造成成本的上升，如支付给银行的利息支出、财产物资的保险费支出等。因此，在产出量一定的情况下，资金占用越多，资金利用效益就越低；资金占用越少，则资金利用效益就越高。

1. 审计步骤

（1）检查存货的内部控制制度，包括材料采购审批控制、库存量控制、采购合同的签约和履约、生产配套和均衡性控制、在产品和自制半成品流转制度、产成品出入库和发运控制、付款与记账控制、定期检查控制等。注意有无因内部控制不严而造成盲目采购、超额库存、损公肥私、积压、浪费、损失等问题，有无由于生产安排不当，造成在产品积压和在产品、半成品流转停滞，造成产成品发运不及时、数量不准确等问题。

（2）盘点企业存货的实际结存额。对材料、在产品和半成品等定额流动资产，应在审计人员的监督下进行盘点，确定其结存数量。企业的流动资产分布得很广、很分散，包括储备资金、原材料、辅助材料、燃料、包装物、修理用配件备品、低值易耗品等，这些流动资产分布在供应、机动、维修、基建、运输等各个部门，审查盘点时应尽量发动各部门自身的力量，同时加强审计人员的监督，以免遗漏。

（3）审查资金定额的执行情况，确定超定额占用状况。流动资金定额是指保证生产经营正常进行的最低限度资金需要量，它是控制资金占用和合理使用的有效手段。流动资金定额必须是先进的、合理的、科学的，这样才能起到控制和提高资金效益的作用。我国国有企业的流动资金由银行统一管理，对超定额或超计划的流动资金借款，银行实行加息或浮动利率。

经过评审的合理资金定额可作为审查资金占用的标准。流动资金的全部占用量，除定额占用外，还有超定额占用部分，这是由于季节性、临时性和不正常原因引起的资金占用量。资金超定额占用的程度可用定额差异率来表示。

$$流动资金定额差异率=\frac{定额流动资金实际占用 - 定额流动资金计划占用}{定额流动资金计划占用}$$

引起流动资金超定额占用的客观原因有季节性储备、材料集中到货、运输条件不足、政策变化等；主观原因有盲目购料、积压库存材料长期不处理、生产不均衡造成半成品和在产品过多、产品积压等。主观原因是审查的重点。

（4）按阶段检查存货资金占用情况，分析节超原因及压缩存货资金占用的有效途径。

【例8-20】某公司存货资金2023年1—5月平均占用28.120万元，超计划占用4.645万元。根据资料进一步了解，存货资金各阶段的资金占用情况见表8-16。

表8-16　　　　　存货资金各阶段的资金占用情况表　　　　　单位：万元

项　目	计　划	实　际	增减额
存货资金平均占用	23.475	28.120	+4.645
原材料	11.295	13.507	+2.212
在产品	9.920	12.390	+2.470
产成品	2.260	2.223	−0.037

从表8-16可以看出，该公司定额流动资金超计划占用4.645万元，主要是由于原材料超计划占用2.212万元和在产品资金超计划占用2.470万元所致，对这两部分资金的超计划占用应进一步调查原因。

从原材料资金来看，各种物资储备按品种计算，大部分有超过储备定额的现象。造成超储的主要原因是：①只有资金条块指标（二级单位进一步分解到库），而无主要物资按品种核定的储备定额。这就使紧俏物资、短线物资的不足掩盖了长线物资储备过多的问题；②不按ABC法对储备物资进行分类管理，对A类物资未进行采购周期控制，未做到物资均衡进厂；③未把物资按类别分配到库房和计划人员，使定额无检查、超节不奖罚、责任不明确；④多级管理，分散设库。

在产品资金超占主要是由于调整半成品、在产品的内部价格，以及价值大的半成品所占比重上升等因素所致。

产成品资金占用有下降趋势，其原因是：①因电力影响少产钢材；②将一部分成品资金转入发出商品的结算资金，这有待于在非定额流动资金中进一步审查。

2.审计实例

（1）大宗原材料超储相关计算公式为：

原材料需要量=计划生产量×（1+技术定额消耗系数）×工艺消耗定额-计划回收废料数量

式中，技术定额消耗系数即计划废品率。

$$日平均需要量=\frac{原材料需要量}{计算期天数}$$

$$原材料最高储备定额=\left(\begin{matrix}供应采购\\间隔天数\end{matrix}+\begin{matrix}准备\\天数\end{matrix}+\begin{matrix}保险\\储备天数\end{matrix}+\begin{matrix}季节性\\储备天数\end{matrix}\right)×日平均需要量$$

【例8-21】某公司电炉冶炼的主要原材料是废钢。技术处制定的技术定额消耗系数为2.5%，每吨钢消耗废钢定额为0.96吨，冒口、注余、切头、切尾等计划废钢回收率为15%，2023年全厂计划钢产量为37万吨，平均进料间隔天数为30天（已考虑供应间隔系数），生产前准备需10天，保险储备为10天，季节性储备为20天，5月末废钢实际储备为95 000吨。废钢超储备量的计算步骤如下：

废钢需要量=37×（1+2.5%）×0.96-37×15%=30.9（万吨）

$$废钢日平均需要量=\frac{309\ 000}{365}=847（吨/天）$$

废钢最高储备定额=（30+10+10+20）×847=59 290（吨）

废钢超储量=95 000-59 290=35 710（吨）

每吨废钢按300元计价，则：

废钢超储额=35 710×300=1 071.3（万元）

（2）进一步审查半成品、在产品资金占用变动原因。基本方法是将被审期末在产品、半成品盘存数与上年同期（或本期期初）盘存数相对比，计算数量和余额的变动情况，分析其内部结构比重的变化，找出半成品、在产品资金占用的原因。

【例8-22】某企业半成品、在产品的审计调查发现企业半成品和在产品的结构变化。分析如下：

半成品本期期末占用与上年同期相比，数量增加了1 000吨，金额增加了120万元，这是由于半成品库存的品种结构变化所致。经调查，原因是本期内从半成品库发出钢锭4 500吨，金额为200万元，而入库不锈钢锭和钢坯5 500吨，金额为320万元，是正常情况。

在产品占用生产资金与上年同期相比增加了900万元。原因一是在产品数量增加4 500吨，这应在生产计划安排、在产品流转方面进一步审查原因；原因二是在产品期末占用数中，有一部分由于质量问题和合同异议等原因，一直停留在生产线上等待处理，共有1 100吨，占用资金370万元，这属于不合理占用，完全可以通过加强生产过程的管理予以减少或消除。

关键概念

企业资源利用效益审计，主要包括某项（类）资源综合利用经济效益的测算、评价，以及某项（类）资源的具体开发利用程度的审计。

资金利用效益审计，就是通过对被审计单位的资金占用和资金来源、资金内部控制以及资金管理水平的审查，评价被审计单位资金利用效益状况。

本章小结

企业的经济资源包括货币资金、人力资源、生产设备、原材料等。企业资源利用效益审计，主要包括：对某项（类）资源综合利用经济效益进行测算、评价，可以从指标上加以验证；对某项（类）资源的具体开发利用程度进行审计，其目的是验证某项（类）资源共占用（耗费）多少，其中真正用于生产经营创造经济效益的有多少。这类审查有利于揭示、消除资源利用中的损失和浪费，有较强的实践意义。

人力资源利用效益审计主要包括劳动利用情况的审查、工作时间利用情况的审查、劳动生产率的审查三个方面。设备利用效益审计是涉及生产设备的技术、管理、财务等方面的综合性审计。设备利用效益审计应把设备的方案制订、设计、制造、安装、调试、维修、改造、更新作为审计和分析的对象。设备利用效益审计应以设备的寿命周期作为评价指标，并力求达到设备寿命周期费用最低状态。原材料利用效益审计注重提高原材料的利用效率。它是指产品中包含的原材料重量与原材料消耗总量的比例关系，反映原材料的有效利用程度。资金利用效益审计审查资金内部控制制度、资金的综合利用效益指标测算与验证、流动资金周转的审查、存货资金占用审计。

对企业资源的经济责任审计主要依靠各种评价指标体系来进行，但目前我国这方面的指标体系的建立还处于探索阶段，实践中可结合实际情况借鉴国外的先进经验。

复习思考题

1.如何对劳动生产率进行效益审计？

2.如何对劳动力数量和结构进行审计？

3.如何对劳动时间和利用程度进行审计？

4.如何通过设备生产率和设备利用系数对生产设备利用效益进行审计？

5.如何对原材料利用率和能源消耗进行审计？

6.如何对总资产报酬率进行分解、审查？审查目的是什么？

7.怎样对企业的流动资金周转速度进行审查？

8.怎样对企业的流动资金占用进行审查？

9.什么是固定资产的结构？怎样审查？审查时要注意什么问题？

10.什么是固定资产增长率、更新率、退废率、磨损率？怎样计算？

11.什么是设备完好率？为什么要分别计算某一天的设备完好率、某台设备完好率和某一时期设备完好率？怎样计算？

12.反映设备时间利用情况的有哪几个指标？各有什么作用？怎样计算？

业务练习题

1.某厂某年生产设备计划平均总值为640万元，实际平均总值为620万元，生产设备的年综合折旧率为4.5%。该年度的产量资料见表8-17。

表8-17 产量资料

产品	折合标准系数	价格（元/吨）	计划			实际			变动		
			产量（吨）	标准产量（吨）	产值（万元）	产量（吨）	标准产量（吨）	产值（万元）	产量（吨）	标准产量（吨）	产值（万元）
甲产品	1.2	1 900	800	960	152	700	840	133	-100	-120	-19
乙产品	0.8	1 600	400	320	64	600	480	96	+200	+160	+32
合计				1 280	216		1 320	229		+40	+13

要求：根据以上资料，对该厂设备的综合经济效益进行审查评价。

2.某厂12月份生产产品100件，甲产品耗用A、B、C三种原材料的有关资料见表8-18。

表8-18 原材料利用情况

原材料品种	单位产品含量（千克）	消耗总量（千克）		原材料利用率（%）		
		计划	实际	计划	实际	差异
A材料	0.8	100	94	80	85	+5
B材料	0.25	41.7	31.25	60	80	+20
C材料	9	1 000	1 125	90	80	-10

要求：根据上述资料，对该厂原材料利用的效益情况做出评价，并简要分析原因。

3.某厂机器加工车间计划用16台车床对甲、乙两种产品进行加工，全年的计划生产量为99 200定额工时，实际有2台车床全年停工，用14台车床共完成了81 200定额工时的产量。针对车床设备生产率的计划完成情况，利用表8-19进行审查。

表8-19 车床设备生产率的计划完成情况表

项目	单位	计划	实际	变动	
				数量	变动率（%）
产量	定额工时	99 200	81 200	-18 000	-18.15
平均车床数量	台	16	14	-2	-12.50
设备生产率	定额工时/台	6 200	5 800	-400	-6.45

要求：审查评价该企业设备生产率计划的完成情况，并进一步分析原因。

第八章业务练习题参考答案

第九章　企业投资项目效益审计

学习目标

通过本章的教学，使学生了解投资项目经济效益审计的内容和要求，要求学生理解固定资产投资项目效益审计的重要性和必要性，较为熟练地掌握投资项目可行性研究审计、项目投资决策审计的技术与方法；了解开发和理财项目经济效益审计的特点、方法和程序，掌握开发和理财项目经济效益审计的具体程序和审查技术，为将来从事该项工作奠定必要的专业基础。

第一节　企业投资项目效益审计概述

一、投资项目特点及其风险

（一）一次性和独特性

一次性是项目经济活动与其他重复性经济活动（如生产经营、业务操作运行）的最大区别。它有明确的起点和终点，但没有完全可以照搬的先例，将来也不会有完全相同的项目。

独特性是指有些项目即使其所提供的产品或服务是类似的，但它们所发生或进行的地点、时间、外部环境和自然社会条件都会有所差别，所以任何一个项目经济活动都具有自身的独特性。由于项目经济活动的这一特点，其运营的不确定性非常明显，一旦发生风险，后果将十分严重。

（二）目标的确定性

项目必须有确定的目标，包括时间目标、成果性目标、约束性目标，以及需要满足的其他条件。当然，目标是允许修改的，但是项目的目标一旦发生实质性变动，它就不再是原来那个项目了。确定的项目目标，为项目的事后审计提供了确定的审计评价标准，即在项目到达终点时，审查既定的项目目标是否完成；但更加重要的是，由于项目目标的实现需要经过较长的项目时间过程，各种变动因素使项目目标存在不能实现的可能性，因此项目经济效益审计应该将风险控制作为重要的审计目的。

（三）组织的流动性和开放性

项目在执行过程中，其参与的人数、成员和职能都在不断变化，甚至某些项目班子的成员是借调来的，参与项目的组织往往也有好多。这些组织和个人通过合同、协议或其他方式产生联系，使项目组织没有严格的边界，具有流动性和开放性的特点。

项目经济活动的流动性和开放性特点，使得其在运营过程中存在许多不确定性，即风险，这种风险常常因合同、契约等的不完善而发生、发展。

（四）成果的不可挽回性

项目必须确保成功，这是因为在项目的特定条件下，个人和组织的资源都有限，一旦失败就永远失去重新实施原项目的机会。由于这一特点，项目要求有精心的设计、调研、计算、制作和控制，以确保预期目标的实现。固定资产投资项目的经济效益审计，不仅应该以前期审计为重点，而且应该把项目的设计、调研、计算、控制列作重点审计的内容。

（五）项目的生命期和阶段性

项目经济活动是一次性的渐进过程，从它的开始到结束可以划分为若干个阶段，构成项目的整个生命期。项目经济活动的这种特点，决定了项目效益审计应该以项目的不同阶段为线索，重点对某个阶段的可交付成果进行审查，这样做可以保证以前阶段成果的正确完整，避免造成对以后各阶段的影响，甚至返工。

二、投资项目效益审计的目标

（1）在投资项目将预算和决算合法化、真实化的基础上，审查项目决策、实施、管理、经济效益、社会效益等情况，评价投资项目的立项是否符合国家的方针政策和发展需求，项目实施是否合法合规，项目投资是否节约或有无损失浪费，投资是否取得最大效益，项目是否达到预期目标，项目对环境保护的影响大小，对社会可持续发展的影响大小等，针对存在的问题提出审计意见。

（2）加强对投资的决策权、审批权、监管权、建设资金支配权等的监督制约，促进有关部门和单位规范投资行为，遵守有关法律法规和财经纪律，加强项目资金的管理，完善制度政策，提高投资管理水平和投资效益。

三、投资项目效益审计应该考虑的因素

由于投资项目具有一次性、投资金额大、投资期限较长等特点，所以进行投资项目审计应该考虑以下因素：

（一）货币时间价值或资金成本

货币时间价值是放弃货币现在的使用机会所取得的无风险报酬率。在测算经济效益指标时，可以把项目各年的现金流入量折算为现值与现金流出量进行比较。资金成本是进行货币时间价值计算时确定折算率的依据，资金成本应该根据项目投资的筹措情况加以确定，应该注意资金成本（折算率）的偏差往往会影响项目效益审计的最终结论。

（二）风险报酬和通货膨胀贴水

投资项目风险是指投资项目不能达到预期目标的可能性。在我国，一般认为购买国债和银行存款收取利息是无风险的，但商业银行仍有破产、倒闭的可能。风险报酬是由于投资存在较高风险而期望得到的高于货币时间价值的额外报酬。项目的风险越高，要求的风险报酬率也越高。在通货膨胀程度达到一定的水平后，投资项目的折算率应该包含通货膨胀贴水率，即在货币随时间而贬值的前提下，未来取得的现金流入能够合理补偿现在（过去）发生的现金流出。

根据以上所述，投资项目期望报酬率即所用的折算率由三部分组成：

投资项目期望报酬率=货币时间价值+通货膨胀率+风险报酬率

（三）现金净流量（NCF）

现金净流量是投资项目建设和运行各年所发生的现金流入量和现金流出量之差。

现金净流量=现金流入量-现金流出量

=项目运营收入-项目运营成本（不包括折旧）

=项目运营净利润+折旧

现金净流量是计算项目经济效益指标的主要依据。一个项目的现金流量可以用现金流量表的形式来表达，它可以清晰地反映项目各年现金流入和现金流出的变动情况，以及项目投资回收的时间。

（四）机会成本

因为选择最优方案而放弃次优方案所丧失的次优方案潜在收益，称为最优方案的机会成本。固定资产投资决策，往往是在两个或两个以上的可行方案之间选择最优方案，所以对投资项目的审计必须考虑机会成本。实行最优方案所获取的现实收益大于放弃次优方案所丧失的潜在收益。只有当报酬率大于机会成本时，才是最优方案。

（五）技术进步和市场竞争

固定资产投资项目在一定技术水平上形成或增加了生产的能力，但是如果同行业或同类产品的生产技术进步得很快，可能会导致固定资产投资项目的成果（如设备、生产线等）在技术上陈旧落后，过早地被淘汰报废，直接影响该投资项目的寿命周期和经济效益。同样，市场的激烈竞争也会导致运营费用的提高或收入的减少，甚至减少项目的运营年限和经济效益。

第二节 固定资产投资项目效益审计

一、各项目各阶段的效益审计内容

根据固定资产投资项目的发展周期，固定资产投资项目可以分为可行性研究、投资方案决策、方案实施和项目终结四个阶段。这四个阶段经济效益的表现方式和效益审计的内容都有所不同，现分析如下：

（一）可行性研究阶段

在可行性研究阶段，效益审计的主要目的是审查投资项目的合理必要性和项目方案的可行性。合理必要性是指该投资项目要达到的目标效果是否明确，这种目标效果对投资主体或项目当事人来说是否必要；可行性是指项目方案一旦实施，能否实现预期的目标效果。投资项目的合理必要性和项目方案的可行性也就是这一阶段经济效益的具体表现。由于可行性研究阶段的主要工作是大量调查研究和计算，因此，此阶段的效益审计内容，也应该以可行性研究报告为核心，对投资项目的合理必要性和项目方案的可行性提供依据的调查研究和计算进行审核和复核，包括调查范围的完整性、资料来源的可靠性、计算方法的科学性以及调研结果的正确性等。

（二）投资方案决策阶段

在投资方案决策阶段，效益审计应该以经过批准的可行性研究报告为基础，其目的是通过决策过程选择达到投资项目目标的最优方案，该最优方案也就是本阶段可交付的成果。最优方案，是指在相对节约资源投入的前提下，能够最大限度地实现该项目的各项目标和约束条件的方案，或者说是投入产出关系最佳的方案。因此，该阶段效益审计的主要内容应该是对决策指标的选择、测算和评价进行审核和复核，包括所选择的指标体系的适当性（是否符合该投资项目的项目目标要求）、指标测算数据来源的可靠性、指标计算和评价方法的科学性等。

（三）方案实施阶段

在方案实施阶段，效益审计的主要目的是以经过选择的最优方案为基础，按照该方案所规定的设计规模、投资标准、工期进度、质量、成本对该项目予以实施，以实现项目的预期目标和效果。该阶段的经济效益主要表现为对规模、标准、进度、质量和成本（造价）的控制程度，所以，该阶段的效益审计内容，也应该以最优方案执行过程中有关规定（上述诸要素）的控制程度和效果为主，其中包括有关内部控制的健全性、有效程度。

（四）项目终结阶段

上述实施阶段的可交付成果，体现为实际实现的项目目标和效果。在项目终结阶段的效益审计中，主要应该将实际提供的项目效果与已经确定的项目目标进行比较，以确认既定项目目标的实现程度。如果两者之间存在差异，应分析产生这种差异的原因，明确责任，并采取相应的措施。

二、投资项目可行性研究审计

（一）企业固定资产投资项目可行性研究报告审查的内容

固定资产投资项目的可行性研究是固定资产投资决策的依据，该研究是对投资项目建议书提出的项目方案从技术、经济方面进行科学论证的过程。

固定资产投资项目可行性研究报告的内容主要包括：（1）总论；（2）需求预测和拟建规模；（3）资源、原材料、燃料和公用设施情况；（4）建厂条件和厂址选择；（5）设计方案；（6）环境保护；（7）企业组织、劳动定员和人员培训；（8）实施进度建议；（9）投资估算和资金筹措；（10）社会和经济效果评价。

（二）对可行性研究报告的审查

可行性研究报告的审查就是按照该报告所列示的内容，对可行性研究的可靠程度逐一加以审核，其主要内容包括：

1. 对投资项目必要性的审查

此项审查是指审查投资项目是否有利于宏观经济效益的提高，是否存在盲目引进、重复建设的问题以及项目背景和必要性等。

2. 对供销市场预测的审查

市场预测是可行性研究的基础，一方面，它对项目投资必要性从定量分析角度加以说明，另一方面，市场能力大小的预测结果将决定项目投资的规模。当然，市场预测的结果也可能直接决定项目的可行性。

3. 对项目规模和工艺方案的审查

对于企业投资项目来说，项目规模是指一定时间内能够生产的产品数量，通常称为生产能力，在可行性研究报告中反映为设计生产能力。项目的规模主要受两方面的约束：一是受项目市场能力的约束；二是受规模经济的约束。规模经济是指生产规模多大时，投资最节约，利润最大。项目的市场能力决定了项目规模的最大可能性，而规模经济决定了项目的最优化。项目规模确定以后方可选择项目相关的工艺方案。各个工艺方案的投入与产出不同，经济效益也不同，这样，已经确定的项目规模就成为判断哪个方案最优的重要依据。

4. 对项目设计方案的审查

投资项目的设计方案除了工艺技术和设备外，还包括项目选址、"三废"处理设计和建筑安装工程设计等。

5. 对财务预测的审查

固定资产投资项目可行性研究中的财务预测，包括两部分：一部分是与投资支出有关的财务预测，这部分审查包括对投资概预算合理性的审查、投资资金来源的审查以及资金筹措方案优化的审查；另一部分是与项目投产运行有关的财务预测，项目投产运行过程中发生的各项费用、成本、税金、收入也是可行性研究报告中财务预测的重要内容，这部分预测的结果形成投资项目的未来现金流量，是计算项目经济效益指标的重要数据来源，所以应该重点审查其可靠性。这两部分预测所生成的财务数据是计算项目经济效益指标的重要依据，也是可行性研究报告审查的重点。

6. 对项目经济效益和社会效益的测算评价

项目的经济效益和社会效益是判断投资项目是否可行的重要组成部分，它一方面反映投资项目经过实施所带来的最终效果，另一方面也为投资决策（即在若干个可行方案中选择较优方案）提供指标数据方面的基础。

反映固定资产投资项目经济效益的指标主要包括：

（1）净现值（NPV）=项目未来报酬总现值−项目原始投资额。

（2）现值指数（PI）=项目未来报酬总现值÷项目原始投资额。

（3）内含报酬率（IRR）相当于使项目净现值等于零所用的折现率。

（4）投资回收期（N）=项目原始投资额÷每年相等的现金净流量现值。

7. 有关可行性研究报告可靠性的审计结论

审计结论的主要目的是就被审项目可行性研究的结论可靠性发表审计意见。但在经济效益审计中，这种审计意见不仅仅是一种意见类型，更重要的是指出影响可行性研究可靠性的问题，并提出有效的审计建议。例如，建议在符合国家产业政策、地方经济建设需要的前提下，选择提高本单位微观经济效益的投资方案；指出在对某项市场预测内容进行预测所用的方法不适用，而应改用另一种方法；指出被审项目原设计生产能力（项目规模）超越了市场能力的约束范围，建议由设计机构重新设计；指出被审项目原概预算与社会平均投资成本水平差距很大，建议由专业基建审计人员进一步审查取证；指出被审项目可行性研究中财务预测所依据的项目运行寿命周期不恰当，建议重新确定寿命周期并进行财务预测等。

（三）企业固定资产投资项目可行性研究报告审查流程

对可行性研究报告进行审计，从项目必要性审查开始，到得出审计结论为止，经过若干个审查的步骤，形成一整套的审计实务流程。这一实务流程的主要特点是审查的各步骤各环节顺序不可颠倒，前一步骤的工作成果是后一步骤的前提和依据，而后一步骤的工作内容又是前一步骤的继续。

三、项目投资决策审计

(一) 固定资产投资项目投资决策原理

在一组投资方案中选择最优方案，是通过决策指标体系的测算和比较来完成的。投资决策指标体系是由项目经济效益指标组成的，现在我们介绍这些指标在可行性研究和决策中的应用原理。

1. 净现值（NPV）指标

净现值=项目未来报酬总现值-项目原始投资额

项目的未来报酬是指项目运行、终结过程中的现金净流量，包括运行各年的现金净流量和项目固定资产报废时的变价收入。未来报酬总现值是通过货币时间价值的计算，将运行各年所取得的现金净流量折算为项目第一年的现值，然后进行加总的结果，其性质是投资项目的产出。项目原始投资额在可行性研究和投资决策中用的是投资概预算数额，其性质是投资项目的投入。净现值指标反映的就是上述投资项目投入与项目产出在同一个时间基础上以相减方式进行的比较，它以绝对数的形式表示投资项目经济效益的规模。

在可行性研究中，只要净现值指标数值大于0，也就是项目的产出大于投入，就表明投资方案可行；在投资决策中，如果在若干个投资规模相同的方案之间选优，那么净现值较高者为较优方案。但是如果在投资规模不等的方案之间选优，则不能仅仅根据净现值的高低来判断其中的最优方案。

2. 现值指数（PI）指标

$$现值指数 = \frac{项目未来报酬总现值}{项目原始投资额}$$

该指标反映项目的产出与投入以相除的方式所进行的比较。在可行性研究中，该指标数值大于1，即项目产出大于投入，表明方案可行；在投资决策中，现值指数越高，说明方案越好。该指标是相对数指标，不能表明项目经济效益的规模，但可以在不同规模的投资方案之间进行直接比较，得出较优方案。

3. 内含报酬率（IRR）指标

内含报酬率指标是使方案净现值等于零时所用的折现率。该指标反映项目的实际收益能力。在可行性研究中，当该指标数值大于投资资金的资金成本时，方案可行。在投资决策时，内含报酬率高者为较优方案。内含报酬率没有统一的计算公式，它实际上是按照计算净现值的方法推算出来的，因此该指标的影响因素与净现值相同。

4. 投资回收期（N）指标

$$投资回收期 = \frac{项目原始投资额}{项目各年现金净流量}$$

上述公式只能在各年现金净流量相等的情况下使用；如果各年的现金净流量不等，只有用编制现金流量表的方法来确定投资回收期。该指标并不是一个经济效益指标，而是反映投资方案风险大小的指标。当各决策方案的经济效益指标水平基本相当时，可以根据该指标所反映的风险大小来选择较优方案。投资回收期越长（指标数值越大），说明方案的风险越高。

（二）投资决策审计的内容

投资决策审计一般包括决策组织、决策程序、决策依据可靠性、决策方法适用性、决策结果正确性等方面的审计，这部分内容在管理审计中已经说明。作为固定资产投资项目的决策，除了以上一般的审计内容外，还应包括以下的特殊内容，这些内容主要与决策指标的测算有关，都是上述决策指标测算的依据或数据来源。如果决策程序和方法都对，而数据来源却是不可靠、不正确的，可能将使决策得出不正确的结论，进而给投资当事人带来损失。

1. 对原始投资额的审查

在投资决策中，原始投资额就是项目的概预算数额。对项目概预算的审查方法，在可行性研究报告的审查中已经介绍，应该注意的是以上介绍的方法仅仅是一种分析性复核的方法，在审计中只能起到初步评价的作用，真正要说明项目概预算中存在的问题，必须通过专业基建审计另行取证。审查时应注意：

（1）原始投资额是一项投资方案的资金投入量。它的确定必须以经过审计优化的项目规模为依据，应该将确定概预算所依据的设计生产能力与经过审计优化的项目规模进行对照，判断其是否相违背。

（2）投资方案的投入量计算与产出量计算应该具有相同的基础，即相同的项目规模，审查时应该对它们进行核对测试。

（3）注意投资方案的概预算与相同时期同类固定资产投资的社会平均成本之间是否相适应，这一测试方法已经介绍，此处不再赘述。

2. 对项目各年现金净流量的审查

项目各年现金净流量是计算项目产出的基础，在投资项目经济效益指标和投资风险指标的计算中处处要用到。审查现金净流量应注意：

（1）确定各年现金净流量的依据是项目投资运行中各年的成本费用、收入、税金等要素，而这些要素的数值都会受到设计生产能力即假设业务量的影响，应该核对所假设的业务量与确定概预算所用的设计生产能力之间的一致性，以及与经过审计优化的项目规模的一致性。

（2）是否考虑到国家经济政策变动对成本费用、收入和税金的影响，包括银行存贷款利率的变动，与项目产品经营有关的税率、税种的变化，以及国家或行业、部门的会计政策的变化等。

（3）是否考虑到项目相关年限内经济形势的变化影响，如通货膨胀或通货紧缩的影响等。

3. 对折现率的审查

计算项目各年现金流量的现值时，需要确定所用的折现率。如果折现率确定得不准确，将会影响现金流量现值的计算结果，从而影响整个方案决策的结果。折现率本身的影响因素比较复杂，这使得估计出现错误的可能性即固有风险增大。因此，在对投资决策进行审查时特别要注意对折现率的正确性加以审查。审查时应该注意：

（1）折现率确定的基础是项目投资的资金成本，应该注意决策时所用的折现率与可行性研究中财务预测所确定的投资资金的筹措方案是否相一致，审计人员可以根据资金筹措方案测算加权平均资金成本，然后与投资决策所用的折现率进行对照，测试其相符的程度。

（2）资金成本仅仅是无风险报酬率，在投资风险较高或通货膨胀较严重的条件下，还应审查折现率的确定是否考虑了风险报酬率和通货膨胀贴水率，以完整地反映项目投资者所期望的报酬水平。

4.对项目年限的审查

项目年限一方面是测算各年现金净流量的依据，另一方面是折算现金流量现值的依据，所以项目年限估计出现错误对决策结果的影响也非常大。审查时应该注意：

（1）将决策所用的项目年限与项目固定资产的使用年限和项目产品的寿命周期中的孰短者进行比较，测试项目年限是否超过上述两个指标值，造成盲目乐观导致决策失误的问题。

（2）项目固定资产的使用年限可以现行制度规定的折旧年限为准，但要考虑该项固定资产的具体使用条件和使用强度。使用年限分为物理使用年限和经济使用年限两种，如果项目固定资产的技术更新很快，或者属于专用设备，则应该考虑无形损耗因素和提前报废的可能，以经济使用年限为准。

（3）项目产品的寿命周期，应该考虑到在技术进步加快的时代，产品更新换代的速度越来越快，产品寿命周期也越来越短。

5.对应用指标进行项目投资决策的方法是否科学的审查

审计人员应避免使用单个指标进行投资项目的决策，而应该使用一整套指标体系来进行决策。构成指标体系的各个指标之间应该具有相互补充的关系，而不应该是相互重复的。审计人员应该对一些重要的、具有代表性的指标数值进行复算审核。

第三节　开发项目效益审计

一、新产品开发的效益审计

新产品开发是每个企业的生命线，是企业提高适应能力和竞争能力的重要途径。新产品开发和商品化是一项高风险的活动。为了保证新产品开发能够提高企业的经济效益，必须对新产品开发组织的有效性和开发程序的合理性等进行审计。

（一）对新产品开发组织有效性的审查

1.对新产品开发组织机构的审查

审计人员通过对开发组织的形式、人员编制、责任和权限、工作范围等情况进行调查或绘制组织机构图。重点检查：组织形式能否迅速适应市场变化和技术发展对产品的要求；组织的权限是否具有对各部门进行协调和调整的功能；能否保证新产品在研制成功后顺利向生产部门转移；企业领导是否给予足够的重视和支持。

2.对新产品开发组织成员研究工作能力以及配备结构的审查

此项审查的主要工作是：审查新产品开发组织成员研究工作能力以及配备结构是否适当，企业通过培训提高开发人员的能力和水平的情况。

3.情报管理的审查

新产品开发是科学技术研究与市场需要密切结合的过程，技术情报和市场情报是产品开发的重要资源。对情报管理的审查内容主要包括：情报的收集、翻译和整理归档是否由专人负责；是否以产品推广和销售为方向，与销售部门建立密切联系，及时掌握市场情况和消费者要求；各种情报的来源渠道是否畅通和可靠等。

（二）对新产品开发程序合理性的审查

新产品开发程序合理性的审查，主要通过对开发步骤和内容的调查，分析开发程序的合理性和各阶段工作内容的完善性。

1.新产品构思阶段

新产品构思阶段的主要工作是：重点了解企业是否建立鼓励员工提建议的制度和办法，如意见发表会制度等；是否建立有效的程序，使收集到的建议和设想直接与产品开发部门相沟通。

2.构思建议的筛选阶段

构思建议的筛选阶段的主要工作是：检查筛选的工作标准是否合理完整，筛选的内部控制是否健全有效，以及筛选人员的素质状况是否适当。

3.营业分析阶段

营业分析又称为商业分析和经济效益分析，营业分析阶段是产品开发程序中的关键环节之一。营业分析有效性审查，包括营业分析内容完整性和构思建议效益计算方法正确性的审查。比较完整的营业分析的内容应该包括：细分市场的研究；市场潜力的估计；销售预测和产品开发费用预测；新产品营运启动资金和营销费用；市场开发投资；价格水平和产品寿命周期等。

4.发展与试验阶段

该阶段是将构思转变为实际产品的阶段。此阶段重点审查：产品构思转化为产品概念的方法的合理性；对多种产品概念进行测试并选择最优概念的方法和标准的适当性；最终产品概念是否拥有足够的信息量。

5.市场试销阶段

由于该阶段需要大量费用，因此审查应该侧重于成本效益的评价，即审查市场试销行为能否为企业带来与进一步商品化有关的适用信息。审查内容涉及试销方式、试销范围、试销对象、试销价格等方面。

6.商品化阶段

商品化阶段是新产品开发程序的最后阶段，应审查商品化是否以发展、试验和市场试销等阶段的工作结果为基础，批量生产能力是否形成，是否制订了完整的产品营销计划和策略等。

（三）对新产品开发效益的审查

新产品开发效益审查的目的是评价企业新产品开发活动的投入产出关系，基本方法是根据预测的资料数据，测算有关的效益指标，向企业有关新产品开发的管理部门反馈审查评价的结果信息。

新产品开发效益的评价指标主要有：

1. 利润现值

$$I = \frac{R_1 - C_1}{1 + r} + \frac{R_2 - C_2}{(1 + r)^2} + \cdots + \frac{R_n - C_n}{(1 + r)^n}$$

式中，R_1，R_2，$\cdots$，R_n 为各年的收入；C_1，C_2，$\cdots$，C_n 为各年的成本；r 为开发投资的折现率。

将利润现值与新产品开发所需投资额相比较，前者超过后者的差额越大，说明开发经济效益越好。

2. 新产品单位生产能力投资额

$$新产品单位生产能力投资额 = \frac{投资总额}{设计(实际形成)生产能力}$$

如果该项新产品开发的直接目标是形成新产品的生产线，开发投资也以生产线的购建成本为主，可以用该指标来评价开发项目的效益。如果是事前评价，用设计生产能力计算；如果是事后评价，用实际形成生产能力计算。

3. 投资回收期

$$投资回收期 = \frac{投资总额}{每年现金净流量}$$

每年现金净流量是新产品投产以后，每年新产品经营现金流入量和经营现金流出量之差。投资回收期主要反映新产品开发项目的风险大小，回收期越长，开发风险就越高。该指标适用于事前审计，在筛选开发构思建议时应重点考虑投资回收期的问题。

（四）对新产品开发标准化的审查

新产品开发标准化活动对合理简化产品品种、改进产品结构、减少工艺设计和制造工作量、缩短生产周期和降低费用有重要意义。新产品开发标准化的审查重点包括：

（1）在新产品研究、设计以前，开发部门是否会同标准化专业人员提出标准化综合要求。

（2）新产品标准化程度的指标：

① 标准化零件系数 = 标准件数÷零件总数。

② 通用化零件系数 = 通用件数÷零件总数。

③ 标准化品种系数 = 标准件品种数÷品种总数。

④ 通用化品种系数 = 通用件品种数÷品种总数。

（3）新产品图纸和技术文件标准化程度。

（4）新产品试产与标准图纸、技术文件的符合性，工艺、材料、零部件、产品质量与标准化规定的符合性。

（5）销售服务的标准化，具体包括：

① 产品销售过程的标准化，即根据用户的需要，通过广告和产品说明等形式主动向用户介绍产品性能、结构、使用方法、维修方法等信息；

② 新产品使用效果的调查研究，即通过各种途径听取用户对新产品的反映，并将其作为改进新产品的依据。

二、专利权开发的效益审计

专利权开发的效益审计，是在专利权财务审计的基础上，对专利权的取得和营运资本与所带来的经济收益进行量化计算，为专利权开发决策提供必要的依据，或评价专利权行使的经济效益。

（一）专利权开发决策的审查

专利权开发的经济效益审计，积极的做法是在购买或实施专利权以前进行经济分析，判断一项专利权的开发能否带来期望的效益。例如，经许可合同引进他人专利权的开发项目，其引进使用费有两种结算方式：（1）一次总算，即将专利权转让的全部费用在签约时一次算清（但可以一次或分次支付）；（2）入门费加提成，即先付一笔入门费，以后按产量、销售额每年提取一定比例的费用。对不同合同期的产量、价格变化，用两种方法计算出来的转让、使用费是不一样的，最终会影响到专利权开发效益的好坏。

【例9-1】某公司从美国引进一项新工艺专利权，合同有效期为10年。如果按一次总算方式结算，需要支付153 000美元，规定本金每年平均偿还，每年付清当年的利息（年利率为10%）。则全部专利权转让费是：

153 000×10%×10+153 000=306 000（美元）

如果采用入门费加提成的结算方式，入门费是60 000美元，提成率为每年5.2%，平均年产量为1 300台，第二年起支付提成，产品单价为470美元。则全部专利权转让费是：

60 000+470×1 300×5.2%×9=345 948（美元）

一次总算法比入门费加提成法少支付专利权开发成本：

345 948-306 000=39 948（美元）

审计人员将上述工作底稿中的测算结果提供给公司的开发决策部门，有利于公司在谈判时争取采用一次总算法结算专利权转让费，以降低开发成本，提高专利权开发的经济效益。

（二）对专利权行使经济效益的审查

专利权的行使是指企业对已经取得的专利权，行使法律所规定的权利的过程，包括投入本企业使用、转让或许可他人使用、用作对外投资等。对专利权行使经济效益的审查，主要通过对专利权成本的测算及专利权行使经济效益的评价来确定该项专利权开发的经济效益与预期是否符合。

1.专利权成本的测算

专利权成本的测算是专利权行使经济效益审查的基础工作。按我国现行会计制度和《中华人民共和国专利法》的规定，专利权成本的确定有以下方法：（1）企业自创并按法律程序申请取得的专利权，其成本由研究开发成本和有关的法律手续费（专利申请费）构成；（2）从外部购买取得的专利权，其成本由购买支付的全部价款构成；（3）通过与其他企业签订许可合同取得使用权的专利权，其成本为支付的转让使用费，但不摊销；（4）投资人作为资本投入的专利权，其成本由投资双方协商确定。

2.专利权行使的经济效益评价

专利权对资产所有者和权利行使人来说，虽然出发点不同，但都有共同的目标，即希望以一定的投资获取最大的收益。这里仅以专利权行使的经济效益为例，说明如何进行评价审查。

【例9-2】某企业发明一项新工艺，在取得专利权的当年决定投入使用，在原有设备基础上生产新型专利产品。该专利权的研究开发成本及一次专利权申请费为66 000元，有效期为12年；专利产品的年产量为20 000件，每件售价20元，单位变动成本为16元，年固定成本总额为60 000元。内部审计人员对该项专利权的使用经济效益审查如下：

（1）该专利产品的盈亏平衡点 $= \dfrac{60\,000}{20-16} = 15\,000$（件）

（2）每年盈利 $=$（20 000-15 000）×（20-16）$=$20 000（元）

（3）该专利权的收益（不考虑货币时间价值）$=$20 000×12-66 000$=$174 000（元）

评价的结果是该专利权行使的经济效益比较好。

同一专利权如果有多种行使方案，可以参照以上方法测算每一种行使方案的收益额，再加以比较，确定最优的行使方案，但应考虑行使年限的长短。

第四节　　筹资、投资项目效益审计

一、筹资决策的经济效益审计

筹资是企业资金的筹集，是企业生存和发展的重要环节。筹资业务有以下特点：业务发生次数少，但每一笔筹资业务涉及金额都比较大，对企业的影响也比较大，极易受外部环境的影响。筹资业务自成一套业务循环，它是由若干环节组成：筹资计划和授权；筹资业务办理；收取筹资款项；还本付息；筹资业务记录。

（一）筹资业务内部控制评审

筹资业务内部控制评审的主要内容有：

1. 职务分离控制

筹资业务中的职务分离包括：筹资计划编制者与审批人适当分离，以利于审批者站在独立的立场来判断计划的优劣；经办人员不得接触会计记录，通常由独立的机构代理发行债券或股票；会计记录人员与负责收付款的人员相分离，有条件的应该聘请独立机构负责筹措资金的收付业务；证券保管人员应该与会计记录人员相分离。

2. 授权批准控制

企业中任何经济业务的发生都应该经过适当的授权批准，这是内部控制的基本原理之一。董事会通常事先授权财务经理编制筹资计划，由董事会审批。适当的授权及审批制度可以明显提高筹资活动的效率，降低筹资活动的风险；相反，如果缺乏授权及审批制度，则可能出现舞弊现象。

3. 筹资收入款项控制

筹资金额大，最好委任独立的代理机构发行股票或债券，因为代理机构本身负有法律责任，立场客观，既能从外部协助企业内部控制的有效执行，也能从公允角度证实企业会计记录的可信性，防止以筹资业务为名进行不正当活动或在会计资料上掩盖不正当行为的事项发生。

4. 筹资业务有关支付款项控制

支付款项控制审查主要包括：通过代理机构发放，减少签发支票的次数；定期核对款项支付清单和开出支票总额；股利发放应以董事会有关决议文件为依据。

5.实物保管控制

债券和股票都应设立相应的筹资登记簿，详细登记核准已发行的债券和股票，如签发日期、到期日、支付方式、支付利率、当时市场利率、金额等；未发行的债券应加强保管、定期盘点、定期核对筹资登记簿和盘点记录，对照受托机构的相应记录；已收回债券应及时注销或盖章作废。

(二) 对筹资决策和计划的审查

1.对筹资成本高低的审查

筹资成本又称资金成本，是指企业为了筹措和使用资金而发生的代价，包括资金筹集费和资金使用费。筹资成本率是评价筹资决策的核心指标，对于筹资金额和筹资条件相当的方案，应该选择筹资成本较低的方案。但有的筹资方案是各种筹资方式的组合，所以，一方面要个别分析各种单项筹资方式的筹资成本，另一方面要计算综合加权平均筹资成本。筹资成本的计算公式为：

$$K=\frac{D}{P-F}$$

或　　$$K=\frac{D}{P(1-f)}$$

式中，K为筹资成本；D为资金占用费；P为筹资总额；F为资金筹集费额；f为资金筹集费率（F÷P）。

但应注意，不同的筹资方式，其筹资成本的计算是有所不同的，可以详见财务管理方面的教材，此处不赘述。

【例9-3】某企业委托某证券公司发行800万元债券，期限3年，年利率12%，发行代办费率为2%，则该项筹资方案的筹资成本为：

$$K=\frac{800\times12\%}{800\times(1-2\%)}=12.24\%$$

【例9-4】某企业的筹资总额为1 000万元，筹资方案由四种筹资方式组成，它们的筹资比例和筹资成本见表9-1。

表9-1　　　　　　　　　不同筹资方式下的筹资比例和筹资成本（%）

筹资方式	筹资比例	筹资成本
发行债券	50	5.47
发行优先股	15	10.42
发行普通股	25	17.50
银行借款	10	7.41

该筹资方案的综合筹资成本为：

50%×5.47%+15%×10.42%+25%×17.50%+10%×7.41%=9.41%

2.对筹资总量的审查

任何企业的筹资能力都是有限的，这就意味着必然存在一个对企业最有利的筹资限度。对筹资总量的审查，主要使用筹资突破点法和边际筹资成本法。

（1）筹资突破点法

筹资突破点是指在保持筹资成本不变的前提下可以筹集到的资金总限度。一定的筹资成本就只能筹集到一定限度的资金，筹集的资金超过这一限度就意味着要增加筹资成本。筹资突破点的计算公式为：

筹资突破点=某特定筹资成本的筹资限度÷该种资金所占筹资比例

【例9-5】筹资成本为13%时普通股筹资的限度为300万元，在筹资总额中占60%，则：

$$筹资突破点=\frac{300}{60\%}=500（万元）$$

现举例说明综合筹资方案的筹资突破点的计算。

【例9-6】某公司现有资本100万元，其中长期借款、优先股和普通股各占20%、5%和75%。为了满足追加投资需要，公司拟定筹资计划。有关资金筹措限度和筹资突破点计算见表9-2。

表9-2　　　　　　　　　　　资金筹措限度和筹资突破点计算表

筹资种类	目标比例	资金成本	资金筹措限度	筹资突破点	筹资总额范围
长期借款	20%	6%	10 000元以内		50 000元以内
		7%	10 000~40 000元	10 000÷20%=50 000（元）	50 000~200 000元
		8%	40 000元以上	40 000÷20%=200 000（元）	200 000元以上
优先股	5%	10%	2 500元以内		50 000元以内
		20%	2 500元以上	2 500÷5%=50 000（元）	50 000元以上
普通股	75%	14%	22 500元以内		30 000元以内
		15%	22 500~75 000元	22 500÷75%=30 000（元）	30 000~100 000元
		16%	75 000元以上	75 000÷75%=100 000（元）	100 000元以上

筹资突破点计算是筹资总量审查中的常用方法，它可以大致衡量企业筹资总量的合理性。例如，上例中，长期借款的目标比例在保持20%不变的情况下，筹资成本率不超过7%，该公司可筹集5万元的资金总额；但当筹资总额超过5万元时，筹资成本率就会上升到7%。

（2）边际筹资成本法

由于企业往往无法以某一固定的筹资成本筹措资金，所以当筹资总额超过突破点时，还应该审查筹资额的一定变化会引起筹资成本的怎样变化，即通过计算边际筹资成本来审查筹资总量。边际筹资成本就是筹资每增加一个单位所增加的筹资成本。

某类资金边际筹资成本=该类资金筹资成本×该类资金所占筹资比例

在表9-2中，当筹资总额在30 000元以内时：

长期借款的边际筹资成本=6%×20%=1.2%

优先股的边际筹资成本=10%×5%=0.5%

普通股的边际筹资成本=14%×75%=10.5%

在此例中，显然优先股的边际筹资成本最低，普通股的边际筹资成本大大高于长期借款和优先股。企业在改变筹资比例时，应审查企业的选择是否正确，是否建议适当多增加一些长期借款和优先股，减少一些普通股。

3.对筹资结构的审查

以上都以筹资比例不变为前提进行审查，而实际上每次新的筹资都不可能保持原有的筹资比例不变。筹资结构的变化合理性直接影响筹资经济效益，因此需要对此进行审查。

筹资结构的审查包括两个方面：一是现有筹资结构是否为最佳资本结构；二是追加筹资以后的资本结构是否最佳。而确定最佳资本结构的标准一般以加权平均筹资成本为主。

【例9-7】某企业有三个筹资方案可以选择，有关资料见表9-3。

表9-3　　　　　　　　　　　　　筹资方案相关材料　　　　　　　　　金额单位：万元

筹资方式	方案A		方案B		方案C	
	筹资额	筹资成本	筹资额	筹资成本	筹资额	筹资成本
长期借款	40	6%	50	6.5%	80	7%
债券	100	7%	150	8%	120	7.5%
优先股	60	12%	100	12%	50	12%
普通股	300	15%	200	15%	250	15%
合计	500		500		500	

该企业在筹资计划中选择了方案A，试审查该企业筹资决策的合理性。

根据表9-3中的资料，分别测算三个筹资方案的加权平均筹资成本，比较大小从而确定应该选择的最佳筹资结构。计算过程从略，计算结果如下：方案A为12.32%；方案B为11.45%；方案C为11.62%。可见，B方案的加权平均筹资成本是最低的，属于最优筹资结构，在其他条件没有变化的前提下，应该选择该方案。被审企业选择A方案并不符合最佳筹资结构的条件，因此应建议修改筹资计划。

这种方法同样适用于对企业进行追加筹资扩大业务的审查。由于追加筹资以及筹资环境的变化，企业原有的资本结构就会发生变化，原确定的最佳资本结构未必能够保持最优，企业筹资决策就必须在这种资本结构的不断变化中寻求最佳结构。具体审查包括两种方式：一是直接测算比较各备选追加筹资方案的边际成本率，从中选择最优方案；二是将备选方案和原资本结构汇总，测算各追加筹资条件下汇总资本结构的综合资本成本，比较确定最优方案。

二、投资业务的经济效益审计

（一）投资业务内部控制评审

投资业务内部控制评审的内容包括：（1）投资业务的职务分离情况；（2）投资计划和审批授权控制情况；（3）投资资产的保护控制情况，包括定期盘点和限制接触、证券记名登记制度；（4）投资业务的记录控制和核算情况。

（二）对投资决策和计划的审查

1.对证券投资决策和计划的审查

（1）对预期投资收益的审查。企业证券投资收益包括直接收益和潜在收益两类。直接收益是指股利收入、债券利息收入以及因证券市价上升而产生的差价收入。对投资决策中预期直接收益的审查，主要审核各种证券投资收益的准确性、证券市场价格变动的趋势、预期收益的稳定性和持续时间等。潜在收益是指不能用具体指标来衡量，却能够给企业的经营活动或未来带来利益的收益。对潜在收益的审查，应该查明对潜在收益的分析是否正确，分析所依据的资料的充分性、可靠性等。

（2）对投资风险的审查。除了政府债券和国库券等投资风险较小外，几乎所有的证券投资都存在大小不等的风险，因此企业在从事证券投资以前一般应对证券发行单位进行考察，评价其资信等级，以此作为其投资选择的出发点。但并非资信越高越好，因为资信高，风险小，收益率一般偏低，因此企业在作投资决策时必须将收益率也考虑进去，尽可能在风险相同的情况下选择收益率高的证券进行投资。审计人员在进行投资风险审查时主要检查：企业对证券发行企业的资信等级是否了解；证券投资收益是否高于相同风险的其他投资；证券发行企业的偿债能力和投资回报能力是否有保障等。

（3）对投资期限的审查。审计人员应该审查企业在作投资决策时是否根据中期转让和到期收回的收益率以及企业资金调度情况来确定对外投资的期限，另外也要检查企业在投资时是否考虑期限与风险的关系。

（4）对投资变现能力的审查。投资变现能力就是对外投资在短期内能够以合理的价格出售而没有明显的损失。审计人员审查投资的变现能力，应检查企业在作投资决策时，是否根据不同的情况选择合适的证券形式，以便灵活处置投资证券，满足企业的经营需要和对现金的特殊需要。

（5）对投资结构的审查。企业应该采用不同的投资方式将投资风险分散化，形成多种投资渠道以建立最佳的投资组合。在对投资结构进行审查时主要检查：企业在作投资决策时，是否充分考虑各种证券的投资收益、投资风险、投资期限以及变现能力等多种因素；是否对各种投资方式进行合理组合，使其在保持特定收益水平的条件下把总风险减少到最低限度，或者将风险控制在可以承担的水平上，尽可能提高投资收益。

2. 对其他投资决策的审查

企业为了做到优势互补，经常以多元化经营的模式来增强自身的经营能力，往往以本企业的货币、实物或无形资产对其他企业进行直接投资，参与其他企业或行业的经营活动。由于涉及大量资金，而且投资期间比较长，所以投资风险也非常大。因此审查投资决策必须考虑以下因素：

（1）审查投资项目评估的影响因素。对外投资项目如果不能达到预期的盈利水平，那么一般不能立项，但对于有发展后劲或能够改善企业经营条件的项目，则应该从整体出发对项目进行评估。

（2）审查资金市场的平均利率和市场投资报酬率对对外投资的影响。当资金市场平均利率较高时，企业可能宁愿让渡其资金使用权以获取稳定的利息收入；相反，当资金市场平均利率较低，资金成本下降时，企业应该对外投资，以获取高于平均市场利率的投资报酬。

（3）审查企业自身业务获利水平对对外投资的影响。如果企业自身经营状况良好，生产趋于不断发展，获利能力也较强，则暂时不应考虑对外投资；相反，如果企业受到特殊条件限制，其生产不能进一步发展，则应该寻求新的投资项目，使多余资金得到充分利用。

（三）投资效益的审查

对外投资，尤其是长期对外投资，是企业的一项重大理财活动，对企业的经营成果会产生重大影响，因此必须对投资效益进行审计。

1.对债券投资效益的审查

（1）对债券价值的审查

债券价值的审查主要是审核债券价值的大小，并与债券价格进行比较。债券投资活动的现金流出是它的购买价格，现金流入是利息和收回的本金，或者债券出售时取得的现金。债券价值就是债券未来现金流入的现值，只有当债券价值大于债券购买价格时，债券投资在经济上才是可行的。

我国的企业债券一般采用固定利率计息，每年计算并支付利息，到期归还本金。按其模式，债券价值的计算公式如下：

$$V=\sum \frac{I_t}{(1+i)^t}+\frac{M}{(1+i)^n}$$

式中，V为债券价值；I_t为债券的年利息额；M为到期的本金；i为折现率，一般采用当时的市场利率或者投资者要求的最低报酬率；n为债券期限年数。

【例9-8】某公司2023年购买一张面值为1 000元的债券，其票面利率为8%，每年1月1日计算并支付一次利息，并于5年后的1月1日到期。当时的市场利率为10%，债券的市价是930元。审查是否应该购买该债券：

债券价值=1 000×8%×5年的利率为10%的年金现值系数+1 000×5年的利率为10%的复利现值系数
　　　　=80×3.791+1 000×0.621=924.28（元）

由于债券的市价（930元）大于债券价值（924.28元），说明它的收益率小于当时的市场利率（10%），如果不考虑风险等其他因素，则不应购买此债券。

（2）对债券实际收益率的审查

债券实际收益率的本质，就是对债券投资未来现金流入量进行折现计算，并使其现值正好等于债券的购入价格时所用的折现率。也就是说，在上面描述的债券价值公式中，假设债券价值与债券价格相等，那么所用的折现率R就是该债券的实际收益率。

【例9-9】沿用上例资料，计算该债券投资的实际收益率。

1 000×8%×5年的利率为R的年金现值系数+1 000×5年的利率为R的复利现值系数=930

采用插值法计算得到该债券投资的实际收益率为9.84%。

在精确度要求不高的情况下，也可以用以下公式来计算实际收益率：

$$债券投资实际收益率=\frac{I_t+(M-P)/n}{(M+P)/2}$$

式中，I_t为债券的年利息额；M为债券面值；P为债券发行价格；n为债券年限。

债券投资的实际收益率是指导企业选购债券的标准，如果该收益率达到或超过投资企业的期望收益率，就应该购买该债券，否则应该放弃。

2.对股票投资效益的审查

股票投资的效益评价，一般可以通过市盈率来进行。市盈率是股票市价和每股盈利之比，以股价是每股盈利的倍数表示。

$$市盈率=\frac{股票市价}{每股盈利}$$

所以：

股票价格=市盈率×每股盈利

股票价值=行业平均市盈率×每股盈利

（1）市盈率可以粗略反映股价的高低，表示投资者愿意用盈利的多少倍来购买该种股票，是市场对该股票的评价。

审计人员根据证券机构或媒体提供的同类股票过去若干年的平均市盈率和当前的每股盈利计算出股票的公平价格，用它与股票的当前市价比较，可以评价股票投资价格的合理性。

【例9-10】某公司股票当前市价是30元，每股盈利是3元，行业同类股票平均市盈率是11，则：

股票价值=3×11=33（元）

当前市价30元略低于股票价值，说明股价基本正常，有一定的投资价值。

（2）用市盈率评价股票风险。一般认为，股票的市盈率高，表明投资者对公司的未来充满信心，愿意为1元盈利多付买价，这种股票的风险比较小。但是，当存在不正常因素（如市场泡沫）将股票市价抬到不应有的高度时，市盈率就会很高。一般认为，超过20的市盈率是不正常的，投资风险相当高。

过高或过低的市盈率都是不正常的，行业平均市盈率为10~11，个别股票的市盈率为5~20是比较正常的。审计人员在对市盈率进行审查时，不仅要审查市盈率的数值是否正确，更重要的是审查企业对拟投资股票市盈率的长期变化进行分析的数值是否正确。具体来说，应该审查被审计单位是否注意行业之间的区别，是否考虑通货膨胀、市场利率、上市公司利润增长情况、债务比重等因素。一般来说，预期发生通货膨胀或者提高利率时，市盈率会普遍下降；预期公司利润增长时，市盈率会上升；债务比重较大的公司的市盈率较低。

关键概念

固定资产投资项目的可行性研究是固定资产投资决策的依据，该研究是对投资项目建议书提出的项目方案从技术、经济方面进行科学论证的过程。

开发项目经济效益审计是对企业开发活动的决策计划、实施过程和结束后对开发活动的经济效益加以评价，以控制和减少这种风险可能给企业带来的不利影响。

本章小结

企业投资项目的目的是追求投入与产出的效益，因此投资项目效益审计是通过经济效益审计的手段对投资项目的效益和风险进行控制。固定资产投资项目经济效益审计主要针对投资项目可行性研究和项目投资决策进行审计。企业的理财活动经济效益审计包括筹资决策和投资计划与决策的审计，是对理财项目的效益和风险进行控制。

复习思考题

1.固定资产投资项目的经济效益表现在哪些方面？

2.固定资产投资项目效益审计应考虑哪些因素？

3.简述可行性研究报告审计的具体内容和实务流程。

4.固定资产投资项目的投资决策原理是什么？如何对投资决策进行审计？

5.如何对新产品开发项目进行经济效益审计？

6.如何对专利权开发项目进行经济效益审计？

7.如何对筹资决策进行经济效益审计？

8.简述投资与筹资业务经济效益审计的异同点。

9.为什么评审企业内部控制是效益审计的重要内容？

10.固定资产投资项目效益审计的目标是什么？

业务练习题

1.腾龙公司最近准备借款新上一个投资项目，原始投资额为18万元，借款的资金成本为10%。现有甲、乙两个投资项目可供选择，有关投资项目的净现金流量见表9-4。试计算各投资项目的净现值和现值指数，并据此选择投资项目。

表9-4　　　　　　　有关投资项目的净现金流量　　　　　　单位：元

项目名称	项目建设期	项目经营期				
	0	1	2	3	4	5
甲	−180 000	60 000	60 000	60 000	60 000	60 000
乙	−180 000	50 000	60 000	70 000	60 000	60 000

利率为10%的部分复利现值系数和年金现值系数见表9-5。

表9-5　　　　利率为10%的部分复利现值系数和年金现值系数表

年数	复利现值系数	年金现值系数
n=1	0.9091	0.9091
n=2	0.8264	1.7355
n=3	0.7513	2.4869
n=4	0.6830	3.1699
n=5	0.6209	3.7908
n=10	0.3860	6.1450
n=20	0.1490	8.5140

2.某企业拟购置一台新设备替换旧设备。旧设备原值为97 000元，年折旧额为10 000元，估计还可用6年，6年后残值为7 000元，若现在变现可得价款40 000元，使用该设备每年营业收入为100 000元，付现成本为70 000元。新设备买价为130 000元，可以用6年，报废时残值为10 000元。使用新设备不会增加收入，但可以使每年付现成本降低25 000元。所得税税率为25%，折现率为10%。

要求：通过计算对企业更新改造方案进行决策。

3.某企业计划筹集资金 100 万元，所得税税率为 25%。有关资料如下：

（1）向银行借款 10 万元，借款年利率为 7%，手续费率为 2%。

（2）溢价发行债券，债券面值为 14 万元，溢价发行价格为 15 万元，票面利率为 9%，期限为 5 年，每年支付一次利息，筹资费率为 3%。

（3）发行优先股 25 万元，预计年股利率为 12%，筹资费率为 4%。

（4）发行普通股 40 万元，每股发行价格为 10 元，筹资费率为 6%。预计第一年每股股利为 1.2 元，以后每年按 8% 递增。

（5）其余所需资金通过留存收益取得。

要求：

（1）计算个别资本成本。

（2）计算该企业加权平均资本成本。

4.北方公司考虑用一台新的、效率更高的设备来代替旧设备，以减少成本、增加收益。旧设备原购置成本为 40 000 元，已使用 5 年，估计还可使用 5 年，已提折旧 20 000 元，假定使用期满后无残值，如果现在销售可得价款 20 000 元，使用该设备每年可获收入 50 000 元，每年的付现成本为 30 000 元。该公司现准备用一台新设备代替原有的旧设备，新设备的购置成本为 60 000 元，估计可使用 5 年，假定使用期满后有残值 10 000 元，使用新设备后每年可获收入 80 000 元，每年的付现成本为 40 000 元。假定该公司的资本成本为 5%，所得税税率为 25%，新、旧设备均用直线法计提折旧。

要求：试做出该公司是继续使用旧设备还是对其进行更新的决策。

第九章业务练习题参考答案

第四篇

政府绩效审计

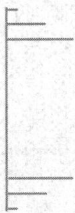

第十章　宏观经济效益审计

学习目标

通过本章教学，使学生了解宏观经济效益审计的必要性和重要性；掌握宏观经济效益审计的含义、目标、职能；熟悉宏观经济效益审计的程序，通过财政支出和金融活动效益审计的具体运用来更好地领会并掌握。

在市场经济体制下政府不能以行政手段干预经济活动，只能按照市场经济的规律，用经济政策和经济杠杆来调节经济。这就需要从客观的角度对经济政策目标及宏观调控的效果，以及一些机构、部门在实施政策过程中对经济、节约、效益性原则的遵守情况加以评价。这种需求正是宏观经济效益审计产生的客观基础。众所周知，宏观经济在运行中都会遇到风险，如产业结构不合理、地区发展不平衡、宏观经济效益低下、物价水平不稳定及通货膨胀、不充分就业（失业）、经济增长不稳定、收入分配不公正、国际收支不平衡、违背可持续发展原理等风险。为此，加强宏观经济效益审计意义重大。

第一节　宏观经济效益审计概述

一、宏观经济效益审计概念结构

宏观经济效益审计，是国家审计机关对国家、地方或部门的国民经济活动及其管理的经济性、效果性和效率性，按照一定的标准进行审查和评价，以促进宏观经济提高效率、控制宏观经济运行风险、检查公共资源责任为目的的审计活动。

宏观经济效益审计的概念结构包括以下要素：

（一）宏观经济效益审计的客观基础

审计客观基础是指一种审计类别赖以产生和发展的源于社会经济生活的某种需求。评价受托公共责任是宏观经济效益审计产生的客观基础。

最高审计机关国际组织（INTOSAI）制定的《国际政府审计准则》第二十条指出："随着公众觉悟的提高，对管理公共资源的个人或单位的公共责任要求已越来越明确，因此更有必要确立责任的程序并使之行之有效。"第六条指出："政府机构内完善的信息系统、控制系统、评价系统和报告系统的发展有助于确立责任的程序。"

这种公共资源责任的存在就带来一种需求，即国家和社会公众对各级政府和公共机构履行公共资源责任情况的检查监督的需求，也就是国有资产和其他公共资源是否得到良好的（经济的、有效的、节约的）经营、管理和使用。这种需求是通过审计来满足的，即由国家审计机关对各级政府和公共机构进行宏观的审计，向国家和社会公众提供他们所需要的信息。

（二）宏观经济效益审计的主体和客体

宏观经济效益审计的主体是国家审计机关，这是由宏观经济效益审计所体现的审计关系所决定的。根据上述客观基础的分析，审计的授权人是国家、政府或社会公众，而被审计人是政府或公共机构，这就要求审计主体有一定的法律层次和权威性。

宏观经济效益审计的客体，即内容，包括所有影响宏观经济效益的因素：（1）宏观经济政策的评价；（2）具体的宏观经济活动的方案、计划、过程和结果；（3）宏观经济管理活动。

（三）宏观经济效益审计的职能

从控制宏观经济运行风险的审计目的出发，其审计的职能不只是监督，而是经济评价和信息反馈。这是因为宏观经济活动的主体一般是政府部门或公共机构，被审计对象的层次比较高，而审计主体也只代表政府，向政府报告审计结果。再者，对宏观经济决策的合理性、有效性的评价往往缺乏客观的绝对标准，因此难以监督，而只能对决策的合理性、有效性进行相对的比较和评价，将评价意见反馈给政府有关部门，为其提供信息。但从检查政府和公共机构的公共资源责任的审计目的出发，虽然审计对象的层次不变，但审计主体却代表着国家和社会公众的更高利益，从理论上讲，审计结果应该直接向国家的最高权力机关报告，其审计的职能主要是以评价为基础的监督。

二、宏观经济效益审计程序

我国宏观经济效益审计的全过程，大体可以包括五个阶段：

（一）选择审计对象

进行宏观经济效益审计时，一般选择那些在国民经济中具有重要地位和重大影响的经济活动，或者通过经常性财政、财务收支审计，对其经济效益和内部管理情况比较了解的部门和单位作为审计对象。根据一些国家和地区审计机关的做法，这一阶段包括两项内容：

1. 制订五年的宏观经济效益审计计划

基础工作是收集资料和周期性的一般调查，即收集审计对象范围内的主要事态发展，了解被审计机构的主要工作和资源状况。

2. 选择审计对象并确定每年的审计工作顺序

选择审计对象并编排先后次序，其标准有以下方面：重要性、风险、时间性、增值、可行性。

（二）审计前的准备阶段

审计前的准备工作主要包括收集有关文件资料，熟悉有关政策法规，了解被审计部门和机构的业务、管理和财务情况，进行重要性判断和风险评估，拟定审计方案，发出审计通知书。

（三）审计调查实施阶段

该阶段工作涉及两个方面：一方面是对被审计部门和机构进行初步研究，以证实是否有充分理由进行全面调查，如需要的话，确定全面调查的性质、范围和目标；另一方面是进行全面调查，收集足够的证明材料，据以在审计中做出适当的结论。

该阶段应注意与被审计部门和机构充分合作。例如：（1）与被审计部门或机构的上层管理人员商讨审计评价标准；（2）调查过程中与被审计机构各级人员磋商问题产生的原因和改正措施；（3）报告前与被审机构领导交换意见。

（四）审计报告处理阶段

该阶段的主要工作是根据所整理的审计工作底稿和证明材料形成报告的征求意见稿，用以征求被审机构的意见，将审计报告和书面意见一并报审计机关审核，形成审计结果报告或审计评价意见书，报送审计授权人，同时抄送被审机构。

（五）后续审计

后续审计包括对被审计部门或机构关于审计结果的复文进行审查，以及在此基础上到被审计部门或机构现场进行调查和访问，对审计结果的执行情况和效果进行评价，验证复文的真实性。

第二节　　　　　　　财政支出绩效审计

在我国，财政审计是对财政资金筹集、供应、使用全过程是否合规、有效所进行的审计，主要包括财政预算审计和财政决算审计。在自由市场经济制度中，社会资源的配置、收入的分配以及经济的稳定发展作用是通过价格机制自发调节的。但在不少情况下，市场经济的运行效果并不能令人满意，有时会给经济发展带来许多负面影响，甚至影响市场经济的正常运行，这在经济学上被称为"市场失灵（market failure）"。

政府财政支出是对国民收入的再分配，决定了各级政府的生产性投资与消费的总量和结构，决定了银行信贷的规模和国家物资储备的水平，对整个社会的供需总量有重要的影响。财政支出绩效审计就是对各级政府财政政策的执行情况、财政支出的合理性进行审查评价，以实现评价受托公共资源责任的目的。

《"十四五"国家审计工作发展规划》要求，围绕部门预算的完整性、规范性、真实性，深入揭示预算执行中各类违规和管理不规范问题，促进各预算单位规范管理，增强预算约束。在预算执行审计中，审计人员应分析提炼审计项目报告反映的共性问题，归纳问题的成因、规律特征、演变趋势和风险隐患，提好审计建议，形成高质量的审计工作报告和审计结果报告。

一是以研究型审计推动预算绩效审计"往深里走"。审计人员应全面梳理预算绩效管理的各个环节，深入研究其与预算管理的关系，把"钱花没花、花得对不对、花得好不好"作为绩效审计的重点，充分运用大数据技术，加强转移支付资金监控，探索从"财政支出事前绩效评估科学性—项目支出绩效目标合理性—项目支出绩效运行监控有效性—项目支出绩效自评客观性—项目实际支出进度和效益性"等方面开展全过程预算绩效审计。

二是以全面揭示问题推动预算绩效管理"往心里走"。审计人员应揭示未开展事前绩效评估，绩效目标设定不完整、未细化或脱离实际，绩效目标实现程度和预算执行进度"双监控"不到位，绩效自评结果不真实、不准确，未充分发挥资金效益，绩效目标未完成，未建立项目绩效管理制度等方面的问题，以有力、有效的审计监督推动各部门进一步增强预算绩效管理的行动自觉。

三是以促进体制机制完善推动预算绩效管理"往实里走"。审计人员应从建立健全财政政策目标与财力保障协同机制、转移支付资金监控调度机制、绩效管理工作责任追究机制等方面提出审计意见和建议，在确保审计发现问题及时整改的同时，促进加快完善预算绩效管理体制机制，推动财政资金精准高效地用在发展关键点、民生紧要处，更好服务全面建设高质量发展、高水平改革开放、高效能治理、高品质生活的社会主义现代化建设目标。

一、经济方针政策执行情况审查

政府预算是国家宏观经济政策贯彻的重要工具。例如，重点发展能源、交通、通信和原材料产业是我国的既定政策，审查时就要看各级预算支出是否贯彻这一政策，适当增加了这方面的预算支出。党的二十大提出"健全现代预算制度"，同时，《中华人民共和国审计法》总则将审计监督目标明确为"财政收支或者财务收支的真实、合法和效益"。审计机关应立足"审计监督首先是经济监督"定位，履行"财政财务收支真实、合法、效益"责任。在审计过程中，审计人员要善于沿着"政治—政策—项目—资金"的演绎路径做到整体把握、层层聚焦、锁定重点、揭示问题，要透过审计发现的各类具体问题分析表象、研究机理、提出建议、督促整改。

二、预算支出结构审查

预算支出结构是指不同的预算支出项目占预算支出总额的比重，它代表着资源配置的方向，体现了社会经济资源在各国民经济部门和地区之间的分配和流动。它影响着国家的产业结构、生产力布局、积累和消费的比例等，从而影响整个宏观经济效益及经济运行风险。

编制工作底稿"预算支出结构变动表"（见表 10-1），通过将各支出项目结构变动趋势与政府财政职能标准（资源合理配置、收入和财产公平分配、社会经济稳定发展、国家经济政策标准）进行对照，对其绩效进行判断。

表10-1　　　　　　　　　　　预算支出结构变动表　　　　　　　　　金额单位：万元

预算支出项目	上年		本年		本年比上年增减百分比（%）
	金额	结构（%）	金额	结构（%）	
基本建设支出	100 000	38.46	200 000	57.14	+18.68
挖潜改造支出	20 000	7.69	13 000	3.71	-3.98
简易构筑费	4 000	1.54	5 000	1.43	-0.11
科技三项费用	5 000	1.92	5 000	1.43	-0.49
支农支出	25 000	9.62	24 000	6.86	-2.76
行政管理费	20 000	7.69	21 000	6.00	-1.69
文教卫生事业支出	67 000	25.77	66 000	18.86	-6.91
其他支出	19 000	7.31	16 000	4.57	-2.74
合计	260 000	100.00	350 000	100.00	

三、政府预算支出绩效评价

（一）评价方法

财政支出绩效评价方法主要采用成本效益分析法、比较法、因素分析法、最低成本法、公众评判法等。

（1）成本效益分析法，是指将一定时期内的支出与效益进行对比分析，以评价绩效目标实现程度。

（2）比较法，是指通过对绩效目标与实施效果、历史与当期情况、不同部门和地区同类支出的比较，综合分析绩效目标实现程度。

（3）因素分析法，是指通过综合分析影响绩效目标实现、实施效果的内外因素，评价绩效目标实现程度。

（4）最低成本法，是指对效益确定却不易计量的多个同类对象的实施成本进行比较，评价绩效目标实现程度。

（5）公众评判法，是指通过专家评估、公众问卷及抽样调查等对财政支出效果进行评判，评价绩效目标实现程度。

（二）评价指标

预算支出最重要的用途是进行经济投资，所以政府预算支出的绩效评价重点是考核经济投资的效果。经济投资是指财政支出中用于物质资料生产领域的部分，其评价指标主要有：

1. 投资产值率

投资产值率说明政府对某部门（产业）每支出单位投资额能创造的产值。其计算公式如下：

$$投资产值率 = \frac{某部门（产业）接受投资后新增产值}{对该部门（产业）支出投资额}$$

2. 投资效果系数

投资效果系数说明政府对某部门（产业）每支出单位投资额能增加的国民收入（V+M）。其计算公式如下：

$$投资效果系数 = \frac{某部门（产业）接受投资后新增国民收入}{对该部门（产业）支出投资额}$$

3. 投资利税率

投资利税率说明政府对某部门（产业）每支出单位投资额能增加实现的利润和增加上缴的税金。其计算公式如下：

$$投资利税率 = \frac{某部门（产业）接受投资后新增利税额}{对该部门（产业）支出投资额}$$

第三节　　金融活动绩效审计

国家金融活动是指国家直接经营或授权专门机构从事的金融活动，主要包括货币的投放和回笼、信贷活动和外汇管理等。在我国，银行作为社会的信贷中心、结算中心，它们的活动对国民经济的发展起着举足轻重的作用。因此，国家金融活动的宏观经济效益审计对于加强宏观经济管理具有重要的意义。

一、货币的投放与回笼审计

货币的投放与回笼关系到市场货币流通量的增加与减少，关系着社会购买力的高低和平衡，同时也关系着市场物价的水平。货币投放与回笼活动是国家进行宏观经济调控的重要手段，也是影响宏观经济效益的重要方面。利用货币的投放和回笼进行宏观经济调控，存在以下几种固有风险：货币发行量超过货币需要量；流通中货币增长速度与国民经济增长速度不协调。

（一）货币发行量的测试

我国的货币发行是由中国人民银行根据国务院批准的计划进行的。货币发行量应与货币需要量相对应。如果货币发行量超过流通中的货币需要量，就会发生货币贬值。一定时期货币需要量的模型计算如下：

$$货币需要量=\frac{商品价格总额+（到期支付总额-本期赊销商品总额-相互抵销支付总额）}{单位货币的平均流通速度}$$

货币发行量指银行向流通领域投放货币数量超过流通领域回笼到发行库的货币数量。编制审计工作底稿时，以上计算所需数据来自发改委、国家统计局、中央银行和金融研究机构的测算分析资料。审计人员对货币发行量进行评价时，将市场已有货币流通量加上当期货币发行量，与货币需要量进行比较。如出现下列情况时，说明货币发行量过大：

市场已有货币流通量+货币发行量＞货币需要量

（二）流通中货币增长速度的测试

随着生产发展和商品流通的扩大，流通中的货币需要量将会增加，有计划地通过银行增加货币发行是正常的。但是，如果为了弥补财政赤字而发行货币，即财政性发行，则是不正常的。大量的财政性发行将导致货币贬值，物价上涨，影响社会生活正常进行和人民生活水平。因此，需要对货币增长速度与国民经济增长速度是否相一致进行审计测试。

$$流通中货币增长速度=\frac{报告期流通中货币量-基期流通中货币量}{基期流通中货币量}$$

将工作底稿中计算得到的流通中货币增长速度与国民经济增长速度（可以用统计资料中的GDP增长率）进行比较，判断两者是否相适应。在审计测试中应该注意，以上所用的货币流通量和国内生产总值（GDP）都是统计指标，一般在测算评价以前先要验证这些数据的真实性。一般原则是，审计不能确认其真实性的，不对其效益性进行评价。

（三）银行货币收支规模和结构的测试

银行的货币收支是进行货币投放和回笼的主要渠道，审查银行货币收支的规模和结构是货币投放和回笼审计的基础工作。当一定时期的现金收入累计发生额大于现金支出累计发生额，就发生了现金收支顺差；反之，就是现金收支逆差。顺差说明货币回笼，而逆差说明货币投放。

1. 银行货币收支规模的审查测试

将现金收入总额和现金支出总额与计划水平或历史同期水平进行比较，判断收支规模是扩大了还是缩小了，有没有异常的变化。如果变化差距过大，就应该分析其原因。

2. 银行货币收支结构的审查测试

银行货币收支结构是指各现金收支项目占现金收支总额的比重。现金收支结构的变化可以在一定程度上反映国民经济运行情况。例如，在收入方面，商品销售现金收入大幅度减少，比重下降，说明市场需求萎缩，市场疲软；服务收入比重增加，说明第三产业发展较快。在支出方面，如果工资和对个人的其他现金支出增加幅度过快，一方面反映居民货币收入增加，另一方面也可能说明消费基金增长太快。农副产品采购支出减少，说明农业生产衰退或者政府未及时收购农副产品。在测试时应按重要性选择一部分收支项目，结合财政收支、信贷活动等影响进行综合分析。

二、信贷活动宏观经济效益审计

信贷活动宏观经济效益是指贷款占用与效用的比较。提高信贷活动经济效益，就是以尽量少的信贷资金占用，支持最大限度的经济发展和社会进步。对国家信贷活动开展经济效益审计，就要研究信贷资金的投向、投量及其对社会生产和流通的影响、对货币流通和资金周转的影响、对生产力布局和国家产业政策的影响，当然还包括对国家经济发展、经济改革有关政策的影响。国家信贷活动有如此广泛的影响，也使它的运行风险具有广泛的表现形式。例如，贷款增长与国民经济增长不相适应的风险、信贷方向不符合国家产业政策导致生产力布局不合理的风险等。

（一）信贷活动宏观经济效益测试的评价指标

对某地区信贷活动宏观经济效益进行测试评价，一般使用以下指标：

1. 信贷资金周转率

该指标的数值表示某地区所占用的信贷资金在一定时期内完成的周转次数，次数越多说明周转速度越快，有利于经济效益提高。计算公式如下：

$$信贷资金周转率 = \frac{累计发放贷款总额}{信贷资金平均余额}$$

2. 贷款周转率

该指标说明某地区已用于贷款的信贷资金在一定时期内完成的周转次数。在这里，收回贷款表示贷款资金的周转额，周转得越快，取得的效用越大。计算公式如下：

$$贷款周转率 = \frac{报告期收回贷款累计数}{报告期贷款平均余额}$$

3. 贷款资金产值率

这是一个反映信贷活动投入与产出比较关系的指标，表明每投入1元的贷款资金，给接受贷款的地区带来的总产值。应注意这里的总产值应该是相对于接受贷款而形成的增量指标，而不应该包括在接受贷款以前的总产值存量。计算公式如下：

$$贷款资金产值率 = \frac{报告期总产值}{报告期贷款平均余额}$$

4. 贷款资金利润率

该指标的意义与贷款资金产值率相似，是以利润作为产出来反映信贷活动的投入产出关系的指标，其中利润也应该是增量指标。计算公式如下：

$$贷款资金利润率=\frac{报告期利润总额}{报告期贷款平均余额}$$

（二）区域信贷活动的经济效益评价

区域信贷活动的经济效益评价，是根据信贷方向，即各个国民经济部门（或行业），按照上述四个评价指标进行测算，将测算结果在不同年度之间作纵向比较。对各个指标的变动趋势进行分析，找出所存在的问题和原因并提出对今后该区域信贷活动的建议。

【例10-1】某区域2022年和2023年各行业贷款效益指标见表10-2和表10-3。

表10-2　　　　　　　　　　**某区域2022年各行业贷款效益指标一览表**

行业	信贷资金周转率（次）	贷款周转率（次）	贷款资金产值率（%）	贷款资金利润率（%）
工业	3.0	2.0	1 000	250
农业	1.5	1.2	500	120
交通运输业	2.8	2.5	800	250
商品流通业	3.2	3.0	1 200	300
其他	1.7	1.8	600	140

表10-3　　　　　　　　　　**某区域2023年各行业贷款效益指标一览表**

行业	信贷资金周转率（次）	贷款周转率（次）	贷款资金产值率（%）	贷款资金利润率（%）
工业	2.8	1.8	1 100	280
农业	1.6	1.3	550	130
交通运输业	2.6	2.4	750	260
商品流通业	3.0	2.8	1 300	280
其他	1.9	1.9	650	130

将2022年和2023年的相关指标进行比较，结果反映在表10-4中。

表10-4　　　　　　　　　　**2022年与2023年各行业比较贷款效益指标一览表**

行业	信贷资金周转率（次）	贷款周转率（次）	贷款资金产值率（%）	贷款资金利润率（%）
工业	−0.2	−0.2	+100	+30
农业	+0.1	+0.1	+50	+10
交通运输业	−0.2	−0.1	−50	+10
商品流通业	−0.2	−0.2	+100	−20
其他	+0.2	+0.1	+50	−10

从中我们可以做出以下初步评价：

（1）从两个年度综合情况来看，各行业的贷款效益呈现不同的特点。工业和商品流通业的资金周转速度都比较快，贷款活动的效用（产值、流转额、利润）也比较显著；交通运输业的资金周转速度比较快，但贷款的效用则不很显著；农业和其他部门的资金周转速度和贷款效用都相对较低，信贷经济效益较差。

（2）从两个年度的动态变化来看，农业的四个指标数值都有所上升，说明其信贷活动的经济效益全面提高；工业和商品流通业的两项周转率指标都有所下降，说明资金周转速度放慢，应进一步检查其原因；交通运输业有三项指标呈下降趋势，应重点检查其原因并考虑是否调整对它的贷款政策。

第四节　　　　预算绩效管理审计

党的十九大报告提出要加快建立现代财政制度，全面实施绩效管理。2018年9月，《中共中央 国务院关于全面实施预算绩效管理的意见》（以下简称《意见》）正式发布，明确提出要加快建成全方位、全过程、全覆盖的预算绩效管理体系，增强政府公信力和执行力。预算绩效管理审计作为贯彻落实《意见》的重大举措，在强化政府职能、提升公共服务的质量和水平、建立高效廉洁政府、推动国家治理现代化等方面的积极作用越来越凸显。

一、全面实施预算绩效管理的意义

全面实施预算绩效管理是推进国家治理体系和治理能力现代化的内在要求，是深化财税体制改革、建立现代财政制度的重要内容，是优化财政资源配置、提升公共服务质量的关键举措，是推动党中央、国务院重大方针政策落地见效的重要保障。《意见》以习近平新时代中国特色社会主义思想为指导，全面贯彻党的十九大和十九届二中、三中全会精神，按照高质量发展要求，紧紧围绕统筹推进"五位一体"总体布局和协调推进"四个全面"战略布局，坚持以供给侧结构性改革为主线，聚焦解决当前预算绩效管理中存在的突出问题，对全面实施预算绩效管理进行统筹谋划和顶层设计，是新时期预算绩效管理工作的根本遵循。

全面实施预算绩效管理是政府治理方式的深刻变革，是一项长期的系统性工程，涉及面广、难度大。各地区各部门要切实把思想认识行动统一到党中央、国务院决策部署上来，深刻学习领会《意见》的精神实质，准确把握核心内涵，进一步增强责任感和紧迫感，把深入贯彻落实《意见》要求、全面实施预算绩效管理作为当前和今后一段时期财政预算工作的重点，真抓实干、常抓不懈，确保全面实施预算绩效管理各项改革任务落到实处，不断提高财政资源配置效率和使用效益。

二、预算绩效管理的重点环节

（一）预算编制环节突出绩效导向

将绩效关口前移，各部门各单位要结合预算评审、项目审批等开展事前绩效评估，将评估结果作为申请预算的必备要件，防止"拍脑袋决策"，从源头上提高预算编制的科学性和精准性。同时，要加快实现本级政策和项目、对下共同事权分类分档转移支付、专项转移支付绩效目标管理全覆盖，加快设立部门和单位整体绩效目标。

（二）预算执行环节加强绩效监控

按照"谁支出、谁负责"的原则，完善用款计划管理，对绩效目标实现程度和预算执行进度实行"双监控"，发现问题要分析原因并及时纠正。逐步建立重大政策、项目绩效跟踪机制，按照项目进度和绩效情况拨款，对存在严重问题的要暂缓或停止预算拨款。加强预算执行监测，科学调度资金，简化审核材料，缩短审核时间，推进国库集中支付电子化管理，切实提高预算执行效率。

（三）决算环节全面开展绩效评价

加快实现政策和项目绩效自评全覆盖，如实反映绩效目标实现结果，对绩效目标未达成或目标制定明显不合理的，要做出说明并提出改进措施。逐步推动预算部门和单位开展整体绩效自评，提高部门履职效能和公共服务供给质量。建立健全重点绩效评价常态机制，对重大政策和项目定期组织开展重点绩效评价，不断创新评价方法，提高评价质量。

（四）强化绩效评价结果刚性约束

健全绩效评价结果反馈制度和绩效问题整改责任制，形成反馈、整改、提升绩效的良性循环。各级财政部门要会同有关部门抓紧建立绩效评价结果与预算安排和政策调整挂钩机制，按照奖优罚劣的原则，对绩效好的政策和项目原则上优先保障，对绩效一般的政策和项目要督促改进，对低效无效资金一律削减或取消，对长期沉淀的资金一律收回，并按照有关规定统筹用于亟待支持的领域。

（五）推动预算绩效管理扩围升级

绩效管理要覆盖所有财政资金，延伸到基层单位和资金使用终端，确保不留死角。推动绩效管理覆盖"四本预算"，并根据不同预算资金的性质和特点统筹实施。加快对政府投资基金、主权财富基金、政府和社会资本合作（PPP）、政府购买服务、政府债务项目等各项政府投融资活动实施绩效管理，实现全过程跟踪问效。积极推动绩效管理实施对象从政策和项目预算向部门和单位预算、政府预算拓展，稳步提升预算绩效管理层级，逐步增强整体性和协调性。

三、预算绩效管理审计的意义

（一）硬化预算绩效责任约束

审计部门要加强预算绩效监督，重点对资金使用绩效自评结果的真实性和准确性进行审计，以强化预算绩效责任约束。对绩效监控、绩效评估评价结果弄虚作假，或预算执行与绩效目标严重背离的部门和单位及其责任人要提请有关部门进行追责问责。

（二）加大绩效信息公开力度

大力推动重大政策和项目绩效目标、绩效自评以及重点绩效评价结果随同预决算报送同级人大，并依法予以公开。探索建立部门和单位预算整体绩效报告制度，促使各部门各单位从"要我有绩效"向"我要有绩效"转变，提高预算绩效信息的透明度。

（三）推动社会力量有序参与

引导和规范第三方机构参与预算绩效管理，加强执业质量全过程跟踪和监管，促进形成全社会"讲绩效、用绩效、比绩效"的良好氛围。

四、预算绩效管理审计的方法

（一）将财政预算绩效评价与预算绩效审计有机结合

在审计过程中，审计部门应加强对预算编制、预算执行、决算评价及结果运用等各个环节的分析和评价，以问题为导向，重点审查绩效目标设定的充分性和合理性、纳入预算绩效监控范围项目的完整性和实效性、绩效自评全覆盖程度以及重点绩效评价常态机制是否建立健全、绩效评价结果与预算安排及政策调整是否挂钩等，建立一套评价指标清晰、评价标准公正和评价方法切实可行的绩效评价体系。

（二）加强审计项目和审计组织方式"两统筹"

在项目计划制订上，加强不同类型审计项目的统筹融合和相互衔接，积极探索融合式审计项目。例如，一是将预算绩效审计同重大政策措施跟踪审计相结合，加大对各部门单位贯彻落实国家重大政策措施和宏观调控的具体部署、执行进度、实际效果等方面进行监督检查，切实找准预算绩效审计工作的切入方向；二是将预算绩效审计同领导干部经济责任审计相结合，重点关注个别领导干部盲目决策或追求个人政绩造成严重损失浪费等问题，完善绩效管理，推动经济高质量发展；三是将预算绩效审计与政府投资项目结算审计和跟踪审计相结合，参照政府年度投资计划、重大项目及重点民生实事项目等，落实财政绩效审计工作的侧重点。通过全面实施预算绩效审计，优化资源配置，努力实现"一审多项""一审多果""一果多用"。

（三）提升预算绩效审计业务能力

一是要加大对审计人员法治观念、财经法纪专业知识和大数据审计技术的培养，创新审计技术方法，将大数据分析融入资金绩效的数据分析、疑点锁定等具体审计活动中，普及 SQL 查询语句、统计分析等技术在预算绩效审计中的应用，促使形成科学的全面预算绩效审计方法体系；二是在审计进点前，有针对性地对绩效审计的内容、方法等开展培训，形成绩效审计思维模式，提升绩效审计能力，提高绩效审计的质量。

（四）加大审计成果运用

针对预算绩效审计发现的具有普遍性或者个别的苗头性、倾向性问题进行归纳汇总，形成《审计要情》或《审计专报》，从体制机制上查找问题存在的根源，提出规范和改进管理的审计建议，促使各预算单位进一步规范基础工作，完善内部管理，提高财政资金绩效。

五、预算绩效管理审计评价

（一）预算绩效管理审计评价的内容

（1）绩效目标的完成情况；

（2）为完成绩效目标安排的预算资金的使用情况和财务管理状况；

（3）部门为完成绩效目标采取的加强管理的制度、措施等；

（4）部门根据实际情况确定的其他考核内容。

（二）预算绩效管理审计评价的方法

预算绩效管理审计评价采取定性和定量相结合的方式，具体包括比较法、因素分析法、公众评价法、成本效益分析法等。

（1）比较法，是指通过对绩效目标与绩效结果、历史情况和考评期情况、不同部门和地区同类支出的比较，综合分析考评绩效目标完成情况的考评方法。

（2）因素分析法，是指通过分析影响目标、结果及成本的内外因素，综合分析考评绩效目标完成情况的考评方法。

（3）公众评价法，是指对无法直接用指标计量其效果的支出，通过专家评估、公众问卷及抽样调查，对各项绩效考评内容完成情况进行打分，并根据分值考评绩效目标完成情况的考评方法。

（4）成本效益分析法，是指通过将一定时期内的支出与效益进行对比分析来考评绩效目标完成情况的考评方法。

（5）财政部和中央部门确定的其他考评方法。

六、预算绩效管理审计评价指标

（一）预算绩效管理审计评价指标的选择原则

（1）相关性原则，即选定的绩效评价指标与部门的绩效目标有直接联系；

（2）可比性原则，即对具有相似目的的工作选定共同的绩效评价指标，保证评价结果可以相互比较；

（3）重要性原则，即对绩效评价指标在整个审计工作中的地位和作用进行筛选，选择最具代表性、最能反映审计要求的绩效评价指标；

（4）经济性原则，即绩效评价指标的选择要考虑现实条件和可操作性，在合理成本的基础上进行审计评价。

（二）预算绩效评价指标的选择

预算绩效评价指标分为共性指标和个性指标。

共性指标是适用于所有中央部门的绩效评价指标；个性指标是针对部门和行业特点确定的适用于不同中央部门的绩效评价指标。

预算绩效评价共性指标主要包括绩效目标完成程度、预算执行情况、财务管理状况、经济和社会效益、资产的配置和使用情况等；预算绩效评价个性指标由审计部门根据被审计对象的绩效目标制定。

预算支出绩效评价指标体系的建立可参考财政部制定的"项目支出绩效评价指标体系框架（参考）"，详见书后附录。

关键概念

宏观经济效益审计，是国家审计机关对国家、地方或部门的国民经济活动及其管理的经济性、效果性和效率性，按照一定的标准进行审查和评价，以促进宏观经济提高效率、控制宏观经济运行风险、检查公共资源责任为目的的审计活动。

预算支出结构是指不同的预算支出项目占预算支出总额的比重，它代表着资源配置的方向，体现了社会经济资源在各国民经济部门和地区之间的分配和流动。它影响着国家的产业结构、生产力布局、积累和消费的比例等，从而影响整个宏观经济效益及经济运行风险。

国家金融活动是指国家直接经营或授权专门机构从事的金融活动，主要包括货币的投放和回笼、信贷活动和外汇管理等。

本章小结

宏观经济活动的主体一般是各级政府或公共机构，其目的是检查公共资源、控制宏观经济运行风险，最终促进宏观经济效益提高。宏观经济效益审计程序一般包括选择审计对象、准备阶段、实施阶段、报告处理、后续审计五个阶段。

政府预算支出是对国民收入的再分配，决定了各级政府的生产性投资与消费的总量和结构，决定了银行信贷的规模和国家物资储备的水平。在我国，银行作为社会的信贷中心、结算中心，它们的活动对国民经济的发展起着举足轻重的作用。因此，政府预算支出和金融活动经济效益审计对于加强宏观经济管理具有重要的意义。

复习思考题

1. 宏观经济有哪些运行风险？宏观经济效益审计的目的是什么？
2. 评价政府财政职能有哪些指标和标准？
3. 通过哪些指标对政府预算支出的绩效开展评价？
4. 如何审查货币的投放和回笼？
5. 财政支出绩效审计的理论依据是什么？
6. 试论述开展宏观经济效益审计与实行社会主义民主法治的关系。
7. 国家审计在预防金融风险中的作用及其实现途径是什么？
8. 宏观经济效益审计与微观经济效益审计有何区别？
9. 为什么说现代审计是民主政治的工具？
10. 如何构建政府绩效审计评价指标体系？
11. 如何构建预算绩效管理审计评价指标体系？
12. 试论述审计在全面预算绩效管理中的地位和作用。

业务练习题

资料：某中医药博物馆财政支出绩效审计

案例背景：

某中医药博物馆隶属于某中医药大学。为适应中医药事业的发展，以及落实省建设"中医药强省"战略，正式组建中医药博物馆。博物馆的建设有着良好的前期工作积累与基础，在此基础上深化设计、装修布展，对吸引海内外受众、推动中医药文化、弘扬和普及中医药科学知识具有重要意义。

案例分析：

该中医药博物馆的建设目标是向海内外展示中医药国粹精华，推广中医药文化，提升中医药的影响力，促进社会对中医药的重视和利用，从而推动中医药事业的发展。对某中医药博物馆开展财政支出绩效审计的目标就是要对财政支出在经济性、效率性和效果性方面实现目标的程度进行客观评价，发现存在的问题，并提出改进建议。

财政支出绩效评价指标是反映财政支出绩效总体现象的特定概念和具体数值，是衡量、监测和评价财政支出经济性、效率性与效果性，以及揭示财政支出存在问题的重要量化手段。财政支出绩效评价指标按内容可以分为基本指标和绩效指标，按性质可以分为定量指标和定性指标。

1. 项目基本指标

（1）项目资金情况指标。

①项目资金落实情况指标（见表10-5）

项目资金落实情况指标包括资金到位率和资金到位及时性，反映资金筹集的效率。资金到位率越高，表明效率越高；资金到位越及时，表明效率越高。

表10-5   **项目资金落实情况指标**

具体指标	指标内容（计算公式）	指标结果	指标来源及依据
资金到位率	实际拨付金额÷计划使用金额	100%	关于安排某中医药博物馆项目2008年基本建设支出预算（拨款）的通知（粤财建〔2008〕54号）
资金到位及时性	资金到达项目单位的时间符合有关规定	及时	关于某中医药博物馆专项财政授权支付资金到账的通知

②实际支出情况指标（见表10-6）

表10-6   **实际支出情况指标**

具体指标	指标内容（计算公式）	指标结果	指标来源及依据
资金支出率	实际支出金额÷实际拨付金额×100%	61.28%	财务部门会计记录
资金支出相符性	支出内容与立项计划内容的符合程度	符合	某中医药博物馆建设方案、某中医药博物馆项目资金支出明细表
资金支出合法合规性	资金支出是否符合资金管理办法及相关法律法规	符合	某中医药大学财经管理办法（某中医财〔2004〕7号）

实际支出情况指标主要评价项目支出预算的完成情况、资金使用的合法合规性，防止资金长期闲置造成浪费或被截留挪用等。一般来说，资金支出率越高越好；资金支出与立项时的计划内容相符，并且支出合法合规，是对财务支出的基本要求。

③资金管理情况指标（见表10-7）

表10-7   **资金管理情况指标**

具体指标	指标内容（计算公式）	指标结果	指标来源及依据
制度健全性	是否制定相关资金管理办法	是	某中医药大学财经管理办法（某中医财〔2004〕7号）
管理有效性（执行情况）	财务岗位设置是否合理，资金审批是否规范，财务信息是否真实	是	检查会计记录和原始凭证，调查岗位设置和人员分工

就资金管理情况来说，制度健全和执行有效是资金安全真实、高效使用的保障。不言而喻，制度越健全越好，执行越有效越好。

（2）项目组织实施情况指标。

①项目组织情况指标（见表10-8）

项目组织情况指标用来评价项目自立项到竣工的整个过程里各环节的组织手续是否完备和规范，或者是否存在漏洞。科学的项目组织要求项目立项、招投标、调整和竣工验收必须履行程序并做到规范。如果任何一个环节出现异常，都会给项目带来风险和隐患，从而影响绩效的评价结果。

表 10-8 项目组织情况指标

具体指标	指标内容（计算公式）	指标结果	指标来源及依据
项目立项情况	项目立项是否符合程序和规范	是	关于建设某中医药博物馆的请示、某中医药博物馆建设方案、某省人民政府办公厅文件呈批表（关于建设某中医药博物馆的请示）
项目招投标情况	项目招投标是否规范	是	博物馆展陈设计与制作项目等招投标文件，了解、调查招投标实施程序
项目调整情况	项目是否按相关规定履行调整报批手续	是	没有调整项目的情况
项目竣工验收情况	项目验收方式是否合理，验收结果是否与合同相符	是	调查验收程序，检查相关验收报告

②项目管理水平指标（见表 10-9）

表 10-9 项目管理水平指标

具体指标	指标内容（计算公式）	指标结果	指标来源及依据
制度健全性	项目的相关管理制度是否健全	是	某中医药博物馆项目管理制度
管理有效性（执行情况）	相关管理制度是否有效执行	是	观察有关管理活动过程，检查制度落实情况

与资金管理情况指标类似，制度健全并执行有效为项目的组织和实施提供了保障，体现了项目管理水平的高低。

2.项目绩效指标

（1）项目经济性指标（见表 10-10）

表 10-10 项目经济性指标

具体指标	指标内容（计算公式）	指标结果	指标来源及依据
公开招投标率	实际招投标合同金额÷按规定应招投标金额×100%	100%	财务部门会计记录、原始凭证和招投标文件
预算超支率	实际超预算金额÷预算金额×100%	0	财务部门会计记录和原始凭证
预算完整性	审计查出未纳入预算的支出÷审计的项目支出×100%	0	财务部门会计记录和原始凭证
财政支出范围情况	是否应用于专项项目建设	是	财务部门会计记录和原始凭证
财政支出审核情况	是否经审计处审核成本并签署意见	是	审计处对有关工程进行成本审核，提出合理核减意见，节约了成本

（2）项目效率性指标（见表10-11）

表10-11   项目效率性指标

具体指标	指标内容（计算公式）	指标结果	指标来源及依据
工期目标完成情况	是否按工期进行，完成工程进度	是	某省教育单位博物馆展陈设计与制作项目设计施工合同、关于博物馆项目施工进度的报告等
每年接待参观人次	平均每年接待参观人次	10 000人次/年	某中医药博物馆信息
开展科普活动频率	每年开展科普活动的次数是否逐渐增多	是	开展"5·18国家博物馆日""科技活动周"等多种科普活动
信息化管理水平	是否重视信息化建设，发挥信息化的优势	是	探索数字博物馆建设，强化网站建设和运用
科普管理水平	科普管理制度是否完善，是否有效率	是	制定了参观办法和守则、讲解员制度等一系列制度，确保了科普工作的制度化、标准化与规范化

（3）项目效果性指标（见表10-12）

表10-12   项目效果性指标

具体指标	指标内容（计算公式）	指标结果	指标来源及依据
项目验收合格情况	验收质量是否符合合同规定	是	财务部门原始凭证
馆藏情况	馆藏是否丰富	是	藏品达4 000余件，含秦、汉、晋、唐、宋、元、明、清、民国历代医史文物、名人字画、拓片等
接待参观群体范围	接待参观群体范围是否不断突破	是	多次接待香港大学、澳门科技大学学生及美国加州议员、德国总领事等人员，从省内向我国港澳地区、欧美国家等拓展
社会满意度情况	社会满意度高或低	高	被评为某地区"最受市民欢迎的科普基地""某省科普工作先进集体""某科普信息工作先进单位"等
社会影响力情况	社会影响力大或小	大	成为"某省科普教育基地""某省青少年科技教育基地""某省国民旅游休闲示范单位"，入选"2008年全国博物馆名录"等

3.审计结论

某中医药博物馆财政支出符合国家财经法规和有关规章制度，各项经济性、效率性和效果性指标表现突出。某中医药博物馆在向国内外展示中医药国粹，推广和普及中医药文化，提升中医药的影响力方面取得了显著成绩，绩效评价结果为优秀。

要求：

（1）简述经济性、效率性和效果性三者之间的关系。

（2）通过上述案例，你能够得到哪些启示？

第十章业务练习题参考答案

第十一章 公共投资项目绩效审计

学习目标

本章主要从公共投资项目的决策、管理和环境要素三个方面来介绍公共投资项目的绩效审计问题。通过本章的教学，使学生理解和掌握公共投资项目绩效审计的内涵、作用、审查内容及方法程序，特别是公共投资决策绩效审计内容及方法，并对公共投资管理绩效审计、公共投资环境绩效审计的内容有所了解。

改革开放以来，随着我国经济的快速发展，各级政府公共投资项目越来越多，公共投资资金量越来越大。公共投资形成的产值不仅在国民经济中占有重要的比重，而且在国民经济的可持续发展过程中发挥着极其重要的作用。公共投资项目的绩效审计除了要考虑成本效益问题之外，还涉及投资的经济性和效果性要素。本章重点介绍公共投资项目绩效审计的基本内容和方法程序。

第一节　　公共投资项目绩效审计概述

公共投资项目审计作为国家审计的重要组成部分，对于推动规范公共投资管理、优化公共投资结构和提高公共投资绩效具有重要作用。近年来，各级审计机关积极开展公共投资项目审计监督，在推动深化改革、提高投资绩效、促进反腐倡廉建设等方面发挥了重要作用。但是，对照审计署关于投资审计转型发展的要求，依然存在制度机制不够完善、部分投资审计工作质量不够高、审计结果运用不够规范等问题。

2021年10月23日，十三届全国人大常委会审议通过了《关于修改〈中华人民共和国审计法〉的决定》。此次修正对投资审计条款进行了重大修改，在保留审计机关对政府投资和以政府投资为主的建设项目预算执行情况和决算进行审计监督基础上，增加了对其他关系国家利益和公共利益的重大公共工程项目的资金管理使用和建设运营情况进行审计监督的职能。这是对公共投资项目审计的重大法律授权，极大拓展了投资审计监督的广度和深度。

进入新发展阶段以来，中央更加注重公共投资作为经济发展"定海神针"和"压舱石"的作用，应聚焦重大建设项目，深入揭示项目建设管理、资金分配使用中的突出问题。一是关注建设程序，审查项目决策、立项审批、可研设计、环境影响评价、征地拆迁、移民安置、招标投标等程序是否合法合规，推动规范项目建设管理。二是关注资金安全，以项目安排与建设管理为切入点，以资金筹集、分配、拨付、使用为主线，深入核查层层转包层层盘剥、偷工减料虚报冒领、内外勾结侵占骗取建设资金等重大问题，推动规范公共投资权力运行，为国有资金资产安全保驾护航。三是关注投资绩效，通过检查项目建设与运行情况，关注是否达到预期建设目标，移民安置和环保措施是否到位，有无损失浪费、重复建设、资产闲置等现象，同时检查工程质量控制措施落实和运行状况，促进防范重大安全风险隐患。

一、公共投资项目绩效审计的内涵与目标

（一）公共投资项目的内涵

公共投资项目，是指由政府财政性资金或政府组建的特定机构通过资本市场融资筹集的资金投资或参与投资的项目，也包括国有企业事业单位投资的项目。

公共投资项目按照项目性质的不同，可以分为经营性公共投资项目和非经营性公共投资项目。经营性公共投资项目以营利为主要目的，对这类公共投资项目可以采用项目法人责任制进行管理，由项目法人充当项目业主，担负项目策划、资金筹措、建设实施、生产经营、债务偿还和资产的保值增值等方面的责任，可以用经济评价指标评价该投资项目的经济性、效率性和效果性。非经营性公共投资项目一般是非营利性的，主要是提供社会公共产品，追求社会效益最大化的投资项目。由于非经营性公共投资项目提供的是社会效益，而社会效益很难用经济指标评价，因此如何评价这类项目的经济性、效率性、效果性是绩效审计的难点。

（二）公共投资项目绩效的内涵

根据投资效益理论，从社会实际资本增加的角度可以把公共投资项目的投资效益定义为公共投资项目建设全过程中所耗费或占用的人力、财力、物力与所取得的有用成果之比。具体而言，公共投资项目的投资效益主要包括经济效益、社会效益和环境效益。

公共投资项目的经济效益是指公共投资项目财务产出与投入的比较，即建设成果与消耗、占用之间的比例关系；社会效益是指投资对社会发展目标的贡献，如扩大就业、促进社会公平分配、提高人们的文化教育水平和卫生健康水平、改善人们的生活质量，从而提高劳动生产率，促进投资经济效益的提高；环境效益是指投资对自然环境和生态环境的贡献和影响，如是否能美化环境、保护资源、改善生态环境、促进经济和社会的可持续发展，环境效益直接关系到经济效益和社会效益。

（三）公共投资项目绩效审计的内涵

公共投资项目绩效审计，是以促进和提高公共投资项目建设资金的管理水平和使用效益为目标，以公共投资项目的决策绩效、管理绩效和环境绩效为主要审计内容，以项目建设结果为导向，以揭露问题为切入点，结合对投资领域相关政策的评价，融真实性、合法性、效益性为一体的绩效审计。通过检查项目的经济效益和社会效益，对资金使用的合规性、经济性、效果性、效率性做出评价，提出改进资金使用和项目管理的意见和建议。

公共投资项目绩效审计已经突破了一般财务收支审计的范畴。从实际工作情况看，公共投资项目绩效审计不仅有纯粹的财务收支审计内容，而且包括了大量的项目管理审计和环境审计的内容，深入到了被审计对象的业务流程。审计结果更多地指向了项目的绩效，这种做法与绩效审计的本质要求是一致的。在技术方法运用和证据支持方面，公共投资项目绩效审计也突破了查账审计的局限性。

审计机关开展公共投资项目绩效审计，需要抓住政府资金使用的重点，抓住各级政府关注、广大群众关心的热点，加强对投资领域权力的制约和监督，向社会公众提供公共投

资项目效益情况的客观公正信息，提高经济增长质量，促进政府完善投资决策，管好用好资金，防止损失浪费。

（四）公共投资项目绩效审计的目标

《审计署2008至2012年审计工作发展规划》中明确指出：固定资产投资审计，围绕促进提高固定资产投资效益，关注对国家基础产业和基础设施投资、关系国计民生的重点投资项目和国家专项建设资金的审计，查处重大违法违规和严重损失浪费问题，加强项目管理，保障投资效果；关注国家宏观投资政策的落实和执行效果，促进完善政策法规，深化投融资体制改革。所以，开展公共投资项目绩效审计的总体目标应该是"揭露问题、规范管理、促进改革、提高绩效"。

二、公共投资项目绩效审计的组织实施

（一）公共投资项目选择

选择审计项目时要从实际出发，有针对性和代表性地选择审计项目，不能盲目选择。选择审计项目要考虑：一是所选择项目的重要性程度。如果所选择的项目是政府及有关部门比较关注或者是社会影响较大的项目，是公众关心的热点或者是与公共利益关系密切，并且政府投入预算资金较大的项目，对其开展绩效审计就能得到政府、社会公众的支持。二是所选择项目的审计可行性，即是否具备对所选择项目进行审计的能力，项目不能太复杂而且需要得到被审计单位的理解和支持，同时也要考虑审计成本。三是对所选择项目的有关技术、质量、效益等指标是否有标准来衡量和评价。四是能否针对审计发现的问题提出切实可行的审计建议；能否提高该项目的投资效益或者对其他项目起到借鉴作用，使绩效审计本身就有效益。

（二）公共投资项目绩效审计的组织方式

从方法论角度讲，绩效审计的原理与传统审计的原理是相同的，不能将绩效审计与传统审计对立起来，而要将绩效审计与传统审计有机结合起来。此外，还要克服原有习惯和方式的制约，不能简单地将绩效审计导入传统审计，使绩效审计缺乏实质的内容，跳不出传统审计的圈子。绩效审计内容应该包括传统审计的内容，但在审计的深度和广度上要有所扩展，在审计分析和评价的侧重点上也要有所转变。

组织公共投资项目绩效审计时应把握好以下几点：

1. 绩效审计应与竣工决算审计相结合

竣工决算审计是目前开展公共投资项目绩效审计最常用、最有效的方法。在审计过程中要特别注意对公共投资项目的效益问题给予关注和分析。制订的审计方案、编写的审计报告，都应包含公共投资项目效益分析和评价的内容。

2. 绩效审计应与专项审计调查相结合

专项审计调查具有程序简便、灵活机动、宏观目的性明确、工作时效性和针对性强、效果明显等特点，能够针对宏观管理中存在的突出问题，从宏观层面加以分析，提出建设性意见。

3. 绩效审计应与其他专业审计相结合

与其他专业审计相结合开展的绩效审计，是在对某一个单位开展预算执行审计、经济责任审计或者其他财务收支审计的同时，开展公共投资项目绩效审计。这类绩效审计项目在制订审计方案时，明确的审计目标除注意发现被审计单位的违法违规问题外，还要对公共投资项目中存在的绩效性问题给予关注和分析。

4.绩效审计可分为事前、事中、事后三种审计方式

事前审计，主要对计划、预算、建设项目的可行性研究和成本预测等内容进行审计，事前审计可以防患于未然，对计划、预算以及投资项目实施可能出现的问题和不利因素，能在事前及时发现和剔除，避免因预测不准或计划不周而造成经济损失或效益不高。事中审计，是把项目实施情况与实施前的预测、预算、计划和标准等进行比较分析，从中找出差距和存在的问题，及时采取有效措施加以纠正，并根据实际情况调整和修改计划、预算，使之更加符合客观实际，更加合理。事后审计，是一种总结性审计，主要是对已完成项目的经济效益、效果、效率进行分析与评价，找出问题的原因，对其他项目起到借鉴作用。为了避免事后审计成为"马后炮"，尽可能将事前、事中、事后审计有机地结合起来。

5.对于一些重要项目要开展跟踪审计

跟踪审计是对公共投资建设项目开展绩效审计的一种有效方式。跟踪审计的特点是审计提前介入，全过程跟踪监督，能够及时发现问题，及时促使被审计单位改进和完善管理工作，使建设项目得以规范、有序和有效进行，从而取得最佳效益。

（三）公共投资项目绩效审计方案

本书讲的审计方案是审计组的实施方案，审计方案是审计组从发送审计通知书到提交审计报告全过程的工作计划。审计方案中所确定的审计目标、审计评价标准、审计证据来源和审计步骤是审计人员的工作指南。审计方案应明确六方面的重点内容：一是明确审计目标；二是明确审计范围；三是明确审计重点；四是明确评价指标；五是明确审计方式、方法及起止时间；六是明确每个审计组成员的任务。

进行审计组成员分工，应根据不同的项目、各个审计人员的专业特长，向成员分配不同的审计任务，起到扬长避短，提高整体工作效率的作用。

制订审计方案还应考虑以下三个问题：一是所确定的审计目标是否符合项目实际，是否符合绩效审计要求；二是所确定的审计范围和方法是否能够实现审计目标；三是所配置的人力和其他审计资源是否能够保证在预期的时间内完成审计任务。

三、公共投资项目绩效审计的主要内容与方法

（一）公共投资项目绩效审计的主要内容

公共投资项目绩效审计，重点应关注公共投资项目的决策绩效审计、管理绩效审计和环境绩效审计三个部分。

1.决策绩效审计

一个项目的成败和效益发挥程度首先取决于该项目的立项决策。一个项目如果一开始就是一个决策失败的项目，那么再完善的项目管理也是于事无补的。我国投资决策审计尚处于起步阶段，审计部门不能从项目源头把关，致使许多项目由于决策不科学而产生低水平重复建设、损失浪费严重、投资效益低下等问题。因此，我们在实施公共投资项目绩效审计时应加强对项目前期投资决策的审计。

2.管理绩效审计

投资体制改革以后，随着投资主体的多元化，政府对公共投资项目的管理关键点也发

生了转移，强化了对项目的宏观管理。因此，对公共投资项目审计监督的重心也应放在项目管理绩效的审计上。

3. 环境绩效审计

我们在对项目进行经济效益和社会效益评价的同时，不可忽视对生态环境效益的评价，对于那些对生态环境可能存在损害的公共投资项目，审计人员应首先测试和评价项目有关环境保护的内部控制制度；项目防止环境污染措施是否及时、有效；建设项目投产或交付使用后对自然环境和人文环境的影响程度。并且，审计人员应建议防止污染环境措施与项目主体工程建设保持同步性，同时设计、同时施工、同时投产，最大限度地保证其有效性。

（二）公共投资项目绩效审计的方法

绩效审计技术方法是指在审计实施过程中收集和分析审计证据的技术和手段，包括证据收集与对证据的分析评价两方面内容。由于绩效审计范围广，涉及项目投资管理活动的各个方面，甚至需要收集来自被审计单位以外与审计事项相关的证据，因此需灵活运用多种技术方法，绩效审计技术方法远远超出了传统财务收支审计的范畴。除了需要采取传统财务审计的方法，比如审阅法、核对法、函询法、盘点法等，公共投资项目绩效审计还要根据不同审计内容采取不同的审计方法，如实地观察法、访谈法、问卷调查法、利用文献资料法、研讨会法、案例研究法、比较分析法等。

1. 实地观察法

实地观察法的主要工作包括：对整个被审计单位的工作加以观察，了解经营管理的全过程，获得对组织的整体印象；对项目、工作现场进行实地观察，了解项目的运作过程。

2. 访谈法

访谈法是向有关人员分别提问并获得回答，采用口头询问同时做文字记录的方式、方法。被询问者可以是被审计单位的高级主管、一般管理人员、当事人，也可以是有关外部人员，包括某方面的专家等。通过与对方的交流了解不同观点，发现线索，但审计人员对被询问者提供的信息应保持客观评价。

3. 问卷调查法

当需要向较多单位和人员了解相同或相近的问题时，可以采用问卷调查的方式。问卷调查的关键环节包括：一是设计一份科学的问卷，列出相关度较高的问题，这些问题应该非常明确，切忌模棱两可或带有某种诱导性；二是保证调查对象对有关问题有清楚的了解；三是要求问卷发送渠道的顺畅。

4. 利用文献资料法

审计人员通常要回顾审计项目相关领域的研究报告、书籍和文章等，或过去的审计和评估资料等，以获取相关的重要信息，如背景资料或一些细节的信息，并更新和扩展自己在特定领域的知识，这种方法称作利用文献资料法。审计人员还可以利用其他单位或部门所提供或拥有的相关数据资料，如统计部门、财政部门等，如果面对电子数据，审计人员还会用到数据检索技术。

5. 研讨会法

研讨会可以聚集拥有不同知识、经验和观点的人员，通过这些人员的沟通和讨论，审计人员可以达到获取特定的知识和经验、听取不同的意见和建议、寻找问题的解决办法、统一立场和观点等目的，这对于科学地安排审计工作、得出正确的审计结论、形成适当的审计建议等都是大有帮助的。征求意见要更多地听取有关部门或专家的观点和见解。

6.案例研究法

案例研究法是指审计人员选择一个或若干对象作为案例进行研究，以便对被审计事项进行深入的调查和分析的方法。在实践中所执行的试点审计程序就是案例研究法的最好应用。案例研究的结果可以用来证实已存在的问题，还可以佐证通过其他方法得出的结论，并且研究案例的过程也是经验的积累过程。审计人员在研究案例时不应过分关注所选择的对象本身，而应利用所得出的结论性意见和所获取的经验。

7.比较分析法

比较分析法是通过对不同来源的有关指标、数字、图片、影像资料等内容的对比，或通过与评价标准的对比来了解情况、获取证据或进行评价的方法。比较分析法可以用于获取有关信息和数据，可以用于对数据资料进行加工和整理，也可以用于与有关指标和标准等的对比来进行分析和判断，发现问题和评价审计结果。

第二节　　　　　　公共投资项目决策绩效审计

一、公共投资项目前期决策绩效审计的内容

（一）投资项目立项决策程序审计

很多地方的领导者为了做出"政绩"，大搞"形象工程"和"拍脑袋工程"，在进行政府公共投资决策时甚至不经集体研究，个人盲目拍板，造成决策失误，造成重大的经济损失和严重影响。因此，我们在对这些政府投资兴建的公共投资项目进行审计时，一定要推进投资决策全过程监督的进程，对重大项目从立项开始就予以关注，注意审查其决策程序是否规范、有效，有没有经过专家的深入调查研究。同时，应建议把政府的公共决策纳入社会公众的监督之中，广泛听取社会各界的意见和建议，加强决策的透明度和民主化，而且，要切实执行决策失误责任追究制度，必要时应对有关领导人进行任期经济责任审计，明确决策者、执行者的相关权责，依法追究决策失误者、造成损失的管理者及其他人员的责任，属于工作水平问题的要进行行政处理，属于违反程序的要依法处理，对那些以权谋私的人则要从严处理并追究其刑事责任，真正做到"谁决策、谁负责"。

（二）项目可行性研究审计

对项目进行可行性研究是建设项目准备阶段的重要步骤。项目可行性研究报告是编制建设项目任务书的依据，也是对项目设计概算进行审计的重要依据，在项目投资决策项目运行建设中起着越来越重要的作用。

在对项目可行性研究进行审计时，审计人员应以拟建项目的可行性研究报告为基础，重点审查：项目建设是否必要，项目建设条件是否具备，建设项目预期效益分析是否充分、合理。可行性研究审计，是各项投资效果审计的重要步骤。

主要审计内容概括列举如下：（1）审查现有生产能力、产品价格、产品竞争能力、产品发展前景、技术潜力和国内外市场需求的预测和信息，进行需求预测和拟建范围的审

查；（2）燃料、数量和供应的可能性；（3）根据项目的自然环境、地理条件、方位、气象、地质、交通运输、水电供应和社会经济状况，审核厂房条件与选址是否适当；（4）根据拟建范围、技术资源、生产能力、工艺与设备，审查建筑工程设计方案的可行性；（5）根据有关环境现状，审查预测项目对环境的影响的可能性；（6）根据主体工程和协作配套的投资、生产流动资金的估计，审查投资估算和资金筹措的可行性；（7）根据对产品销售收入、税金、成本和费用、成本变动和盈亏的情况的剖析，对经济发展的可能性进行研究；（8）根据工程项目实际投产后获得的投资效果，来审核社会经济效果和投资效果等。

（三）设计概算审计

在公共投资项目的建设过程中，其建设成本主要是通过设计概算与投资预算、施工图预算以及竣工决算加以确定的。

概算是控制投资规模、工程造价和拨款的主要依据。科学的概算有利于控制投资规模，节省投资，保证资金的合理需要，使项目能正常进行。现在有很多的公共投资项目概算不实，常出现"概算超估算、预算超概算、决算超预算"的情况。从宏观角度说，普遍的概算不实将直接引起投资规模失控，使决算的依据产生偏差。因此，在对项目概算情况进行审计时，首先要审计项目总概算书，看项目是否按概算规定的内容建设，有无随意变更建设规模，有无虚列建设成本，各项费用是否有可能发生，费用的计算方法是否得当，费用之间是否重复等。其次，由于投资估算是设计概算的最高额度标准，那么，设计概算是否突破投资估算的范围也应该是设计概算审计的主要内容之一。

二、公共投资项目前期决策绩效审计评价

公共投资项目前期决策绩效审计评价可采用定性分析和定量分析相结合的方法，以预测分析为主，并与统计分析相结合，既要以现有状况、水平为基础，又要进行有根据的预测。在对效益费用流入、流出的时间、数额进行常规预测的同时，还应该对某些不确定因素和风险性做出估计，包括敏感性分析、盈亏平衡分析和概率分析。公共投资项目的前期决策绩效审计主要评价以下几个方面：

（1）项目的公共性，主要审查评价项目是否为国家所有，并为社会大众共同享用。

（2）决策程序的合规性，主要审计评价项目是否按照国家规定进行项目建设可行性研究，是否经过专家评审论证，是否经过国家有关部门审批等。

（3）项目的经济可行性，一方面是指评价项目建设的投资决策的科学性、合理性，设计概算与投资估算是否有利于控制投资规模，节省投资，保证资金的合理使用；另一方面是指对具有一定经济效益的项目在项目决策阶段就要对其未来经济效益进行科学的预测论证，主要包括对经济投资回收期、财务净现值、内部财务收益率、内部经济收益率及借款偿还期等主要经济指标的预测论证，来科学地确定项目经济目标的可行性。上述指标既可以用于项目决策、经济可行性、最优方案选择，也可用于项目后评价。本章仅以财务净现值（FNP）指标为例，说明该指标在投资决策（项目投资方案选择）上的应用。财务净现值是反映建设项目在计算期内获利能力的动态评价指标，是评价项目获利能力的绝对指标。它是指用一个预计的基准收益率（或设定的折现率），分别把整个计算期内预计各年所发生的净现金流量都折现到投资项目开始实施时的现值之和。该指标反映项目资金的盈利能力超出最低期望盈利能力的超额净收益，是用绝对数表明该项目的收益与费用的大小

关系，是对项目财务效益进行动态评价的重要指标之一。净现值指数（NPR）大于等于0，则项目可考虑接受。对于互斥方案选优，存在明确的资金限制时，则选择NPR较大者；对于独立项目排序，按NPR大小将项目排序，选择满足资金限制条件的项目组合，使NPR最大。

（4）项目社会效益目标的可行性，是指在项目决策阶段就要对其未来社会效益进行科学的预测论证，评价未来投产后可能对国民经济和社会发展带来的影响，以确定项目社会效益目标的可行性。

（5）项目生态效益目标的可行性，是指评价未来可能对本地区和周边地区的生态环境造成的影响，以确定项目生态效益目标的可行性。

第三节　　公共投资项目管理绩效审计

一、公共投资项目管理绩效审计的内容

1. 审查项目是否切实执行项目法人责任制

投资体制改革以后，国有单位经营性基本建设项目大中型项目在建设阶段必须组建项目法人，实行项目法人责任制，要建立投资责任制和风险约束机制，严格执行投资决策程序，明确投资责任主体，公共投资项目也同样应遵循这些原则。审计人员在对项目管理水平进行评价时，应首先审查项目有无切实实行项目法人责任制，将责任落实到人，项目法人在项目策划、生产经营和资产保值过程中是否实现权责利的统一。

2. 审查被审计单位的内部控制制度的情况

近年来，我国建设项目管理部门十分重视规范公共投资项目管理工作，不断倡导建立健全项目内部控制制度。从一定意义上说，公共投资项目的内部控制应该分为三个层次的内容：第一层次是经营责任制控制，包括招投标责任制、项目法人责任制、资本金责任制、建设监理责任制和合同管理责任制这五个方面的内容；第二个层次是项目建设程序控制，主要表现为建设全过程的进度控制、质量控制和投资控制等相关内容；第三个层次的内部控制便是具体的现场控制，即现场签证控制、设计变更控制、授权控制等。审计机构通过对公共投资项目的内部控制制度的描述、测试和评价，确认其内部控制制度是否健全和有效，并通过这种方式寻找投资管理中的薄弱环节，以此为基础，明确审计重点，从而丰富公共绩效审计的内容，并体现高层次监督作用。

3. 审查征地拆迁政策的执行情况

征地拆迁关系群众的切身利益，也是近年来引发矛盾较多、造成社会不稳定的一个重要因素。因此，审计的重点主要应放在检查其程序是否合法，手续是否完善公开，标准是否达到上。借助审计，促使政策执行到位，并对存在的问题和需要完善的方面提出审计意见和建议，供政府和有关方面决策并及时采取纠正措施。

4. 审查项目建设资金的拨付、使用和管理情况

公共投资项目大多由政府直接投资，资金来源主要为财政资金。目前由于管理部门和环节较多，在投资建设资金的拨付、使用、管理中存在许多问题，因此必须就其真实性、合法性做出审计评价，主要审计项目资金是否得到合理有效的使用，有无违规违纪转移、占用、

挪用、截留建设资金和因管理不善造成损失浪费的问题；审计建设资金是否按工程进度及时、足额拨付到位，是否存在因拨款不及时影响项目建设进度以及项目效益的问题；审计政府各职能部门对投资建设资金拨付、使用和管理等各个环节的监督是否到位、有效。

5. 审查项目招标制度和合同履行情况是否真实有效

根据《招投标法》的要求，大型基础设施、公用事业等关系社会公共利益、公众安全的项目必须进行公开的招标。《招投标法》的出台使得招投标工作走上了有法可依的道路，但是在公共投资项目招投标和合同履行的过程中，仍然存在着许多违规行为：一是任意肢解项目，规避招标；二是招投标中的不正当交易和腐败现象比较严重，如招标人虚假招标、私泄标底、招标人串标等；三是地方政府政企不分，对招标活动进行行政干预；四是中标单位对项目实施违法转包和违规分包。

针对现在项目招标过程中存在的诸多问题，审计人员应该加强对项目招投标的审计监督，重点评价招标文件的合法性、完整性、合理性和有效性，评价标的的合法性和有效性，标书编制是否正确、恰当，并提出修改意见；对招标过程进行审计，防止有人利用招投标方式将不合理、不合法的公共投资合法化，查处中标单位资质不够、造成工程重大损失和质量隐患等问题；对合同履行的情况进行审计，审查有无违法转包和违规分包现象；纠正违反合同条款和执行合同不到位的行为，促使严格履行合同。

6. 审查项目工程监理制度

实施公共投资项目监理制度的本意是使项目的管理体制和运营机制得到改善，使政府从具体的项目管理中解脱出来，把精力放在项目建设的宏观管理上，然而某些公共投资项目的管理者为了个人利益，在选择监理单位时徇私舞弊，致使监理制度形同虚设。

为了保证监理制度的健康发展，我们应加强公共投资项目监理责任制的审计监督。在审计过程中，审计人员应审查监理单位是否具有一定的资质，资格证书的取得是否真实、合法；在监理的过程中，有无编制建设监理规划，按建设进度，分专业进行建设监理；监理工作是否按合同的要求进行；有无故意损害项目承建商利益的行为等。

7. 审查材料、设备采购的情况

对材料、设备采购的审计主要通过审查应由政府采购的项目是否落实，对材料、设备采购以及材料价格调整有无相应的管理办法、是否得到严格的执行，是否按概算批准的内容进行采购，采购价格是否合理。通过审计，促进项目材料、设备采购通过招标方式选择供应商，节省投资，预防腐败现象的发生。

8. 审查设计变更

建筑工程通过招标后，设计变更成为影响工程造价的最主要因素，且目前建筑市场竞争激烈，施工单位往往先以低价中标，再通过施工过程中的各种变更提高造价，因此，对设计变更的审计直接影响投资控制。在跟踪审计中，应对设计变更的合理性、经济性进行审计，审查设计变更方案是否经过充分的论证，是否办理变更手续，变更理由是否充分，各种变更之间是否存在矛盾之处，是否有利于节约投资和保证质量。特别是对隐蔽工程尽量对真实性做到"心中有数"，检查监理工程师的签证，防止弄虚作假的情况发生。

9. 审查工程结算

一般投资项目中，建设安装工程投资占项目总投资的70%以上，是项目投资的重要组成部分，工程造价的真实性（包括投资支出、待摊投资、基建投入的真实性）直接影响项目投资的真实性。

在审计过程中，应根据工程进度，做到单项工程完成一个审计一个，审计一个清楚一个，从而使工程竣工结算审核的工作量大大减少，缩短竣工决算的时间，解决因审计时间过长造成迟迟不能结算工程款的问题。同时，改变了以往以核减率评价工程审计效果的观念，强调跟踪审计的实际成效。跟踪审计使很多问题在过程中就得到了纠正，表面上看核减额是减少了，实质上节约了大量的建设资金，成效也很大。

二、公共投资项目管理绩效审计评价

公共投资项目管理绩效审计评价应以价值量分析为主，并与实物量分析相结合。在评价过程中要把物质因素、劳动因素、时间因素等量化为资金价值因素以便于评价，实物指标的分析作为辅助。公共投资项目管理绩效审计评价主要从项目执行情况和项目实施规范两个方面进行。

（一）项目执行情况的评价

1.建设程序及环节

建设程序及环节大致分为项目建议书、可行性研究、评估、规划设计、立项、招投标、合同签订、监理、施工、初验、试运行和最终竣工验收等。主要指标为环节的连续性和执行率，计算公式如下：

$$环节的连续性和执行率=\frac{执行环节个数}{必需的环节数}\times100\%$$

该指标用来评价项目实施的规范性和建设程序的完整性。

2.项目立项、设计

项目立项、设计的指标为项目内容缺失率和项目设计变更率，计算公式如下：

$$（1）项目内容缺失率=\frac{项目立项缺少子项目个数}{项目应实施子项目个数}\times100\%$$

$$（2）项目设计变更率=\frac{设计变更子项目个数}{原设计子项目个数}\times100\%$$

这两项指标用来评价项目的立项、设计是否按评估报告中的内容进行，特别是评价配套设施的减少是否将影响项目整体效益的发挥。

3.机构设置与功能

大部分公共投资项目，由于工程量大、工期长，涉及因素多，项目一般都设有项目建设指挥部，审计人员应评价该指挥部的设置和功能的划分是否合理。

4.内部控制制度的建设

公共投资项目的内部控制制度一般包括经营责任制控制、项目建设程序控制和具体的现场控制三个层次。审计人员可根据对内部控制制度的调查和业务循环的结果来评价其内部控制制度是否健全和有效。

5.项目实施程序

一项建设业务的发生涉及施工单位、监理和业主三方，需要评价施工进度、质量控制和监理认可、业主付款等程序循环的完整性。

6. 工程建设指标、要求

根据国家有关部门规定的总体建设指标和项目设计规划要求对比评价。

7. 项目质量评定指标

建设质量评价通常采用定性分析法，只有建设项目质量达到一定水平，建设项目才能产生效益。审计可以借用建设质量监督部门日常质量抽查记录和项目竣工质量保证体系认证证书，审查施工单位是否存在转包工程等；审查施工单位对建筑材料、构配件、设备进场试验做的记录；审查施工现场质量控制情况；审查工程监理人员日常工作记录，看其是否认真履行工程监理职责，工程施工过程是否符合设计要求、施工技术和工程质量性安全标准。

（二）项目实施规范审计评价

1. 概预算执行

（1）概预算调整率 $= \dfrac{\text{最终概预算金额} - \text{初步概预算金额}}{\text{初步概预算金额}} \times 100\%$

此指标主要评价项目概预算的调整情况，并分析原因。分析因工程设计变更、材料代用而产生的预算变更，调整后技术上能否匹配，经济上是否合理，一个项目工程变更总金额多少等。如果概预算调整率大于5%，那么工程设计和工程管理就存在一定的问题，需要改进。

（2）概预算项目执行率 $= \dfrac{\text{概预算项目执行个数}}{\text{概预算内总项目个数}} \times 100\%$

此指标若大于100%，则表明存在概预算外项目，应分析其合理性；若小于100%，则表明有的项目可能没有实施，应分析其原因。

（3）概预算超额（节约）率 $= \dfrac{\text{项目实际支出额} - \text{概预算}}{\text{概预算}} \times 100\%$

此指标可用于对整个项目实际支出和概预算进行比较，也可对大项或单项进行比较。

2. 设计能力和效用

项目效益发挥能力 $= \dfrac{\text{实际能力}}{\text{设计能力}} \times 100\%$

该指标可根据设计的生产能力（或旅客发送量、货物发送量）和实际完成情况（或几年平均实现情况）进行计算。

3. 合同执行

（1）合同到期执行率 $= \dfrac{\text{合同到期执行个数（金额）}}{\text{合同到期应执行个数（金额）}} \times 100\%$

（2）合同争议率 $= \dfrac{\text{合同争议个数（金额）}}{\text{合同应执行个数（金额）}} \times 100\%$

（3）建安工程费用增减率 $= \dfrac{\text{建安工程实际发生费用} - \text{建安工程合同规定费用}}{\text{建安工程合同规定费用}} \times 100\%$

（4）建安工程费用增减额 = 建安工程实际发生费用 - 建安工程合同规定费用

这些指标可用于评价合同的执行情况，以及由此带来的投资损失情况。

4. 资金来源

$$财政资金依存度=\frac{财政资金到位金额}{整个项目计划投资金额}\times100\%$$

此外，还可以按不同渠道的资金来源分别计算其资金依存度，以了解各项资金来源的实际情况和存在的问题

5. 项目进度计划

（1）$资金到位率=\dfrac{在一定期间内实际到位资金额}{在一定期间内计划到位资金额}\times100\%$

（2）$项目计划完成率=\dfrac{在一定期间内实际投资额}{在一定期间内计划投资额}\times100\%$

这两项指标评价项目投资的计划执行情况，可结合实际进度来进行。

6. 建设投资增减率（额）

（1）$建设投资增减率=\dfrac{建设投资实际完成额-建设投资计划完成额}{建设投资计划完成额}\times100\%$

（2）建设投资增减额=建设投资实际完成额-建设投资计划完成额

工程施工在实际运行中会存在各种不确定因素，导致工程实际投资额与计划投资额会产生一定的偏差。建设投资增减率（额）真实地反映了这一不确定性对工程的影响，可以为以后同类工程的投资预算额提供一个参考的范围。

7. 工程投资完工率和投资完成率

（1）$工程投资完工率=\dfrac{分项目完工累计投资额}{累计完成投资总额}\times100\%$

此指标反映了到某一年度财务预算时，工程分项目完工累计投资额与项目累计完成投资总额的比例关系。

（2）$工程投资完成率=\dfrac{累计投资完成额}{工程概预算投资总额}\times100\%$

此指标反映了到某一年度财务决算时，累计投资完成额与工程概预算投资总额的比例关系。

8. 单位投资额

$$单位投资额=\frac{某建设项目实际投资总额}{该建设项目交付使用总工程量}$$

此指标反映了某建设单位工程量的实际的单位投资额。

9. 单位功能的工程造价分析

建设项目单位功能工程造价，是建设项目每一单位生产能力或功能的实际投入成本，将市政设施中道路每公里造价、垃圾处理场日处理垃圾的吨造价等建设项目单位功能实际造价与同期其他地区技术条件类似的工程项目进行横向比较，可以找到建设项目管理的横向总差距。

把项目实际投资完成额与投产后实际生产（或运营）能力之比作为分子，把可行性研究及概算文件中预期的相应指标值作为分母。若该比值大于100%，则说明实际单位生产能力投资高于设计单位生产（或运营）能力投资；若该比值小于100%，则说明实际单位

生产能力投资低于设计单位生产（或运营）能力投资。

10. 工程质量控制

（1）项目优质率$=\dfrac{\text{完工项目认定优质个数}}{\text{完工项目总个数}}\times100\%$

（2）项目合格率$=\dfrac{\text{完工项目合格个数}}{\text{完工项目总个数}}\times100\%$

11. 工期

工期提前（延期）完成时间=工程计划完成时间－工程实际完成时间

该指标反映工程的实际完成时间情况。项目建设工期之所以是影响项目投资效益的重要因素，首先是因为项目只有建成投入使用才能产生效益，其次是因为许多项目使用一定比例的信贷资金，时间越长，项目承担的利息也就越多。而缩短建设工期一方面可以降低建设资金的成本，另一方面可以提前为社会提供经济效益。建设工期分析法是将项目计划实际建设工期与对照标准进行比较，是一种定量的分析方法。对照标准包括项目建设工期和其他地区或单位类似工程的实际建设工期。通过对比，找到建设过程中项目时间管理的差距，形成差距的原因主要是建设方工程前期准备是否充分，项目前期可行性研究工作是否到位，地质勘探设计工作的准确性，工程建设过程中项目调整发生次数，施工单位施工组织设计衔接精确程度，先进工艺、技术、设备和材料的使用情况。计算提前完工、滞后完工时间，并计算由于工期的提前或滞后带来的直接经济效益（损失）。

12. 实际达到能力年限

实际达到能力年限是指项目从建成投产之日起达到设计生产能力（或运营能力）为止所经历的全部时间。把这一指标值与可行性研究和概算文件中预测的"达到设计能力的年限"值相减，正值表示实际达产年限长于设计达产年限；负值则表示实际达产年限短于设计达产年限。

13. 国家有关法规和规章、制度的执行情况

（1）是否存在挤占建设资金和计划外项目及超标准建设情况。此类情况如果存在，不符合国家有关政策，无论金额多少均为效益差。

（2）设备和材料采购情况。检查设备和材料采购是否实行公开招标采购，是否节约建设资金，是否按计划规格、数量采购，避免损失浪费。主要指标为设备购置费用增减率，计算公式如下：

设备购置费用增减率$=\dfrac{\text{设备购置实际发生的费用}-\text{设备购置合同规定费用}}{\text{设备购置合同规定费用}}\times100\%$

（3）损失浪费项目分析，施工中是否存在没有严格按照批准的施工要求组织设计施工而造成浪费的现象，根据浪费的金额和浪费金额占预算金额的比例对工程效益进行评价。

14. 安全效益评价

工程施工中是否发生安全事故，安全事故等级为多少，安全事故发生后是否得到妥善解决，安全隐患是否得到解决，事故相关责任人是否得到处理和教育等均为安全效益评价的内容。

第四节　　公共投资项目环境绩效审计

一、公共投资项目环境绩效审计的内容

公共投资项目环境绩效审计是"广义上的环境审计的一部分"。在我国，对公共投资项目的环境影响加以评估是生态环境部门的职责，可以不作为环境审计的内容。但是审计机关或者内部审计机构可以通过专项资金审计、经济责任审计或项目审计等方面工作的实施，检查或确认政府、组织在缓解、削减环境影响方面的措施是否已经实施，并已经达到目标，有无造成成本浪费等。国家拨付给各级政府及部门的环保专项资金是用于防治污染、治理环境的主要资金来源。审计机关在对环境资金的真实性、合规性审计的基础之上，还应对环境资金的筹集、拨付和使用的效益性进行审计，因为单纯的真实合法，并不等于管理和使用的节约、优质、高效。

一些规模较大的项目能为地区的生态环境带来极大的改变，既可能优化生态平衡、促进区域经济发展，也可能破坏原有的环境。例如，贯穿巴西和委内瑞拉的公路促进了新经济区、新能源的开发和连带的地区生态环境的变化；格泽拉水利灌溉工程的建成改变了苏丹喀土穆地区的气候。因此，对公共投资项目环境绩效进行评价十分重要，并且迫在眉睫。公共投资项目环境绩效审计主要应从公共投资项目投资建成后对社会环境的影响、对自然资源的影响、对生态环境的影响这三个方面分别进行评价，可以由审计署联合发展计划、环保、气象、经济、工程等主管部门成立"公共投资项目环境效益评审专家委员会"，对公共投资项目的事前、事中和事后各阶段进行独立的环境效益评审。

二、公共投资项目环境绩效审计评价

（一）评价公共投资项目对社会环境影响

公共投资项目对社会环境的影响可以表现为项目对人口、文化教育、科技进步、项目所在地社会结构、社会安定、项目所在地居民生活习惯、居民卫生保健情况的影响等。

（1）评价项目对人口的影响，可以采用人口密度、人口迁移率和人口素质指标。

$$人口密度 = \frac{公共工程受益人数}{公共工程有效范围内人口总数}$$

$$人口迁移率 = \frac{迁移人数}{公共工程有效范围内人口总数} \times 100\%$$

人口素质用"文盲率"及"大专以上文化程度人口占总人口的比重"来表示。

（2）评价对文化教育的影响，可用人均受教育年限、在校学生人数占公共工程有效范围总人口数的比例和每万人中专业技术人员所占比重等指标。

（3）评价对科技进步的影响，可用科技成果转化率、科技进步贡献率两个指标。

（4）评价对社会安定、项目所在地社会结构、项目所在地居民生活习惯的影响，主要采用定性指标，可以通过社会调查取得。

（二）评价公共投资项目对生态环境的影响

评价公共投资项目对生态环境的影响可以采用成本效益分析法，将环境影响因子量化，从项目对生态环境影响造成的费用损失和生态治理美化的成本效益两个基本方面来

评价。

1. 对生态环境影响造成的费用损失进行评价

主要评价内容包括：对自然环境的污染破坏的评价，如水质、空气、噪声等污染。基层指标主要有水面污染综合指数、大气污染综合指数、区域环境噪声平均值、人均废物排放量等；对绿化地森林破坏的评价，主要指标有人均绿地变化率和人均森林植物覆盖变化率等；对水土流失影响的评价，主要指标有水土流失面积占地区面积的比例等；对野生动植物影响的评价，主要指标有动植物物种数量变化率、濒危物种比例以及受保护动植物物种数量变化率等。

2. 对生态治理美化的成本效益进行评价

基层指标主要有环保投资增长率和环保投资效益等，也可以根据前述的各具体方面的指标来表示。在经过对各指标的定量评价确定环境影响因子的损益情况后，将费用与生态治理效益进行比较，大体计算出净效益的现值，在选择项目实施方案时，比较各方案的净效益现值，以其中净效益现值最大者为最优方案，或者将其与国家及地区相应标准、可行性研究或环境评估的要求、目标环境保护措施的目标数据等进行比较分析。净效益现值的计算公式如下：

$$EP \approx EPA + EPB - EPC - EPL$$

式中，EP代表环保措施净效益的现值；EPA代表环保措施直接经济效益的现值；EPB代表环保措施使环境改善效益的现值；EPC代表环保措施费用的现值；EPL代表污染损失的现值。

审计人员可以通过编制公共投资项目对环境破坏程度的分析表（见表11-1）来对被审计单位的环境保护情况进行评价。

表11-1   生态环境影响分析

项 目	水体污染	大气污染	噪声污染	对森林植被的破坏	对物种的破坏
污染物名称、种类					
排放浓度、数量及破坏程度					
标准值					
目标值					
处理后的排放值或影响值					

关键概念

公共投资项目，是指由政府财政性资金或政府组建的特定机构通过资本市场融资筹集的资金投资或参与投资的项目，也包括国有企事业单位投资的项目。

公共投资项目绩效审计，是以促进和提高公共投资项目建设资金的管理水平和使用效益为目标，以公共投资项目的决策绩效、管理绩效和环境绩效为主要审计内容，以项目建设结果为导向，以揭露问题为切入点，结合对投资领域相关政策的评价，融真实性、合法性、效益性为一体的绩效审计。

本章小结

公共投资项目按照项目性质的不同，可以分为经营性公共投资项目和非经营性公共投资项目。

公共投资项目绩效审计，通过检查项目的经济效益和社会效益，对资金使用的合规性、经济性、效果性、效率性做出评价，提出改进资金使用和项目管理的意见和建议。

公共投资项目绩效审计，重点应关注公共投资项目的决策绩效审计、管理绩效审计和环境绩效审计三个部分。

复习思考题

1. 开展公共投资项目经济绩效审计有什么重要作用？

2. 什么是公共投资项目？其特征有哪些？包括哪些种类？

3. 公共投资项目经济绩效审计主体和具体的审计内容各是什么？

4. 公共投资项目的审计程序是如何安排的？

5. 公共投资项目的决策绩效审计的内容有哪些？

6. 公共投资项目的管理绩效审计的内容有哪些？

7. 公共投资项目的环境绩效审计的评价标准如何构建？

8. 简述公共投资项目绩效审计的目标和任务。

9. 简述公共投资项目决策绩效、管理绩效和环境绩效的关系。

10. 为什么说开展公共投资项目绩效审计是国家审计开展"问效制"的"抓手"？

业务练习题

1. 在审计一项固定资产投资业务时，审计人员取得如下资料：

原始投资需要900 000元，项目的经济寿命为5年，该企业的资本成本为12%。投产后各年利润和折旧之和分别为：第一年450 000元，第二年400 000元，第三年400 000元，第四年350 000元，第五年300 000元。已知12%折现率的现值系数分别为：1年0.8928；2年0.7927；3年0.7118；4年0.6355；5年0.5764。

要求：试计算该投资项目的净现值和现值指数，并判断该项目是否可行。

2. 某政府部门要进行一项公共投资，有三种投资方案可供选择，有关资料见表11-2。

表11-2 投资方案相关资料 单位：万元

投资方案	第一年年初	第一年年末	第二年年末
A	-5 000		9 000
B	-6 000	4 000	4 000
C	-7 000	8 000	

要求：

（1）假定利率为10%，请分别计算三种方案的投资净现值和现值指数（已知（P/F，

10%，2）=0.826；（P/A，10%，2）=1.736；（P/F，10%，1）=0.909）。

（2）该政府部门领导认为，A方案虽然投资额低、回报率高，但投资后第一年没有回报；B方案虽然每年能够获得4 000万元的回报，但投资期限较长，风险较大；而C方案投资期短、回报率较高，因此选择C方案。你认为该项决策是否可行，请提出审计意见。

第十一章业务练习题参考答案

第十二章　任期经济责任审计

学习目标

　　通过本章教学，使学生了解和掌握任期经济责任审计的含义、特征及发展现状，特别是任期经济责任审计的法律规范、基本程序和评价标准；领会我国开展任期经济责任审计的现实意义；掌握任期经济责任审计评价标准的构成、内容及指标体系，并能够熟练地加以运用，为将来从事审计工作奠定一定的理论基础。

　　经济责任审计是一项具有中国特色的审计类型，属于综合审计的范畴。我国现行经济责任审计制度是20世纪80年代国家经济体制改革的产物，最早是在国有企业厂长（经理）承包（承租）经营期限届满时开展的离任审计；90年代中期，山东菏泽地区试点县级以下党政领导干部经济责任审计并取得了成功，开始在全国推广，至此，我国经济责任审计制度基本成型；1999年5月，中共中央办公厅、国务院办公厅联合发布了《县级以下党政领导干部任期经济责任审计暂行规定》和《国有企业及国有控股企业领导人员任期经济责任审计暂行规定》（以下简称两个"暂行规定"），标志着我国经济责任审计进入规范化发展时期。两个"暂行规定"不仅确立了对县级以下党政领导干部和国有企业领导人员经济责任审计的法律地位，而且在审计对象、范围、内容、程序、组织方式、责任界定等方面做了原则性规定。2001年，中央纪委、中央组织部、监察部、人事部、审计署联合下发了《关于进一步做好经济责任审计工作的意见》（审办发〔2001〕7号），要求逐步开展县级以上党政领导干部经济责任审计试点工作，经济责任审计工作范围进一步扩大。党的十六大提出从"加强对权力的制约和监督"的高度，从"决策和执行等环节加强对权力的监督"，"重点加强对领导干部特别是主要领导干部的监督，加强对人财物管理和使用的监督"，并明确提出"发挥司法和行政监察、审计等职能部门的作用"。为贯彻落实党的十六大和十六届四中全会精神，切实加强对权力的制约和监督，促进提高领导干部的执政能力，进一步推动经济责任审计工作深入健康地发展，中央纪委、中央组织部、监察部、人事部、审计署决定从2005年1月1日起将党政领导干部经济责任审计范围从县级以下党政领导干部扩大到地厅级。2006年修正的《审计法》明确了审计机关经济责任审计的法律地位，为审计机关开展经济责任审计进一步提供了法律依据。党的十七大报告首次将经济责任审计写入党的纲领性文件，并明确指出要"重点加强对领导干部，特别是主要领导干部，人财物管理使用、关键岗位的监督，健全质询、问责、经济责任审计、引咎辞职、罢免等制度的建设"。这是我党在深化政治体制改革、完善权力运行和监督机制方面再一次对审计监督提出的要求。2019年7月，中共中央办公厅、国务院办公厅联合发布了《党政主要领导干部和国有企事业单位主要领导人员经济责任审计规定》，就经济责任审计对象、审计内容、审计评价、审计报告、审计结果运用、组织领导与审计实施等作了具体规定，既强化了对权力运行的制约与监督，又贯彻了"三个区分开来"要求，对加强领导干部管理监督，促进领导干部履职尽责、担当作为，确保党中央令行禁止。该规定进一步明确了各级党委审计委员会对经济责任审计工作的统一领导和委托授权职责，对提高新时代经济责任审计工作质量和水平，依法推进经济责任审计工作、加强党风廉政建设和反腐败工作、科学有序推进国家治理体系和治理能力现代化具有十分重要的意义。

第一节　任期经济责任审计概述

一、经济责任审计的概念

（一）经济责任

经济责任是指领导干部在任职期间对其管辖范围内贯彻执行党和国家经济方针政策、决策部署，推动经济和社会事业发展，管理公共资金、国有资产、国有资源，防控重大经济风险等有关经济活动应当履行的职责，主要包括直接责任和领导责任。

1. 直接责任

直接责任是指领导干部对履行经济责任过程中的下列行为应当承担的责任：

（1）直接违反有关党内法规、法律法规、政策规定的；

（2）授意、指使、强令、纵容、包庇下属人员违反有关党内法规、法律法规、政策规定的；

（3）贯彻党和国家经济方针政策、决策部署不坚决不全面不到位，造成公共资金、国有资产、国有资源损失浪费，生态环境破坏，公共利益损害等后果的；

（4）未完成有关法律法规规章、政策措施、目标责任书等规定的领导干部作为第一责任人（负总责）事项，造成公共资金、国有资产、国有资源损失浪费，生态环境破坏，公共利益损害等后果的；

（5）未经民主决策程序或者民主决策时在多数人不同意的情况下，直接决定、批准、组织实施重大经济事项，造成公共资金、国有资产、国有资源损失浪费，生态环境破坏，公共利益损害等后果的；

（6）不履行或者不正确履行职责，对造成的后果起决定性作用的其他行为。

2. 领导责任

领导责任是指领导干部对履行经济责任过程中的下列行为应当承担的责任：

（1）民主决策时，在多数人同意的情况下，决定、批准、组织实施重大经济事项，由于决策不当或者决策失误造成公共资金、国有资产、国有资源损失浪费，生态环境破坏，公共利益损害等后果的；

（2）违反部门、单位内部管理规定造成公共资金、国有资产、国有资源损失浪费，生态环境破坏，公共利益损害等后果的；

（3）参与相关决策和工作时，没有发表明确的反对意见，相关决策和工作违反有关党内法规、法律法规、政策规定，或者造成公共资金、国有资产、国有资源损失浪费，生态环境破坏，公共利益损害等后果的；

（4）疏于监管，未及时发现和处理所管辖范围内本级或者下一级地区（部门、单位）

违反有关党内法规、法律法规、政策规定的问题，造成公共资金、国有资产、国有资源损失浪费，生态环境破坏，公共利益损害等后果的；

（5）除直接责任外，不履行或者不正确履行职责，对造成的后果应当承担责任的其他行为。

（二）经济责任审计

审计产生的客观条件之一就是财产所有权与经营管理权的分离，其主要目的就是保护财产的安全和完整，保证会计资料的真实和可靠，明确财产经营管理者的经营管理责任。因此，从根本上看，任何一种审计都是经济责任审计，也就是说，广义的经济责任审计包括一切审计。狭义的经济责任审计，则特指中国在近些年来出现的旨在明确国家机关和国有企业事业单位领导人经营管理责任而进行的一种审计活动，这也就是通常所说的任期经济责任审计或者离任审计。

根据《审计法》《党政主要领导干部和国有企事业单位主要领导人员经济责任审计规定》，本教材将经济责任审计的概念界定如下：经济责任审计是指审计机关按照国家有关规定，对国家机关和依法属于审计机关审计监督对象的其他单位的主要负责人，在任职期间对本地区、本部门或者本单位的财政收支、财务收支以及有关经济活动应负经济责任的履行情况，进行审计监督。

二、经济责任审计的类型

按照审计内容、审计时间、被审计单位性质，经济责任审计可以分成如下几类：

（一）按照审计内容分类

按照审计内容的不同，经济责任审计可分为目标经济责任审计和破产经济责任审计。

目标经济责任审计，就是对经济责任人完成其承担的承包目标、租赁目标、任期目标等目标责任情况进行的审计。这类审计主要是根据经济责任人与上级主管部门、发包（或出租）单位或者本级政府部门所签订的承包、租赁合同或目标责任进行审计。在合同中要明确规定审计目标，范围明确，重点突出。

破产经济责任审计是根据《企业破产法》的规定，主要审查和确认企业破产的原因；确定对企业破产应当承担责任的主要责任人；监督破产企业的财产物资，包括破产清算时资产、负债项目的确认，资产价值的评估，破产资财的变卖和分配等。这种经济责任审计可以全面地对企业整个破产过程进行审计，确认责任人应当承担的经济责任，保证破产清算的顺利进行。

（二）按照审计时间分类

按照审计时间的不同，经济责任审计可分为任中经济责任审计和离任经济责任审计。

任中经济责任审计是指对在任领导干部履行经济责任情况进行审计。由于在实施任中经济责任审计时，被审计对象尚在领导岗位，掌握着一定的权力，因此任中经济责任审计比离任经济责任审计的审计环境更为复杂，审计工作的难度更大。

离任经济责任审计是指审计人员对被审计人受托管理资产的运用及其效果所负责任进行的审查、评价和鉴证活动。离任经济责任审计结果既可作为组织、人事部门对干部进行考察考核、综合评价、任用和奖惩的重要依据，又可作为划分责任的依据。

（三）按照审计实施时间分类

按照审计实施时间的不同，经济责任审计可分为事前经济责任审计、事中经济责任审计和事后经济责任审计。

事前经济责任审计，是指在经济责任关系确立之前，对经济责任关系主体的资产、负债、损益的真实、合法、效益情况进行审计，以保证经济责任关系各方合法、合理、正确地确定有关方案和合同，以保证经济责任的合理性、有效性，维护有关经济责任关系各方的合法权益。

事中经济责任审计，一般指在经济责任人任职期间对其履行经济责任情况进行的审计。在经济责任的履行过程中，审计机构可以根据需要对领导干部或经济责任人经济责任的履行情况进行审查和评价，以检查企业的生产经营活动、财务收支是否存在差错或舞弊行为，督促责任人正确履行经济责任，以便及时发现问题，防患于未然，保障国有资产的安全、完整和保值、增值。事中经济责任审计包括例行的年度审计和不定期的临时性审计。

事后经济责任审计，是指在终止经济责任关系或者领导干部调离所在部门、单位后，对其履行经济责任情况进行的审计。例如，承包、租赁经营合同期满时，对经济责任关系主体的经济活动和经营成果的合法性、真实性、有效性进行审查和评价，确认经济责任履行情况，以解除责任人所负的经济责任。

（四）按照被审计单位性质分类

按照被审计单位性质的不同，经济责任审计可分为党政领导干部任期经济责任审计和国有企业领导人员任期经济责任审计。

党政领导干部任期经济责任审计，主要是指对党政机关、审判机关、检察机关、群众团体和事业单位的党政正职领导干部的任期经济责任审计。

国有企业领导人员任期经济责任审计，主要是指对国有独资企业、国有资产占控股地位或者主导地位的股份制企业的法定代表人（董事长或总经理）的任期经济责任审计。

将经济责任审计分为党政领导干部任期经济责任审计和国有企业领导人员任期经济责任审计，主要是从政企分开的改革思路出发，充分考虑到党政机关与国有企业在工作性质、工作内容、管理体制和运行机制等方面的不同特点，以便审计机关能够分层次、有重点地对党政机关和国有企业实施审计。

三、经济责任审计的目的、对象和范围

（一）经济责任审计的目的

经济责任审计是中国特色社会主义审计监督制度的重要组成部分。经济责任审计工作要以马克思列宁主义、毛泽东思想、邓小平理论、"三个代表"重要思想、科学发展观、习近平新时代中国特色社会主义思想为指导，增强"四个意识"、坚定"四个自信"、做到"两个维护"，认真落实党中央、国务院决策部署，紧紧围绕统筹推进"五位一体"总体布局和协调推进"四个全面"战略布局，贯彻新发展理念，聚焦经济责任，客观评价，揭示问题，从而促进经济高质量发展，促进全面深化改革，促进权力规范运行，促进反腐倡廉，推进国家治理体系和治理能力现代化。

经济责任审计的目的不同于常规审计。常规审计的主要目的是维护财经法纪，改善经营管理，提高经济效益，其出发点是被审计单位和国家的经济秩序；而经济责任审计的主要目的则是分清经济责任人任职期间在本部门、本单位经济活动中应当担负的责任，为组织的人事部门和纪检监察机关及其他有关部门考核干部或者兑现承包合同等提供参考依据。

领导干部经济责任审计是党管干部的一项经常性制度。以党政领导干部经济责任审计为例，其审计目的包括：加强党政领导干部的管理和监督，正确评价领导干部任期经济责任履行情况；加强对权力的制约，促进领导干部树立正确的权力观和政绩观；促进领导干部依法用权、秉公用权、廉洁用权，将有权必有责、有责要担当、失责必追究的要求落到实处；促进领导干部勤政廉政，全面履行职责；推动党中央重大决策部署落地生根，确保党中央政令畅通、令行禁止；促进经济高质量发展，促进全面深化改革。

（二）经济责任审计的对象

1. 党政领导干部经济责任审计的对象

（1）地方各级党委、政府、纪检监察机关、法院、检察院的正职领导干部或者主持工作1年以上的副职领导干部；

（2）中央和地方各级党政工作部门、事业单位和人民团体等单位的正职领导干部或者主持工作1年以上的副职领导干部；

（3）国有和国有资本占控股地位或者主导地位的企业（含金融机构，以下统称国有企业）的法定代表人或者不担任法定代表人但实际行使相应职权的主要领导人员；

（4）上级领导干部兼任下级单位正职领导职务且不实际履行经济责任时，实际分管日常工作的副职领导干部；

（5）党中央和县级以上地方党委要求进行经济责任审计的其他主要领导干部。

另外，依据《党政主要领导干部和国有企事业单位主要领导人员经济责任审计规定》第六条，"领导干部的经济责任审计按照干部管理权限确定。遇有干部管理权限与财政财务隶属关系等不一致时，由对领导干部具有干部管理权限的部门与同级审计机关共同确定实施审计的审计机关。审计署审计长的经济责任审计，按照中央审计委员会的决定组织实施。地方审计机关主要领导干部的经济责任审计，由地方党委与上一级审计机关协商后，由上一级审计机关组织实施"。

2. 企业领导人员经济责任审计的对象

国有企业领导人员经济责任审计的对象包括国有企业和国有控股企业（含国有和国有控股金融企业）的法定代表人。对其进行经济责任审计的主要内容包括：

（1）资产、负债和损益的真实性；

（2）国有资本的安全、完整、保值、增值情况；

（3）重大经济决策情况；

（4）执行国家有关法律、法规情况。

（三）经济责任审计的范围

审计的范围是审计客体的外延，即被审计单位。经济责任审计不同于一般的审计监督活动，它是通过审计被审计单位，在对被审计单位财政、财务收支真实、合法、效益做出评价的同时，对被审计单位法定代表人或者负责人的经济责任做出评价。因此，经济责任审计的范围是被审计单位的法定代表人或者负责人。从目前我国开展经济责任审计的情况来看，经济责任审计的范围如下：

1. 党政领导干部任期经济责任审计的范围

从目前正式开展党政领导干部任期经济责任审计的国务院有关部门和一些地方的情况看，接受经济责任审计的党政领导干部主要有：省、地级市、县三级直属的党政机关、审判机关、检察机关、群众团体和事业单位的党政正职领导干部，以及乡、镇党委、政府正职领导干部。开展经济责任审计的国务院部门，接受审计的领导干部一般为部、委直属事业单位的主要负责人。按照《县级以下党政领导干部任期经济责任审计暂行规定》，接受任期经济责任审计的党政领导干部包括：县（旗）、自治县、不设区的市、市辖区直属的党政机关、审判机关、检察机关、群众团体和事业单位的党政正职领导干部，乡、民族乡、镇的党委、人民政府正职领导干部。

2. 企业领导人员任期经济责任审计的范围

按照《审计法》及其实施条例的规定，审计机关对国有企业的资产、负债、损益进行审计监督；对有国有资产的其他企业进行审计监督，则必须是国有资产占控股地位或者主导地位的企业。据此，目前国有企业领导人员任期经济责任审计的范围主要是国有独资企业、国有资产占控股地位或者主导地位的股份制企业的法定代表人（董事长或总经理）。

离任审计是审计人员对资产管理者受托管理资财的运用及其效果所负责任进行的监督、评价活动。其理论根据为：审计是因两权分离后受托经济责任的产生而产生的，归根到底审计就是审查资财管理者对资财所有者应履行的经济责任。现代审计中的财务审计和管理审计，是离任审计的两种表现形式。前者审查资产、负债和损益情况，后者审查资金运动的效果和效率情况。

第二节　任期经济责任审计内容和程序

一、任期经济责任审计的内容

经济责任审计应当以领导干部任职期间公共资金、国有资产、国有资源的管理、分配和使用为基础，以领导干部权力运行和责任落实情况为重点，充分考虑领导干部管理监督需要、履职特点和审计资源等因素，依规依法确定审计内容。

（一）党政领导干部经济责任审计的内容

根据《党政主要领导干部和国有企事业单位主要领导人员经济责任审计规定》，地方各级党政领导干部经济责任审计的内容包括：

1. 地方各级党委和政府主要领导干部经济责任审计的内容

（1）贯彻执行党和国家经济方针政策、决策部署情况；

（2）本地区经济社会发展规划和政策措施的制定、执行和效果情况；

（3）重大经济事项的决策、执行和效果情况；

（4）财政财务管理和经济风险防范情况，民生保障和改善情况，生态文明建设项目、资金等管理使用和效益情况，以及在预算管理中执行机构编制管理规定情况；

（5）在经济活动中落实有关党风廉政建设责任和遵守廉洁从政规定情况；

（6）以往审计发现问题的整改情况；

（7）其他需要审计的内容。

2.党政工作部门、纪检监察机关、法院、检察院、事业单位和人民团体等单位主要领导干部经济责任审计的内容

（1）贯彻执行党和国家经济方针政策、决策部署情况；

（2）本部门本单位重要发展规划和政策措施的制定、执行和效果情况；

（3）重大经济事项的决策、执行和效果情况；

（4）财政财务管理和经济风险防范情况，生态文明建设项目、资金等管理使用和效益情况，以及在预算管理中执行机构编制管理规定情况；

（5）在经济活动中落实有关党风廉政建设责任和遵守廉洁从政规定情况；

（6）以往审计发现问题的整改情况；

（7）其他需要审计的内容。

（二）国有企业主要领导人员经济责任审计的内容

（1）贯彻执行党和国家经济方针政策、决策部署情况；

（2）企业发展战略规划的制定、执行和效果情况；

（3）重大经济事项的决策、执行和效果情况；

（4）企业法人治理结构的建立、健全和运行情况，内部控制制度的制定和执行情况；

（5）企业财务的真实、合法、效益情况，风险管控情况，境外资产管理情况，生态环境保护情况；

（6）在经济活动中落实有关党风廉政建设责任和遵守廉洁从业规定情况；

（7）以往审计发现问题的整改情况；

（8）其他需要审计的内容。

二、任期经济责任审计的程序

（一）审计准备阶段

1.建立联席会议制度，组织协调审计工作

各级党委和政府应当加强对经济责任审计工作的领导，建立健全经济责任审计工作联席会议（以下简称联席会议）制度。联席会议由纪检监察机关和组织、机构编制、审计、财政、人力资源社会保障、国有资产监督管理、金融监督管理等部门组成，召集人由审计委员会办公室主任担任。联席会议在同级审计委员会的领导下开展工作。

联席会议下设办公室，与同级审计机关内设的经济责任审计机构合署办公。办公室主任由同级审计机关的副职领导或者相当职务层次领导担任。

联席会议主要负责研究拟定有关经济责任审计的制度文件，监督检查经济责任审计工作情况，协调解决经济责任审计工作中出现的问题，推进经济责任审计结果运用，指导下级联席会议的工作，指导和监督部门、单位内部管理领导干部经济责任审计工作，完成审计委员会交办的其他工作。

联席会议办公室负责联席会议的日常工作。

2.制订项目计划，实行审计全覆盖

年度经济责任审计项目计划按照下列程序制定：（1）审计委员会办公室商同级组织部门提出审计计划安排，组织部门提出领导干部年度审计建议名单；（2）审计委员会办公室

征求同级纪检监察机关等有关单位意见后，纳入审计机关年度审计项目计划；（3）审计委员会办公室提交同级审计委员会审议决定。

对属于有关主管部门管理的领导干部进行审计的，审计委员会办公室商有关主管部门提出年度审计建议名单，纳入审计机关年度审计项目计划，提交审计委员会审议决定。

年度经济责任审计项目计划一经确定不得随意变更。确需调减或者追加的，应当按照原制定程序，报审计委员会批准后实施。

被审计领导干部遇有被有关部门采取强制措施、纪律审查、监察调查或者死亡等特殊情况，以及存在其他不宜继续进行经济责任审计情形的，审计委员会办公室商同级纪检监察机关、组织部门等有关单位提出意见，报审计委员会批准后终止审计。

3.组成审计组，进行审前准备

一般来说，接受审计任务后，应根据业务量的大小、审计时间的要求，适时选派审计人员组成审计组，指定审计组实行组长负责制。审计组成立后，各审计组成员应积极做好审计前的准备工作。

对同一地方党委和政府主要领导干部，以及同一部门、单位2名以上主要领导干部的经济责任审计，可以同步组织实施，分别认定责任。

4.进行审前调查，制订审计实施方案

审前调查应重点了解被审计单位的历史沿革、业务概况、组织机构等情况；被审计人员的任期、任期目标及各项经济指标的完成情况；被审计人员任期内做出的重大决策；被审计单位所处部门（行业）的特点及相关政策；被审计单位内部控制制度建立健全情况等。

审计组应当在下达审计通知书之前制订经济责任审计实施方案，以合理安排审计工作。经济责任审计实施方案应当包含审计目的、审计范围、审计内容、审计程序及方法、审计人员及审计时间等内容。

5.下达审计通知书

审计委员会办公室、审计机关应当按照规定，向被审计领导干部及其所在单位或者原任职单位（以下统称所在单位）送达审计通知书，抄送同级纪检监察机关、组织部门等有关单位。

地方审计机关主要领导干部的经济责任审计通知书，由上一级审计机关送达。

审计通知书应当在实施经济责任审计3日前，向被审计领导干部所在单位送达。如有特殊情况，经本级政府批准，审计机关可以直接持审计通知书实施经济责任审计。

6.召开进点会议，广泛听取意见

实施经济责任审计时，应当召开由审计组主要成员、被审计领导干部及其所在单位有关人员参加的会议，安排审计工作有关事项。联席会议有关成员单位根据工作需要可以派人参加。

审计组应当在被审计单位公示审计项目名称、审计纪律要求和举报电话等内容。

在经济责任审计过程中，审计组应当听取被审计领导干部所在单位领导班子成员的意见。对地方党委和政府主要领导干部的审计，审计组还应当听取同级人大常委会、政协主要负责同志的意见。

审计委员会办公室、审计机关应当听取联席会议有关成员单位的意见，及时了解与被审计领导干部履行经济责任有关的考察考核、群众反映、巡视巡察反馈、组织约谈、函询调查、案件查处结果等情况。

7.收集有关资料

被审计领导干部及其所在单位，以及其他有关单位应当及时、准确、完整地提供与被审计领导干部履行经济责任有关的下列资料：（1）被审计领导干部经济责任履行情况报告；（2）工作计划、工作总结、工作报告、会议记录、会议纪要、决议决定、请示、批示、目标责任书、经济合同、考核检查结果、业务档案、机构编制、规章制度、以往审计发现问题整改情况等资料；（3）财政收支、财务收支相关资料；（4）与履行职责相关的电子数据和必要的技术文档；（5）审计所需的其他资料。

被审计领导干部及其所在单位应当对所提供资料的真实性、完整性负责，并做出书面承诺。

（二）审计实施阶段

1.取得审计承诺和述职报告

审计实施初期，应要求被审计单位向审计组就其提交的会计凭证、账簿、报表等会计资料及相关业务资料的真实性、完整性做出书面承诺。审计中可以采取分级承诺或分项承诺，尽可能降低审计风险。同时，要求企业被审计人提交述职报告，并对述职报告的真实性、完整性做出承诺。审计中，要将述职报告作为开展审计工作和编写审计报告的重要基础材料。被审计领导干部及其所在单位应当对其所提供的下列资料的真实性、完整性负责，并做出书面承诺：财政收支、财务收支相关资料；工作计划、工作总结、会议记录、会议纪要、经济合同、考核检查结果、业务档案等资料；其他有关资料。

2.进行审计测试

（1）控制测试。通过对被审计单位内部控制的测试，以评价被审计人员的管理责任。

（2）实质性测试。通过收集审计证据，证明被审计单位在经营管理活动中可能存在的问题、经济效益状况，以明确经济责任归属和责任性质。

（三）审计终结阶段

1.进行审计评价

任期经济责任的审计评价，包括被审计人所在单位在其任期内经济效益方面业绩的评价，属于综合经济效益审计评价的一种具体形式。经济责任审计评价也是审计人员根据审计过程中收集的审计证据和形成的工作底稿，做出审计结论意见的过程。

这种评价发生在两个阶段：

（1）审计实施阶段，审计人员对被审计单位具体财政、财务收支和经济活动所进行的合法性、真实性、效益性评价；

（2）审计终结阶段，审计组对被审计人和单位的全部财政、财务收支和经济活动的合法性、真实性和效益性，以及被审计单位领导人员的经济责任进行总体评价。

2.形成审计报告

审计组实施审计后，应当向派出审计组的审计委员会办公室、审计机关提交审计报告。

（1）征求意见

审计委员会办公室、审计机关应当书面征求被审计领导干部及其所在单位对审计组审计报告的意见。被审计领导干部及其所在单位应当自收到审计组审计报告之日起10个工作日内提出书面意见；10个工作日内未提出书面意见的，视同无异议。

审计组应当针对被审计领导干部及其所在单位提出的书面意见，进一步研究和核实，对审计报告做出必要的修改，连同被审计领导干部及其所在单位的书面意见一并报送审计委员会办公室、审计机关。

（2）出具审计报告

审计机关按照《中华人民共和国审计法》及相关法律法规规定的程序，对审计组的审计报告进行审议，出具审计机关的经济责任审计报告和审计结果报告。审计报告一般包括被审计领导干部任职期间履行经济责任情况的总体评价、主要业绩、审计发现的主要问题和责任认定、审计建议等内容。

审计委员会办公室、审计机关按照规定程序对审计组审计报告进行审定，出具经济责任审计报告；同时出具经济责任审计结果报告，在经济责任审计报告的基础上，简要反映审计结果。经济责任审计报告和经济责任审计结果报告应当事实清楚、评价客观、责任明确、用词恰当、文字精练、通俗易懂。

经济责任审计报告、经济责任审计结果报告等审计结论性文书按照规定程序报同级审计委员会，按照干部管理权限送组织部门。根据工作需要，送纪检监察机关等联席会议其他成员单位、有关主管部门。地方审计机关主要领导干部的经济责任审计结论性文书，由上一级审计机关送有关组织部门。根据工作需要，送有关纪检监察机关。经济责任审计报告应当送达被审计领导干部及其所在单位。

（3）做出审计决定

经济责任审计中发现的重大问题线索，由审计委员会办公室按照规定向审计委员会报告。应当由纪检监察机关或者有关主管部门处理的问题线索，由审计机关依规依纪依法移送处理。被审计领导干部所在单位存在的违反国家规定的财政收支、财务收支行为，依法应当给予处理处罚的，由审计机关在法定职权范围内做出审计决定。

（四）后续审计阶段

1. 召开反馈会议

经济责任审计项目结束后，审计委员会办公室、审计机关应当组织召开会议，向被审计领导干部及其所在单位领导班子成员等有关人员反馈审计结果和相关情况。联席会议有关成员单位根据工作需要可以派人参加。

2. 做出复查决定

被审计领导干部对审计委员会办公室、审计机关出具的经济责任审计报告有异议的，可以自收到审计报告之日起30日内向同级审计委员会办公室申诉。审计委员会办公室应当组成复查工作小组，并要求原审计组人员等回避，自收到申诉之日起90日内提出复查意见，报审计委员会批准后做出复查决定。复查决定为最终决定。

地方审计机关主要领导干部对上一级审计机关出具的经济责任审计报告有异议的，可以自收到审计报告之日起30日内向上一级审计机关申诉。上一级审计机关应当组成复查工作小组，并要求原审计组人员等回避，自收到申诉之日起90日内做出复查决定。复查决定为最终决定。

第三节   任期经济责任审计评价

审计委员会办公室、审计机关应当根据不同领导职务的职责要求，在审计查证或者认定事实的基础上，综合运用多种方法，坚持定性评价与定量评价相结合，依照有关党内法规、法律法规、政策规定、责任制考核目标等，在审计范围内，对被审计领导干部履行经济责任情况，包括公共资金、国有资产、国有资源的管理、分配和使用中个人遵守廉洁从政（从业）规定等情况，做出客观公正、实事求是的评价。在经济责任评价时，既要强化对领导干部权力运行的制约和监督，又要贯彻"三个区分开来"的要求：把干部在推进改革中因缺乏经验、先行先试出现的失误和错误，同明知故犯的违纪违法行为区分开来；把上级尚无明确限制的探索性试验中的失误和错误，同上级明令禁止后依然我行我素的违纪违法行为区分开来；把为推动发展的无意过失，同为谋取私利的违纪违法行为区分开来。

一、审计评价原则

1.以经济行为和经济责任为主

被审计人及其所在单位的经济行为，主要是指任期内的财政、财务收支和有关的经济活动，经济责任主要是指被审计单位领导人员应负的财务责任和管理责任，以及对合法性、真实性、效益性存在问题所承担的直接责任和主管责任。

2.经济责任量化评价

审计人员要根据被审计人确认为真实的有关数据资料，直接评价或通过指标测算评价任期责任以及经济效益的状况和变动趋势。

3.责任划分原则

要求严格划清两条界限：一是被审计人和其前任、后任之间的责任界限；另一条是被审计人的直接责任和领导责任之间的界限。前者是责任归属问题，后者是责任性质问题。

4.识别和剔除客观因素

影响经济责任评价的因素有很多，既有主观因素，也有客观因素，在经济责任审计评价中，审计人员应当识别和剔除客观因素，以便对被审计人做出客观公正的评价。

二、任期经济责任的评价步骤

第一步，收集任期经济效益责任目标的具体内容和水平，作为评价经济效益责任的标准，并评价这些标准的可行性。任期经济效益责任目标的可行性主要表现在两个方面：一是合理性，即这些责任目标不能脱离被审计人所在单位的实际情况，既不能盲目追求高水平、高目标，也不能缺乏先进性；二是完整性，即任期经济责任指标应能够涵盖任期经济责任的基本内容，不能有重大的遗漏。

第二步，评价被审计人在任期内采取的措施。被审计人为了完成其任期经济效益目标，必然会采取一定的措施。在经济责任审计中，审计人员对这些措施进行评价的目的是：（1）判断任期经济效益业绩与被审计人主观努力之间的关系；（2）评价被审计人所具有的经营、管理、领导能力。

下面我们通过举例来进一步说明。

【例 12-1】某企业领导人员在任期责任书上明确，资本保值增值率的任期责任目标是+10%，审计人员在审计中取得以下资料：任期初所有者权益合计为 2 200 万元，任期末所有者权益合计为 2 500 万元。任期内所在单位接受外单位捐赠 100 万元，发生债务重组取得重组收益 180 万元，发生严重自然灾害净损失 200 万元，以上三笔业务与被审计人的主观努力或失误均无关系，确认为客观因素。为此，要正确评价被审计人的经济责任，需要做出以下调整：

（1）在工作底稿上估算客观因素的影响金额：

接受捐赠使期末所有者权益增加	+100 万元
债务重组收益使期末所有者权益增加	+180 万元
自然灾害净损失使期末所有者权益减少	−200 万元
客观因素影响金额	+80 万元

（2）在审计报告上调整期末所有者权益：

原账面所有者权益期末余额	2 500 万元
调整客观因素影响金额	−80 万元
调整后所有者权益期末余额	2 420 万元

（3）按照调整后的所有者权益期末余额评价任期经济责任目标的完成情况：

资本保值增值额＝调整后所有者权益期末余额−任期初所有者权益余额
＝2 420−2 200
＝220（万元）

资本保值增值率＝（调整后所有者权益期末余额÷任期初所有者权益余额）×100%
＝2 420÷2 200
＝110%

（4）评价结果：

被审计人在任期间资本保值增值率任期责任目标正好完成。

三、任期经济责任审计评价指标体系

经济责任审计评价，是指审计机构或审计人员对被审计人任职期间所在单位的资产、负债、损益的真实性、合法性、效益性，以及对被审计人个人履行经济责任、遵守财经纪律和廉洁自律等情况进行评判和界定的行为。它贯穿于审计的全过程，而指标体系则是正确进行考核评价的利器。

评价指标体系是根据评价目标和评价客体而设计的，以指标形式体现的能反映评价对象特征的一系列因素构成的体系。经济责任审计的核心问题是审计评价，而评价的最终目的是对干部做出客观、全面、公平、公正、准确的评价，避免主观随意性。因此，建立必要的评价指标体系对经济责任审计工作是十分重要的。

我国现阶段对经济责任审计评价指标体系的研究尚处于探索阶段，实践中缺乏统一的标准。我们建议选用以下一些指标体系（见表 12-1），以对被审计人任期经济责任履行情况做出比较正确的评价。

表12-1   **经济责任审计评价指标体系**

评价内容及指标		指标值		指标解释及计算公式
		平均值或行业标准	实际值	
内部控制	健全性			通过对内部控制的调查、了解和初步评价,运用审计人员的专业判断,确定被审计单位是否建立健全了内部控制制度
	有效性			通过对内部控制的测试和最终评价,运用审计人员的专业判断,确定被审计单位的内部控制制度是否得到了有效执行
会计信息	差错率(%)			分别计算资产、负债、所有者权益和利润四项差错率。差错率=(调增额+调减额)÷审计金额×100%,或者分别计算:虚增不实率=(审计金额-审定金额)÷审计金额×100%;虚减不实率=(审定金额-审计金额)÷审定金额×100%
	失真等级			差错率<5%,即会计信息真实;5%≤差错率≤10%,即会计信息基本真实;差错率>10%,即会计信息不真实。对真实与否的评价,除上述定量评价外,还应根据失真的性质和产生的影响,对定量评价进行修正,做出客观评价
资产质量	总资产报酬率(%)			总资产报酬率=(利润总额+利息支出)÷平均总资产×100%,其中平均总资产=(期初总资产+期末总资产)÷2,下同。该指标用于评价企业资产运营效益
	不良资产比率(%)			不良资产比率=年末不良资产÷年末总资产×100%
	经营亏损挂账比率(%)			经营亏损挂账比率=经营亏损挂账额÷年末所有者权益总额×100%
	总资产周转率(次)			总资产周转率=销售(营业)收入÷平均总资产×100%,评价企业全部资产经营质量和利用效率
	流动资产周转率(次)			流动资产周转率=销售(营业)收入÷平均流动资产×100%,评价企业流动资产经营质量和利用效率
重大决策	投资回报率(%)			全资公司回报率=被投资企业净资产增加(减少)额÷投资本金×100%;控股公司回报率=按权益法计算的投资收益(亏损)÷投资本金×100%;其他项目回报率=收到投资收益(亏损)÷投资本金×100%。计算和评价时,重点关注企业领导人员任期内新增投资回报
	对外担保、借款等损失率(%)			对外担保、借款等损失率=损失金额÷担保或借款额×100%
遵纪守法	单位违规行为			根据审计发现的单位违规问题,分清企业领导人员应承担的主管责任和直接责任
	损失浪费行为			根据审计发现的损失浪费问题,分清企业领导人员应承担的主管责任和直接责任
	个人经济问题(万元)			企业领导人员个人贪污、受贿、挪用、私分公款等经济犯罪问题

续表

评价内容及指标		指标值		指标解释及计算公式
		平均值或行业标准	实际值	
获利能力	净资产收益率（%）			净资产收益率=净利润÷平均净资产×100%，评价企业资本经营效益的核心指标
	销售（营业）利润率（%）			销售（营业）利润率=销售（营业）利润÷销售（营业）收入×100%，评价企业主营业务的获利能力
	国有资本保值增值率（%）			国有资本保值增值率=期末国家所有者权益÷期初国家所有者权益×100%
偿债能力	资产负债率（%）			资产负债率=负债总额÷资产总额×100%，评价企业负债水平的综合指标
	已获利息倍数			已获利息倍数=（利润总额+利息支出）÷利息支出，评价企业偿债能力的强弱
	流动比率（%）			流动比率=流动资产÷流动负债×100%，评价企业偿付债务利息的能力
发展能力	销售（营业）增长率（%）			销售（营业）增长率=本年销售（营业）增长额÷上年销售（营业）额×100%，评价企业成长状况和发展能力
	资本积累率（%）			资本积累率=本年所有者权益增长额÷年初所有者权益总额×100%，评价企业发展潜力
	3年利润平均增长率（%）			3年利润平均增长率=$\left(\sqrt[3]{\dfrac{年末利润总额}{3年前年末利润总额}}-1\right)\times100\%$，评价企业发展潜力

下面我们通过一个简单的案例来说明经济责任审计的主要内容和程序。

【例12-2】某市审计局于2023年4月接受市委组织部委托，对该市××局局长张斌自2018年11月至2023年4月任期内经济责任履行情况进行审计。为此，市审计局专门成立了以分管局领导为审计组长的8人审计小组。

1.审前准备

在正式实施审计前，审计组进行了认真的准备和调查：一是组织参审人员学习了经济责任审计有关规定和审计案例；二是主动向组织、纪检部门了解张斌履职情况和群众来信反映事项；三是审计组编制了审前调查提纲，设计了相关表格要求被审计单位填列（包括年度经费预算执行、年度基建预算执行、账户开设等），基本摸清了被审计单位的总体情况；四是了解张斌任期内的分工及兼职情况、重大经济事项的决策情况、机关内部管理制度的建立和执行情况、政府目标考核完成情况；五是要求张斌按规定提交任期内履行经济责任的述职报告，同时要求市××局认真进行自查，并对提交资料的真实性、完整性做出书面承诺；六是在审前调查的基础上，编制了审计实施方案。

2.确定审计范围和重点

在编制审计实施方案确定审计范围和重点时，审计组注意把握以下几项原则：一是确定被审计对象任职时间；二是与被审计对象的经济责任有关的经济事项；三是被审计对象应当而且能够负有直接责任或主管责任的有关经济事项（直接责任为主）。

结合审前调查的情况，审计组确定重点审计张斌任职期间的三个完整年度，即2020—2022年，重大事项追溯以前年度或延伸至2023年。审计内容：以市××局财政、财务收支为基础，以专项资金管理和重大经济决策事项为重点，审查被审计单位预算执行情况、专项资金管理使用情况、基建投资及资产管理情况、重大经济事项的决策和执行情况等。同时根据市委组织部、市纪委的要求，对群众来信反映张斌的有关问题进行核查。

3.审计现场管理

审计现场管理是审计管理的核心与基础。审计组主要从以下几个方面加强了对审计现场的管理：

（1）审计方案执行管理。一是对审计方案中规定的审计重点的执行情况进行检查；二是检查审计实施方案规定的相关审计步骤和方法是否得到落实，审计组成员的工作任务是否完成。检查审计实施方案的执行情况，主要检查确定的审计重点和程序是否得到遵循：

①审查预算执行情况。取得市××局年度预算编报资料及国家××局、市财政局年度预算批复文件，对照财政拨款和经费支出核算的具体项目和内容，审查是否按《预算法》的规定执行预算，重点审查预算支出是否真实、合规，是否严格执行收支两条线等。

②审查专项资金管理使用情况。取得国家××局、市财政局下达的专项经费安排计划，对照专项经费拨款和项目支出核算的具体项目、内容，并与市××局年度目标管理自查报告相核对，审查项目支出是否真实合规，专用基金的提取和使用是否合规。

③审查基建投资及资产管理情况。取得中央和地方基建投资计划，核对基建财务账，审查基本建设项目资金来源是否合规，有无擅自改变项目用途和扩大规模等问题；审查有无违规购置、报废、转让、变卖国有资产，给国家造成损失等问题。

④审查重大经济事项的决策和执行情况。取得党组会议纪要和办公会议纪要，筛选出对经济责任评价有影响的重大经济事项；调阅与重大经济事项决策有关的资料，审查决策程序是否合法，决策内容是否符合国家政策规定，执行效果是否良好。

（2）现场取证管理。在审计工作中，要求审计组成员既要通过审计日记来记录每天的审计过程和审计专业判断，提高审计质量和效率，防范审计风险，又要避免认为写好审计日记就能逃避风险和责任而在编写审计日记上花费大量的时间和精力，导致审计工作进展缓慢、效率低下。因此，在审计现场查证的过程控制管理中要重视对审计日记的管理和监督。

（3）现场廉政纪律管理。审计组成员审前要认真学习"八不准"纪律，进点后要在被审计单位公告栏上张贴审计纪律规定，加强对审计纪律执行情况的监督检查。撤场时要按规定公示审计组审计纪律的执行情况。

4.审计发现的主要问题

经过此次审计，审计组发现以下一些主要问题：

（1）预算执行方面：挤占中央、地方专项经费490万元，无预算安排支付大额开支590万元，未及时解缴执法罚款7.6万元。

（2）专项资金管理使用方面：有专项拨款无专项支出200余万元，无依据提取专用基金186万元，未严格按规定使用计算机更新基金150余万元，未严格执行合同管理收回未开题科研项目的课题经费60万元。

（3）基建投资及资产管理方面：无基建计划动用国家基建拨款建购职工住宅890万元，擅自报废、调出、处置固定资产600万元，账外房产150万元，转移资产处置收入43.5万元。

（4）违规收费方面：违规收取广告赞助费300余万元。

5.审计处理处罚意见

通过本次经济责任审计，市审计局对市××局局长张斌任期经济责任履行情况做出了基本评价，对市××局违反财经法规的问题依法做出了审计处理，要求上缴执法罚款余额7.6万元，收回未开题科研项目的课题经费60万元，收回转移的资产处置收入43.5万元，停止提取局长基金和科研基金，并调整相关账目。张斌本人对审计处理意见无任何异议，市××局对审计决定和审计建议承诺进行整改。

第四节　企业内部经济责任审计实务

2018年发布的《审计署关于内部审计工作的规定》第十二条规定，内部审计的职责之一是"对本单位内部管理的领导人员履行经济责任情况进行审计"。2011年，中国内部审计协会发布了《内部审计实务指南第5号——企业内部经济责任审计指南》，标志着企业内部经济责任审计工作开始走向制度化和标准化。2016年2月，中国内部审计协会发布了《第2205号内部审计具体准则——经济责任审计》，以期规范企业内部经济责任审计工作，提高审计质量和效果。2021年3月，为了与中共中央办公厅、国务院办公厅于2019年7月印发的《党政主要领导干部和国有企事业单位主要领导人员经济责任审计规定》相衔接，进一步规范内部审计机构开展的经济责任审计工作，中国内部审计协会组织修订了《第2205号内部审计具体准则——经济责任审计》，自2021年3月1日起施行。自2016年3月1日起施行的《第2205号内部审计具体准则——经济责任审计》同时废止。本节以最新准则为依据着重介绍企业内部经济责任审计的内容、程序及方法。

一、企业内部经济责任审计的含义及类型

企业内部经济责任审计，是指内部审计机构、内部审计人员对本单位所管理的领导干部在任职期间的经济责任履行情况的监督、评价和建议活动。企业内部经济责任审计的对象包括：党政工作部门、纪检监察机关、法院、检察院、事业单位和人民团体等单位所属独立核算单位的主要领导干部，以及所属非独立核算但负有经济管理职能单位的主要领导干部；企业（含金融机构）本级中层主要领导干部，下属全资、控股或占主导地位企业的主要领导干部，以及对经营效益产生重大影响或掌握重要资产的部门和机构的主要领导干部；上级要求以及本单位内部确定的其他重要岗位人员等。

企业内部经济责任审计可以在领导干部任职期间进行，也可以在领导干部离任后进行，以任职期间审计为主。因此，企业内部经济责任审计包括离任经济责任审计、任中经济责任审计和专项经济责任审计。

离任经济责任审计，指企业内管干部任期届满，或者在任期内办理调任、免职、辞职、退休等事项前进行的经济责任审计。

任中经济责任审计，指企业内管干部任职期间进行的经济责任审计，包括实行年薪制及股权激励机制的企业（包括试点企业）在任期内奖励兑现前的审计、任期届满连任时的审计，以及任职时间较长、上级企业根据规定和需要安排的审计。

专项经济责任审计，指企业内管干部存在违反廉洁从业规定和其他违法违纪行为，或其所任职企业发生债务危机、长期经营亏损、资产质量较差等重大财务异常状况，以及发生合并分立、破产关闭、重组改制等重大经济事项情况下进行的经济责任审计。

二、企业内部经济责任审计程序及内容

企业经济责任审计可分为审计准备、审计实施、审计报告和后续审计四个阶段，在各阶段有不同的工作内容。

（一）审计准备阶段

审计准备阶段主要工作包括：组成审计组、开展审前调查、编制审计方案和下达审计通知书。审计通知书送达被审计领导干部及其所在单位，并抄送同级纪检监察机构、组织人事部门等有关部门。

1.组成审计组

内部审计机构根据经济责任审计事项，选派审计人员组成审计组。审计组实行组长负责制。审计组应当由具有相关工作经验和专业知识的人员组成；审计组组长由内部审计机构确定，审计组组长应当是具有经济责任审计工作经验或具有较高相关专业技术资格的业务负责人。

2.开展审前调查

（1）所在企业的历史沿革、机构设置、人员编制、经营范围、财务状况、财务和业务管理体制、关联方关系等；

（2）企业内管干部的职责范围和分管工作；

（3）经营环境，如国家宏观经济环境、产业政策、经营风险、行业现状和发展趋势等；

（4）相关法律法规、政策，特定的会计、税收、外汇、贸易等惯例的要求及执行情况；

（5）所在企业适用的业绩指标体系以及业绩评价情况；

（6）所在企业内部控制建立健全及执行情况；

（7）以前年度接受审计、监管、检查及其整改情况；

（8）内部组织人事、纪检监察等部门掌握的企业内管干部遵守廉洁从业规定等方面的情况；

（9）信息系统及其电子数据；

（10）其他需要了解的情况。

3.编制经济责任审计工作方案

经济责任审计工作方案主要包括以下内容：审计目标、审计对象、审计范围、审计内容与重点、审计组织与分工、工作要求。

4.制发审计通知书

内部审计机构应当在实施审计3日前，向企业内管干部及其所在企业送达审计通知书。具有特殊目的的经济责任审计项目，也可以在审计实施时送达审计通知书。

（二）审计实施阶段

审计实施阶段主要工作包括：召开审计进点会议、收集有关资料、获取审计证据、编制审计工作底稿、与被审计领导干部及其所在单位交换意见。被审计领导干部应当参加审计进点会并述职。

1.召开审计组进点会议

审计组进驻企业内管干部所在企业时，应当召开由审计组主要成员、企业内管干部及其所在单位有关人员参加的进点会议，安排审计工作有关事项。内部审计机构主管领导或审计组组长应当说明审计目的和依据、审计范围、审计内容、工作程序、参审人员、审计场所、实施时间、审计纪律、举报电话等，并提出需要协助、配合审计的有关事项和要求。

2.收集有关资料

有关资料具体包括：会计报表及其他有关的纸质和电子会计资料；内部审计机构和社会审计机构出具的审计报告；财务会计机构及其工作情况；相关的内部控制及其执行情况；相关的重要会议记录和有关的文件；与审计工作有关的电子数据、数据结构文档；其他需要了解的情况。

3.编制审计实施方案

审计组应根据国家有关法律法规、政策及企业内部有关规定和审前调查的情况，按照重要性和谨慎性原则，在评估风险的基础上，围绕审计目标确定审计的范围、内容、方法和步骤，编制审计实施方案。

审计实施方案主要包括以下内容：（1）编制依据；（2）企业内管干部所在企业的名称和基本情况；（3）审计目标、审计范围；（4）审计内容、重点、方法及具体实施步骤；（5）预定审计工作起讫日期；（6）重要性水平及对审计风险的评估；（7）审计组组长、审计组成员及其分工；（8）审计质量控制措施；（9）编制单位、日期；（10）其他有关内容。

4.获取审计证据

审计组实施审计时，可以运用检查、观察、询问、重新计算、重新操作、外部调查等方法，获取充分、适当、可靠的审计证据。对企业内管干部所在企业的信息系统，可以采取复制、截屏、拍照等方法取得审计证据。

5.编制审计工作底稿

审计工作底稿应当包括以下内容：（1）审计项目及审计事项名称；（2）审计过程、审计结论及定性依据；（3）审计人员姓名、编制日期；（4）复核人员姓名、复核意见、复核日期；（5）索引号、所附审计证据的数量及清单；（6）被审计单位意见、签字及盖章。

6.征求企业内管干部及其所在企业意见

审计组应当征求企业内管干部及其所在企业对经济责任审计报告（征求意见稿）的意见。企业内管干部及其所在企业自收到审计报告（征求意见稿）之日起10日内提出书面反馈意见；在规定期限内没有提出书面意见的，视同无异议。企业内管干部应当就其任职期间履行经济责任的情况进行述职。

（三）审计报告阶段

审计报告阶段主要工作包括：编制审计报告、征求意见、修改与审定审计报告、出具审计报告、建立审计档案。

1.编制经济责任审计报告（征求意见稿）

审计组实施审计后，由审计组组长或其指定的审计人员，在对审计工作底稿、审计证据及相关资料进行汇总和分析的基础上，考虑企业内管干部及其所在企业关于审计事项的初步意见，撰写经济责任审计报告（征求意见稿）。

2.征求意见

审计组应当在收到企业内管干部及其所在企业书面意见或征求意见期限届满之日起10日内提交经济责任审计报告，重大、疑难的审计事项经内部审计机构主管领导批准可以在30日内提交报告，但最长不得超过60日。

3.修改与审定经济责任审计报告

内部审计机构在复核与审定审计报告时，应当着重对下列事项进行复核，并出具书面复核意见：（1）审计目标是否实现；（2）审计实施方案确定的审计事项是否完成；（3）审计发现的重要问题是否在审计报告中反映；（4）事实是否清楚、数据是否准确；（5）审计证据是否充分、适当；（6）审计评价、定性、处理处罚意见是否适当，适用法律、法规、规章和标准是否适当；（7）企业内管干部及其所在企业提出的建议是否采纳，如未采纳，理由是否充分；（8）其他需要复核的事项。

4.出具经济责任审计结果报告

经济责任审计报告经审定后，内部审计机构可以根据审定意见，撰写并向委派或委托审计事项的单位报送经济责任审计结果报告。企业内管干部经济责任审计结果报告应当按照以下格式编写：

（1）标题。×××（内部审计机构）关于×××（企业名称和企业内管干部职务）×××（企业内管干部姓名）同志任期（或任中）经济责任审计结果报告。

（2）主送。委派或委托的相关单位，包括董事会或者主要领导、组织人事部门等。

（3）正文。正文格式同经济责任审计报告，但对相关内容表述应进一步提炼汇总和归类整理。

（4）附件。企业内管干部及其所在企业对经济责任审计报告的意见。

（5）落款。内部审计机构（印章）、时间。

（6）抄送。联席会议及有关部门。

5.出具审计决定书

审计结束后，内部审计机构应当出具审计决定书。

（四）后续审计阶段

后续审计阶段主要工作包括：移交重大审计线索、推进责任追究、检查审计发现问题的整改情况和审计建议的实施效果。

1.出具移交（移送）处理书。

2.监督审计决定的执行。内部审计机构应对审计发现问题的整改情况进行跟踪监督，并根据实际情况确定是否实施后续审计。后续审计结束后应当出具书面报告。

3.建立审计档案。审计结束后，内部审计人员应当整理相关资料，并建立、保管审计档案。

三、企业内部经济责任审计的内容

内部审计机构应当根据被审计领导干部的职责权限和任职期间履行经济责任情况，结合被审计领导干部监督管理需要、履职特点、审计资源及其任职期间所在单位的实际情况，依规依法确定审计内容。

经济责任审计的主要内容一般包括：贯彻执行党和国家经济方针政策和决策部署，推动单位可持续发展情况；发展战略的制定、执行和效果情况；治理结构的建立、健全和运行情况；管理制度的健全和完善，特别是内部控制和风险管理制度的制定和执行情况，以及对下属单位的监管情况；有关目标责任制完成情况；重大经济事项决策程序的执行情况及其效果；重要经济项目的投资、建设、管理及效益情况；财政、财务收支的真实、合法和效益情况；资产的管理及保值增值情况；自然资源资产管理和生态环境保护责任的履行情况；境外机构、境外资产和境外经济活动的真实、合法和效益情况；在经济活动中落实有关党风廉政建设责任和遵守廉洁从业规定情况；以往审计发现问题的整改情况。具体而言，包括以下内容：

（一）财务收支的真实性审计

财务收支的真实性审计重点审查企业内管干部任职期间企业的财务状况和经营成果是否真实、完整，账实是否相符，会计核算是否准确，合并财务报表范围是否完整等。

其主要内容包括：（1）企业财务会计核算是否准确、真实，是否存在财务状况和经营成果不实的问题；（2）企业财务报表的合并范围、方法、内容和编报是否符合规定，是否存在故意编造虚假财务报表等问题；（3）企业会计账簿记录与实物、款项和有关资料是否相符；（4）企业采用的会计确认标准或计量方法是否正确，有无随意变更或者滥用会计估计和会计政策，故意编造虚假利润等问题。

（二）财务收支的合法性审计

财务收支的合法性审计重点审查企业内管干部任职期间，企业的财务收支管理和核算是否符合国家有关规定。

其主要内容包括：（1）企业收入、成本费用的确认和核算是否符合有关规定，有无虚列、多列、不列或者少列收入及成本费用等问题；（2）企业资产、负债、所有者权益的确认和核算是否符合有关规定，有无随意改变确认标准或计量方法，以及虚列、多列、不列或者少列资产、负债、所有者权益等问题。

（三）财务收支的效益性审计

财务收支的效益性审计重点审查企业的盈利能力状况、资产质量状况、债务风险状况、经营增长状况等方面经济指标的完成情况。

1.盈利能力状况审计

盈利能力状况审计主要通过资本及资产报酬水平、成本费用控制水平和经营现金流量状况等反映企业盈利能力的财务指标，审查企业内管干部在任职期间企业的投入产出水平和盈利能力。可参考的指标包括：净资产收益率、总资产报酬率、销售（营业）利润率、成本费用利润率等。

2.资产质量状况审计

资产质量状况审计主要通过资产周转速度、资产运行状态、资产结构以及资产有效性等方面的财务指标，审查企业内管干部任职期间企业占用经济资源的利用效率、资产管理水平与资产的安全性。可参考指标包括：总资产周转率、应收账款周转率、不良资产比率、资产现金回收率等。

在资产质量状况审计中应重点对不良资产进行审计，应当按照企业内管干部任期职责、任期时间及不良资产产生原因等情况，分清企业不良资产产生的责任。应注意核实企业内管干部任期以前存在的不良资产、任期内消化的任期以前的不良资产、任期内新增不良资产以及任期内因客观因素新增的不良资产。其中，客观因素主要指国际环境、国家政策、自然灾害等，主观因素主要指决策失误、经营不善等。

3.债务风险状况审计

债务风险状况审计主要通过债务负担水平、资产负债结构、或有负债情况、现金偿债能力等方面的财务指标，审查企业内管干部任职期间企业的债务水平、偿债能力及其面临的债务风险。可参考指标包括：资产负债率、速动比率、现金流动负债比率、带息负债比率、或有负债比率等。

4.经营增长状况审计

经营增长状况审计主要通过市场拓展、资本积累、效益增长以及技术投入等方面的财务指标，审查企业内管干部任职期间企业的经营增长水平、资本增值状况及持续发展能力。可参考指标包括：销售（营业）增长率、资本保值增值率、任期年均资本增长率、销售（营业）利润增长率、总资产增长率等。

（四）遵守法律法规和贯彻执行国家有关经济工作方针政策和决策部署情况、制定和执行重大经济决策情况审计

审查企业内管干部任职期间，企业重大决策、重要人事任免、重大项目安排和大额度资金运作事项（以下简称"三重一大"事项）的决策规则和程序是否建立健全，经济决策方案是否得到良好的执行以及执行的结果是否达到决策目标要求等内容，明确企业内管干部在重大经济决策中应负的责任。

重大经济决策制定和执行情况审计的具体内容包括：（1）企业是否建立了"三重一大"事项决策机制，制定的基本程序是否符合规定，是否存在未经决策机构集体讨论、由企业内管干部个人或少数人决策的问题；（2）重大经济决策的内容是否符合国家有关法律法规、政策及规定；（3）重大经济决策是否经国家有关部门核准或审批，所签订协议或者合同内容是否符合企业实际，是否存在损害本企业利益的条款；（4）重大经济决策方案是否得到良好执行，是否明确了具体的管理部门，是否进行过程监控；（5）重大经济决策是否存在重大风险，决策方案中有无预防和控制风险转化为损失的应对措施，决策执行的结果是否达到决策目标要求，是否给企业造成损失或潜在损失等。

（五）内部控制建立及执行情况审计

内部控制建立及执行情况审计主要通过审查企业内管干部所在企业内部控制的健全性、适当性和有效性，并结合企业内管干部的职责要求确定其在内部控制建立及执行中应承担的责任。应当注意审查以下内容：

（1）内部环境。审查企业治理结构是否合理，机构设置与权责分配是否明确，内部审计机构是否健全，人力资源政策是否有效制定和实施等。

（2）风险评估。审查企业是否能够及时识别经营活动中与实现内部控制目标相关的内、外部风险，是否采用定性与定量相结合的方法，系统分析风险并合理确定风险应对策略等。

（3）控制活动。审查企业不相容职务分离控制、授权审批控制、会计系统控制、财产保护控制、预算控制、运营分析控制和绩效考评控制等控制措施是否恰当、有效，能否运用控制措施，将各种业务和事项的风险控制在可承受范围之内。

（4）信息与沟通。审查企业是否建立信息与沟通制度，内部控制相关信息的收集、处理和传递程序是否明确，内部控制相关信息能否在企业内、外部各方面及时沟通和反馈，是否建立反舞弊机制等。

（5）内部监督。审查企业是否制定内部控制监督制度，是否明确内部审计机构和其他内部机构在内部监督中的职责权限，是否制定内部控制缺陷认定标准，是否定期对内部控制有效性进行自我评价等。

（六）企业内管干部遵守廉洁从业规定情况审计

企业内管干部遵守廉洁从业规定情况审计主要审查企业内管干部有无违反国家法律法规和廉政纪律，以权谋私，贪污、挪用、私分公款，转移国家资财，行贿受贿和挥霍浪费等行为。

其主要内容包括：（1）有无以权谋私和违反廉洁从业规定的问题；（2）根据人事、纪检监察部门的意见，需要审计查证的事项；（3）根据群众反映，需要审计查证的问题；（4）其他违法、违纪问题。

（七）其他审计内容

经济责任审计还应当关注：企业内管干部推动经济社会科学发展情况；遵守有关法律法规、贯彻执行党和国家有关经济工作的方针政策和决策部署情况；与履行经济责任有关的管理、决策等活动的经济效益、社会效益和环境效益情况等。

四、企业内部经济责任审计评价

内部审计机构应当根据被审计领导干部的职责要求，依据有关党内法规、法律法规、政策规定、责任制考核目标等，结合所在单位的实际情况，根据审计查证或者认定的事实，坚持定性评价与定量评价相结合，客观公正、实事求是地进行审计评价。

审计评价事项应当有充分的审计证据作支持，对审计中未涉及、审计证据不适当或不充分的事项不作评价。审计评价应当遵循全面性、重要性、客观性、相关性和谨慎性原则。审计评价应当与审计内容相一致，一般包括被审计领导干部任职期间履行经济责任的主要业绩、主要问题以及应当承担的责任。

（一）评价方法

审计评价可以综合运用多种方法，包括与同行业平均水平进行比较，或对与被审计领导干部履行经济责任有关的指标进行量化分析。主要方法介绍如下：

1.同业对比分析

该方法是将相关业绩与同行业平均水平进行比较。

2.跨期分析

可以采用任期初与任期末业绩比较法，或先确定比较基期再将比较期与之进行对比。

3.量化指标法

该方法是运用能够反映企业内管干部履行经济责任情况的相关经济指标，分析其完成情况，总结相关经济责任。

4.环境分析法

该方法是将企业内管干部履行经济责任的行为置于相关的社会政治经济环境中加以分析，进而做出客观评价。

5.主客观因素分析法

该方法是对具体行为或事项进行主客观分析，推究具体的主客观原因，分析该具体行为或事项是因为企业内管干部的主观过错，还是由于客观因素的影响，进而做出客观评价。

6.责任区分法

对被审计领导干部履行经济责任过程中存在的问题，内部审计机构应当按照权责一致原则，根据领导干部职责分工及相关问题的历史背景、决策过程、性质、后果和领导干部实际发挥的作用等情况，界定其应当承担的直接责任或者领导责任。内部审计机构对被审计领导干部应当承担责任的问题或者事项，可以提出责任追究建议。

（二）评价内容

1.对企业财务收支真实性的评价

对企业财务收支真实性的评价可以根据内部审计机构确认的审计结果，给予"××同志任职期间，企业财务状况真实（基本真实、不真实或严重失真）"的评价意见。

（1）"真实"的评价标准：会计核算和财务报表如实反映了企业财务收支情况及与其相应的经营活动。

（2）"基本真实"的评价标准：会计核算和财务报表虽存在个别不真实事项，但总体上能够如实反映企业财务收支情况及与其相应的经营活动。

（3）"不真实"的评价标准：会计核算和财务报表没有如实反映企业财务收支情况及与其相应的经营活动。

（4）"严重失真"的评价标准：会计核算和财务报表对企业财务收支情况及其相应的经营活动的反映与实际严重不符。

2.对企业财务收支合法性的评价

对企业财务收支合法性的评价可以根据内部审计机构确认的审计结果，给予"××同志任职期间，企业严格遵守（基本遵守、违反或严重违反）国家有关财经法律法规的规定"的评价意见。

（1）"严格遵守规定"的评价标准：严格执行国家的会计核算制度，会计业务处理正确；严格执行国家财务制度规定，审计未发现违反国家相关规定的行为。

（2）"基本遵守规定"的评价标准：较好执行国家的会计核算制度，会计业务处理基本正确；基本执行国家财务制度规定。

（3）"违反规定"的评价标准：没有按国家会计核算制度规定处理会计业务；存在违反国家财务制度规定的行为，但数额不大、性质不严重。

（4）"严重违反规定"的评价标准：存在做假账、账外账等违反会计核算规定的行为；存在数额较大、性质严重的违反国家财政财务制度规定的行为。

3. 对企业财务收支效益性的评价

对企业财务收支效益性的评价，应当在定量指标评价的基础上，对企业内管干部任职期间的经营管理水平进行定性分析与综合评判。定量评价可以实行年度考核指标与任期考核指标相结合的方式。年度考核指标包括利润总额和经济增加值，任期考核指标包括国有资本保值增值率和主营业务收入平均增长率。定性评价指标可包括企业发展战略的确立与执行、经营决策、发展创新、风险控制、基础管理、人力资源、行业影响和社会贡献等方面。

4. 对企业制定和执行重大经济决策情况的评价

对企业制定和执行重大经济决策情况的评价可以在简要表述企业制定的"三重一大"事项决策机制的基础上，重点对决策程序、决策过程及决策效果进行分类评价。

（1）××重大经济决策等，符合国家有关法律法规和方针政策，决策程序合规，决策得到有效执行并实现预期目标。

（2）××重大经济决策等内容不符合有关规定，或应履行而未履行决策程序。

（3）××重大经济决策等依据不充分，未能实现预期目标。

5. 对内部控制建立健全情况的评价

对内部控制建立健全情况的评价可以根据所在企业内部控制的健全性、适当性和有效性情况，给予"××同志任职期间，制定和修订了××项管理制度，采取了××措施，内部控制有效（较为有效、无效）"的评价意见。

（1）"有效"的评价标准：内部控制健全、适当；内部控制执行有效，实现管理目标。

（2）"较为有效"的评价标准：内部控制较为健全；内部控制执行较为有效，基本实现管理目标，没有出现重大内部控制缺陷。

（3）"无效"的评价标准：内部控制不健全；内部控制执行无效，出现重大内部控制缺陷，没有实现管理目标。

6. 对企业内管干部遵守廉洁从业情况的评价

依据企业内管干部个人遵守廉政纪律规定的情况，做出"在审计范围内，未发现××同志存在违反领导干部廉洁从业规定的行为"或"在审计范围内，××同志存在××问题（列举违反领导干部廉洁从业规定的具体问题）"的评价意见。

7. 对企业内管干部的综合评价

对企业内管干部进行综合评价时，应在前述分类评价的基础上，对其履行经济责任的情况做出"履行、基本履行、未履行"的结论。

审计评价时，应当把领导干部在推进改革中因缺乏经验、先行先试出现的失误和错误，同明知故犯的违纪违法行为区分开来；把上级尚无明确限制的探索性试验中的失误和错误，同上级明令禁止后依然我行我素的违纪违法行为区分开来；把为推动发展的无意过失，同为谋取私利的违纪违法行为区分开来。正确把握事业为上、实事求是、依纪依法、容纠并举等原则，经综合分析研判，可以免责或者从轻定责，鼓励探索创新，支持担当作为，保护领导干部干事创业的积极性、主动性、创造性。

第五节　　领导干部自然资源资产离任审计

开展领导干部自然资源资产离任审计是生态文明建设的需要。党的十八大把生态文明建设纳入"五位一体"总体布局。中国共产党第十八届中央委员会第三次全体会议通过的《中共中央关于全面深化改革若干重大问题的决定》提出，要探索编制自然资源资产负债表，对领导干部实行自然资源资产离任审计，建立生态环境损害责任终身追究制，加快建立系统完整的生态文明制度体系。2015年11月，中共中央办公厅、国务院办公厅印发了《开展领导干部自然资源资产离任审计试点方案》。该方案要求，从2015年起，我国要试点领导干部自然资源资产离任审计，对被审计领导干部任职期间履行自然资源资产管理和生态环境保护责任情况进行审计评价，界定领导干部应承担的责任。2017年6月，中共中央总书记、国家主席、中央军委主席习近平主持中央全面深化改革工作领导小组会议审议通过了《领导干部自然资源资产离任审计规定（试行）》，对领导干部自然资源资产离任审计工作提出具体要求。

一、自然资源资产离任审计的含义

自然资源资产离任审计是以自然资源资产实物量和生态环境质量状况为基础，重点审计和评价领导干部贯彻中央路线方针政策、遵守法律法规、做出重大决策、完成目标任务、履行监督责任等方面情况，推动领导干部切实履行自然资源资产管理和生态环境保护责任。

自然资源资产是指国家拥有或控制的、预期会给国家和人民带来经济利益的、能以货币计量的自然界各种物质财富要素的总称，包括各种自然资源财富和权力。在同时满足与该自然资源财富要素权利有关的经济权益很可能带给国家和人民（权益可带给国民）、该自然资源财富要素权利的成本或价值能够可靠地计量（成本价值能计量）两个条件时，确认为自然资源资产，并应列入自然资源资产负债表。自然资源资产按属性可分为生物、农业、森林、国土、海洋、气象、能源和水等大类。

二、领导干部自然资源资产离任审计的内容与要求

开展领导干部自然资源资产离任审计，应当坚持依法审计、问题导向、客观求实、鼓励创新、推动改革的原则，主要审计领导干部贯彻执行中央生态文明建设方针政策和决策部署情况、遵守自然资源资产管理和生态环境保护法律法规情况、自然资源资产管理和生态环境保护重大决策情况、完成自然资源资产管理和生态环境保护目标情况、履行自然资源资产管理和生态环境保护监督责任情况、组织自然资源资产和生态环境保护相关资金征管用和项目建设运行情况，以及履行其他相关责任情况。

审计机关应当根据被审计领导干部任职期间所在地区或者主管业务领域自然资源资产管理和生态环境保护情况，结合审计结果，对被审计领导干部任职期间自然资源资产管理和生态环境保护情况变化产生的原因进行综合分析，客观评价被审计领导干部履行自然资源资产管理和生态环境保护责任情况。

三、领导干部自然资源资产离任审计的内容

领导干部自然资源资产离任审计内容主要包括：（1）贯彻执行中央生态文明建设方针政策和决策部署情况；（2）遵守自然资源资产管理和生态环境保护法律法规情况；（3）自

然资源资产管理和生态环境保护重大决策情况；（4）完成自然资源资产管理和生态环境保护目标情况；（5）履行自然资源资产管理和生态环境保护监督责任情况；（6）组织自然资源资产和生态环境保护相关资金征管用和项目建设运行情况；（7）履行其他相关责任情况。

　　审计机关应当充分考虑被审计领导干部所在地区的主体功能定位、自然资源资产禀赋特点、资源环境承载能力等，针对不同类别自然资源资产和重要生态环境保护事项，分别确定审计内容，突出审计重点。

四、领导干部自然资源资产离任审计实施

（一）选择审计方式

　　领导干部自然资源资产离任审计是领导干部离任审计的重要组成部分，是一种特殊的经济责任审计，是环境审计与经济责任审计深度交叉融合的审计模式。

　　自然资源的开发、利用、保护，生态文明的建设责任，都与经济责任密不可分。领导干部经济责任涉及的重点领域又往往与自然资源开发利用、生态文明建设高度相关，包括调整经济结构、转变经济发展方式在内，都是经济责任和生态文明建设责任两者的共同指向。

　　在经济责任审计中更加强调自然资源开发利用保护和生态文明建设的责任，更加强调生态环境在经济发展过程中得到有效保护、有所改善，更加强调各项经济决策、经济政策充分考虑自然资源和环境因素，才能对被审计领导干部履行经济责任情况做出全面客观评价，改变环境责任无人问责、环境保护政绩无从落实的局面。领导干部自然资源资产离任审计可以与领导干部经济责任审计一并开展。

（二）确立审计重点

　　领导干部自然资源资产离任审计涉及的自然资源种类多、内容广泛、审计事项繁杂，在审计时间、审计力量等均有限的情况下，审计往往难以做到面面俱到。因此，审计机关要结合被审计领导干部所在地区的经济发展状况、资源特色、地域特征等实际情况，既要善于抓住自然资源资产的主要方面、反映被审计地区在自然资源资产和生态环境保护方面存在的主要问题，又要避免出现资源类型单一、重复、重点不突出等问题，准确把握审计重点。

　　实务中，为了更好地开展领导干部自然资源资产离任审计工作，必须积极探索编制自然资源资产负债表，以确定审计工作重点。

　　审计人员可以利用统计部门提供的自然资源资产负债表，也可以自行编制。自然资源资产负债表可以参考表12-2编制。

表12-2　　　　　　　　　　　　**自然资源资产负债表**

编制机构：　　　　　　　　　年　月　日　　　　　　　　　　　　单位：

自然资源资产	期初数	期末数	自然资源负债与资本	期初数	期末数
一、土地资源			一、土地资源负债与资本		
（一）农用地			（一）土地资源负债		
其中：耕地			（二）土地资源资本		
林地					
园地					

自然资源资产	期初数	期末数	自然资源负债与资本	期初数	期末数
（二）建设用地					
其中：交通用地					
居民点及工矿用地					
（三）未利用地					
二、矿产资源			二、矿产资源负债与资本		
煤炭			（一）矿产资源负债		
石油			（二）矿产资源资本		
金矿					
铜矿					
三、水资源			三、水资源负债与资本		
（一）地表水			（一）水资源负债		
其中：Ⅰ类水			（二）水资源资本		
Ⅱ类水					
Ⅲ类水					
（二）地下水					

（三）建立评价指标体系

现阶段的领导干部自然资源资产离任审计项目，普遍以定性为主。通过建立自然资源资产离任审计评价指标体系，以指标化的方式对被审计对象进行评价，是实现自然资源资产审计量化评价的重要路径。构建审计指标体系，需要遵循自然与环境相结合、数据可得性及可比性、定性与定量相结合等原则。国内部分地区如山东省胶州市已经开始进行审计评价指标体系的试点和研究，通过选取资源评价指标、打分等形式评价领导干部履行自然资源资产的管理责任。

关于领导干部自然资源资产离任审计评价指标体系，我们建议选用表12-3所列示的指标体系，以对被审计人自然资源资产责任履行情况做出比较正确的评价。

表12-3　　　领导干部自然资源资产离任审计评价指标体系

项目	评价指标
土地资源	土地利用总体规划编制
	建设用地供应总量
	任期耕地和基本农田保有量
	违法违规占用耕地和基本农田面积
	耕地占补平衡情况
矿产资源	矿产资源资产总量
	矿产资源资产可持续开采率
	矿产资源专项资金投入额度
	矿山地质环境恢复治理面积

续表

项目	评价指标
森林资源	森林保有量（公顷）
	森林覆盖率
	造林保存率
	任期内森林资源减少面积
	森林蓄积量（亿立方米）
自然保护区	自然保护区管理机制设置情况
	自然保护区内矿产资源开发情况
	自然保护区内水利设施建设情况
水资源	任期内用水总量控制目标
	单位GDP用水量及降低率
	水功能区及断面水质达标率
	COD排放量和削减率
	氨氮排放量和削减率
	地表水劣于V类水质的比例
草原资源	草原保护与建设规划编制及执行情况
	草原建设总规模
	基本草原保护面积
	各类草原违法案件发案数
	草原退化、开发占用面积
环境治理	地级及以上城市空气质量优良天数比率
	资源环境事故次数
	资源环境满意度
	资源环境纠纷次数

（四）合理界定审计责任

科学、准确界定领导干部自然资源资产离任审计的责任，是审计的根本性要求。《党政领导干部生态环境损害责任追究办法（试行）》明确了地方各级党委和政府主要领导对本地区生态环境和资源保护承担主要责任。

审计实践中，一般根据领导干部职责权限和任职时间、决策程序规定和决策过程等，结合领导干部和上级部门签署的"目标责任书"等内容，参照《党政主要领导干部和国有企事业单位主要领导人员经济责任审计规定》《党政领导干部生态环境损害责任追究办法（试行）》等有关规定，采取"看职责、看行为、看后果"的方法，确定领导干部应承担的责任。

五、领导干部自然资源资产离任审计评价

领导干部自然资源资产离任审计评价要坚持实事求是、客观公正、定性评价与定量评价相结合的原则。根据审计查证或认定的事实，依照相关法律法规、政策规定、规划计划、考核制度等，结合被审计领导干部所在地区、部门、单位自然资源资产禀赋特点和生态环境保护工作重点，围绕领导干部岗位职责要求，综合反映自然资源资产实物量和生态环境质量状况变化情况，客观评价其履行自然资源资产管理和生态环境保护责任情况。

评价时，审计机关要结合审计结果，客观评价被审计领导干部履行自然资源资产管理和生态环境保护责任情况，可以将其结果评价为好、较好、一般、较差、差五个等级。

六、自然资源资产离任审计结果运用

审计机关依照法律法规、国家有关规定和政策以及责任制考核目标和行业标准等，在法定职权范围内，对被审计领导干部履行自然资源资产管理责任和生态环境保护责任情况做出客观公正、实事求是的评价。

纪检监察、组织部门应当将审计结果报告纳入领导干部个人档案，作为领导干部处理、任用时的参考依据。对严重违反自然资源资产或国家财经法律法规、应当给予党纪政纪处分的，由纪检监察机关处理；确有问题，又不构成党纪政纪处分的，由纪检监察或组织部门依情形进行问责；涉嫌犯罪的，移送司法机关处理。

在生态文明建设考核、履行党风廉政建设责任制考核中，应将领导干部自然资源资产审计情况列入考核内容，并严格执行生态环境损害责任追究制度。

为使领导干部自然资源资产离任审计成果最大化，发挥审计的宏观管理服务功能，审计成果的形式可采取审计报告、综合报告、审计分析或研究报告、审计信息专报、审计建议函等方式，以扩大领导干部自然资源资产离任审计的影响力，促进被审计对象整改提高。

审计机关和组织部门认为需要向社会公布审计结果的，按法定职权及有关程序办理。

七、领导干部自然资源资产离任审计工作保障

（一）强化组织领导

领导干部自然资源资产离任审计试点工作，是推动领导干部切实履行自然资源资产管理和生态环境保护责任、促进经济社会可持续发展的有效途径。要统一思想，将领导干部自然资源资产离任审计试点列为重点工作，建立联席会议密切配合的工作机制，共同研究解决自然资源资产离任审计试点工作中的各种问题，确保领导干部自然资源资产离任审计试点工作的顺利开展。

（二）完善工作机制

各自然资源主管部门要指定一名分管领导及业务科长组成专家库，为领导干部自然资源资产离任审计试点工作提供技术支撑；审计机关与自然资源资产主管部门要统筹安排和联合组织实施领导干部自然资源资产离任审计试点项目；积极总结审计实践经验，逐步建立和完善符合实际的领导干部自然资源资产离任审计试点工作规范，不断促进试点工作的制度化和规范化。

（三）加强队伍建设

审计机关要不断培养专业人才，吸收环境、资源等相关专业的人员充实审计队伍，积极开展业务培训，帮助审计人员不断优化知识结构、提高专业素质，提升领导干部自然资源资产离任审计的质量和水平。

（四）做好宣传引导

要加大领导干部自然资源资产离任审计试点工作的宣传力度，提高各部门、单位的重视程度，充分发挥公众监督作用，形成政府主导、审计牵头、多部门联合实施、被审计单位积极配合、社会各界理解支持的局面。

关键概念

经济责任，是指领导干部在任职期间因其所任职务，依法对本地区、本部门（系统）、本单位的财政收支、财务收支以及有关经济活动应当履行的职责、义务，包括直接责任和领导责任。

党政领导干部任期经济责任审计，主要是指对党政机关、审判机关、检察机关、群众团体和事业单位的党政正职领导干部的任期经济责任审计。

国有企业领导人员任期经济责任审计，主要是指对国有独资企业、国有资产占控股地位或者主导地位的股份制企业的法定代表人（董事长或总经理）的任期经济责任审计。

自然资源资产离任审计，是以自然资源资产实物量和生态环境质量状况为基础，重点审计和评价领导干部贯彻中央路线方针政策、遵守法律法规、做出重大决策、完成目标任务、履行监督责任等方面情况，推动领导干部切实履行自然资源资产管理和生态环境保护责任。

经济责任审计评价，是指审计机构或审计人员对被审计人任职期间所在单位的资产、负债、损益的真实性、合法性、效益性，以及被审计人个人履行经济责任、遵守财经纪律和廉洁自律等情况进行评判和界定的行为。

本章小结

经济责任审计又称任期经济责任审计或离任审计，有广义和狭义之分，广义的经济责任审计泛指一切审计，狭义的经济责任审计，则是旨在明确国家机关和国有企业事业单位领导人经营管理责任而进行的一种审计活动。

经济责任审计的主要目的是分清经济责任人任职期间在本部门、本单位经济活动中应当承担的责任，为组织人事部门和纪检监察机关及其他有关部门考核使用干部或者兑现承包合同等提供参考依据。

按照被审计单位性质的不同，经济责任审计可分为党政领导干部任期经济责任审计和国有企业领导人员任期经济责任审计。经济责任审计程序包括审计准备、审计实施和审计终结三个阶段，每个阶段具有不同的工作内容。

经济责任审计的重点和难点是做出审计评价，而评价的最终目的是对领导干部做出客观、全面、公平、公正、准确的评价，避免主观随意性。因此，建立一套行之有效的经济责任审计评价指标体系是正确进行考核评价的利器。我国现阶段对经济责任审计评价指标体系的研究尚处于探索阶段，实践中缺乏统一的标准。

复习思考题

1.什么是经济责任？经济责任的内涵有哪些？

2.经济责任审计与一般意义上的审计有何区别？

3.为什么说经济责任审计是一项具有中国特色的审计类型？

4.为什么说经济责任审计是一种"人格化"的审计形式？

5.经济责任审计的类型有哪些？它们之间有何关系？

6.经济责任审计的本质是什么？如何确定经济责任审计目标？

7.经济责任审计评价标准应当包含哪些类型？如何建立？

8.党政领导干部经济责任审计和国有企业负责人经济责任审计有何不同？为什么？

9.经济责任审计程序与财务审计程序有何区别？为什么？

10.当前我国经济责任审计实践中最大的困难是什么？如何应对？

11.党政领导干部经济责任审计与企业负责人经济责任审计有何区别？为什么？

12.自然资源资产离任审计的重点和难点是什么？如何解决？

业务练习题

资料：山河市纺织集团公司于2020年年底与下属的天原纺织厂厂长王浩签订了承包经营合同。合同规定，王浩任期3年，任期内必须合法经营，利润总额每年递增20%，职工人均收入每年递增15%。至2023年年底，王浩任期已满。山河市纺织集团公司委托市审计局对王浩任期内经济责任履行情况进行审计。市审计局接受委托以后对天原纺织厂进行审查并取得了一些资料，具体见表12-4、表12-5。

表12-4   天原纺织厂主要财务状况   单位：万元

项目	2020年	2021年	2022年	2023年
流动资产	2 300	2 500	2 800	3 200
固定资产	2 560	2 400	2 300	2 210
资产总计	4 860	4 900	5 100	5 410
流动负债	1 200	1 500	1 850	2 500
非流动负债	500	550	600	0
所有者权益	3 160	2 850	2 650	2 910
负债和所有者权益总计	4 860	4 900	5 100	5 410

表12-5   天原纺织厂主要经营成果   金额单位：万元

项目	2020年	2021年	2022年	2023年
销售收入	15 800	18 900	22 700	29 500
销售成本	12 800	15 500	18 400	23 600
销售利润	1 000	1 400	1 880	2 500
职工总收入	576	744	888	1 060
职工人数	1 200	1 250	1 230	1 100

审计人员在审查过程中发现天原纺织厂存在下列情况：

（1）该厂销售价格逐年上升15%，原材料价格逐年平均上升10%，因生产技术改进，原材料消耗平均每年下降15%。

（2）至2023年6月底共发生残料收入、劳务收入10万元，将其列入小金库，均由厂长支配，主要用于请客送礼，给干部发奖金。

（3）营销经理接受回扣50 000元，用其中10 000元买了礼品送给厂长，其余落入自己腰包。

（4）职工培训机会很少，数名职工要求报考成人高考均未获批准。

（5）内控制度尚属完善，但材料领用和保管的实际控制比较薄弱，一些记录不全。各职能部门意见不合。

要求：根据上述资料，对该厂长任期内经济责任履行情况进行审计评价，并形成审计报告。

第十二章业务练习题参考答案

主要参考文献

[1] 国际内部审计师协会. 内部审计实务标准 [M]. 北京：中国时代经济出版社，2001.

[2] 布朗，加勒，威廉斯. 政府绩效审计 [M]. 袁军，贾文勤，于程亮，译. 北京：中国财政经济出版社，1992.

[3] 莱特里夫，华里丝，萨姆那，等. 内部审计原理与技术 [M]. 内部审计原理与技术翻译组，译. 2版. 北京：中国审计出版社，1999.

[4] 陈思维，王会金，王晓震. 经济效益审计 [M]. 北京：中国时代经济出版社，2007.

[5] 杜建菊，王德礼. 经济效益审计 [M]. 合肥：合肥工业大学出版社，2009.

[6] 竹德操，吴云飞，达世华. 经济效益审计 [M]. 北京：中国审计出版社，1998.

[7] 王光远. 管理审计理论 [M]. 北京：中国人民大学出版社，1996.

[8] 段兴民，吴晓光. 经济效益审计学 [M]. 西安：西安交通大学出版社，1990.

[9] 李凤鸣，陈东. 现代经济效益审计 [M]. 北京：中国商业出版社，1993.

[10] 吕文基. 经济效益审计教程 [M]. 上海：上海科学技术文献出版社，1993.

[11] 刘力云. 效益审计程序与方法研究 [M]. 北京：中国时代经济出版社，2005.

[12] 彭华彰，等. 政府效益审计论 [M]. 北京：中国时代经济出版社，2006.

[13] 卓继民. 现代企业风险管理审计 [M]. 北京：中国财政经济出版社，2005.

[14] 陈宋生. 政府绩效审计研究 [M]. 北京：经济管理出版社，2006.

[15] 李三喜. 建设项目审计精要与案例分析 [M]. 北京：中国市场出版社，2006.

[16] 罗姆，摩根. 绩效审计：一个计量的过程和方法 [M]. 陈华，李丹，译. 2版. 北京：中国时代经济出版社，2014.

[17] 陈薛金. 绩效审计理论与实务 [M]. 北京：中国时代经济出版社，2013.

[18] 杨肃昌. 中国公共支出绩效审计制度研究 [M]. 北京：经济科学出版社，2014.

[19] 陈伟. 大数据审计理论、方法与应用 [M]. 北京：科学出版社，2019.

[20] 达文波特. 大数据分析：数据驱动的企业绩效优化、过程管理和运营决策 [M]. 吴峻申，译. 北京：机械工业出版社，2015.

附录一 项目支出绩效评价指标体系框架（参考）

一级指标	二级指标	三级指标	指标解释	指标说明
项目立项	项目立项	立项依据充分性	项目立项是否符合法律法规、相关政策、发展规划以及部门职责，用以反映和考核项目立项依据情况	评价要点：①项目立项是否符合国家法律法规、国民经济发展规划和相关政策；②项目立项是否符合行业发展规划和政策要求；③项目立项是否与部门职责范围相符，属于部门履职所需；④项目是否属于公共财政支持范围，是否符合中央、地方事权支出责任划分原则；⑤项目是否与相关部门同类项目或部门内部相关项目重复
		立项程序规范性	项目申请、设立过程是否符合相关要求，用以反映和考核项目立项的规范情况	评价要点：①项目是否按照规定的程序申请设立；②审批文件、材料是否符合相关要求；③事前是否已经过必要的可行性研究、专家论证、风险评估、绩效评估、集体决策
决策	绩效目标	绩效目标合理性	项目所设定的绩效目标是否依据充分，是否符合客观实际，用以反映和考核项目绩效目标与项目实施的相符情况	评价要点（如未设定预算绩效目标，也可考核其他工作任务目标）：①项目是否有绩效目标；②项目绩效目标与实际工作内容是否具有相关性；③项目预期产出效益和效果是否符合正常的业绩水平；④是否与预算确定的项目投资额或资金量相匹配
		绩效指标明确性	依据绩效目标设定的绩效指标是否清晰、细化、可衡量等，用以反映和考核项目绩效目标的明细化情况	评价要点：①是将项目绩效目标细化分解为具体的绩效指标；②是否通过清晰、可衡量的指标值予以体现；③是否与项目目标任务数或计划数相对应
	资金投入	预算编制科学性	项目预算编制是否经过科学论证、有明确标准，资金额度与年度目标是否相适应，用以反映和考核项目预算编制的科学性、合理性情况	评价要点：①预算编制是否经过科学论证；②预算内容与项目内容是否匹配；③预算额度测算依据是否充分，是否按照标准编制；④预算确定的项目投资额或资金量是否与工作任务相匹配
		资金分配合理性	项目预算资金分配是否有测算依据，与补助单位或地方实际是否相适应，用以反映和考核项目预算资金分配的科学性、合理性情况	评价要点：①预算资金分配依据是否充分；②资金分配额度是否合理，与项目单位或地方实际是否相适应

续表

一级指标	二级指标	三级指标	指标解释	指标说明
过程	资金管理	资金到位率	实际到位资金与预算资金的比率，用以反映和考核资金落实情况对项目实施的总体保障程度	资金到位率=（实际到位资金额/预算资金额）×100%； 实际到位资金：一定时期（本年度或项目期）内落实到具体项目的资金； 预算资金：一定时期（本年度或项目期）内预算安排到具体项目的资金
		预算执行率	项目预算资金是否按照计划执行，用以反映和考核项目预算执行情况	预算执行率=（实际支出资金额/实际到位资金额）×100%； 实际支出资金：一定时期（本年度或项目期）内项目实际拨付的资金
		资金使用合规性	项目资金使用是否符合相关的财务管理制度规定，用以反映和考核项目资金的规范运行情况	评价要点：①是否符合国家财经法规和财务管理制度以及有关专项资金管理办法的规定；②资金的拨付是否有完整的审批程序和手续；③是否符合项目预算批复或合同规定的用途；④是否存在截留、挤占、挪用、虚列支出等情况
	组织实施	管理制度健全性	项目实施单位的财务和业务管理制度是否健全，用以反映和考核财务和业务管理制度对项目顺利实施的保障情况	评价要点：①是否已制定或具有相应的财务和业务管理制度；②财务和业务管理制度是否合法、合规、完整
		制度执行有效性	项目实施是否符合相关管理规定，用以反映和考核相关管理制度的有效执行情况	评价要点：①是否遵守相关法律法规和相关管理规定；②项目调整及支出调整手续是否完备；③项目合同书、验收报告、技术鉴定等资料是否齐全并及时归档；④项目实施的人员条件、场地设备、信息支撑等是否落实到位

续表

一级指标	二级指标	三级指标	指标解释	指标说明
产出	产出质量	实际完成率	项目实施的实际产出数与计划产出数的比率，用以反映和考核项目产出数量目标的实现程度	实际完成率=（实际产出数/计划产出数）×100%； 实际产出数：一定时期（本年度或项目期）内项目实际产出的产品或提供的服务数量； 计划产出数：项目绩效目标确定的在一定时期（本年度或项目期）内计划产出的产品或提供的服务数量
		质量达标率	项目完成的质量达标产出数与实际产出数的比率，用以反映和考核项目产出质量目标的实现程度	质量达标率=（质量达标产出数/实际产出数）×100%； 质量达标产出数：一定时期（本年度或项目期）内实际达到既定质量标准的产品或服务数量。既定质量标准是指项目实施单位设立绩效目标时依据计划标准、行业标准、历史标准或其他标准而设定的绩效指标值
	产出时效	完成及时性	项目实际完成时间与计划完成时间的比较，用以反映和考核项目产出时效目标的实现程度	实际完成时间：项目实施单位完成该项目实际所耗用的时间； 计划完成时间：按照项目实施计划或相关规定完成该项目所需的时间
	产出成本	成本节约率	完成项目计划工作目标的实际节约成本与计划成本的比率，用以反映和考核项目的成本节约程度	成本节约率=［（计划成本−实际成本）/计划成本］×100%； 实际成本：项目实施单位如期、保质、保量完成既定工作目标实际所耗费的支出； 计划成本：项目实施单位为完成工作目标计划安排的支出，一般以项目预算为参考
效益	项目效益	实施效益	项目实施所产生的效益	项目实施所产生的社会效益、经济效益、生态效益、可持续影响等，可根据项目实际情况有选择地设置和细化
		满意度	社会公众或服务对象对项目实施效果的满意程度	社会公众或服务对象是指因该项目实施而受到影响的部门（单位）、群体或个人，一般采取社会调查的方式进行

附录二 综合试卷

题号	一	二	三	四	五	总分	评卷人
得分							

一、单项选择题（每小题1分，共计20分）

1.经济效益审计的基本职能是（ ）。

A.经济评价   B.经济鉴证   C.经济监督   D.经济检查

2.经济效益审计的特征不包括（ ）。

A.审计目标的综合性   B.审计对象的广泛性

C.审计方法的多样性   D.审计标准的唯一性

3.关于重要性判断在效益审计计划中的应用，下列说法中正确的是（ ）。

A.重要性判断对象为影响会计报表准确性的各种因素

B.重要性判断对象为影响企业内部控制的各种因素

C.重要性判断对象为影响企业经营管理的各种因素

D.重要性判断对象为影响企业经济效益的各种因素

4.使用平衡计分卡组织评价管理绩效是基于（ ）。

A.单一的最终的经营结果的测量方法，如剩余收益

B.多样的财务和非财务的测量方法

C.多样的但仅仅是非财务的测量方法

D.多样的但仅仅是财务的测量方法

5.公司战略审计的方法不包括（ ）。

A.系统分析法   B.对比分析法

C.成本-效益分析法   D.线性规划法

6.关于内向型管理审计，下列说法中错误的是（ ）。

A.内向型管理审计服务于组织内部管理层

B.内向型管理审计的内容为管理控制审计和业务审计

C.内向型管理审计的特征为独立的、客观的、综合的、建设性的、面向未来的

D.内向型管理审计的内容为业绩审计和管理陈述审计

7.甲公司是一家家用电器生产企业。甲公司对消费者做出承诺：自消费者购买甲公司产品之日起7日内发现产品质量问题，消费者可以要求无条件全额退款或更换全新产品。消费者购买产品后7日内因质量问题发生的相关退换货支出属于甲公司质量成本中的（ ）。

A.预防成本   B.鉴定成本   C.内部失效成本   D.外部失效成本

8.对内部控制的表述，下列说法中正确的是（ ）。

A.内部控制是一个实现目标的方法

B.内部控制本身就是企业应该实现的目标之一

C.内部控制能为企业目标的实现提供绝对保证

D.内部控制要由企业中各级人员实施与配合

9.某工厂人数本月比上月增长6%，总产值增长12%，则该企业全员劳动生产率提高（　　　）。

A.7.82%　　　　　　　B.5.67%　　　　　　　C.1.82%　　　　　　　D.2.82%

10.可以采用（　　　）进行原材料耗用情况的审查。

A.废料利用率　　　　B.原材料利用率　　　C.副产品纯收入　　　D.副产品加工费率

11.经济责任，是指领导干部在任职期间对其管辖范围内贯彻执行党和国家经济方针政策、决策部署，推动经济和社会事业发展，管理公共资金、国有资产、国有资源，防控重大经济风险等有关经济活动应当履行的职责，其中不包括（　　　）。

A.直接责任　　　　　B.主管责任　　　　　C.领导责任　　　　　D.决策责任

12.投资项目的一次性和独特性决定了绩效审计的重点在于（　　　）。

A.事前审计　　　　　B.事中审计　　　　　C.事后审计　　　　　D.全过程审计

13.政府承担的受托公共资源责任中不包括（　　　）。

A.财务责任　　　　　B.报告责任　　　　　C.管理责任　　　　　D.经营责任

14.下列长期投资评价指标中，其数值越小越好的评价指标是（　　　）。

A.净现值　　　　　　B.投资回收期　　　　C.内部收益率　　　　D.投资利润率

15.某项目按18%折现率计算的净现值小于零，按16%折现率计算的净现值大于零，那么该项目的内部收益率（　　　）。

A.大于16%　　　　　B.大于18%　　　　　C.在16%至18%之间　D.无法判断

16.风险管理审计的中心环节处于（　　　）。

A.计划阶段　　　　　B.实施阶段　　　　　C.报告阶段　　　　　D.后续审计阶段

17.操作风险审查的重点在于（　　　）。

A.内部控制的审查　　　　　　　　　　　　B.关键风险指标的监测

C.减损机制的审查　　　　　　　　　　　　D.新产品的风险评估

18.（　　　）既是现代政府审计的本质特征，也是现代政府审计理论的重要基石。

A.公共资源受托责任　　　　　　　　　　　B.经济审计责任

C.公共受托经济责任　　　　　　　　　　　D.金融审计经济责任

19.宏观经济效益审计的主体是（　　　）。

A.国家审计　　　　　B.内部审计　　　　　C.社会审计　　　　　D.以上都是

20.内部控制的指导思想是（　　　）。

A.授权批准　　　　　B.不相容职务分离　　C.监督检查　　　　　D.审核

二、多项选择题（每小题2分，共计20分）

1.经济效益审计证据一般包括（　　　）。

A.书面证据　　　　　B.环境证据　　　　　C.言词证据　　　　　D.实物证据

2.下列说法中正确的有（　　　）。

A.经济性关注在保证质量前提下的少投入

B.经济效益审计的最终目的是"3E评价"

C.凡是有投入产出的经济活动都需要经济效益审计

D.效果性关注活动的结果，强调做正确的事

3.经济效益审计方法体系包括（　　）。

A.审计取证方法　　B.审计报告方法　　C.审计依据方法　　D.审计计划方法

4.反映企业发展能力状况的指标有（　　）。

A.资产负债率　　　　　　　　　　B.三年资本平均增长率

C.资本积累率　　　　　　　　　　D.三年销售平均增长率

5.下列各项中可以作为经济效益审计评价标准的有（　　）。

A.国家的政策和法令　　　　　　　B.前期的审计标准

C.同行业的先进水平　　　　　　　D.科学测定的经济数据

6.加快结算资金周转速度的措施有（　　）。

A.建立业务员的运用、考核与激励机制　　B.评估信用风险

C.交易中采用附条件买卖方式　　　　D.加强款项的催收

7.全面预算管理审计的目的是（　　）。

A.真实性　　　　B.合法性　　　　C.适当性　　　　D.有效性

8.企业风险管理框架（ERM）提出，风险管理的目标包括（　　）。

A.战略目标　　　B.经营目标　　　C.报告目标　　　D.合规目标

9.公共投资项目绩效审计的审计内容包括（　　）。

A.审计公共投资项目的决策绩效　　B.审计公共投资项目的管理绩效

C.审计公共投资项目的环境绩效　　D.审计公共投资项目的投资绩效

10.总资产报酬率的影响因素有（　　）。

A.利润报酬系数　　　　　　　　　B.销售利润率

C.总资产周转次数　　　　　　　　D.已获利息倍数

三、连线题（10分）

经济性　　　　　　　　销售增长率
　　　　　　　　　　　产值增长率
　　　　　　　　　　　单位成本降低率
效率性　　　　　　　　正确地做事
　　　　　　　　　　　值得支出
　　　　　　　　　　　支出恰当
　　　　　　　　　　　支出节约
效果性　　　　　　　　销售利润率
　　　　　　　　　　　总资产报酬率

四、简述与计算题（每小题5分，共计20分）

1.平衡计分卡做到了哪些平衡？其基本原理是什么？

2.简述内部控制中控制活动要素的审计内容。

3.某钢材厂每天平均耗用钢材5吨，供应间隔天数为12天，保险期为5天，该钢材厂10月份7—10日动用保险储备，11—15日实际储备量为零，到20日实际储备量达到100吨。试计算保险储备定额、经常储备定额和最高储备定额，并分析该厂物资储备计划完成情况。

4.某钢制家具厂内部审计人员对10月份产品材料成本升高的情况进行审查分析。本月共生产钢折椅1 000把，实际耗用钢材9 500千克，实际成本11 000元。而钢折椅的标准成本是每把需用钢材10千克，每千克1.05元。请计算材料成本差异总额、用料差异和价格差异，并提出审计建议。

五、综合分析题（第一题20分，第二题10分，共计30分）

1.在总结某知名企业集团破产的过程中，人们发现如下情况：

资料一：为了满足集团大规模扩张的需要，为把资金从上市公司转移出来，集团采取以上市公司存款为大股东贷款担保的方式"掏钱"。在难以得到上市公司过半数董事同意的情况下，集团制造虚假的上市公司董事会决议：一是未经授权代理董事签字；二是非董事人员或前任董事在决议上签字。为了便于控制，三年来公司高管和董事会成员频繁更换，仅董事长就更换了四人，最近一次董事会成员更换更是几乎全部更换，仅保留一位原董事。集团的重大决策听命于个别核心人物，董事会对集团实际控制人未形成有效约束。由于一股独大和股权分置的股权结构，股东大会也无法对大股东和实际控制人肆意侵吞上市公司利益的行为形成制约。

资料二：在该集团，长期以来不少高层管理者"把公司的钱装进自己的兜"，一些中层管理者把公司用于奖励员工的奖金截留提成，业务人员签署大量的虚假合同来骗取提成。

资料三：在集团快速发展的过程中，陶醉于鲜花和掌声的董事长听不进任何不同意见。一位资深高层管理者曾委婉地对董事长身边人员的某些做法提出批评时，被董事长当场驳回。此后，该高层管理者不敢也不愿再向董事长提意见，信息沟通系统几乎形同虚设。与此同时，在该集团，会计信息系统由个别高层管理者控制，它已经不再是一个管理和控制的工具，而是个别高层管理者的传话筒，信息随其意愿而变。

资料四：集团早在1997年就有了审计部。然而，内部审计部门的运作情况极不理想，很少对内部控制运行情况进行监督，也未就附属公司管理失控、部分高层管理者"把公司钱装进自己兜里"等重大风险点进行报告。在一定程度上，内部审计部门的作用主要是做给银行和政府部门看，是集团获取政府青睐和取得银行贷款的"道具"。重大决策，包括重大对外担保、大额资金划转等，都是由公司个别高层管理者以邮件的形式授权或通过邮件发出划款指令，其他人员及内部审计部门全无发言权。

要求：

（1）简述内部控制框架的构成要素。

（2）资料一反映了该集团存在哪些方面的问题？简要阐明理由。

（3）资料二反映了该集团在内部控制要素中的哪些方面出现了问题？简要阐明理由。

（4）资料三反映了该集团在内部控制要素中的哪些方面出现了问题？简要阐明理由。

（5）资料四反映了该集团在内部控制要素中的哪些方面出现了问题？简要阐明理由。

2.某公司的资产负债表（简表）见表1。

表1 　　　　　　　　　　　　　资产负债表（简表）

编制单位：某公司　　　　　　　　　　20××年12月31日　　　　　　　　　　单位：万元

资产	期末余额	上年年末余额	负债和所有者权益	期末余额	上年年末余额
流动资产：			流动负债：		
货币资金	45	50	应付票据	45	30
交易性金融资产	36	23	应付账款	65	45
应收账款	90	60	其他流动负债	40	30
存货	144	92	流动负债合计	150	105
流动资产合计	315	225	非流动负债合计	200	245
非流动资产：			负债合计	350	350
固定资产	385	475	所有者权益：		
非流动资产合计	385	475	实收资本	350	350
			所有者权益合计	350	350
资产总计	700	700	负债和所有者权益总计	700	700

20××年度的销售收入为400万元，净利润为63万元。

要求：

1.请说明"企业国有资本金效绩评价指标体系"从哪些方面对企业的经济效益进行评价，基本指标有哪些。

2.结合该公司的财务报表，分别计算企业国有资本金效绩评价指标体系中的流动比率、速动比率、资产负债率、净资产收益率和销售利润率？

综合试卷参考答案